北京师范大学历史学院"励耘文库"系列

中国政府维护
西藏主权的努力

（1927—1947）

张双智／著

人民出版社

出版说明

　　在北京师范大学的百余年发展历程中,历史学科始终占有重要地位。经过几代人的不懈努力,今天的北京师范大学历史学院业已成为史学研究的重要基地,是国家"211"、"985"工程重点建设单位,首批博士学位一级学科授予权单位。拥有国家重点学科、博士后科研流动站、教育部人文社会科学重点研究基地等一系列学术平台。科研实力颇为雄厚,在学术界声誉卓著。

　　近年来,北京师范大学历史学院的教师们潜心学术,以探索精神攻关,陆续完成了众多具有原创性的成果,在历史学各分支学科的研究上连创佳绩,始终处于学科前沿。特别是崭露头角的部分中青年学者的作品,已在学术界引起较大反响。为了集中展示北京师范大学历史学院的这些优秀学术成果,也为了给中青年学者的后续发展创造更好条件,我们组编了这套"北京师范大学励耘文库",希冀在促进北京师范大学历史学科更好发展的同时,为学术界和全社会贡献一批真正立得住的学术力作。这些作品或为专题著作,或为论文结集,但内在的探索精神始终如一。

　　当然,作为学术研究的励耘文库丛书,特别是以中青年学者作品为主的学术丛书,不成熟乃至疏漏之处在所难免,还望学界同仁不吝赐教。

北京师范大学历史学院

北京师范大学史学理论与史学史研究中心

北京师范大学励耘文库编辑委员会

2019 年 3 月

目　录

前　言

当代国际政治中，某些外国反华势力与流亡海外的达赖集团遥相呼应，时不时地炒作所谓的"西藏问题"。西藏自古就是中国领土不可分割的重要组成部分，西藏事务属于中国的内政。而西方口中的西藏"独立"，始作俑者是英帝国主义。19世纪下半叶，在独霸印度的战略思维指导下，英国多次武装入侵我西藏地区，逼签不平等条约，攫取我大量权益，侵占我藏南大片领土，培植亲英分裂分子，从而制造了所谓的"西藏问题"。

当今世界文明有了巨大进步，包括英国开明、严肃的政治家在内，越来越多的人清楚地认识到所谓"西藏问题"的由来及其实质究竟是怎么回事。2008年10月29日，英国外交大臣米利班德发表了关于西藏问题的书面发言："我们对中国政府公开申明，我们不支持西藏独立。和欧盟其他成员国、美国一样，我们认为西藏是中华人民共和国的一部分。我们的利益是追求长期的稳定，而这只能通过尊重西藏的人权状况以及藏人更大程度上的自治才能获得。"[1]

这是英国100多年来首次承认中国对西藏的主权，可以看作是其对侵略西藏、制造所谓"西藏问题"的深刻反思，有利于澄清历史，恢复历史的本来面目。米利班德代表英国政府着重声明："我们不支持西藏独立"，"我们认为西藏是中华人民共和国的一部分"。这是英国向中国和全世界人民所做的庄严政治承诺，也可以视作英国对100多年来武装侵藏、策动西藏"独立"的历史反省和否定，虽然公平正义迟到了一个多世纪，但仍然应予肯定和欢迎。不过这位外交大臣又关心起西藏社会发展："我们通过尊重西藏的人权状况以及藏人更大程度上的自治才能获得。"其机锋暗藏，令人疑虑。

---

[1]　朱晓明：《当代西藏前沿问题研究》，中国藏学出版社2011年版，第243页。

改革开放以来，中华民族的伟大复兴走上快车道，为世界经济发展和文明进步注入了新的活力，作出了巨大贡献。但是，某些西方政治集团却五味杂陈。早期西方殖民主义者武装侵占别国领土，实行殖民统治的野蛮行径，早为文明发展的潮流所唾弃，但其制造的、遗传下来的霸权主义思维还没有埋葬在历史的坟墓，而是变成一种幽灵，四处游荡，时常作怪。不过中华文明进步，势不可当。赤裸裸的武装侵略占领那一套被全人类视为强盗行径，需要加以包装和打扮。一些外国政治家和学者只好谋求新的理论"武器"，制造出"中国威胁论"，并通过政治、经济、外交、文化等一系列措施打压中国。"西藏问题"是现代国际政治关系的一个热点，也涉及中国的国家核心利益。

近几十年来藏学研究成为显学，国内外学者都取得了非常有价值的科研成果。笔者撰写本书，因为它具有现实政治意义和学术价值：第一，南京国民政府在近现代中国有着特殊的重要意义，它对西藏的治理，借鉴了北洋政府以及历代治藏典章。所以，对其深入研究，具有总结历史治藏经验教训的意义；同时，其许多的政策措施也是新中国治藏的历史基础（例如，根据历史定制，册封致祭达赖、班禅，选认十四世达赖和十世班禅等），对当代的西藏社会仍然有着重要影响。第二，国民政府执政期间，日军残暴地杀戮中国人民，侵占了中国大片领土，在民族危亡之际，维护西藏的主权和领土完整有特别的意义。第三，国民政府维护西藏主权的斗争，从外交上来说，主要还是应对英国对我西藏的侵略。在世界反法西斯战争时期，英国与中国是同盟国，这使中英围绕西藏问题的外交斗争，有着特殊的复杂性。

国民政府维护西藏主权斗争的历史背景和社会环境比较复杂。第一，从国内政治局势来说，20世纪前半叶是大动荡、大斗争、大转折的特殊历史时期，各派政治力量斗争激烈，国民政府名义上是中央政权，但不具备中央政权应有的权威和实力，因而缺乏掌控西藏地方的能力，难以贯彻执行一些治藏政策。第二，西藏上层僧俗集团内部权斗激烈，亲英分子常为自身利益置民族和国家利益于不顾，依违于国民政府与英国之间，这对于国民政府维护西藏主权的斗争，影响是巨大的。第三，1947年对于国民政府维护西藏主权的斗争，是一个重大节点。从国际形势来说，各国人民反法西斯战争胜利结束，民族解放运动蓬勃兴起。1947年，印度摆脱英国的殖民统治，实现民族独立，却继承了英国的涉藏事务。英国退出印度后，难以再直接对我西藏进行干涉、侵略，只能改用其他手段。这标志着国民政府维护西藏主权所进行的外交斗争的对象发生了很大的改变。从国内形势来说，1947年国共双方都在准备最后的决战。从西藏地方的局势来看，掌控政教大权的达札活佛害死倾向中央、爱国的热振活佛以后，独揽大权，趁机大搞独立活动。国民政府已无暇，也无力顾及治藏。

从研究的角度来说，影响、制约国民政府维护西藏主权斗争有三方面的历史因素：一是英国是干涉我西藏地方的主要强敌，这就决定了国民政府外交斗争对象是一个强大的、老牌的，而在反法西斯战争中又与中国有着同盟国关系的西方强国，外交活动不得不处于被动防守的境地，难以化解造成西藏危机的国际因素。二是国内各派政治力量斗争激烈，国弱民贫，抗日救亡又是当时全国各族人民的头等大事，"西藏问题"自然要服从国内大局。软弱的国民政府主观上无法果断地处理藏事。三是英国扶植的亲英分裂势力逐渐在噶厦中占据了上风，时不时地阻挠和破坏国民政府施政措施，制约中央在西藏的威权，导致"西藏问题"久拖不决。

在当时特定历史条件下，国民政府维护西藏主权的斗争，主要内容有两方面：对外，反对英国侵藏的外交斗争；对内，反对西藏僧俗上层的分裂活动，加强国家统一。两者虽然性质不同，但又相互关联、相辅相成，而前者是主要的，是维护西藏地方主权的根本所在。

国民政府与英国的外交斗争，一定程度上阻遏了英国侵略西藏的活动，抑制了西藏僧俗集团的分裂图谋，维护了国家主权和统一。这些都应该予以历史的肯定，也留给我们很多借鉴。但是，由于当时抗日救亡，内部斗争激烈、国力贫弱等社会环境的影响、制约，国民政府有关政策措施多是被动应付，且多失误，因而遗留下来不少问题。这些都是我们今天研究、应对所谓"西藏问题"必须重视的历史因素，也是本书立意的初衷。

第一章　晚清、北洋政府应对英国侵藏

英国入侵中国沿海地区的同时，也在侵略中国西藏周边的印度、克什米尔、不丹、锡金（哲孟雄）、尼泊尔等地区，威逼清政府攫取在藏游历、传教、通商特权，并在 1888 年发动第一次侵略西藏战争，打开西藏大门。基于全球战略和扩大在华利益的考虑，英国于 1903 年 12 月发动第二次侵略西藏战争，同时确立了纳西藏为"缓冲国"、策动西藏政治"独立"、侵占"麦克马洪线"以南中国领土的目标；又炮制出中国"宗主权"和西藏"独立国"地位，作为干涉西藏问题的指导方针；其主要手段可以分为武装入侵、培植亲英派、军事支持、经济控制、文化渗透五大类。清朝政府、中华民国历届中央政府都始终维护中国对西藏的主权和领土完整，坚决反对英国干涉，为之进行了不懈的斗争。

第一节　英国侵藏的目标

20 世纪前半叶，英国政府侵略中国西藏地方的活动，都是为纳西藏为"缓冲国"、策动西藏政治"独立"、侵占"麦克马洪线"以南中国领土三大目标服务的。

一、纳西藏为"缓冲国"

英国的最高目标是纳西藏为"缓冲国"。自 17 世纪至 19 世纪，英帝国在侵略亚洲地区的过程中，发现了西藏的战略价值：掌控西藏，可以屏障印度东北边境的安全，将印度与中国长江流域连接起来，巩固英国在中国、印度、东南亚、中亚等地区的霸权地位，又可对抗俄国势力在中亚、南亚地区的扩张。1875年4月，英国召开第11届皇家地理学会会议，就西藏问题取得一致意见：第一，西藏可以作为英国经印度侵入中国西南地区和长江流域的跳板和基地，保证英国在长江流域的独占地位和在中国的霸权地位。第二，从西藏入侵中国，可以少受到中国人民的抵抗，若从海上入侵中国则阻力较大。第三，从西藏入侵中国，可以避免其他帝国主义国家竞争的阻扰。第四，英印商品从西藏进入内地，可以逃避中国海关和沿途内地的征税。① 至此可以清楚地显示出英国政府内部已经对西藏的战略地位达成共识。英印当局宣称要采取强硬的手段"速割藏地"。② 但是，采取什么手段，侵略西藏的程度，在全球战略中怎么摆放这个棋子，在英国政府内部是有分歧的。

英国处理侵藏事务机构主要分成两部分：一是英国政府印度事务部、外交部。国会专门设立印度事务部办理印度事务，印度国务大臣又是内阁成员，与英印总督协调藏案。英印总督将涉藏事务报告递交印度事务部，印度国务大臣报告内阁。英国外交部参与内阁对华外交的讨论和决策。英国政府享有涉藏事务最高决定权，拟定宏观战略及指导方针。二是英印政府。英印总督享有处理印度内部及邻近外国地区事务的权力，所属政治和外交部负责邻近的不丹、尼泊尔、锡金、中国西藏等地区的外交事宜。为了便于处理有关具体事务，英印政府又任命锡金政务官统管锡金、不丹等地区事务，指挥驻亚东、江孜、噶大克商务代办，参与涉藏事务的决策和处理。英印政府为对藏政策提供建议，与西藏地方联系，具体办理藏案，落实侵藏政策。

英国政府、英印政府在侵略西藏的态度上是有所区别的。

前进派（鹰派）：英印政府及部分英国政府官员侧重于从维护和巩固英国在印度的殖民利益角度考虑对西藏的政策，主张强硬、迅速地占领西藏，将之纳入保护国，霸占藏东南领土。他们主张以印度为基地将周边国家和地区纳入印度的战略利益范围，尽可能地在远离印度的地方抵御外国的威胁，维护印度的安全。英印政府内部的鹰派侵略西藏最积极，危害也最深。英印总

---

① [苏联] B.H.列昂节夫：《外国在西藏的扩张（1888—1919年）》，张方廉译，民族出版社1960年版，第38页。
② 《英人侵略西藏》，《新民丛报》1903年5月10日。

督对印度安全的认识及西藏问题的看法往往又是举足轻重的，甚至是侵藏政策的制定者，老牌殖民分子英印总督寇松就是发动第二次侵略西藏战争的罪魁祸首。英印总督任命的外交事务秘书、锡金政务官、驻江孜商务委员等具体参与藏案的官员如麦克马洪、贝尔、威尔、鄂康诺、麦克唐纳、威廉逊、古德、黎吉生等鹰派干将直接参与侵略西藏的具体活动，干尽挑唆破坏之事，极大侵害了中国对西藏的主权。

温和派：英国内阁、外交部不仅要维护在印度的殖民利益，还要从全球利益和对华整体利益出发，思考和决定西藏政策，故英国政府主张采取缓进的侵藏步骤和手段，避免激起俄国和中国的激烈反对从而影响在亚洲的整体利益。

近代英国侵藏策略的实施是温和派和鹰派妥协折中的结果。

在19世纪末，英国政府内部已经确立了纳西藏为"缓冲国"的政策，类似于锡金、不丹、尼泊尔的性质，控制西藏内政、军事和外交，享有独占特权。纵观英国侵藏政策，清末时英印政府更倾向于迅速坚决地强行纳西藏为"缓冲国"；英国政府考虑到全球的整体利益，更侧重于外交压迫中国政府，扶植西藏内部分裂势力，搞西藏政治"独立"。

19世纪末20世纪初，英帝国正处于巅峰，常以采取对外军事侵略为首选之策。英印政府打算迅速强硬地纳西藏为"缓冲国"。从19世纪90年代起，英印当局寻机在藏哲边界挑衅，不断索求及扩大在西藏政治经济特权，遭到了清政府和全藏僧俗的反对。1899年寇松新任英印总督，积极推行前进政策，图谋抛开中国政府，直接与达赖喇嘛联系，遭到拒绝。而俄国势力在西藏的插足，激怒了以寇松为首的前进政策分子，他们请求强硬解决西藏问题。1902年8月20日，寇松声称："任何打算把那里的中国利益转给俄国的企图，势必导致英印军队立即占领拉萨。"1903年1月8日，英印政府正式提交报告给英国政府，认为英国与西藏地方当局直接交往的失败，是由于"第三者"中国的阻扰，要求"配备武装护送队"派遣"代表团"到拉萨，"吓退旅途中可能遇到的任何反抗"，公开"申请"武装入侵西藏。① 英印政

---

① 《印度政府外务部致英国印度事务大臣汉密尔顿函》（1903年1月8日），载北京大学历史系等编著：《西藏地方历史资料选辑》，生活·读书·新知三联书店1963年版，第183—185页。

府的目的如驻亚东税务司巴尔所说："拟与有权之藏官重订约章，以后华官无治理西藏之权"；"强令西藏自主，与高丽同等"。[1] 目的是强纳西藏为"缓冲国"。

正是有寇松等一批英属印度官员的积极鼓动，促使英国政府批准了侵藏计划。1903 年 12 月，寇松派遣荣赫鹏发动了第二次侵藏战争，侵入拉萨后，逼迫西藏地方政府签订《拉萨条约》。

俄国早就对西藏存有非分之想，图谋侵占西藏，威慑英属印度，与英国争夺在亚洲的势力范围，强烈反对英国侵略西藏。19 世纪末，中国西藏已经成为英俄全球战略的必争之地。由于担心俄国在西藏势力的扩张，英国才加快了武装侵藏的步伐；而正是俄国对英国侵藏的强烈不满和反对，英国才放缓了炮制西藏为"缓冲国"的脚步。

英军侵藏的同时，俄国一直没有停止争夺西藏，一面拉拢十三世达赖喇嘛，一面与英国交涉西藏问题。《拉萨条约》签订后，引起了德、俄、法等国的不满和指责，更是激起了全中国人民的强烈愤慨。压力之下的清政府任命外务部侍郎唐绍仪为全权代表与英印当局谈判。1906 年 4 月，中英签订了《中英续订藏印条约》，第二款规定"英国国家允不占并藏境及不干涉西藏一切政治。中国国家亦应允不准其他外国干涉藏境及其一切内治"[2]。英国十分不情愿地做出了"不占领"西藏、"不干涉"西藏内政的"承诺"。这与国际形势的变化有关。1905 年 12 月，英国自由党政府上台，迫切需要一项条约"约束"俄国，消除俄国进犯英印的危险，同时又可以"携手"对抗新兴的德国。而俄国在日俄战争中失利，实力受损，但又想迫使英国在伊朗、阿富汗问题上让步，遂以西藏问题讨价还价，双方最终达成妥协。1907 年 8 月 31 日，在彼得堡，英俄签订了《英俄协约》，其中包括《西藏协定》内容，英国基本上达到了自己的战略目的，迫使俄国承认《拉萨条约》，消除了其对印度的威胁，又保证了英国在西藏已经获得的权益。俄国由于自身实力被削弱，需要一个稳定的国际外交环境，只好处于守势，无力再进逼西藏。而英国在与俄国政治交易时，"两缔约国应允尊重西藏领土完整，对西

---

① 吴丰培辑：《清季筹藏奏牍》第二册，商务印书馆 1938 年版，第 17 页。
② 王铁崖编：《中外旧约章汇编》第二册，生活·读书·新知三联书店 1959 年版，第 345 页。

藏内政不进行任何干涉"①。

正是基于对俄国交涉的需要，从阿富汗、中国等整体利益方面考虑，英国政府愿意修改《拉萨条约》。在1907年的英俄《西藏协定》中降低西藏赔款数额，由原约750万卢比75年付清条款，改为赔款250万卢比按年支付3年付清；将武装占领春丕谷75年改为3年，以及应允不向拉萨派驻代表。②此举是做给俄、德、法等国家看的，以显示英国没有长期占领西藏的野心。但是，英国初步达到了独占在藏权益"排除其他列强"的目的。英国政府认为这样做是"在现在局势下达到英国政府心目中的目标的最好道路，同时也是所决意施行的从大英帝国整体利益出发的政策最为相合的"③。调整了英印政府前进派的强硬主张，约束其武装占领西藏的筹划。

1906年《中英续订藏印条约》、1907年英俄《西藏协定》签署后，1908年英军从拉萨撤出，标志着英国政府暂时放弃了将西藏强行纳为"缓冲国"的策略。

辛亥革命发生后，英国政府看到有机可乘，又积极行动起来，遂强逼中国参加西姆拉会议。英方代表麦克马洪提交了《西姆拉条约》（草案），想在外交上逼迫中国政府签订符合国际法的条约，一举"奠定"西藏为英国控制下的"缓冲国"的政治地位。麦克马洪开出的将藏族聚居地区纳为"缓冲国"的条件超出了袁世凯能接受的底线。麦克马洪违背英国政府的指示，擅自与夏扎签订所谓的《西姆拉条约》（草案），引起英国政府对以麦克马洪为代表的英印政府前进派官员不满，也没有公开宣布英藏签约。随后第一次世界大战爆发，英国外交重点是欧洲，遂再次暂停前进派的强硬侵略政策。第一次世界大战之后，英国的实力不可避免地衰落，加之苏联的兴起及印度民族独立运动的蓬勃发展，迫使英国的外交重点有所调整。英国政府仍想逼迫北京政府同意续约谈判，由驻华公使朱尔典出面数次催促开议藏案。五四

---

① 陈春华：《俄国外交文书选译——关于1907年英俄〈西藏协定〉》，《中国藏学》2013年第1期。

② 陈春华：《俄国外交文书选译——关于1907年英俄〈西藏协定〉》，《中国藏学》2013年第1期。

③ 《英国议会关于西藏文书》1910年第5240帙，第6页，转引自周伟洲主编：《英国、俄国与中国西藏》，中国藏学出版社2000年版，第237—238页。

运动后，中国人民的爱国精神高涨，谴责北京政府的妥协退让，声讨英国分裂中国的行径，川滇甘青各地军政大员都通电反对签约，北京政府迫于国内舆论，已不敢与英国谈判续约，遂婉拒英人。英国虽多次威胁施压，但也无可奈何，强迫北京政府接受《西姆拉条约》（草案）的目的已不能实现。英国政府遂放弃了纳西藏为"缓冲国"的战略。

二、策动西藏政治"独立"

纳西藏为"缓冲国"也包括西藏政治"独立"的内涵，但性质更严重些。纳西藏为"缓冲国"是大的战略目标，随着英国势力的下降和国际局势的发展而调整。而策动西藏政治"独立"则是英国第二次侵略西藏战争之后一直致力的目标。英国政府清楚地明白，包括英国在内的世界各国都没有外交承认西藏"独立"，西藏从来没有获得真正的政治"独立"。英国策动西藏"独立"在操作上可以分为两个层面：一是英国政府与中国政府交涉，仅承认中国政府的"宗主权"，力图外交上促成西藏政治"独立"。二是培植西藏内部分裂势力，策动西藏地方当局搞"独立"活动。可以看出，英国对中国政府、西藏地方当局是两面下手，相互配合，阻止中国和平统一进程以及排除中国中央政府在西藏的主权和管辖权力，促成和维持西藏地方的"独立"。

英国侵略西藏之始，是承认中国对西藏拥有主权的。1876年，英国借口马嘉理在云南被杀，强迫清政府签订《中英烟台条约》，其中规定英国派员入藏，应有清朝各地方官府及驻藏大臣发给公文护照，承认了中国在西藏的主权。英国发动第一次侵藏战争之后，又强迫清朝于1890年3月17日签订《中英会议藏印条约》，1893年12月5日签订《中英续订藏印条约》，条约内容损害了中国在西藏拥有的主权和领土完整，但中英签订条约之事也证明英国承认中国对西藏拥有的主权。

随着英国的野心越来越大，中国拥有对西藏主权这一事实就变得"无关紧要"了。如何否认中国在西藏主权剩下的就是一种政治技巧了。1899年，英印总督寇松上台后，竭力主张推行"前进政策"，扩大英印在藏权益。在准备发动侵藏战争前夕，1903年1月8日，英印政府正式向英国政府提交报告，宣称"所谓中国在西藏的宗主权，乃是一种宪法上的虚构，一种政治上的矫饰——这种政治的矫揉造作，只是为了双方的方便而维持的"，"在拉萨的两个中国驻藏大臣，并不是在西藏当总督，而是当大使"。"我们希望派一个英国代表团赴拉萨而不必征求中国的许可或请领中国护照。""如果缔结新条约，就不仅是由英国和中国签字，而是还要有西藏政府直接派代表签字。""在目前西藏情况之下，有特别理由坚持西藏本身必须成为任何新订协定的突出的缔约之一方。"同时，又极其虚假地声称："我们应向中国和西藏政府作最明确的保证，代表团是纯粹商业性的，我们对西藏不抱任何政治企图，也无意宣布成立保护国或永久占领西藏的任何部分。"①

这是一个具有重要意义的文件，寇松提出了以后英国政府坚持40多年的政治诡论，就是否认中国在西藏的主权，歪曲中国对西藏仅仅拥有"宗主权"，就是这个"宗主权"也只是政治上的虚构。进一步讲，按照"矫饰""虚构"逻辑，中国对西藏的"宗主权"是假的，西藏本身是"独立"的，所谓的"宗主权"仅是外交的遮羞布，在这个"遮羞布"下，英国可以明目张胆地干涉中国内政，策动西藏"独立"。这是避免列强干涉、中国强烈反对的外交手腕。在西藏问题上，英国政府再次表现出了高超的强盗逻辑。把真的弄成假的，剩下的是实力较量和狡诈的政治技巧了。

寇松的诡论符合英国政府的战略谋划。永久正式地排除中国在西藏的主权和行使的管辖权力，策动西藏政治"独立"作为英国的基本政策，在发动第二次侵藏战争之际，就"敲定"了，直至1947年退出印度。

从1899年起，英国策动西藏"独立"经历了四个阶段。第一个阶段是从1899年到1914年7月西姆拉会议结束。1899年寇松新任英印总督，加快了对西藏的侵略活动，提出了"宗主权"的诡论，发动了第二次侵藏战争。英国与俄国签订《西藏协定》，第一次在国际条约上"约定"中国对西藏的"宗主权"，并逼迫中国接受所谓的"宗主权"地位。辛亥革命后，英国公开提出《朱尔典备忘录》，强逼中国政府参加"三方会谈"，英藏签订

① 《印度政府外务部致英国印度事务大臣汉密尔顿函》（1903年1月8日），载北京大学历史系等编著：《西藏地方历史资料选辑》，生活·读书·新知三联书店1963年版，第183—185页。

非法的《西姆拉条约》（草案），秘密画出"麦克马洪线"。所以，英国纳西藏为"缓冲国"、策动西藏"独立"及侵占"麦克马洪线"以南中国西藏领土的目标，都是在这 10 多年里筹划确定的，在西姆拉会议上达到了一个顶峰，对以后中英交涉西藏问题以及中国政府与西藏地方的政治关系都产生了极其不利的影响，也是西藏上层分裂势力搞"独立"的根源所在。第二个阶段是从 1914 年 7 月西姆拉会议结束至 1924 年擦绒亲英军官集团密谋政变止，是英国策动西藏分裂势力搞"独立"的阶段。西姆拉会议流产后，第一次世界大战爆发，英国的实力下降，外交重心转移，考虑到在华的整体利益，英国政府内部放缓了侵占西藏的步伐，一方面是外交威逼中国政府退让，希望通过中英谈判落实《西姆拉条约》（草案）内容，在法理上促成西藏地方政治"独立"；另一方面是借支持达赖喇嘛新政，培植西藏上层分裂分子的"独立"能力，扩大英国在西藏的影响力和特权，促进西藏地方事实的"独立"。这阶段的后果是西藏地方亲英势力、自主派势力大涨，压倒了亲汉力量，英国对西藏地方当局的影响大大增强，破坏和阻碍了中央与西藏地方的和平协商进程。第三个阶段是从 1925 年擦绒亲英军官集团政变彻底失败导致英国的影响力下降，到 1936 年古德访问拉萨前。英国策动政变刺激了十三世达赖喇嘛，迫使其做出政策调整，有意疏远英国而亲近内地。南京国民政府上台后，达赖喇嘛做出改善关系的实质努力，洽商和平，中央政府与西藏地方的关系得到有效改善。刘曼卿、贡觉仲尼到拉萨洽商，黄慕松入藏致祭，中央代表驻拉萨等事，显示英国对西藏的影响力下降。中国政府则在外交上抵挡住了英国的压力，拒绝与英国谈判解决"西藏问题"。所以，在这 10 年里，英国所做的是挑唆制造一系列事件，竭力破坏西藏地方与中央政府恢复正常关系的努力，阻止和平协商进程，维持英国对西藏的控制力。第四个阶段是从 1936 年古德访问拉萨到 1947 年英国退出印度，这是英国采取积极行动力争实现侵略西藏目标的阶段，主要是策动西藏政治"独立"，并操纵其国际化和侵占"麦克马洪线"以南中国西藏领土。英国在第二次世界大战期间不是想办法帮助盟友中国抵抗外敌侵略，而是竭力维护在印度和缅甸的殖民利益，不希望看到中国的强大，遂加快了侵占中国藏东南领土的行动，并宣布不再无条件地承认中国对西藏的"宗主权"，侵藏政策做出了较大调整。本着这一宗旨，英国策划一系列西藏"独立"国际化活动。1947

年 8 月，英国将侵占西藏地方获得的权益"移交"给印度。这一阶段英国的侵略行为极大地损害了中国主权，扩大了西藏"独立"思潮，遗祸甚深。

纵观英国策动西藏政治"独立"近 50 年的时间里，第一阶段是确定了侵略西藏的目标和策略，并武装入侵西藏。第二阶段主要是培植西藏地方分裂势力的"独立"能力。第三阶段是维持西藏"独立"现状，力图控制西藏地方。第四阶段是实际侵占西藏东南领土，操纵西藏"独立"国际化。再往前推，英国于 1774 年派波格尔入藏探路通商开始，历经英国第一次发动侵略西藏战争，到 19 世纪末，统视为英国打开西藏大门阶段。这样，英国侵略西藏历经四个阶段，是造成近代西藏"独立"问题的罪魁祸首。

英国政府对藏政策的实质是要将西藏从中国分离出去，但是不愿过于赤裸裸地表现出自己的意图，还要保留一下中国"宗主权"的外壳，维系与中国政府的关系，不至于因激怒中国而损害其他在华利益。如果英国公开宣布西藏"独立"，极有可能招致列强的反对，要求英国在其他问题上做出让步；并且如中国出兵收复西藏，英国要走到武力干涉的地步，需要花费巨大经济、军事力量，这是英国所处的国内外形势不容许的，也不符合英国的最大利益。因此，英国策动西藏"独立"，只能是在幕后唆使西藏地方当局提出，而不能成为一项公开的政策。这是英国政府老谋深算、权衡利弊的结果。对于英印政府和侵藏官员来说，则较少考虑大英帝国的全球利益，更多的是维护印度的利益，故公开策动西藏"独立"更为积极主动。

三、侵占"麦克马洪线"以南中国领土

19 世纪末 20 世纪初英国控制了尼泊尔、锡金、不丹、缅甸等印度外围地区，屏障所缺的"篱笆"只剩下中国西藏了。历史上印藏边境和滇缅边境都有一条传统习惯线，各有约定俗成的归属本地政府管辖的地域。与中国西藏的门隅、珞瑜（洛瑜、洛渝、洛隅）、察隅（杂隅、杂瑜）地区相邻的是阿萨姆王朝统治的地区，传统边界沿喜马拉雅南麓山脚行走。

1826 年，英国把阿萨姆地区划入英属印度版图。阿萨姆地区主要是由布拉马普特拉河谷和山地组成，长期以来处在英印政府行政管辖范围之外。随着茶园、木材业的发展，商业开发活动拓展至布拉马普特拉河谷北部的山

地丘陵。英印政府在阿萨姆平原地区划出一条行政管理线，为内线；在不到喜马拉雅山南麓的地方划出一条线为外线，等于是两条隔离线，控制着商业活动的区域，避免与山地部落发生冲突。19世纪末，英印政府尚不能有效管理山区边缘地带。英印官员偶有越过内线进入山区的，但都未深入勘察。

寇松上台后，政策趋于强硬，认为俄国正在咄咄逼人地向印度推进，应采取措施保证西藏继续处于"孤立"状态，并处在英国的控制下，以屏障印度东北边境的安全。寇松用"斜坡防御"理论很好地概括了前进派的观点："印度像一座要塞，两边有辽阔的海洋作壕沟，在其他方面有大山作城墙。在那些有时并非不能越逾，而是易于突破的城墙外面，延伸着一条宽窄不等的斜坡。我们不想占领这个斜坡，然而也不能坐视它被敌人占领，让它留在我们的同盟者和朋友手中也行。但是如果我们的对手偷偷爬上斜坡，呆在城墙脚下，我们就得进行干预，因为任其下去，就会越来越危险，可能有一天要威胁到我们的安全……谁要是在印度只把守城堡，而不往远处看，那他就是一个目光短浅的指挥官。"[1]中国藏东南领土进入了英印政府的视线。1907年底，寇松派阿萨姆助理行政官威廉逊窜入察隅河谷地区调查勘测。为了应对英印当局的侵略活动，1910年川滇边务大臣赵尔丰派管带程凤翔率兵进入察隅地区，立下界碑，宣明中国政府对西藏领土的主权管辖。阿萨姆省督获知消息后，上书英印政府，声称如果中国势力扩展至喜马拉雅山南麓部落边缘地区，会对阿萨姆造成战略威胁，将导致印度东北边境处于不利的战略地位，建议沿喜马拉雅山脊确定一条稳定的战略边界。英印、伦敦内部都有一些官员主张应抢在中国行动之前，将印度东北边境向前推进。

1911年初，英印总督哈定勋爵派威廉逊窜访察隅河谷，被珞巴人杀掉。英印政府找到了入侵的借口。1911年9月21日，哈定致电印度事务大臣建议派遣远征队，现在政策的主要目标是尽快在中国西藏与不丹之间的部落地区确定一条稳定的战略边界。[2]获得批准后，英军远征队杀掠和焚烧珞巴人民村寨；深入门隅、察隅、珞瑜地区，进行大规模的调查和测量工作，并在

[1] ［澳］内维尔·马克斯韦尔：《印度对华战争》，陆仁译，生活·读书·新知三联书店1971年版，第11—12页。
[2] ［澳］内维尔·马克斯韦尔：《印度对华战争》，陆仁译，生活·读书·新知三联书店1971年版，第39页。

靠近藏东南地区的地方建立了边境站。英印政府陆军参谋部建议要突出考虑军事方面的问题，提出"理想"的边界线，不仅要把达旺地区而且要把其北面属于西藏的一大片土地，包括另一个西藏行政中心错那宗都划归印度。①英印处心积虑地筹划将中国西藏东南领土据为己有。

英国自知入侵藏东南是非法的，为了防止中国政府、西藏地方当局以及俄国政府的反对，遂严密封锁消息，秘而不宣地勘探、测量，单方面确定了中印东段边界的大致走向，为以后秘密划分"麦克马洪线"和武力侵占做了大量准备。辛亥革命发生后，中国中央政府在西藏地方行政权力突然崩溃，英印政府认为这是采取行动排除中国政府在西藏地方行使有效权力、对印度最有利的一个机会。

英国遂加紧准备，妄图捞取最大的好处。为了确定所谓的"印藏边界"，1912 年底至 1914 年初，英印政府派远征队"考察"藏东南地区。随队活动的英国驻江孜商务专员贝尔承认："西藏和阿萨姆之间的边界问题将会全面摊开，在边界土地还没有测量制图的时候，任何有价值的协议都不可能达成……必须不惜一切代价回到藏布江上游来，至少到泽当，以便回去能给麦克马洪提供一张地图，好让他们根据种族和地理情况在图上划界。"②在西姆拉会议召开之际，贝尔一行到西姆拉向麦克马洪汇报，交上勘测地图和情报资料，初步研究策划草拟出所谓"印藏边界"，报印度事务部批准。

此时，辛亥革命的成功使得内地民众爱国反帝情绪强烈迸发，英国也感受到了中国人民的精神，深知若公开提出所谓的"印藏边界"，只会激怒中国人民，招致西姆拉会议流产。所以，英印的策略是将中国政府排除在外，以支持西藏地方当局摆脱中国为诱饵，诱迫西藏地方当局秘密交易。在西姆拉会议期间，麦克马洪私下向西藏地方代表夏扎提出，为了巩固英藏的友谊，应当划出一条"印藏边界"，若不同意，英国不会在汉藏问题上给予帮助。1914 年 3 月 24 日、25 日，麦克马洪、夏扎秘密交换书信，在两份地图上用红线画出印藏边界，双方签字盖章，各存一份，制造了非法的"麦克马

① ［澳］内维尔·马克斯韦尔：《印度对华战争》，陆仁译，生活·读书·新知三联书店1971 年版，第 40 页。

② ［英］F.M. 贝利：《无护照西藏之行》，春雨译，西藏社会科学院资料情报研究所 1983年版，第 83 页。

洪线"。

中英西姆拉会议争论的焦点是"内藏"和"外藏"的划分，并没有涉及"印藏边界"问题，中方对此毫不知情。英国打算在西姆拉会议上将中国藏族聚居的地区分裂出去，故谋划出"内藏"和"外藏"的诡计。1942年2月17日，召开第四次会议。麦克马洪提出《英国对于藏域的声明》，将西藏划分为"内藏"和"外藏"。"中国势力偶及之处，即内藏"，"中国仅能颁布命令空文的范围，即外藏"。"这两个范围的政治地位既有不同，办法也随之而异。最妥当的解决方法是：中国承认外藏自治，西藏承认中国在内藏仍有若干权力，以恢复并保有其历史地位，但必须与外藏之疆域完全无碍。"[1] 据冯明珠研究，在谈判过程中，英方以1906年英国皇家地理学会出版的《西藏与其邻近地区图》为底图，将图上最紧要山脉、河流、城邑以中、英、藏三种文字并列绘制为略图，作为会议讨论界务的《界图》。1913年11月1日，陈贻范将《界图》邮寄到北京外交部。现在《界图》已经不复存在于《西藏议约案》中。唯一能查到一张与西姆拉会议有关的地图，出现在1919年8月的《西藏议约案》中。当时中英在华盛顿会议召开前，曾重开议案，中国外交部外政司根据陈贻范提供的《界图》摹印，图上绘有红、蓝、紫、黄、绿诸色线及蓝色色块。这幅地图画有一条长长的红线，系英国提出中国内地与"内藏"交界之线，西北起于东经79度、北纬36度，沿昆仑山脉向东北展延，经阿尔丁台富、白康普陀岭向东南蜿蜒而下，经阿美马顷岭，沿雅砻江南下，经打箭炉至东经102度、北纬26—27度间，折向西行，经阿敦集、门工、梯拉拉、力马（日马）向西延伸，经杂瑜、白马岗、工布南下至台王（达旺）。从力马延伸至达旺是所谓的"麦克马洪线"，西起达旺东经91—92度、北纬27—28度间，东讫力马东经97—98度、北纬27—28度间，将线以南至雅鲁藏布江之间原属中国西藏门隅、珞瑜、下察隅的9万平方公里的土地划入英属印度境内。[2] 当时，中方并没有注意到

---

① "麦克马洪线"是以唐朝吐蕃分布的地区为西藏完整的政治地理地域，将昆仑山以南、金沙江以西归为"外藏"，将青海西宁、川西北德格、甘孜、瞻对等地划为"内藏"。《陈贻范送英国专员答复之藏界意见书函》（1914年2月25日），载《西藏议约案》第4函第12册。参见周源、周伟洲主编：《西藏通史·民国卷》，中国藏学出版社2008年版，第57页。

② 周伟洲、周源主编：《西藏通史·民国卷》，中国藏学出版社2008年版，第85—86页。

"印藏边界"，所争焦点是"内藏""外藏"的划分。1914年7月1日，朱尔典通知中国外交部7月3日召开最后一次议约会议，外交部电告陈贻范不得签字并发表声明不承认英藏所签"条约"。

当时第一次世界大战即将爆发，欧洲各国加紧备战，英国政府不得不将主要精力放在欧洲战场上，暂时不愿意强硬逼迫中国签约而招致中国人民的强烈反对；也担心若违反1907年英俄《西藏协定》，会引发俄国的不满，影响其在亚洲的利益及反德同盟合作。所以，考虑到国际形势和自身全局利益，英国政府决定暂缓计划。1914年7月3日，英国政府急电英印政府指示麦克马洪，如果中国拒绝，就不要同西藏签订双边条约。麦克马洪是典型的前进强硬分子，违背英国政府的指示，仍施故伎恫吓陈贻范。陈贻范拒绝签字。在这种情况下，麦克马洪与夏扎签署了《英藏联合声明》《英藏通商章程》。这违反了1906年中英《藏印条约》、1907年英俄《西藏协定》的条款内容，所以英国政府对这个英藏协议保守秘密，没有公开发表。1914年7月23日，英印总督哈定在写给印度事务部大臣的备忘录中明白地说道："考虑印度东北边境问题不是西姆拉会议职责的一部分，亨利·麦克马洪爵士就这方面提出的观点和建议只能被看作是他个人的，并未得到印度政府的批准。"[1] 所以，英印政府并没有公布《英藏通商章程》及划分"麦克马洪线"的地图、书信；也没有载入1929年出版的《艾奇逊条约集》第12卷、第14卷中。英国政府承认西姆拉会议并没有产生中国政府作为缔约一方的任何协定。麦克马洪也承认："在我离开印度前，没有能够使中国政府在三边协定上正式签字，我对此感到非常遗憾。"[2] 按照国际法，中国政府拥有对西藏主权，西藏地方没有国际公认的主权国家的缔约权，无权与外国谈判签约。中国政府多次严正声明不承认未经中国签字的所谓《英藏条约》或类似任何文件。"麦克马洪线"是非法和无效的。

在西姆拉会议结束近20年的时间里，英印基本上没有进行夺取非法边界划定的藏东南地区的活动，印度测绘局的地图标明印藏边界仍是沿着传统

---

① ［印］卡·古普塔：《中印边界秘史》，王宏纬、王至亭译，中国藏学出版社1990年版，第87页。

② ［澳］内维尔·马克斯韦尔：《印度对华战争》，陆仁译，生活·读书·新知三联书店1971年版，第45页。

边界线行走。"麦克马洪线"似乎被遗忘了。藏东南土地上的人们生活如常，西藏噶厦及贵族仍旧对所属庄园和土地实行管理，征纳赋税。

那么"麦克马洪线"的具体位置在哪？目前国内外公开出版的论著中都未见麦克马洪、夏扎签押的原约、原图。据1953—1954年参加中国与印度议约谈判的杨公素回忆："噶厦交出来的是当时麦克马洪与夏扎签字的原图，有经纬线，约为50万分之一的比例，在这图上粗粗地画了一条红线，这就是划定的印藏边界线。除此图外，并没有边界条约，没有说明边界走向，更没有划界议定书等。"[1] 他见到的应不是西姆拉会议上使用的原图。西姆拉会议的焦点是"内藏""外藏"的划分，原图上画有红、蓝两条线。《印度对华战争》记："这条边界线是画在两张比例为一英寸等于八英里的地图上。在一九一四年三月二十四日和二十五日，麦克马洪和西藏全权代表的换文中，西藏接受了这条线。换文中并没有关于这条新边界的文字描述，也没有提到根据什么原则画出这条线的。所以，麦克马洪线的走向的唯一权威性根据是最初的地图，在拉萨和英国都保存有该图的副本。"[2]

此后，英国政府基于全局利益的考虑，没有公开"麦克马洪线"，也没有通知阿萨姆省当局。"麦克马洪线"并不为人们熟知，直到1935年，英印政府外交副秘书卡罗（Olaf Caroe）才偶然注意到这条边界线，建议政府采取措施把"麦克马洪线"变成实际的边界线。1937年英印政府派人勘查"麦克马洪线"，发现1914年《西姆拉条约》（草案）及麦克马洪、夏扎签押的地图上所画红线，并不精确。

1937年3月23日，印度测绘局向外交秘书送交了两份标有"麦克马洪线"的题为《西藏高原及周围国家》的地图校样。[3] 英印政府单方面确定的印藏边界线大体上沿着喜马拉雅山分水岭山脊行走。"西起东经91度39.7分、北纬27度44.4分（45分），讫于东经98度22.8分、北纬27度34分"，实地"西起达旺以北，北纬27°45′与不丹相邻的地方开始，向东走一段后再

① 杨公素：《沧桑九十年——一个外交特使的回忆》，海南出版社1999年版，第199页。
② ［澳］内维尔·马克斯韦尔：《印度对华战争》，陆仁译，生活·读书·新知三联书店1971年版，第47页。
③ ［印］卡·古普塔：《中印边界秘史》，王宏纬、王至亭译，中国藏学出版社1990年版，第115页。

向东北挺进，经过西巴霞曲河上游、加玉河等转向东南，在雅鲁藏布江下游
向北，经丹巴江流域后向南再向东，越过察隅河、独龙江，到高黎贡山脉的
伊索拉希山口为止"①。这条现在人们所知的经纬度清晰的"印藏边界线"是
在 1914 年麦克马洪单方面画出的"麦克马洪线"的基础上，经过印度测绘
局实地勘测加以修正，重新画定的，已非夏扎签押的"麦克马洪线"了。

第二节　英国侵藏的手段

英国采取了各种手段为达到自己的侵藏目的，总的可以概括为武装入
侵，仅承认中国"宗主权"和视西藏"自治国"的策略，培植藏军及噶厦亲
英势力，破坏中央与西藏地方的关系，以输送军火、经济控制和文化渗透等
手段，实现英国控制下的西藏政治"独立"。

一、武装入侵强硬掌控西藏

辉煌时期的英帝国对外扩张常用的手段是武装入侵。从 1840 年起，英
国发动两次鸦片战争，逼迫中国签订不平等条约，攫取种种特权。英国强占
印度后，继续侵略其周边的克什米尔、锡金、不丹、尼泊尔等地，也将魔爪
伸向了西藏。英国通过《中英烟台条约》迫使清政府同意英人可以在西藏游
历、传教、经商，但遭到了西藏人民的激烈反抗。英国决定武装入侵，以哲
孟雄为侵略西藏的基地，修整道路，筑炮台，设立兵站，派驻军队；派人潜
入藏境侦探、测绘地形。这引起西藏地方政府的警觉，派兵戍守邻近哲孟
雄边境的日纳宗隆吐山，以备不测。1886 年 12 月底至 1887 年，英国通过
驻华公使向清政府施压，竟称：西藏"越守西金（锡金）之内"，印度总督
"势不得已，惟有自行设法，迫令退出"，"惟有刻即调兵驱逐出境"。②英国
将西藏领土隆吐强行划在锡金境内，是为武装入侵西藏寻找借口。英军在做

① 周伟洲主编：《英国、俄国与中国西藏》，中国藏学出版社 2000 年版，第 415、416 页。
② 吴丰培辑：《清季筹藏奏牍》第一册，商务印书馆 1938 年版，第 5—6 页。

好侵藏的战争准备后，1888年2月10日，向清政府发出最后通牒，要求藏军必须限期撤出隆吐。清朝政府惊慌失措，令驻藏大臣文硕立即撤兵。实际上，不管清政府、西藏人民是否答应英国的条件，英军都会发动蓄谋已久的战争。1888年3月20日，英军悍然向隆吐藏军发动进攻。西藏人民群情激愤，全藏动员奋力抗击英军。由于敌强我弱、指挥策略失当以及清政府妥协等因素，西藏人民反击英军武装侵略的隆吐山保卫战失败。清政府对内强压西藏民意同意议和谈判。1890年3月17日，英印总督兰斯顿、驻藏大臣升泰在印度加尔各答签订《中英会议藏印条约》。英国正式吞并了锡金，完全控制其内政、外交，割占了中国西藏南部的隆吐一带领土，并逼中国开议边界、通商、游牧等问题。1893年12月5日，中英在大吉岭签订《中英续订藏印条约》，规定中国开放亚东为商埠，英国享有领事裁判权、派驻官员、自由通商、贸易免税等特权。英国通过武装入侵，完成了纳西藏为"缓冲国"战略目标的第一阶段准备。

英印当局并不满足已经到手的政治、经济特权，督促英国政府加紧侵略西藏。1899年，英印总督寇松起到了主谋的作用。寇松蛮横指责西藏地方中断印藏贸易，侵占锡金领土，企图绕开清朝驻藏大臣与西藏地方当局的直接联系，遭到了断然拒绝。而俄国派喇嘛德尔智作为特使，常住拉萨，煽惑达赖喇嘛借俄抗英。以寇松为代表的前进派对此极为恼怒，大肆渲染俄国控制西藏后对印度的威胁。1902年8月20日，寇松声称："任何打算把那里的中国的利益转给俄国的企图，势必导致英印军队立即占领拉萨。"1903年1月8日，寇松正式提交报告给英国政府，要求派遣配备武装护卫队的"代表团"到拉萨。寇松建议英国政府尽快采取行动武装入侵西藏。实际上，寇松就任英印总督数年来一直派人侦测西藏境内的地理、气候、军事设施、交通、人员、民俗等情况，在锡金边境修筑道路、炮台，训练印度军队，逐年增加军费和武器装备，进行武装侵略西藏的筹备。

俄国侦获消息，通过驻英大使照会英国外交部，称关注西藏是中国的一部分，如果该地方出现重大动乱，不能置之不问，可能会采取必要措施保卫在亚洲的利益。英国回复说没有吞并西藏的打算，如果有人否认英人在西藏享有商务便利的权利，或者藏人不履行条约的义务，我们有必要维护这种权利。英国政府当时顾虑公然武装侵入，很容易引起俄国的干涉。英国政府与寇松反复磋商后，决定派武装卫队护送英方代表到岗巴宗与中方谈判。1903年6月，英国通过驻华公使照会中国外务部，并由印度总督照会驻藏大臣，要求中国派全权代表与英方代表会晤。这时，寇松已派荣赫鹏率近千名士兵，配备大炮，强行闯入藏境，直趋甲岗，准备武力进驻岗巴。

1903年7月22日，中英谈判委员在岗巴初次会晤。中方代表何光燮严正交涉，要求英方必须撤出中国西藏边界，才能开始谈判。荣赫鹏有意制造种种挑衅活动，致使谈判无法进行。然而，英国驻华大使照会清政府，印度总督照会驻藏大臣，指责中方代表为难商办要事，将不能如期谈判的责任完全推给中方。同时，英国也在加紧筹划新的侵略方案。英国在岗巴谈判是一个借口，为了掩人耳目，对外宣称荣赫鹏率谈判"使团"进入西藏，目的是订立有关边界、通商的条约，无意占领西藏。但根本无诚意和谈，无非是"有意找事"，有利于武装入侵计划的实施。1903年10月，寇松、荣赫鹏密谋拟出兵侵占春丕、江孜的计划，并做好了进军的各项准备，上报英国政府。此时，俄国正在为与日本争夺中国东北备战，无暇干涉英国侵藏之事。11月，英国政府认为这是非常好的一个机会，正式批准英军武装入侵西藏。12月14日英军夺取春丕，18日进攻帕里。1904年4月5日，英军开始入侵江孜，增兵至万人，于8月3日侵入拉萨。西藏人民经过英勇的抗英斗争，由于敌我实力悬殊过大最终失败。

荣赫鹏以武力威胁强迫西藏地方当局签订《拉萨条约》，割占了甲岗等地，增设江孜、噶大克为通商口岸，强征赔款，独占在西藏各种特权。1906年4月27日，中英签订了《中英续订藏印条约》，迫使清政府同意《拉萨条约》。其中第二款规定"英国国家允不占并藏境及不干涉西藏一切政治"[1]。从当时的国际形势及整体利益考虑，英国政府认为武装占领或公开支持西藏"独立"都有损英国整体利益，遂做出了"不占领"西藏、"不干涉"西藏内政的"承诺"，约束了英印政府内部的前进派。1908年英军从拉萨撤出，标志着英国军事入侵西藏告一段落。

---

① 王铁崖编：《中外旧约章汇编》第二册，生活·读书·新知三联书店1959年版，第345页。

二、承认中国"宗主权"和视西藏为"自治国"的策略

英国政府认为西藏在中国"宗主权"名义下维持事实"独立"，并处于英国的控制下，才最符合英国的利益。这是 1903 年以来英国一直坚持的分裂中国西藏的策略。以此正式否认中国在西藏的主权，在策略上比较隐蔽，既可应付和牵制俄国，又可减弱中国人民的反对声浪，不至于过分损害英国的整体利益，其政治手腕相当老辣。

1. 清末时期英国所坚持的"宗主权"

1903 年 1 月 8 日，寇松宣称："所谓中国在西藏的宗主权，乃是一种宪法上的虚构，一种政治上的矫饰——这种政治的矫揉造作，只是为了双方的方便而维持的"，正式提出以"宗主权"否认中国主权的谬论，并成为英国政府侵略西藏的重大外交方针。英军侵入拉萨后，中英就《拉萨条约》等问题展开谈判。1905 年 1 月，清政府派出外务部侍郎唐绍仪、参赞张荫棠等人赴印度，与英属印度政府全权代表费利夏谈判。英国首次在谈判中否认中国拥有西藏主权，中国坚决反对。11 月 12 日，英国中止谈判。1906 年 4 月，中英在北京恢复谈判，英方态度强硬，中国也拒绝接受强塞的"宗主权"地位。《中英续订藏印条约》第二款内有："英国国家允不占并藏境及不干涉西藏一切政治。中国国家亦应允不准其他外国干涉藏境及其一切内治。"[①] 英国间接承认了中国在西藏的主权，没有出现"宗主权"一词。

中国在藏"宗主权"首次出现在英俄签订的《西藏协定》国际条约中。英国第二次侵藏战争后，经过与俄国长达数年的谈判，达成了政治交易，于 1907 年签订《西藏协定》。其中第一款为"两缔约国应允尊重西藏领土完整，对西藏内政不进行任何干涉"。此条款隐藏着极其阴险的目的，若是将"尊重西藏领土完整"改为"尊重中国西藏领土完整"，说明英、俄两国仍承认西藏是中国领土的一部分。此处不写"中国"两字，也可以解释为西藏是一个"独立的国家"。第二款"俄国和英国遵照承认中国对西藏之宗

---

① 王铁崖编：《中外旧约章汇编》第二册，生活·读书·新知三联书店 1959 年版，第 345 页。

主权这一原则"①。英俄两国"承认中国在西藏的宗主权"，等于宣称西藏是中国的"附属国"。此二条款否认中国对西藏的主权，视西藏为一个"独立的国家"。但是，英国没有公开承认西藏为"独立国家"，却提出"宗主权"之说；攫取在藏权益，却又表示"尊重"西藏领土完整和不干涉内政，这是有着综合的考虑。首先，英国要独占西藏，需要寻找政治借口，"宗主权"可以从法理上削弱中国在西藏的地位，否认中国对西藏的主权，为自己的侵藏行为辩护，又可以为策动西藏"独立"制造借口。其次，《中英续订藏印条约》使得英国事实上拥有了独占在藏驻军、通商等政治经济权益，在与沙俄争夺时，处于极有利的主动地位，在这种情况下，承认尊重西藏领土完整、不干涉西藏内政，可以束缚俄国侵藏活动，扼制沙俄威胁印度的战略企图，有利于维护英国在藏的既得权益。再次，英国要通盘考虑其全球战略利益，"承认中国是西藏的宗主国"，"尊重西藏领土完整和不干涉西藏内政"，是避免如此快速地独占西藏而激怒俄国，影响与俄国结成反德联盟的战略。另外，英国还要考虑到占领西藏后，激怒中国人民进而威胁英国在长江流域利益的后果。

所以，上述是英国多次声明不占领西藏，也不公开承认西藏是"独立国"；却又极力否认中国对西藏的主权，硬塞一个"宗主权"名义的原因所在，目的是在英国控制下，将西藏从中国分离出去。

2.1912 年《8·17 备忘录》（《朱尔典备忘录》）

正当英国千方百计地排除中国在藏主权之时，清政府要强化主权管理，相继命张荫棠、联豫赴藏查办藏事推行新政；令赵尔丰为川滇边务大臣，在川边改土归流。这就触动了西藏贵族和大喇嘛的根本利益，触发了以十三世达赖喇嘛为代表的三大领主集团的疑惧和强烈反对，加深了与清政府的矛盾。原本想巩固自己政教权力的达赖喇嘛丧失了对清廷的信心，转而与仇敌英国和好，并决意阻止川军入藏。英国干涉清廷处理藏事的同时，进一步拉拢和鼓动达赖喇嘛投靠英国。

辛亥革命的爆发，导致川军拉萨变乱。英国政府认为这是分裂中国西藏

① 陈春华：《俄国外交文书选译——关于 1907 年英俄〈西藏协定〉》，《中国藏学》2013 年第 1 期。

非常好的一个机会，当时的《东方杂志》曾转录《伦敦时报》一文称："英国承认中国在西藏的宗主权，今日既经停止矣……吾政府宜要求中国，非在制限之范围之内，中国绝不可再干涉西藏之自主权。英藏两次条约中规定之西藏自主，中国绝非可剥夺之者，英俄协商中置代表者于拉萨之条件，得因保护英国之利益及藏人之福幸，更改设置代表之章程，今日者乃试验此更改之好机会也。"①英国政府决定"反对将西藏在严格意义上包括在中国本土之内"，"维持西藏在中国宗主权之下的自治"②。这就撕去了清末签订《拉萨条约》《中英续订藏印条约》时间接承认中国主权的伪装，公开宣布要将西藏从中国分裂出去，明确了仅承认中国"宗主权"和维持西藏事实"独立"的策略。

英国方针已定，就要采取各种手段推行。在英国的支持下，达赖喇嘛尽揽藏务，遣藏军东侵川边，川藏紧张局势震动全国。袁世凯主政北京政府之后，欲一举解决藏事，遂派川军、滇军西征平乱。英国政府在逼迫袁世凯中止西征之后，于 1912 年 4 月 10 日指示驻华大使朱尔典，"要求中国政府做出保证，维持西藏在中国宗主权之下的自治，作为承认民国政府的条件"③。1912 年 8 月 17 日，英使朱尔典向北京政府递交了经过英国政府拟定和修改的《8·17 备忘录》，其主旨为以下五点：

（1）英国过去曾经承认中国对西藏的宗主权，但从未承认也不打算承认中国有权积极干涉西藏的内政，西藏的内政应如各项条约所期望的那样由西藏当局掌握。

（2）英国正式拒绝接受袁世凯于 1912 年 4 月 21 日宣布西藏与内地各省平等的命令。

（3）英国不打算同意中国在拉萨或全西藏保持无限数量之军队。

（4）英国必须催促按照上述各点签订一项书面协议，作为承认中华民国的先决条件。

（5）完全断绝中国一切经过印度同西藏的往来，只有在以上各方面

---

① 《英藏交涉始末记》，《东方杂志》第九卷第十号。

② 《英国外交部档案》全宗第 533 号，第 15 卷，第 9 页，第 44 号文件。译文见王远大：《近代俄国与中国西藏》，生活·读书·新知三联书店 1993 年版，第 277 页。

③ 《英国外交部档案》全宗第 535 号，第 15 卷，第 36 页，第 47 号文件。译文见王远大：《近代俄国与中国西藏》，生活·读书·新知三联书店 1993 年版，第 277 页。

达成协议，英国认为这些条件已经兑现，才能重新开放。①

《朱尔典备忘录》成为英国政府侵略西藏的一个指导性文件，要害在于：一是仅仅承认中国对西藏名义上的"宗主权"，拒绝接受西藏是中国一个行省的政治地位；二是不承认中国有管理西藏内政之权；三是中国不能派驻藏官员和军队；四是公开制造西藏"独立"，甚至将强塞的中国对西藏的"宗主权"都要否认。英国采取威逼的手段将承认中华民国与中国在藏主权问题挂钩，逼迫中国放弃在藏主权。1912 年 12 月 23 日，中国外交部答复："惟现在中国政府认定不许其他一切国家干涉西藏之领土权及其内政"，"今日并无改订新约之必要"，"不能将承认民国政府与西藏问题并为一谈"。② 明确批驳英国的非法无理要求。英国则拒绝中国的声明。

3. 1914 年非法《西姆拉条约》（草案）内的"宗主权"

1912 年 8 月 26 日，英国又编写《关于印度东北边境毗邻国家的形势备忘录》，内有"西藏名义上维持其在中国宗主权下的自治国的地位时，实质上应处于绝对依靠印度政府的地位"。"西藏应当十分真心诚意地完完全全归属于英国的势力。"③英国以外交承认和财团贷款为施压手段和诱饵，要求中国在《朱尔典备忘录》的基础上谈判西藏问题，订立新约。同时，英国也与俄国秘密谈判，要求撤销 1907 年的《西藏协定》，扩大侵略西藏活动的自由。俄国接受了将西藏问题和蒙古问题进行交易的建议。

怀有私心的袁世凯出于巩固个人权力的目的愿在《朱尔典备忘录》的基础上谈判，走进了英人精心策划的圈套，参加了由英国导演、志在分裂中国的西姆拉会议。

1913 年 8 月 3 日，中国正式任命陈贻范为全权代表，赴印参加西姆拉会议。在英国的要求下，西藏地方派全权代表夏扎赴印参会。英方代表是

---

① 《英国外交部档案》全宗第 535 号，第 15 卷，第 153—154 页，第 193 号文件附件。译文见王远大：《近代俄国与中国西藏》，生活·读书·新知三联书店 1993 年版，第 281 页。参见中国藏学研究中心、中国第二历史档案馆等合编：《元以来西藏地方与中央政府关系档案史料汇编》第六册，中国藏学出版社 1994 年版，第 2385—2393 页。

② 《英国外交部档案》全宗第 535 号，第 16 卷，第 56 页，第 71 号文件。译文见王远大：《近代俄国与中国西藏》，生活·读书·新知三联书店 1993 年版，第 292 页。

③ 《英国外交部档案》全宗第 535 号，第 15 卷。译文见王远大：《近代俄国与中国西藏》，生活·读书·新知三联书店 1993 年版，第 283 页。

英印政府外事秘书麦克马洪。1913年10月13日，在西姆拉第一次会议上，中国代表强调西藏地方是中国领土的一部分，中国有派官兵驻藏的权力，恢复前清在西藏的主权管理等事项。夏扎提出西藏"独立"，划定中藏边界，中国不得派员驻藏等六点要求。麦克马洪则提出先解决中藏边界问题，再谈西藏地位问题。这是麦克马洪设计的双簧戏，麦克马洪的策略是教唆夏扎提出西藏"独立"，英方则佯装调停人，居中调解，目的是由英国掌控谈判。1914年3月11日，第五次会议时麦克马洪抛出调停草案，其中第二条部分内容是："中英各政府既认西藏为非属于中国统治权，乃属于中国宗主权之国，并认外西藏有自治权。"①单方面规定西藏隶属中国"宗主权"而不是主权之下，西藏享有"自治权"。其他条款内容要点是中英应尊重"外藏"领土完整；"外藏"内政由拉萨政府掌理，中英不予干预；中国承诺不改"外藏"为行省，中国议院或类似机构不设"外藏"代表；英国不兼并"外藏"。1914年4月27日，在未得北京政府训令的情况下，软弱惶恐的陈贻范画押了《西姆拉条约》（草案），其中第二款部分内容是："中英各政府既认西藏乃属中国宗主权之国，并认外西藏地方有自治权。"②这对中国造成了重大的实质损害：中国对西藏仅有一个"宗主权"名义，与英国在西藏的政治地位是平等的，西藏是"独立国"，中国、英国对西藏而言都是"外国"。

《西姆拉条约》（草案）传回国内，激起中国政府和人民强烈反对。北京政府外交部电令陈贻范拒绝签署《西姆拉条约》（草案），因此所谓的《西姆拉条约》（草案）是非法无效的。对此，国内外许多学者都做了深入精辟的论述。西姆拉会议并没有完全达到英国的预期目的，但是英国单方面认为北京政府除了"内藏"边界外，已经接受了《西姆拉条约》（草案）条款，在以后30多年都以《西姆拉条约》（草案）的内容为干涉藏事的依据，对中国政府解决西藏问题产生了巨大的危害和深远的不利影响。

4. 1921年《寇松备忘录》

1915年，袁世凯同意签订了《中俄蒙协约》、中日《民四条约》。相应

① 《藏案交涉经过情形》，载中国藏学研究中心、中国第二历史档案馆等合编：《元以来西藏地方与中央政府关系档案史料汇编》第六册，中国藏学出版社1994年版，第2412页。
② 《藏案交涉经过情形》，载中国藏学研究中心、中国第二历史档案馆等合编：《元以来西藏地方与中央政府关系档案史料汇编》第六册，中国藏学出版社1994年版，第2414页。

地，英国也希望趁此良机早日了结藏案。朱尔典奉命与外交部参事顾维钧交涉。袁令外交部拟定谈判西藏问题的九项原则："一、将英、藏承认西藏为中国领土一层加入正约。二、将西藏承认中国在藏宗主权一层追加约内。三、宗主权以远藏为范围。四、撤退军队以远藏为范围。五、将察木多让出，其余仍照中国末次提出之界线划定。六、近藏界内中国得自由经营巩固地位一层列入换文。七、在察木多、江孜、扎什伦布、亚东及噶大克以及将来英国添设商务委员之处，中国均派佐理驻扎，其职位、卫队与英委员相等。八、现任达赖喇嘛既已被选就职，应于本约签订后，由大总统册封，嗣后照约各款第二条办理。九、远藏不派代表出席中国议院一层拟不提。"[1]中国要求在正约内列入英国承认西藏地方为中国领土条款，将西姆拉会议所议的"外藏"改为"远藏"，都是指西藏地方。其中涉及"宗主权"的有三项。顾维钧依九项原则答复英使。朱尔典拒绝了中国的要求。

　　第一次世界大战爆发后，中英暂时无暇顾及藏案。西藏地方却觉得有机可乘，1917 年派兵进犯川边，又引发了中英交涉藏界问题。巴黎和会召开前夕，朱尔典再度要求中国外交部重议藏案。1919 年 5 月，北京政府以1915 年袁氏主政时最后拟定的九项原则作为谈判的基础。五四运动爆发后，国内舆论更坚定地反对与英国谈判。英人又不断施压早结藏案，北洋政府不得不在 1919 年 9 月 25 日召开藏事会议，征询各方意见，会议讨论结果是暂时搁置续谈藏案，争取内部解决西藏问题。

　　随后，甘肃代表团成功入藏与达赖喇嘛会谈。英国唯恐汉藏关系和好，派前锡金政务官贝尔到拉萨展开活动。贝尔建议英国帮助西藏"独立"，培植西藏内部的"自治"能力应对内地的挑战。强硬侵藏分子寇松此时任英内阁外交大臣，积极推动英国政府向中国政府施压。1921 年 8 月 26 日，寇松面交中国驻英公使顾维钧一份备忘录，称："（关于西藏问题的）谈判自 1919年中断以来，两年的时间已经过去了。当时中国政府说明只是暂缓谈判。英王陛下政府现在邀请中国政府在伦敦或北京重开此项谈判，勿再延宕。1914

---

[1] 《西藏议约案》第 5 函第 22 册。民国四年间，具体月日不详，引自台北"国史馆"藏西藏档。见冯明珠：《中英西藏交涉与川藏边情 1774—1925》，中国藏学出版社 2007 年版，第 315 页。

年的条约草案规定，西藏在中国的宗主权之下实行自治。鉴于1914年三方谈判中英王陛下政府对西藏政府所作的承诺，鉴于中国政府接受了除边界条款之外的1914年条约草案，并在1919年的提案中正式重申了其在这方面的态度这一事实，英王陛下政府认为，如果在近期仍不能重开有关西藏问题的谈判，他们就没有理由继续拒绝承认西藏是一个处于中国宗主权之下的自治邦。英王陛下政府今后将以此为基础与西藏进行交往。"①寇松逼迫中国政府重议藏案，否则英国将公开承认西藏是在中国宗主权下的"独立国家"。英国的打算是想在1921年11月11日华盛顿会议召开之前解决西藏悬案，以免其他国家插手藏事。北洋政府在交涉过程中，态度委婉，但立场比较坚定，拒绝了英国的要求，将问题遗留给国民政府。

1907年英俄《西藏协定》、1912年《朱尔典备忘录》、1914年《西姆拉条约》（草案）、1921年《寇松备忘录》都用名义上承认中国对西藏"宗主权"和事实上视西藏为"自治国"的办法来否定中国对西藏的主权及行政管辖权。英国清楚地明白，包括英国在内的世界各国都没有外交承认西藏"独立"，西藏从来没有获得真正的政治"独立"。尽管英国政府多次考虑过承认西藏"独立"，但是从全球利益及国际形势考虑，作为正式确定的原则，英国政府"既不承认中国对西藏的主权，也不公开承认西藏独立"。英国暂时没有把中国承认西藏"自治"作为英国承认中国对西藏的"宗主权"的前提。

5. 1943年《西藏和中国宗主权问题》备忘录

1927年4月18日，南京国民政府正式成立。英国对华外交的根本出发点是不希望中国强大，阻挠中国政府收回其殖民利益。所以，在这种极端利己的战略指导下，英国涉藏政策是维护既得利益，不愿看到西藏与中央政府恢复正常往来，千方百计地阻挠和平协商进程。

1929年前后，蒋介石和达赖喇嘛都有意和平解决西藏问题，相互派代表传递书信，协商洽谈，中央与西藏地方的关系正逐渐恢复正常。英国深感不满，不希望西藏地方当局避开英国直接与中国政府谈判，派遣官员进入拉

① 译文见胡岩：《〈寇松备忘录〉与民国初年英国侵略中国西藏的政策》，《中国藏学》1998年第3期。汉文见中国藏学研究中心、中国第二历史档案馆等合编：《元以来西藏地方与中央政府关系档案史料汇编》第六册，中国藏学出版社1994年版，第2961页。

萨，密会噶厦官员，破坏西藏地方与中央政府恢复正常关系的努力。

南京国民政府自成立之日就始终坚持西藏问题纯属中国内政的基本原则，拒绝与英国谈判西藏政治地位，坚决反对英国干涉藏事。1943年3月15日，外交部部长宋子文出访华盛顿，会晤英国外交大臣艾登（Aden A.），表示希望知道英国政府对西藏主权问题的看法。艾登避之不谈，回国之后，却指示外交部与印度事务部、印度政府协商评估西藏政治地位。

1943年4月10日，英国外交部向内阁递交《西藏和中国宗主权问题》的报告，披露了加速促进西藏"独立"的想法：为了彻底有效支持西藏"独立"，应当放弃从前承认的中国"宗主权"，它有碍我们自由地与西藏直接签订条约。

罗斯福不愿触怒中国的态度促使英国战时政府慎重考虑发表对西藏地位的声明，不敢公开支持西藏"独立"，但也不甘心放弃侵略了近百年的西藏。英国外交部、印度事务部、印度政府不得不慎重修订侵藏策略。

1943年7月23日，英国内阁达成共识，处理涉藏政策应遵循以下原则：

（1）应当指出，西藏在实际上自认为处于自治地位，并且维持其自治地位已有30多年。

（2）可以明确地说，不管英王陛下政府还是印度政府除了维持友好关系外，再无其他任何野心。

（3）应当重申英王陛下政府的立场是一直承认中国的宗主权，但是前提是西藏被认为是自治的。

（4）应当强调这仍是他们的立场，无条件地承认中国的宗主权应该避免。由此将来承认中国的宗主权是以协商边界、无条件地承认西藏自治为回报的，对此英王政府和印度政府都持以欢迎态度。他们乐意提供任何帮助。①

英国调整为只有中国在承认西藏"高度自治"的情况下，才承认中国对西藏的"宗主权"，改变了过去同时承认中国"宗主权"和西藏"独立"的

---

① IOR.Anthony Aden F3742, 4010, Ext.4526, Mr Eden to Sir Hseymour Chungking, 22 July 1943.译文见张永攀：《英帝国与中国西藏（1937—1947）》，中国社会科学出版社2007年版，第127页。

做法。

国民政府在第二次世界大战期间，与英国谈判新约，力争废除中英间不平等条约，却不能真正获得与英国平等的地位，只以坚守对西藏主权原则为底线，无奈地维持住西藏地方现状。第二次世界大战胜利之后，蒋介石忙于内战，没有实力和条件彻底解决西藏问题。1947 年 8 月英国撤出印度，不再努力维护在印度的利益，故侵略西藏的兴趣减弱，不愿因公开支持西藏"独立"而触怒中国，损害在香港的利益。中英西藏交涉暂告结束。

英国制造的"宗主权"政治策略和诡计持续近 50 年，极大损害了中国主权完整，是制造西藏"独立"的政治理论基石，直至英国势力退出印度，导致民国政府在政治上陷入极大的被动，危害甚深。

三、培植藏军及噶厦上层亲英势力

英国利用中国清末民初政治乱局，开始处心积虑地改变西藏上层人士的政治意识，使之具有"独立自治"的思想，培植亲英官员掌控藏军、噶厦权力，排除中国中央政府在西藏的管理权力，这是英国侵藏政策的重点。

英军第二次侵略西藏期间，英印当局曾图谋争取九世班禅亲英。1904年秋，英驻江孜商务委员鄂康诺就挑拨九世班禅额尔德尼与十三世达赖喇嘛的关系；1905 年 10 月，又邀请班禅到印度，给外界造成班禅亲英的态势。以后数年，英印官员不断到后藏煽惑，挑唆班禅代行前藏事务，挑起了班禅方面与达赖方面官员的矛盾，为班禅额尔德尼与达赖喇嘛的关系制造了裂痕。十三世达赖喇嘛在进京朝觐，求助清廷无果，川军入藏后，达赖喇嘛转而联英。1912 年，达赖喇嘛回藏后，依赖英国在西藏地方搞新政，巩固自己在西藏的政教权力。这就为英国打着支持达赖喇嘛"新政"的幌子，培植大批亲英势力掌控西藏政治、军事、经济权力打开了方便之门。

1. 亲英教育

达赖喇嘛流亡内地、印度时反思西藏社会发展的弊端，返藏之后，决心适应形势推行新政，建立"现代化"的军队和工商业，包括成立新式藏军，兴建电站，发展对外贸易，改革税制，开办邮电局、电报局、银行，开采金矿等，这样就需要一批受过新式教育的贵族官员。从 1912 年起，十三世达赖喇嘛选派一些贵族子弟赴日本、俄国、印度、英国等地留学，其中又以英式教育为主。1913 年，达赖喇嘛派芒仲·西绕贵桑、强俄巴·仁增多吉、吉普·旺堆罗布、果卡瓦·索朗贡布等四名贵族子弟，以孜本龙厦带队，前往英国伦敦学习英文及采矿、测绘、电气工程、邮电、军事等近代知识。回藏后，达赖喇嘛命吉普·旺堆罗布筹备拉萨电报局；强俄巴·仁增多吉筹建水利电厂；并一直信任重用孜本龙厦。

1915 年，达赖喇嘛派桑颇·班丹曲旺等人及普通藏兵赴印度学习军事技术。1921 年，"派雪仲德门去江孜学习英军军操，雪仲吉素雪巴到大吉岭学习电话线架设技术，孜本麦如钦热俄珠、布达拉僧官学校的拉俄巴、阿扎仓的却丹旦达和日沃德庆更登热杰前往印度学习外语"①。公派留学的热潮持续到 1924 年。

1912—1924 年是亲英教育兴盛时期。达赖喇嘛倾向利用英国。英国则趁机培养和训练了一批贵族子弟，灌输现代思想。英印当局在西藏开办英文学校，接收藏族学生、培训藏族军官，进行亲英教育，培养上层贵族亲英势力。从 1912 年开始，英驻亚东商务代办处开办一所私立英文学校，专收藏族青少年，教授英文、军事等知识，可以说是一个开端。1920 年，贝尔抵达拉萨后，向英国建议援助西藏的四项办法，其中之一是在江孜设立学校，教育西藏要员子弟，将来可迁到拉萨。② 获得英国政府批准后，1921 年 7 月，英印当局在江孜开办了一所英文学校，由西藏地方政府承担学校费用，招聘英国人为校长，西藏贵族子弟可以到江孜接受英式教育。

达赖喇嘛亲自选拔一批接受英式训练的青年和留学生，担当藏军军官及噶厦政府官员，掌理西藏地方的军政事务，形成了亲英派势力。他们年轻、有现代知识，对寺院、噶厦中的传统贵族发起挑战。擦绒亲英军官集团政变之后，达赖喇嘛新政受挫，对英国心有疑惧，不再支持公费留学教育。

---

① 丹珠昂奔主编：《历辈达赖喇嘛与班禅额尔德尼年谱》，中央民族大学出版社 1998 年版，第 407 页。

② ［英］柏尔：《西藏之过去与现在》，宫廷璋译，商务印书馆 1930 年版，第 124—125 页。

但是经过 10 多年的亲英意识灌输，西藏贵族都愿意送子弟接受英文教育。以擦绒为代表的西藏贵族，深知世风移转，将西藏的未来寄托在英国身上，自发地把年幼子女送到英国、印度学习，"到解放前夕，噶厦中居要职者即有至英印留学者二三十人，在约三百余名僧俗官员中，一半以上都曾在印度居留或游历过"①。所以，西藏贵族中亲英分子有相当强大的势力，掌握较强的军政权力，做出了很多分裂祖国的活动，对中央政府与西藏地方恢复正常关系起到了极大的阻扰破坏作用。

例如：民初首席噶伦夏扎曾避难于哲孟雄、印度一带，通晓英印事务，成为最早亲英派的首领。夏扎作为西藏地方代表出席西姆拉会议，甘心为英国所用，签署了非法的《西姆拉条约》（草案），极大地损害了中国主权和领土完整。

擦绒（达桑占东）是继夏扎而起的亲英派首领，原是达赖喇嘛的内侍，川军入藏时，追随达赖喇嘛逃亡印度，阻击追赶的清军，得到达赖喇嘛的信任和重用。在印度期间，他出面与英国勾结，成为分裂祖国的骨干分子。辛亥革命爆发，擦绒潜入拉萨，挑拨汉藏关系，发布文告，策动反汉暴乱，导致西藏局势恶化，并拼凑西藏民军，担任总司令，配备英国的武器弹药，统一指挥藏兵进攻川军。由英国驻亚东商务委员麦克唐纳出面调停，逼迫清军交出武器离开西藏。达赖喇嘛返回拉萨后，对支持清军、反对分裂的爱国僧侣贵族残酷迫害。叛乱有功的达桑占东获赐原擦绒噶伦的田庄、农奴，掌握军政大权，成为西藏最有势力的亲英派首领。在密谋政变失败后，擦绒虽然卸任军政职务，但在贵族中仍有相当大的影响力。

孜本龙厦出身于西藏贵族世家，1913 年带领 4 名青年贵族赴英国留学，学习西方科技知识，1929—1931 年担任藏军总司令，周围团结了一批青年军官和贵族，图谋改革西藏政治制度。虽然没有投靠英国、出卖西藏地方权益，但也绝不是拥护国家主权的亲汉派，而是主张西藏"独立"的骨干分子。

十三世达赖喇嘛圆寂之后，亲汉的热振摄政执政期间，亲英派暂时沉寂了一阵。待热振主动辞职后，达札摄政打击排挤一批亲汉人士，重用亲英贵族，形成了以达札、噶伦索康、孜本夏格巴为核心的亲英集团，掌握了西藏

① 喜饶尼玛：《英国在藏机构沿革及其活动概述》，《中国藏学》1990 年第 4 期。

地方的军政权力，肆无忌惮地进行各种分裂祖国的活动，危害极大。

民国时期西藏"独立"问题之所以猖獗，从西藏地方内部讲，一批受过英国教育或训练的西藏贵族，占据藏军和噶厦要职，百般阻扰破坏中央政府与西藏地方的关系，这是西藏问题难以根本解决的一个重要原因。

2.藏军训练和武器供应

英国训练藏军，供给武器，武装西藏是培养西藏"独立""自治"能力的一项重要手段。达赖喇嘛"新政"的重点是借助英籍军官和英印军火改良藏军。1914年西姆拉会议之后，达赖喇嘛筹备改良藏军，邀请英国军官训练藏兵，以亲英分子擦绒为马基（总司令），筹办1万人编制的新式军队。从1915年起，英国在江孜设立军校，由英国、印度军官训练藏军军官、普通士兵。"藏军如此训练，一直到1924年，中间很少间断。"[1]1920年，前锡金政务官贝尔到拉萨看到藏军战斗力低，大为不满，认为印度应为西藏提供武器、训练军队、培训机械师制造弹药等。西藏地方有受到训练的15000名藏兵，方有能力"自治"，建议英国政府应"准许每年自印度输入少许特别规定之各种必需军需品"，"有限范围内助西藏训练军队，筹办军需"。[2]1922—1925年，4名军官和300多名藏兵到江孜，接受制造武器、使用山炮、射击、骑兵、步兵等方面的训练。[3]在江孜训练的藏军改穿英式军装，采用英国口令，奏英国国歌，以后大都担任中高级军官，成为亲英骨干分子，团结在擦绒的周围，掌握了藏军军权。1925年擦绒与藏军军官密谋政变失败后，达赖喇嘛关闭了江孜军校。

1921年3月，锡金警察总监莱登拉到拉萨创建警察组织，由擦绒拨出几百藏兵充当警察。贝尔还协助达赖喇嘛增加赋税扩充藏军，建议征收寺院赋税，但迫于以三大寺为代表的广大僧侣的坚决反对而暂缓施行。

英印当局用现代化的武器装备藏军。西姆拉会议期间，麦克马洪与夏扎达成秘密协议，藏方同意划分印藏边界，英方作为回报赠送武器给西藏地方

---

① [英]麦克唐纳：《旅藏二十年》，孙梅生、黄次书译，商务印书馆1936年版，第135页；牙含章编著：《达赖喇嘛传》，人民出版社1984年版，第258页。

② [英]柏尔：《西藏之过去与现在》，宫廷璋译，商务印书馆1930年版，第124—125页。

③ [美]梅·戈尔斯坦：《喇嘛王国的覆灭》，杜永彬译，中国藏学出版社2005年版，第73页。

当局。1914 年 9 月，英印政府从库存中以赠送礼物的形式，送给西藏 5000
支老式英造步枪以及 50 万发子弹；1915 年又供给西藏 20 万发子弹。[1] 第一
次世界大战爆发后，西藏地方当局担心北京政府会趁英国注意力集中欧洲的
时机，对西藏地方采取军事行动。1915 年 9 月，噶伦擦绒到锡金密访贝尔，
请求英国提供山炮和机关枪；派机械师教授制造弹药等；并请求允许西藏抽
取羊毛商品出口税，补充日益增多的军费。英印政府考虑到第一次世界大战
时机枪严重短缺，暂不向西藏供应武器。

英国供应军火的目的是鼓励藏军东犯，占据非法《西姆拉条约》（草案）
划分的"内藏"。所以，每当汉藏关系将要改善之时，英国都会及时供应军
火。1920 年初，英国看到甘肃代表团访问拉萨，大为不安，派贝尔到拉萨
打探情况。贝尔为英国政府提供的建议是向西藏出售可以武装 1 万正规军的
军火，训练军队，帮助西藏提高自卫能力，抵抗中国。1921 年 10 月，英国
政府批准了贝尔的计划，通知达赖喇嘛，如果西藏承诺武器是用来自卫，可
以通过付款方式在以后的 7 年里，购买 10 门山炮和足量炮弹、20 挺机关枪、
1 万支步枪、1 百万发子弹。[2] 到 1927 年，西藏地方当局已经三次购买英国
武器，并支付了部分款项。

1929 年至 1930 年，国民政府派遣刘曼卿、贡觉仲尼入藏与达赖会谈，
和平洽商西藏问题。英国政府闻知急派锡金政务官威尔访问拉萨，挑拨离间
汉藏关系。威尔一行正在拉萨活动时，偶发的"大白事件"为英国供应军火
提供了借口。达赖假借支持大金寺向康军发动进攻，要求英国按照 1921 年
的协定尽快供应机枪、山炮等武器。1931 年 5 月，英国同意向藏军提供第
四批武器，价值 13 万多卢比，包括 4 门山炮、500 枚加农炮弹、4 挺机关枪、
1500 支步枪、50 万发子弹，并负责将军火运到甘托克，由西藏地方当局派
人来接收。[3] 1932 年 8 月，藏军一代本和 25 名士兵到江孜参观机枪和炸弹
的训练。1933 年 6 月，英印政府答应卖给西藏 4000 支步枪、2950 枚山炮炮

---

[1]　伍昆明：《1914—1917 年英国政府向西藏地方当局供应武器的政策》，《中国藏学》2000
　　　年第 1 期。

[2]　[美] 梅·戈尔斯坦：《喇嘛王国的覆灭》，杜永彬译，中国藏学出版社 2005 年版，第
　　　43 页。

[3]　L/P&S/12/2175 P.Z.4277/1932，有关向西藏提供武器弹药事宜的文件。

弹,并提供 100 万发子弹。[①] 噶厦政府不惜血本花费巨额外币购买军火,英印也乐意"推销"旧军火。

1936 年 8 月,新任锡金政务官古德为抵制黄慕松入藏的影响访问拉萨,支持噶厦反对班禅进藏,提出更新藏军的建议。1937 年 1 月,英印政府批准向西藏提供 8 支维克斯式机枪、10 支刘易斯式机枪、4 门山炮配备 800 枚炮弹、16 万发子弹,并在印度训练 20 名军士。[②] 驻藏代表蒋致余也探听到英人同意藏方订购"小钢炮八尊、小机关枪八架、轻机关枪三十架,各附子弹均须多量未定确数"[③]。

第二次世界大战期间,英国策划进一步公开支持西藏噶厦的"独立"活动。1943 年,英国批准英印政府向藏军出售 500 万发机枪子弹、1000 发炮弹。[④]1944 年 6 月,英印政府又提供新式山炮。

英国有目的的军事援助西藏,每逢汉藏和平洽商或藏军进犯康区之时,就派人进藏声称援助西藏,提供军火"用于西藏自卫",实质是武装藏军对抗中国,破坏西藏地方与中央政府的关系,阻挠破坏和平进程。英国的武器装备和军事训练也壮大了西藏地方分裂分子图谋"独立",公开与中央政府对抗的胆量,使得藏军成为制造分裂的工具。

3. 财物收买

英国以宴请、馈赠现金礼物、治病、布施等小恩小惠手段拉拢收买西藏僧俗上层官员,笼络人心,树立良好形象,企图减少西藏僧俗对英人的敌视情绪,增强贵族对英印当局的好感。

汉族僧人法尊曾在西藏驻寺学习佛法,多次听说英国侵藏的巧妙手法。"英国对西藏当局施展恩惠手段,由印度关税一事可见一斑。若是汉族商人或政客,带有丝织品,绝不能逃免毫厘关税,若是藏人携带,哪怕千箱绸缎,只要西藏当局的一份电报,不但免税,连拆验都免掉,并且送你到居住客栈交清,不收一文钱的手续费。前年安钦大师两次进藏,所带绸缎,何止千匹,英人一概免税免验。邦达仓和扎色康等,贩运多次,英人皆给他们免税。我

---

① L/P&S/12/2175 P.Z.3758/1933,1933 年 6 月 8 日,印度外交部副部长致锡金政治官电。
② L/P&S/12/2175 P.Z.759/1937,有关向西藏提供援助的文件。
③ 《蒋致余致行政院转急电》(1936 年 10 月 30 日),国民政府行政院档案,第 2 卷。
④ L/P&S/12/2175 Ext.4560/1943,有关向西藏提供武器的文件。

去年同阿旺上人进藏，船抵达印度海关时，阿旺上人的十余箱丝织品，全数被扣，也曾托人再三交涉，皆不能得一点头脑，后来急得没法，只得给西藏正统噶伦打了个电报，请他设法帮忙，正统使用当局的名义，复了个电报，英人非但不要税并且连存了数日的仓租等等，一概都免了。所以，我觉得英人很可怕。"①

热振设计迫使首席噶伦泽墨下台后，转为内向，告知英印当局不希望由英国调停汉藏关系。英国不愿看到西藏地方与中央政府恢复正常关系，1936 年 8 月 25 日派驻锡金政务官古德、江孜商务代表黎吉生等人入藏活动，了解藏军的装备和训练，提出建议和许诺提供军火，挑拨和阻止班禅返藏，监视国民政府在西藏的行动，破坏西藏与中央的和解。古德代表团在 1937 年 2 月 16 日离开拉萨。据中央驻藏代表蒋致余 1937 年 5 月 17 日报告蒙藏委员会，锡金行政长官公署每年对藏活动经费 10 万卢比，其中联络藏内重要官员的礼品费用最多，而用于三大寺布施，各寺不过千卢比。藏官往往要求发给免税护照，往印度进出口商品可以免税，为数极为可观。近来藏官贩卖银砖免税 8 起，每起 200 条，免税数额值 33.6 万卢比，现今未已。藏官将免税护照转卖给尼泊尔商人，得银 2000 秤。枪支免税也不少。总计英国自威廉逊入藏起到目前为止，英方所耗活动经费连同免税在内，逾百万卢比。②威廉逊是古德的前任，于 1935 年 8 月 26 日到拉萨，11 月 18 日病死于拉萨。从威廉逊到古德在拉萨活动了两年时间，赠送礼物和免税数额达百万卢比，想以此获得政治权益。例如，他们提出的整顿藏军、训练军官计划以及"在拉萨购置地皮，建筑英馆，设立医院、学校。噶厦以达赖在时英人曾迭次要求在拉萨购置地皮，建立机关，达赖始终未予允诺，现在噶厦更不敢应允此案"③。这些要求都没有得到热振的同意。但是，英驻江孜商务代表黎吉生等官员携带一部无线电台获准留驻拉萨，相当于英印驻拉萨代表，来监视蒙藏委员会驻藏办事处。从 1937 年以后的历史来看，黎吉生在拉萨策动了一系列西藏"独立"活动，恶化了中央与西藏地方的

---

① 法尊：《我去过的西藏》，载张羽新、张双志编纂：《民国藏事史料汇编》第八册，学苑出版社 2005 年版，第 388 页。
② 中国第二历史档案馆藏：《国民政府行政院档案》，全宗号 2，共 19374 卷，第 2532 号。
③ 中国第二历史档案馆藏：《国民政府行政院档案》，全宗号 2，共 19374 卷，第 2537 号。

关系，危害极大。可以说，1937 年以后西藏"独立"活动的猖獗、汉藏关系的恶化、英人侵藏的明目张胆，大部分都源于驻拉萨代表的设立，黎吉生从中发挥了极大的破坏作用。而这是英人在 1935 年到 1937 年在拉萨贿赂和威逼利诱活动的结果。

四、经济控制

英国通过一系列不平等条约控制印藏经济贸易，阻断内地与西藏地方的贸易往来。1890 年 3 月 17 日，英国逼迫清政府签订《中英会议藏印条约》后，与驻藏大臣谈判印茶入藏、通商关市、游牧等问题。1893 年 12 月 5 日中英签订《中英会议藏印条款》（又称《藏印续约》或《藏印议订附约》），其中包括通商六条：

第一款　藏内亚东订于光绪二十年三月二十六日开关通商，任听英国诸色商民前往贸易，由印度国家随意派员驻寓亚东，查看此处英商贸易事宜。

第二款　英商在亚东贸易，自交界至亚东而止听凭随意来往，不须阻拦，并可在亚东地方租赁住房、栈所。中国应允许所建住房、栈所均属合用，此外另设公所一处，以备如第一款内所开印度国家随意派员驻寓，其英国商民赴亚东通商，无论与何人交易，或卖其货，或购藏货，或以钱易货，或以货换货，以及雇用各项役马、脚夫，皆准循照该处常规，公平交易，不得格外刁难。所有该商民等之身家、货物，皆须保护无害。自交界至亚东，其间朗热、打均等处，已由商上建造房舍，凭商人赁作尖宿之所，按日收租。

第三款　各项军火、器械暨盐、酒、各项迷醉药，或禁止进出，或特定专章，两国各随其便。

第四款　除第三款所开应禁货物外，其余各货，由印度进藏，或由藏进印度，经过藏、哲边界者，无论何处出产，自开关之日起，皆准以五年为限，概行免纳进、出口税；候五年限满，查看情形，或可由两国国家酌定税则，照章纳进、出口税。至印茶一项，现议开办时，不即运藏贸易，候百货免税五年限满，方可入藏销售，应纳之税不得过华茶入英纳税之数。

第五款　各项货物到亚东关时，无论印度货物、藏内货物，立当赴关呈报请查，开单注明何项货物、多少及分量若干、置价若干。

第六款　凡英国商民在藏界内与中藏商民有争辩之事，应由中国边界官与哲孟雄办事大员面商酌办。其面商酌办者，固为查明两造情形，彼此秉公办理；如两边官员意见有不合处，须照被告所供，按伊本国律例办理交涉。[1]

英国强迫清朝开放亚东为商埠，攫取了派驻官员、自由经商、租赁房屋、贸易免税等特权，达到了与西藏直接经济贸易的目的，为廉价的工业产品流入西藏及四川、青海等地创造了非常有利的条件，印藏贸易年度额大幅增长。英印资本家并不满足，不断向英国政府施加压力，"女王陛下政府应尽一切力量，或者通过与中国皇帝签订条约，或者直接与西藏大喇嘛订约，或者采取其他被认为是有效的方式，务必进一步打开西藏的大门"。英国政府"将利用一切可能出现机会，改进藏印贸易条件"。[2]英印总督寇松（I. Curaon）于1899年向清朝总理衙门、驻藏大臣发出照会，蛮横地提出开放帕里为通商口岸，为清政府拒绝。英军第二次侵藏战争后，1906年中英签订《中英续订藏印条约》，迫使清政府接受了《拉萨条约》。1909年中英签订《中英修订藏印通商章程》，规定了江孜商埠的界限，扩大了英国商人的治外法权，大大增强了英国对西藏经济的渗透力度。

在西姆拉会议上，麦克马洪私下与夏扎于1914年7月3日签署了非法的《英藏新立通商章程》。英国通过这个条约，掌控了西藏的对外贸易、印藏交通、电讯享有的特权。从此之后，西藏市场对英国完全开放，英印当局控制了西藏的经济命脉。

有学者统计，以亚东商埠进出口贸易额为例，在1910—1911年度是2018840卢比；《英藏新立通商章程》签订后第一个年度增为2614785卢比；

---

[1]　王铁崖编：《中外旧约章汇编》第一册，生活·读书·新知三联书店1957年版，第566—568页。

[2]　《英国议会关于西藏文书》，1904年第1920帙，第51—52页。参见周伟洲主编：《英国、俄国与中国西藏》，中国藏学出版社2000年版，第137页。

1924—1925 年度增至 7624760 卢比，15 年内贸易额增长了 200%。[1]

辛亥革命后，"因康藏交通不便，年来战事时起，内地货物多改海道入藏，因之无论英印日内地各货物，大半由亚东关进口，经江孜分转各地"[2]。内地货物由海路到印度加尔各答港口再运到亚东海关，分转到西藏各地，破坏了青康商人以康茶运销西藏换取羊毛、药材的传统贸易形式。印度棉毛丝织品、金属制品、生活日用品充斥西藏市场。西藏的羊毛、皮革等农牧土特品输往印度。英属印度贸易公司垄断了西藏羊毛的出口业务，操纵羊毛的价格。达赖喇嘛也承认与经销西藏羊毛的印度公司暗中勾结，压价购买，使得西藏地方政府蒙受重大损失。[3] 噶厦的财政收入基本上依赖于藏印贸易，导致印度控制了西藏经济，阻塞了汉藏贸易。

西藏地方经济损失很大。按照惯例，西藏地方政府对进入西藏的商品征收什一税。英国第二次侵藏战争之后，强迫西藏停止征收印度商品什一税。1914 年《英藏新立通商章程》规定印度货物进入西藏是免税的。1921 年藏军扩充，军费大幅增加，噶厦要求英印当局同意由西藏地方征收进口税。英国政府坚决拒绝。到 1929 年，英国政府才允许西藏地方当局征收最高限额 5% 的附加税。[4] 英国为支持西藏地方当局的"独立"活动，同意其按照一定比例低价征收羊毛出口税，1936 年以后，又强迫其完全停止。有学者统计，西藏财政每年损失的进出口贸易产品税至少 100 万卢比，依藏银对卢比币值计算，最低达 900 万两，最高在 300 万两。1931—1958 年间，西藏地方平均每年的现金支出为藏银 5701032 两。[5] 英国经济侵略所造成的西藏财政损失最低占西藏每年财政支出的 50%，最高的则大大超出。

此外，西藏地方还要从英国购买武器弹药，每年购买维修造币厂、发电厂、武器弹药的机电器材设备，导致噶厦财政大部分花在军火、机电器材

① 周伟洲主编：《英国、俄国与中国西藏》，中国藏学出版社 2000 年版，第 448 页。
② 中国第二历史档案馆、中国藏学研究中心合编：《黄慕松　吴忠信　赵守钰　戴传贤奉使办理藏事报告书》，中国藏学出版社 1993 年版，第 86 页。
③ 《第十三世达赖喇嘛年谱》，载《西藏文史资料选辑》第 11 辑，1989 年，第 177 页。
④ [美] 梅·戈尔斯坦：《喇嘛王国的覆灭》，杜永彬译，中国藏学出版社 2005 年版，第 42 页。
⑤ 周伟洲主编：《英国、俄国与中国西藏》，中国藏学出版社 2000 年版，第 460 页。

上，服务于"独立"活动。

英印控制了西藏的贸易，严重损害了原从事汉藏贸易的西藏商人、贵族、寺庙的经济利益。一些有实力的西藏贵族、商人转而经营藏印贸易，一些大贵族必须依附于英印当局才能获利，转变为亲英派，如擦绒家族、柳霞家族、索康家族等都是西藏富有的大商人，其经济利益与英印直接关联，他们家族成员为官，多为亲英派的骨干分子，积极参与策划和支持"独立"活动。例如，亲英派的首领擦绒担任过藏军总司令、噶伦，在去职之后，成为大商人，仍对噶厦当局有很深的影响力。英印当局控制了西藏经济，噶厦在处理与英国关系时不得不有所顾虑，这也影响到了中央与西藏地方正常关系的恢复。

五、破坏中国中央政府与西藏地方的正常关系

破坏中国中央政府与西藏地方的正常关系是英国排除中国在西藏行使管辖权力的重要手段，具体手法有挑拨离间阻断交通等。辛亥革命后，十三世达赖喇嘛派藏军控制川、滇、青、康各地与西藏交通要道，除了茶叶等日常生活中少数必需品通过康商转运外，其他一切人员经邻边各省来往西藏皆被禁止。英印政府也阻止内地官员或商人由印度进入西藏的通道。中国政府官员无法入藏，是北洋政府时期中央政府与达赖喇嘛不能直接联系的重要原因之一。

英国趁辛亥革命之际，挑唆达赖喇嘛驱走清中央政府驻藏办事官员，围攻驻守拉萨、日喀则、江孜的清军，保护达赖喇嘛返回拉萨，策动西藏"独立"。英国并不满足既得权益，指使西藏地方当局派藏军进攻川康。此时，赵尔丰改土归流的康区发生了驱逐汉官、恢复土司和寺庙特权的武装叛乱。藏军趁机攻占川边一些县城，图谋占领康区。

1912 年 6 月 14 日，北京政府命令四川都督尹昌衡西征，平定叛乱。在川、滇军节节胜利之际，教唆藏军叛乱的英国政府坐不住了，向北京政府明确"陈述"西藏政策。英驻华大使朱尔典向中国外交部提交了所谓的《8·17 备忘录》，否认中国对西藏的主权，公然鼓吹西藏"独立"，以承认中华民国和财团贷款为条件，威逼袁世凯妥协，中国军队被迫停止入藏平叛。康藏战事暂时停息。英国则加大对西藏的军事援助，供应武器，教唆达

赖喇嘛布置藏军在康区，严格训练，做好长期进攻的准备。

袁世凯暂停西征军入藏之后，筹划争取直接联系达赖喇嘛，在内部解决争端。此时，达赖喇嘛也一度想与中央政府谈判，遂主动与钟颖、蒙藏事务局总裁贡桑诺布联系，恳求息战，与北京政府和平解决西藏问题。1912 年 10 月 28 日，北京政府做出和解姿态，颁布总统令恢复达赖喇嘛封号。12 月 17 日，北京政府派遣蒙藏事务局佥事马吉符、姚宝来为册封使，因康藏交通为藏军所阻，拟从印度入藏册封，并致函英国。英国驻华公使拒绝两人取道大吉岭入藏。英国担心中国政府以怀柔手段消融中央与西藏的矛盾，遂断绝中国由印度发送进藏的一切通信联系。北京政府并没有放弃努力，于 1913 年 6 月，又派杨芬从印度入藏劝慰达赖喇嘛，但是"英人禁止汉人入藏，于大吉岭断绝我官民交通"①。正如贝尔坦白："吾等实不宜承认中国有管理西藏内政之权，于是必要时，运用压力，不准中国官吏经过锡金入藏……若许中国官吏立足于印度或西藏毗邻之邻国，则足以为威吓印度西藏之源泉，故不许假道为一有力之武器。"②

自 1914 年以来，英国有组织地训练藏军，提供大量现代化武器弹药，暗中支持藏军东犯。得到英国 5000 支步枪装备的藏军，自恃战斗力加强，1917 年 9 月，藏军借口驻扎在类乌齐、昌都一线的川军擒斩越界的藏兵，主动进攻川军，在半年的时间里，占据十数县川边土地。英国在其中发挥了很大的作用。川藏冲突发生后，英国驻华公使馆官员台克满（Sir Eric Teichman）改任驻成都副领事和驻打箭炉观察员，充当所谓的"调停人"，报告川藏边界形势，居间调停以藏军所占川边地区为川藏界限，想方设法迫使中国政府承认"内、外藏"的划分。西康总管噶伦喇嘛与川军首领刘赞廷达成"停战和约"，以台克满为证人，双方停战一年，听候大总统与达赖喇嘛允否交涉。自西姆拉会议破裂后，英国政府就一再催促中国重开关于西藏问题的谈判，朱尔典前后九次逼迫北洋政府重开谈判，均被中方婉辞拒绝。所以，支持藏军进犯川边是英国向中国政府施压之计，以藏军实际占领的地

① 中国第二历史档案馆藏：《北洋政府国务院秘书厅抄送赴藏劝慰员杨芬入藏调查劝慰文电》附件一，北洋政府国务院档案，第 8943 卷。
② ［英］柏尔：《西藏之过去与现在》，宫廷璋译，商务印书馆 1930 年版，第 96 页。

区划分"内、外藏"界线，逼迫中国政府接受非法的西姆拉会议条约。

鉴于西姆拉会议的教训，北洋政府深知与英国谈判"西藏问题"无疑是钻入对方设定的圈套，徒损中国主权。所以，北洋政府多次婉拒与英国重开关于西藏问题的谈判，仍采取与达赖喇嘛直接联系的方法，力争在内部协商解决西藏问题。1919 年，甘肃督军张广建派出军事参赞朱绣、咨议李仲莲和藏族高僧古朗仓、拉卜尖贡仓等入藏，"与达赖联络感情"，该年底抵达拉萨。十三世达赖喇嘛会见时坦承："亲英非出本心"，希望中央"从速特派全权代表，解决悬案。余誓倾心内向，同谋五族幸福"。① 此次朱绣一行入藏，英国曾试图拦阻，向北洋政府交涉失败后，派锡金政治官贝尔进藏挑拨汉藏关系。贝尔于 1920 年 11 月中旬到达拉萨后，向达赖建议扩充藏军，落实 1914 年西姆拉秘密换文内容，提出割占"麦克马洪线"以南土地的要求。北洋政府曾经努力尝试过由中央政府与西藏地方内部自行解决争端，最终由于英国的干涉破坏及达赖本人的观望犹疑没有结果。

1924 年，擦绒亲英军官集团密谋政变之后，达赖喇嘛认清亲英的危险，考虑内向。1927 年，中国国民党在南京建立了国民政府，名义上统一了全国，对西藏上层产生了一定积极影响。达赖喇嘛认为国家的力量会强些，对国民政府抱有较大的希望，1928 年至 1929 年相继派五台山罗桑巴桑堪布、雍和宫堪布贡觉仲尼晋见蒋介石，面达"达赖不亲英人，不背中央，愿班禅回藏"的内向意思，② 希望与中央政府建立联系。国民政府抓住机会，拟定解决西藏问题的办法，1929 年至 1930 年初相继派文官处书记刘曼卿、贡觉仲尼到达拉萨，达赖喇嘛面示："英国人对吾确有诱惑之念，但吾知主权不可失。性质习惯不两容，故彼来均虚与周旋，未尝与以分厘权利。中国只须内部巩固，康藏问题，不难定于樽俎。"③ 1930 年 3 月，达赖喇嘛在南京成立西藏办事处，以贡觉仲尼为总代表。从晚年行动来看，达赖喇嘛表达了内向

① 朱绣：《西藏六十年大事记》，载张羽新、张双志编纂：《民国藏事史料汇编》第十八册，学苑出版社 2005 年版，第 140 页。
② 《赵戴文为与贡觉仲尼等申叙达赖喇嘛不背中央等意致阎锡山电》（1929 年 9 月 8 日），载中国藏学研究中心、中国第二历史档案馆等合编：《元以来西藏地方与中央政府关系档案史料汇编》第六册，中国藏学出版社 1994 年版，第 2475 页。
③ 刘曼卿：《康藏轺征》，商务印书馆 1933 年版，第 119—120 页。

的意愿，拟先推动西藏地方与中央政府恢复正常联系，再寻找机会坐下来协商，在国家内部和平解决西藏问题。英国眼见西藏地方内向举动，1930年派驻锡金行政长官威尔入藏挑拨。1930年6月发生甘孜大金寺和白利寺之争酿成康藏武装冲突。西藏地方武装向川边内犯，又于1932年3月发动对青海玉树地区的进攻，在藏军节节败退之际，达赖喇嘛邀请威尔北上拉萨，调解冲突。英驻华公使向中国政府施压。中央与西藏的和平洽商再次受阻。

第三节　中国政府坚守主权原则及策略错误（1840—1927）

西藏自古是中国领土的一部分。元、明、清中央政府都强化了对西藏的军政管理，有效地施政建制。晚清、民国时期，英国武装入侵西藏，策动西藏"独立"。中国历届中央政府由于国内外政局的牵制、国家实力的不足、掌权者的私心和魄力不够等种种原因，对英国交涉斗争时都有所退让妥协，也犯了比较大的错误，但都深知英国的险恶用心及卑劣手段，始终坚持对西藏的主权原则，在一定程度上阻止了英国阴谋得逞。

一、清朝政府从退让到挽回主权之策

1. 妥协退让处理藏事

清朝从皇太极起与西藏政教首领建立政治联系，历经顺治、康熙、雍正朝的管辖，至乾隆五十七年（1792年）颁布藏内善后章程二十九条，强化了对西藏的主权管理。至此，清中央政府百年来积极反击外部势力对西藏的掠扰，维护西藏地方的领土完整，尊重广大藏族僧俗的意愿，赢得了很高的威信，达到了历史上的一个里程碑。

从嘉庆朝开始，清廷日益衰弱，以边防苟安自保为原则，对境外的侵扰势力丧失了抵御决心。鸦片战争之后，忙于内乱和沿海外患的清廷，更无暇顾及西部边疆了。随着列强的不断侵略及自身实力的削弱，清廷反击外寇的信心和勇气日损，幻想对外妥协换取藏边的安宁。相反，正处于旺势的英帝国并不接受清廷的自守，在侵略中国沿海的同时，逐渐占领控制廓尔喀、不

丹、哲孟雄等西藏境外地区，作为侵藏的通道和基地。

英国步步紧逼，清朝则步步后退，导致中国在西藏的主权逐渐被侵蚀。1837—1842 年，克什米尔森巴入侵西藏藩属拉达克和西藏西部，虽经驻藏大臣孟保率广大僧俗奋力反击入侵军，与森巴签订停战协议，但是没有改变拉达克被长期占领的事实。1845—1846 年，英国发动对锡克王国战争，与克什米尔签订保护条约，随后单方面划定拉达克与西藏的边界，损害了中国西藏利益。1854 年，在英国的唆使下，廓尔喀入侵西藏。清廷迫于国内形势，以退让求安宁，同意廓尔喀与西藏签订不平等条约，扩大了廓尔喀在藏的商业利益和特权。1876 年，英国借口马嘉理在云南被杀，压迫清政府签订《中英烟台条约》，同意英人入藏游历、探路、通商。西藏广大僧俗坚决反对和阻止英人派员入藏。英国一面强硬地威胁清政府压制藏族同胞的反抗，一面做好武力入侵西藏的准备。清朝不能出面阻止英人的进藏，也没有支持西藏地方在隆吐设防自卫。此时清朝已经丧失了与英国开战的勇气和决心，飞敕驻藏大臣"速将隆吐兵撤退，仍守旧界。如再固执肇衅，咎将准归"①。并撤换了坚决主张抗英的驻藏大臣文硕，由昏聩的升泰接任，希望以妥协退让换取英国放弃武装入侵西藏。英国原本就是以西藏隆吐设防为借口发动侵藏战争，清廷的软弱正遂所愿。1888 年，英国发动第一次侵藏战争。在西藏广大人民抗英如火如荼之际，清政府却令驻藏大臣升泰竭力劝导西藏地方与英军议和，威逼噶厦撤兵、定界、通商。

1890 年 3 月 17 日，英国强迫清朝签订不平等的《中英会议藏印条约》，1893 年 12 月 5 日签订《中英会议藏印条款》，条约导致英国吞并了中国西藏南部隆吐一带领土，我国开放亚东为商埠，英人获取在亚东通商、驻员、贸易免税特权，损害了中国主权和领土完整。清廷内压西藏民意，妥协退让，不能维护西藏地方的利益，促使西藏上层一部分人产生离心倾向。但英国并不满足所获的权益，又威逼清廷划定藏哲边界，图谋与西藏地方当局直接交往。为了排除俄国的扩张，独占在西藏权益，英国发动第二次侵藏战争，激起全藏人民的强烈反抗。1904 年 2 月，新任驻藏大臣有泰却致电清廷称："今欲折其心，非任其战任其败，终不能了局。……倘番众果再大败，

---

① 吴丰培辑：《清季筹藏奏牍》第一册，商务印书馆 1938 年版，第 4 页。

则此事即有转机，譬之釜底抽薪，不能不从吾号令也。"①希望西藏地方当局战败后顺从驻藏大臣议和主张。英军侵入拉萨后，有泰将责任完全推到西藏地方身上，指责达赖喇嘛"背旨丧师"，"弃土地不顾，致使外人借口，据之有词"，建议革除达赖喇嘛名号，以班禅额尔德尼暂代摄政。清廷仅听有泰片面之词，草革达赖喇嘛名号，激起了西藏地方上层的强烈不满，严重损害了清廷在藏的威信，为日后的汉藏矛盾激化埋下了伏笔。

2. 积极挽回主权之争

《拉萨条约》激起全国人民的强烈愤慨和坚决反对。此时，内地筹边改制思潮奔涌，爱国热情高涨，朝野共议改蒙古、东北、西藏为行省。力图振作的清廷已无退让余地，一改晚清以来的妥协之策。清廷获知《拉萨条约》内容后，迅速电令有泰拒绝在西藏地方与英国签署的《拉萨条约》上签字，坚决主张涉及西藏主权之事，理应由中央政府派员与英国政府谈判解决问题。

清廷对英国交涉也积极起来，力争维护对西藏主权。1905年1月，清政府任命外务部侍郎唐绍仪率参赞张荫棠等赴印度，与英印政府谈判新约。英属印度政府外交大臣费利夏为英方全权代表，双方谈判争论的焦点是中国的"主权"与"宗主权"。

1905年3月2日，双方召开第一次会议。费利夏蛮横地要唐绍仪签署《拉萨条约》。唐绍仪理所当然地坚决拒绝，称西藏主权属于中国，英藏签订的《拉萨条约》侵犯中国主权，根本无效，应另拟谈判。

1905年3月22日，英方称中国和西藏是"宗主国"和"附属国"的关系，第一次提出"宗主权"的概念，企图改变中国政府与西藏地方的主权隶属性质。主权（sovereignty）和宗主权（suzerainty）是完全不同的两个概念。英文"宗主权"一词的产生与欧洲中古时代的封建领主（feudal lord）制度的存在密切相关，封建主对分封的领地有管辖权，可以办理对外交涉，但领地内部自主内政。英方代表强称中国与西藏只是"宗主国"与"附属国"的关系，类似于明清与朝鲜的关系。

1905年5月12日，费利夏复函唐绍仪："英国既认中国为西藏之上国，亦承认西藏有独立之势，此后绝不改变。""尊约稿第一款须我承认中国为

---

① 吴丰培辑：《清季筹藏奏牍》第三册，商务印书馆1938年版，第10页。

西藏之主国而非上国，此点断难允肯。"①"主国"对应的是"主权国"，"上国"对应的是"宗主国"。英国提出仅承认中国是西藏的"宗主国"（suzeran state），将西藏界定为是在中国宗主权之下的"自治国"（autonomous state under Chinese suzerainty），充分暴露了英国承认名义上中国对西藏"宗主权"和视西藏为"独立国"的策略，作为干涉中国西藏事务的指导方针。

唐绍仪深知英人用心险恶，特电告外务部，解释"主国""上国""属国"的不同，"查上国二字，英文系苏索伦梯（suzerainty），译言彼所属为属国，而属国自有治民之权也。若自认为上国，是将西藏推而远之，等西藏于昔日之韩、越、琉、缅也。主国二字，英文系搔付伦梯（sovereignty），译言臣民推为及尊，归其管辖而各事可定也，故必力争为主国，视西藏如行省，使主权勿外移也"②。强调坚决不能接受所谓"英藏条约"，力争英国必须明确承认中国是西藏的主权国。

1905 年 5 月 19 日，外务部电告唐绍仪："上国二字万难允许，自是正论，如不得已删去虽较胜，但究有默许之嫌，务必竭力坚持，总以不失主权为要。"③

清政府继续与英国谈判交涉春丕撤军、通商问题。1907 年 5 月，张荫棠赴印度与英谈判新的通商章程。英国以撤军春丕、帕里为要挟，要求"由西藏地方政府任命的特命全权代表参加，该代表应代表西藏政府在协议上签字，并能使该政府遵守达成的协议"④。威逼清政府增派西藏地方代表参加会议，并在谈判过程中企图塞进与西藏直接交涉的条款，在草约序文中要求英、中、藏并列，以藏文入约，规定各商埠由藏官治理，英藏人若有争执，由英藏双方会同查办。对此张荫棠看穿了英人的伎俩："若一经承认直接交涉，西藏即成独立国性质。"⑤张荫棠全力维护中国主权，据理力争，坚决反对有损中国主

---

① 台北"中央研究院"近代史研究所藏：《西藏档》第 6 册，光绪三十一年三月二十一日唐绍仪电、四月二日唐绍仪致费使函、四月九日唐绍仪译费利夏来函。

② 台北"中央研究院"近代史研究所藏：《西藏档》第 6 册，光绪三十一年五月三十日唐绍仪电。

③ 台北"中央研究院"近代史研究所藏：《西藏档》第 6 册，光绪三十一年四月十六日外务部发唐绍仪电。

④ 吴丰培辑：《清季筹藏奏牍》第一册，商务印书馆 1938 年版，第 31 页。

⑤ 吴丰培辑：《清季筹藏奏牍》第一册，商务印书馆 1938 年版，第 50 页。

权的内容。谈判拖延近 8 个月，于 1908 年 4 月 20 日，中英签订《中英修订藏印通商章程》，主要涉及租借地、驻兵、驻外法权、印茶入藏等内容，在中国代表的据理力争下，英国未能将"宗主权"之议列入条约。

在清末危亡之际，唐绍仪、张荫棠等外交官对英国敢于斗争，尽最大可能地挽回西藏主权，清朝与英国签订的各项条约都无"宗主权"规定。英国以"宗主权"否认中国主权，企图制造西藏地方"独立"的图谋没有实现。这也反映了晚清政府尽管对英国的侵略一再退让，但是维护中国主权这个基本底线是不敢突破的，应值得肯定。

二、北洋政府坚守主权原则及策略错误

1912 年元旦，孙中山宣布建立民族统一、领土统一的汉、满、蒙、回、藏五族共和国，西藏是中华民国领土的一部分。1912 年 4 月，袁世凯主政北京政府，始与英国政府交涉西藏问题。北洋政府处理西藏问题的方针，可以概括为两条：一是与英国积极交涉西藏问题，坚守主权原则，并采取拖延婉拒战术。二是努力设法与达赖喇嘛直接联系，由中央政府与西藏地方协商内部解决藏事。其间，袁世凯派员参加西姆拉会议是一个重大错误。

1. 袁世凯妥协退让及重大错误

袁世凯成为大总统后谋划武力解决西藏问题。1912 年 4 月 22 日，袁世凯宣布："中华民国五族共和，蒙古、西藏、新疆为中国不可分的一部分，应视与内地各省平等地位，一切政治俱属内政范围。"[①] 重申西藏是中国领土的一部分，强调西藏事务纯属中国内政。6 月 14 日，袁世凯命令四川都督尹昌衡进藏平叛，收回政权。

英国想趁民初乱局趁火打劫，自然不愿意看到中国自己解决内政，遂由驻华公使朱尔典出面会见袁，质询发难，警告中国政府不要派兵入藏。1912年 8 月 17 日，经过英国政府研究和批准，朱尔典公开否认中国对西藏主权，不承认中国有干涉西藏内政的权力，并支持西藏上层分裂分子活动，竭力阻扰北京政府派员进藏。英国以外交承认中华民国及银行贷款为条件，逼迫中

---

① 《中国大事记》，民国元年四月二十二日大总统令，《东方杂志》1912 年第 12 期。

国放弃在藏主权。

迫于英国压力，内外交困的北京政府电令尹昌衡停止进军。袁世凯深知英国野心，最初是数度婉拒英国召开藏事谈判的建议，打算与达赖喇嘛洽商解决藏事。北京政府恢复达赖喇嘛名号，派马吉符、姚宝来为册封使，拟取道印度大吉岭为英国所阻。英国在威逼北京政府的同时，教唆西藏地方派代表到印度和谈。1913 年 7 月 30 日，英驻华公使朱尔典威胁中国外交部，称中国若不派代表参加议约，视为自动放弃权力，以后中国将无权过问英藏所订条约。

无计可施的袁世凯不愿得罪英国，走进了英人精心策划的圈套，参加了由英国控制主导的志在分裂中国西藏的西姆拉会议。中国清楚地知道西藏地方代表参会的政治后果。1906 年，张荫棠赴印度谈判时，就坚决反对西藏地方代表参加中英谈判，力护对西藏的主权。如今，袁世凯却同意派员参加所谓的中、英、藏"三方会议"，在政治上就陷入了被动，在事实上已引起外界视"三方"为平等主权国的嫌疑。况且，当时中国的实力不足以抗衡英国，西藏地方正在闹"独立"的高潮中，而英国从清末到民初，就一直策划尽快将西藏分离出中国。所以，不通藏事的陈贻范到西姆拉参加会议，无中国驻印度官员陆兴祺援手，无疑是羊入虎口，易为英国所摆布。这也是英国否决中国政府提议温宗尧、张荫棠为中方代表，同意陈贻范为代表，又以西姆拉为谈判地点的原因。英国的野心，中国政府尽知，却无更好的对策。陈贻范到西姆拉，不管是否缔结条约，都会严重损害中国主权。事实上确实如此，麦克马洪鼓动夏扎提出西藏"独立"，划定中藏边界，中国不得派员驻藏等条款；并附和夏扎提议，声称西藏是完全"自治"的。英国的诡计使得会议一开始就陷入僵局。其间，中方委曲求全，并未在主权问题上让步，如朱尔典声称："界事商定贵国仍视西藏为贵国之领土，本国万难承认。"①西姆拉会议历时 8 个多月。

袁世凯既不愿出卖中国领土，激怒全中国人民，动摇自己的统治地位；也不愿断然拒绝英国，恐开罪对方，失去外交援助。所以，在战术上要谈判，敷衍拖延，不彻底拒绝，故陈贻范在西姆拉迟迟得不到明确的指示。1914 年 4 月 27 日，在未得训令的情况下，性格软弱、内心惶恐的陈贻范在麦克马洪的

---

① 《西藏议约案》第 4 函第 13 册，民国三年三月九日顾维钧与朱尔典谈话记录。

诱逼下，愚蠢地画押了《西姆拉条约》（草案），并当日致电北京。袁世凯权衡利弊，终感条约内容超出接受的限度，遂由中国外交部次日明确表态，正式宣布陈贻范所画押的草案无效，声明取消。1914 年 7 月 3 日，西姆拉会议最后一次会议，陈贻范代表中国政府拒绝签署条约。英国一手导演的西姆拉会议最终失败。但是，其恶劣而严重的后果却无法消除，并延续至今。第一，中国派员参加"三方会议"，被英国狡辩为是承认中、英、藏"平等"地位，称："中国政府已派员商议，即承认三方面平等之宗旨。"① 第二，陈贻范所画押的《西姆拉条约》（草案）中包括了"宗主权"、"内、外藏"界线、"外藏""自治"等严重损害中国主权的条款，成为以后英国干涉藏事的借口和依据。第三，背着中国代表，麦克马洪和夏扎私下秘密换文画出的印藏边界（"麦克马洪线"），虽然是非法和无效的，但是，此后英国偷换《艾奇逊条约集》，并称之为西姆拉会议的产物，以之为侵占中国藏东南领土的依据。上述三点，由英国披上西姆拉会议的外衣后，到处宣传，极大地蒙蔽了世界上很多不明真相的人们，这是"强权为公理"强盗逻辑的鲜明展现。所以，中国派代表出席西姆拉会议本身就是个重大错误，教训非常深刻，后果严重，这也是为什么以后民国政府都拒绝参加中英藏事谈判的一个重要原因。

2.坚守主权，拖延婉拒谈判

袁世凯派员参加西姆拉会议，就已经隐含有限度地接受英国谈判条件的意思了。若英国所求能让袁世凯向国内"托词"交代，是有很大可能签订条约的。英方代表麦克马洪野心勃勃，妄想一举割去云南、四川、青海、甘肃等藏区，实现"大藏区""独立"。这将直接损害袁世凯在全国的威信和统治基础，导致袁不敢接受《西姆拉条约》（草案）。1914 年 9 月，北京外务部婉转表示："大总统欲解决西藏问题，愿为相当之让步，以期达此目的。今大总统所要求者，只将界线问题，稍事更改耳，在大总统之意，若照此次所议条款，即行签约，则在四川、云南两省，大总统的威望，必将大受损害矣。"② 真实地表达了袁世凯的个人想法。

---

① 《西藏议约案》第 2 函第 7 册，民国二年八月二十五日英使馆来之节略。

② 《西藏议约案》第 5 函第 22 册，民国三年九月十九日外务部复英国驻华公使朱尔典节略。

1915 年 5 月 13 日，朱尔典提出与中方重开藏事谈判。1915 年，北京政府提出对英交涉九项原则。袁世凯的皇帝梦昙花一现，随即破灭。英国全力投入欧战，无暇顾及。藏事暂时搁置。

1917 年，达赖喇嘛指令藏军东犯，川军不支，双方议和。借此机会，1918 年，英驻华大使朱尔典要求北京政府派专员与英国谈判西藏问题，国务总理段祺瑞以四川省不服从中央命令，婉拒之，无意与英国谈判。第一次世界大战结束后，英国世界霸主地位已一去不复返。1919 年 1 月 18 日，列强召开巴黎和会。北京政府及全国人民无不希冀收复失去的主权和土地。最终，巴黎和会将德国在山东的一切利权让与日本，激起中国政府和全中国人民极大愤慨，引发了五四运动。但是朱尔典却不断到外务部催促要求解决西藏问题。9 月 5 日，外交部通电全国透露中英交涉西藏问题的内容，探询甘肃、四川、云南等各省意见，川边镇守使陈遐龄、四川督军熊克武、云南督军唐继尧、甘肃督军张广建相继致电反对："西藏为中国领土，能否许与自治，中国自有主权，无庸他人代为要求，尤不得以川边、青海、新疆各地划入西藏自治区域。""中国派兵入藏，非他国所得干涉。"[1] 在全国人民的激烈反对下，北洋政府借国内日益高涨的民族觉悟和爱国情绪答复英方，重开会谈"恐致酿成重大风潮故也"，不能不妥为筹划。徐世昌总统答复朱尔典，办理藏事"须电四川、川边派员来京接洽，以免外省反对。前后情形，应由政府陆续详细公布，以免人民误会。条文须经国会通过方能签字"[2]。北京政府以局势难料，关系重大，应尊重民意、尊重国会权力、不能擅让国土、时机不宜等理由拒绝与英国谈判藏事。

北洋政府内部也在筹措解决藏事的方法。1919 年 9 月 25 日，外务部召开藏事会议，讨论结果是暂缓与英国谈判，派员入藏与达赖喇嘛直接联系，在内部和平解决藏事。经多方努力，1919 年 11 月 24 日，甘肃督军张广建派出的代表团抵达拉萨，会晤达赖喇嘛。达赖喇嘛既坚持《西姆拉条约》（草案）内容，又表达内向意愿。民国以来中央政府代表第一次成功抵达拉萨，

[1] 陆兴祺：《西藏交涉纪要》，载张羽新、张双志编纂：《民国藏事史料汇编》第十五册，学苑出版社 2005 年版，第 320 页。

[2] 《西藏议约案》第 8 函第 34 册，民国八年九月四日总统徐世昌接见朱尔典会谈记录。

引起了英国的疑戒，派前驻锡金政务官贝尔到拉萨面见达赖喇嘛，提出援助西藏的方案，中国外交部对此多次抗议和坚决反对。

此时，由美国发起，准备在 1921 年 11 月 11 日召开华盛顿会议，讨论太平洋及远东问题。英国担心华盛顿会议将讨论西藏问题，打算在会议召开之前，催逼中国达成有关西藏问题的协议。1921 年 8 月 26 日，英外交大臣寇松面交中国驻英公使顾维钧的一份备忘录，要求在一个月内重开藏事谈判，否则，将承认西藏是处于中国"宗主权"之下的"自治邦"，与西藏直接交往。9 月 10 日，中国外交部正式答复："现川滇不靖，无从实地查勘，且各方面均有牵涉，非得全国充分谅解不能率尔定义。现在内外情势比民国四年、八年尤形困难，勉强开议，不易结束。况太平洋会期（华盛顿会议）甚迫，筹备已日不暇给，伦敦顾使（维钧）目前亦职务纷繁。所以本案无论在京、在英，皆非最短期间内所能兼顾办理"，表示"候太平洋会议后必设法及早开议"①。英国接受了中国的上述答复，同意在华盛顿会议后开议藏事。

1921 年 11 月 9 日至 12 月 7 日，外交部召开藏事会议，经过多次讨论达成争回西藏领土和主权的共识，议决筹藏几项原则：以前藏、后藏为西藏自治区域，唯外交、国防、交通须归中央主权。驻藏长官卫队不逾三百人。驻藏长官职权，暂照前清光绪年间旧制，其详细条目俟长官入藏后，再行协商妥定公布。前属喀木区域悉仍旧制。青海区域悉仍旧制。② 以上述作为与英人交涉的指导原则，北京政府力图恢复前清在西藏地方的管理权。

1922 年 6 月 22 日，华盛顿会议结束，各国针对中国，签署九国公约，仅表示尊重中国主权独立暨领土、行政完整，但对各国损害中国主权的行为未作任何规定，这激起了中国人民的极大愤慨，强烈希望北京政府外交强硬。英国却不死心，又想压迫中国开议藏事。1922 年 9 月 13 日，英驻华公使艾斯登拜访外交总长顾维钧，顾以国内反对强烈为由，告之目前还不能商定开议日期。中英立场不能调和，西藏交涉暂告段落。1924 年 9 月 18 日，孙中山誓师北伐，南北之争又起，只待南京国民政府成立。

---

① 《西藏议约案》第 11 函第 49 册，民国十年九月十日外交部发英使节略。

② 《西藏议约案》第 11 函第 51 册，民国十年十二月七日第十一次藏事会议记录。

第二章 国民政府确定了治藏主权原则

第一节 孙中山三民主义与西藏

晚清以前，华夷之辨是中国古代民族思想的主流，也是历代中央政府处理边疆民族问题的指导思想。近代以来，国内各民族不断反抗帝国主义侵略，自觉弘扬中华民族多元一统的民族精神。中华民国历届中央政府，面对岌岌可危的边疆形势，呼吁国内各民族团结平等，逐渐形成了统一的中华民族共同体的民族思想。从孙中山到蒋介石都曾阐释过"中华民族"的思想内涵，强调国内各民族都是中华民族共同体的成员，以之为团结藏族同胞所倡导和坚持的指导方针。

一、孙中山的五族共和与中华民族思想

南京国民政府是中国国民党建立的中央政府，尊奉孙中山为国父，尊其政治学说为建国、治国的理论指导和政治纲领。正是基于此，孙中山的三民主义和建国大纲对国民政府所实施的治藏政策都有着纲领性的指导意义，其中民权主义中的民族自治主张是国民政府同意西藏自治的理论基础；民族主义是团结藏族同胞在内的国内各民族为一大中华民族共同抵御外来侵略的指导思想；民生主义则是指导西藏地方经济建设的理论纲领。本章节主要侧重于民族主义在团结广大藏族同胞、维护国家统一历史进程中所发挥的历史作用和意义。当然，孙中山的民族主义有不同的阶段表现形式，有排满、五族共和、国内各民族一律平等、团结国内各民族为一大中华民族、争取中国民族自求解放等内容。在民国时期，孙中山的民族主义思想实质是构造"中华

民族"理念，团结国内各民族，维护国家统一。

孙中山解释民族主义概念为："按中国历史上社会习惯诸情形讲，我可以用一句简单话说，民族主义就是国族主义。"① 在中国，国族就是中华民族，目的是唤起民族精神，反抗帝国主义侵略，挽救中国危亡。正如孙中山所指出："如果再不留心提倡民族主义，结合四万万人成一个坚固的民族，中国便有亡国灭种之忧。我们要挽救这种危亡，便要提倡民族主义，用民族精神来救国。"② 这是贯穿孙中山民族主义思想的主线，也是其提倡"中华民族"这一理念的主要目的。

"中华民族"作为一个概念产生于外国列强入侵中国之际，梁启超等政论家有感于国家危亡，欲唤起国民的民族精神，倡导中华民族之理想。当然，"中华民族"概念的内涵是有不同的，也是有个变化过程的。在主观认识层面上，孙中山对"中华民族"内涵的认识经历了一个曲折摸索的过程。

辛亥革命之前，孙中山民族主义思想是排满闹民族革命。1903 年 12 月，孙中山在《在檀香山正埠的演说》中首次使用了"中华民族"一词："我们一定要在非满族的中国人中间发扬民族主义精神，这种精神一经唤起，中华民族必将使其四亿人民的力量奋起并永远推翻清王朝。"③ 在这里，"中华民族"一词不具备"中国国内各民族"的含义，其大量言论表明"中华民族"一词指的是汉族。

（一）团结藏族同胞在内的"五族共和"中华民族共同体

民国之初，满、蒙、回、藏各族对清末革命党人的"种族"言论都心怀疑惧。英国趁机挑唆西藏上层分裂分子搞西藏"独立"。民国政府力所能及地争取西藏、蒙古上层人士对民国的了解与认同。此时，"五族共和"是团结国内各民族、维护国家统一的较佳选择，并成为民国政治人士的共识。孙中山赞同汉、满、蒙、回、藏同胞都是国家的主人，多次强调："今者五族

---

① 《孙中山选集》下卷，人民出版社 2011 年版，第 640 页。
② 《孙中山选集》下卷，人民出版社 2011 年版，第 644—645 页。
③ 《孙中山全集》第 1 卷，中华书局 1981 年版，第 227 页。

一家，立于平等地位"①；"但愿五大民族相爱相亲，如兄如弟"②；"今日五族共和，天下一家"③ 等，视"五大民族"为中华民族大家庭中的平等成员。

孙中山在 1912 年 2 月 18 日专门发布公告，号召各民族消融畛域："中华民国之建设，专为拥护亿兆国民之自由权利，合汉、满、蒙、回、藏为一家，相与和衷共济"④。针对民国肇始，"惟蒙、藏尚不尽知共和真理"⑤，对民国政府颇有疑惧的心理，孙中山认为解决之策在于宣扬民族平等团结，以昭示共和之真意。孙中山利用北上的机会，于 1912 年 9 月广泛与各界群众见面会谈，发表演讲，反复强调五族共和，呼吁各族人民团结起来共建国家。1912 年 9 月 1 日，孙中山出席北京蒙藏统一政治改良会欢迎会，发表演说："凡我蒙、藏同胞，首即当知共和国家异于专制国家之要点。……凡属蒙、藏、青海、回疆同胞，在昔之受压制于一部者，今皆得为国家主体，皆得为共和国之主人翁，即皆能取得国家参政权。……非如前清之于蒙、藏，部落视之。……惟以蒙、藏同胞目前未知此理，日受外人挑弄，乃发生种种之背谬之行为。吾辈丁此时艰，所当力为劝导，俾了解共和之真理。"⑥9 月 3 日，他在北京五族共和合进会与西北协进会上称："今者五族一家，立于平等地位……所望者以后五大民族，同心协力，共策国家之进行。"⑦9 月 7 日在张家口各界欢迎会上，孙中山又着重强调了五族共和，"族无分乎汉、满、蒙、回、藏，皆得享共和之权利，亦当尽共和之义务"⑧。孙中山积极宣传以民族平等团结为核心的五族共和说，其中也包含了对藏族同胞的殷切希望，希望藏族群众了解共和之真理，消除疑惧心理，增进西藏人士对民国政府的了解与认同，欢迎藏族领袖参与国家政治生活。

在当时，"五族共和"说突破中国历史上"华夏"和"蛮夷"之分，核心是民族平等团结，蒙藏等少数民族也乐于接受。从当时的社会舆论来看，

---

① 《孙中山全集》第 2 卷，中华书局 1982 年版，第 439 页。
② 《孙中山全集》第 2 卷，中华书局 1982 年版，第 440 页。
③ 《孙中山全集》第 2 卷，中华书局 1982 年版，第 470 页。
④ 《孙中山全集》第 2 卷，中华书局 1982 年版，第 105 页。
⑤ 《孙中山全集》第 2 卷，中华书局 1982 年版，第 447 页。
⑥ 《孙中山全集》第 2 卷，中华书局 1982 年版，第 430 页。
⑦ 《孙中山全集》第 2 卷，中华书局 1982 年版，第 439 页。
⑧ 《孙中山全集》第 2 卷，中华书局 1982 年版，第 451 页。

五族共和说已为政界、知识界普遍接受。1912 年 4 月 22 日，临时大总统袁世凯宣布"中华民国五族共和，蒙古、西藏、新疆为中国不可分的一部分，应视与内地各省平等地位，一切政治俱属内政范围"①。北洋政府时期军阀混战，但也始终宣传"五族共和"。从对藏实际效果来看，五族共和说首先为留京的西藏人士普遍欢迎。1913 年国会议员选举后，西藏旅京同乡会呈文北京政府蒙藏事务局，表示："已将大总统廑念西藏之德并五族共和之要旨，呈报达赖活佛及西藏同胞……会员等亦应黾勉从公，竭力传播五族共和之大旨，解释从前西藏同胞之误会，同享五族共和之幸福"②。这有利于达赖喇嘛等西藏上层人物认知五族共和之真意，为北京政府治藏政策的实施创造了良好的舆论宣传。事实上，五族共和说也为达赖喇嘛等西藏上层人物所接受，1920 年，达赖在与甘肃代表朱绣等人会面时，谈道："余誓倾心内向，同谋五族共和。"③九世班禅大师在内地期间，也赞成和宣传五族共和。1929 年 2 月 20 日，班禅驻南京办事处成立宗旨是："一、西藏始终与中国合作，贯彻五族共和，共同抵制强邻之侵略。二、希望中国以民族平等之观念，扶助及领导西藏人民，使之能自决自治。"④希望国内政局稳定，国家和平统一。历史证明五族共和说团结了广大心向祖国的藏族同胞，为西藏上层人士所熟知，积极影响一直延续到国民政府时期。

从实践来看，五族共和说有利于培养五大民族都能接受的统一的民族意识，实现超越本民族意识的国家统合，并为最终过渡到"融国内各民族为一体的大中华民族"奠定了思想基础。

(二)团结国内各民族为统一的"大中华民族"

袁世凯正式就任临时大总统后，西藏问题已由北京政府全权处理。袁世凯帝制失败以后，随之而来的是各派军阀混战，包括西藏在内的边疆问题都未获得解决。1917 年以后，国内外政治形势发生了巨大变化，苏俄的十月

---

① 《中国大事记》，民国元年四月二十二日大总统令，《东方杂志》1912 年第 12 期。

② 《藏文白话报》1913 年诸号。

③ 朱锦屏：《西藏六十年大事记》，1925 年印行，第 58 页。

④ 中国第二历史档案馆、中国藏学研究中心合编：《九世班禅内地活动及返藏受阻档案选编》，中国藏学出版社 1992 年版，第 7 页。

革命、国内五四运动的爆发、中国共产党的成立、马列主义的传入、瓜分中国的巴黎和会等事件的发生，促使孙中山深刻反思和总结他的革命主张。

晚年的孙中山深刻认识到帝国主义是中国革命、中华民族独立自由的最大敌人。而要反对帝国主义，就必须团结国内各族人民共同斗争。因此，孙中山强调在国内要实现真正的民族平等和团结，各族人民在共同的敌人面前应团结起来形成一个不可分割的整体。这就与孙中山以前积极倡导的"五族共和"说发生了内在的矛盾。1919 年，孙中山认识到"五族共和"说的不足，转而批判之。否定了"五族共和"说，但这并不意味着否认了各民族之间的平等与团结。其真实意图在于为实现完全意义上的民族平等与团结，为融国内各民族为一大中华民族主张的提出做准备。

孙中山从赞同"五族共和"到转而批判之，主要有两个原因。一个原因如孙中山在 1920 年 11 月 4 日通过的《在上海中国国民党本部会议的演说》中所指："有人说：'清室推翻以后，民族主义可以不要。'这话实在错了……现在说五族共和，实在这五族的名词很不切当。我们国内何止五族呢？我的意思，应该把我们中国所有民族融成一个中华民族。"[1] 这表明，孙中山开始强调中华民族是国内各个民族组成的共同体。而真正促使孙中山思想发生转变的一个更深层次的原因，是"五族共和"说与维护国家统一之间的内在矛盾。"五族共和"揭橥已久，中国并未像孙中山所预想的一样，成为一个统一的独立自由的中华民族国家。当时的社会现实如孙中山所言："讲到他们底形势，满洲既处日人势力之下，蒙古向为俄范围，西藏亦几成英国底囊中物，足见他们皆无自卫底能力。"[2] 而要避免国家和民族的分裂，营造一个超越汉、满、蒙、回、藏五族的融国内各民族为一体的"大中华民族"，更有利于国家的统一。在逐渐认识到这个问题后，孙中山就开始提倡"积极的民族主义"。

孙中山在 1919 年的《三民主义》中说道："夫汉族光复，满清倾覆，不过只达到民族主义之一消极目的而已，从此当努力猛进，以达民族主义之积极目的也。积极目的为何？即汉族当牺牲血统、历史与夫自尊自大之名称，

---

① 《孙中山全集》第 5 卷，中华书局 1985 年版，第 394 页。
② 《孙中山全集》第 5 卷，中华书局 1985 年版，第 473 页。

而与满、蒙、回、藏之人民相见于诚，合为一炉而冶之，以成一中华民族之新主义。"①在这里，孙中山将民族主义划分为"消极的民族主义"和"积极的民族主义"。"积极的民族主义"就是将国内各民族融为一个中华民族。随后在 1920 年 11 月 4 日通过的《在上海中国国民党本部会议的演说》中明确指出："向来我们要扩充起来，融化我们中国所有各族，成个中华民族。"②孙中山在 1923 年 1 月通过的《中国国民党宣言》中写道："我党民族主义的目的在于，消极地除去民族间的不平等，积极地团结国内各民族实现一大中华民族。"③从中特别强调要实现民族平等和团结，这样才能避免因民族独立而造成的国家分裂，从而形成一大"中华民族"。所以，孙中山又说："我的意思，应该把我们中国所有各民族融成一个中华民族。"④"汉族当牺牲其血统，历史与夫自尊自大之名称，而与满、蒙、回、藏之人民相见于诚，合为一炉而冶之，以成一中华民族主义。"⑤就藏族而言，孙中山认为"西藏亦几成英国底囊中物"，同蒙人、满人一样，无自卫能力，"我们汉族应帮助他才是"。就是在民族主义上下功夫，使藏族同化于汉族，"成一大民族主义的国家"。⑥晚年的孙中山提出了建立中华民族共同体的主张，说明孙中山深刻认识到只有建立统一的中华民族共同体，只有把国内各民族自在的中华民族意识转变成自觉的中华民族意识，中华各民族才能实现真正意义上的民族平等，才能团结起来共同奋斗，反抗帝国主义侵略，实现国家统一。1921 年 4 月，孙中山在广州与苏俄记者谈话时又强调指出："中国人民再也不能容忍别人瓜分自己的国家，他们希望统一成为一个强大的和不可动摇的民族。"⑦各族人民形成中华民族共同体，共同去奋斗，"无论我们民族处于什么地位，都可以恢复起来。"表达出了渴望中华民族独立统一的强烈愿望，其中也包含了彻底解决西藏问题的愿望。1924 年 1 月，中国国民党

① 《孙中山全集》第 5 卷，中华书局 1985 年版，第 187 页。
② 《孙中山全集》第 5 卷，中华书局 1985 年版，第 392 页。
③ 《孙中山全集》第 7 卷，中华书局 1985 年版，第 3 页。
④ 《孙中山全集》第 5 卷，中华书局 1985 年版，第 394 页。
⑤ 《孙中山全集》第 5 卷，中华书局 1985 年版，第 187 页。
⑥ 《孙中山全集》第 5 卷，中华书局 1985 年版，第 473—474 页。
⑦ 《孙中山全集》第 5 卷，中华书局 1985 年版，第 528 页。

第一次全国代表大会宣言，核心内容是："一则中国民族自求解放；二则中国
境内各民族一律平等"。"承认中国以内各民族之自决权，于反对帝国主义
及军阀之革命获得胜利以后，当组织自由统一的（各民族自由联合的）中华
民国。"①

　　孙中山提出"大中华民族"的主要目的是要反对帝国主义侵略，实现中
华民族独立自由。辛亥革命以后，中国依然遭受帝国主义的压迫，这是与孙
中山实现民族独立的理想相背离的。孙中山逐渐认识到帝国主义是中华民族
独立自由的最大敌人，因此，在其晚年不断提出反对帝国主义的主张："故
民族解放之斗争，对于多数之民众，其目标皆不外反帝国主义而已。"②"今
将开始一时期，为努力推翻帝国主义之干涉中国，扫除完成革命之历史的
工作之最大障碍。"③"换言之，北伐之目的，不仅在推倒军阀，尤在推倒军
阀所赖以生存之帝国主义……对外政策：一方在取消一切不平等之条约及特
权；一方在变更外债之性质，使列强不能利用此种外债，以致中国坐困于次
殖民地之地位……盖对外之政策果得实现，则帝国主义在中国之势力归于消
灭，国家之独立自由可保。"④而要反对帝国主义侵略，就必须团结国内各民
族人民共同斗争。1924 年，孙中山在《三民主义》中又反复强调："所以救
中国危亡的根本方法，在自己先有团体"⑤，"我们四万万人有了民族的大团
体，要抵抗外国人，积极上自然有办法"⑥，"大家联合起来，成一个大国族
团体。结成了国族团体，有了四万万人的大力量，共同去奋斗，无论我们民
族是处于什么地位，都可以恢复起来"⑦。"中华民族"的理念被赋予了反对
帝国主义的内容，各民族面对共同的敌人团结起来形成一个休戚与共的整
体。而要解决国内民族问题，必要先反对帝国主义侵略。帝国主义是不愿意
看到中国统一的，希望中国永远处于四分五裂的局面，必会千方百计地阻

---

① 《孙中山全集》第 9 卷，中华书局 1986 年版，第 118—119 页。
② 《孙中山选集》下卷，人民出版社 2011 年版，第 614—615 页。
③ 《孙中山选集》下卷，人民出版社 2011 年版，第 977 页。
④ 《孙中山选集》下卷，人民出版社 2011 年版，第 989—990 页。
⑤ 《孙中山选集》下卷，人民出版社 2011 年版，第 703 页。
⑥ 《孙中山选集》下卷，人民出版社 2011 年版，第 702 页。
⑦ 《孙中山选集》下卷，人民出版社 2011 年版，第 705 页。

挠，利用民族分裂分子搞分裂活动，这正是中国近代民族问题的症结所在。只有形成一个中华民族才能更好地反对帝国主义侵略，同时，只有反对帝国主义侵略才能把国内各民族团结起来形成一个中华民族。

纵观孙中山晚年的民族主义思想主要分为两部分：一是对内民族主义思想，核心思想是"国内各民族一律平等"，"融合国内各民族为中华民族"；二是对外民族主义思想，主要核心思想是"中国民族自求解放，反对帝国主义"。这两部分是并行不悖有机联系的整体，这反映了孙中山对国内民族问题的认识并提出了解决问题的指导原则。毋庸置疑，这也是解决西藏问题、实现西藏地区持久稳定的根本之策。

需要指出的是，孙中山在国民党一大上，宣布了民族自决自治的内容：一是中华民族对外自决，实现国家和中华民族的独立；二是"承认中国以内各民族之自决权"，"对于国内之弱小民族，政府当扶植之，使之能自决自治"①。对内提出中央政府应帮助国内各少数民族，用自治的办法来解决国内民族问题，允许国内各民族有自治的权力，但这并不意味着孙中山赞成藏族等少数民族从中国分离出去，各民族自治是在统一的中国内部实行的民族地方自治。孙中山提出的上述主张，对南京国民政府的治藏思想政策产生了深远影响，为南京国民政府宣传多民族统一的中华民族共同体，团结国内各民族人民反抗外来侵略奠定了思想基础，成为国民政府治藏政策的理论纲领。

二、蒋介石的中华民族思想

北京政府将无法解决的边疆问题遗留给了南京国民政府。国民政府处理西藏问题的策略体现在两方面：一方面是国民政府的民族思想理论，主要是继承了孙中山的民族主义思想，并在这个思想基础上有所发挥；另一方面是国民政府所制定的具体政策。

孙中山先生逝世后，国民政府奉其遗教，中国国民党有关西藏政策的指导原则基本上遵循了孙中山生前倡导的三民主义和建国大纲。1929 年 3 月

---

① 《孙中山全集》第 9 卷，中华书局 1986 年版，第 127 页。

15 日至 28 日，中国国民党在南京召开第三次全国代表大会，27 日会上通过"蒙藏与新疆"的决议案，郑重宣布：

> 本党致力于国民革命，既以实现之三民主义为唯一目的，则吾人对于蒙古、西藏及新疆边省，舍实行三民主义外，实无第二要求……中国境内之民族，应以互相亲爱，一致团结于三民主义之下，为达到完全排除外来帝国主义目的之唯一途径。诚以本党之三民主义，于民族主义上，乃求汉、满、蒙、回、藏人民密切的团结，成一强固有力之国族，对外争国际平等之地位。于民权主义上，乃求增进国内诸民族自治之能力幸福，使人民能行使直接民权，参与国家之政治。于民生主义上乃求发展国内一切人民之经济力量，完成国民经济之组织，解决自身衣食住行之生活需要问题。
>
> 诚心扶植各民族经济、政治、教育之发达，务期同进于文明进步之域，造成自由统一的中华民国。①

全面继承了孙中山的三民主义主张，并在以后的涉藏政策中均秉承本次会议精神。1929 年 6 月 17 日，国民党第三届二中全会通过了关于蒙藏之决议案，提出要加紧对于西藏的宣传，主要要点是："阐明蒙藏民族为整个的中华民族之一部，并释明三民主义为蒙藏民族唯一之救星。""说明蒙藏民族所处地位之危险，帝国主义者侵略阴谋之恶毒，及第三国际曲解民族自决之煽动宣传。"中央政府协助西藏地方政府进行交通、经济、教育建设，"惟军事、外交及国家行政，必须统一于中央，以整个的国家力量，谋蒙藏民族之解放。""督促蒙藏民族人民积极培养自治之能力，完成自治之组织。"②国民党的上述决议基本上体现了孙中山的对藏主张，并成为国民政府的基本政策固定下来。

1930 年赴藏考察的谭云山向行政院汇报观感说："总合所说，不外一新一旧两个口号，旧者即五族共和，新者即三民主义（尤特别注重民族主义）。每先由五族共和说到三民主义，因藏内对于五族共和已有相当认识，

---

① 《关于蒙藏之决议案》，载熊耀文编：《总理对于蒙藏之遗训及国民政府对于蒙藏之法令》，蒙藏委员会 1934 年，第 61—62 页。

② 《中央执行委员会全体会议决议案》，载熊耀文编：《总理对于蒙藏之遗训及国民政府对于蒙藏之法令》，蒙藏委员会 1934 年，第 64—65 页。

对于三民主义则全未闻知。如是说法，听者无不欢迎。"所以，谭云山建议："我政府一面派人特别宣传，一面急应将三民主义及中央各种政策与设施译成藏文，分发藏内，使之明了。"①从谭云山的陈述中，我们可以发现孙中山生前倡导的"五族共和"及新三民主义，事实上已成为国民政府对藏政策的理论指导。孙中山的学说也为广大爱国藏族同胞所熟知，在九·一八事变之后，班禅大师在各地演讲说，"中华民族为五族分子缔造而成"，"我们现在虽处处受外人侵辱，但只要全国上下奉行总理遗教，精诚团结，合五族为不可分离之一家，那就可以一天一天的强盛起来"。②这些都说明"五族共和"说在西藏地方政府中所产生的巨大影响。

国民政府继续倡导"五族共和"说，在宣讲治藏政策时，也常常提及"五族共和"说。例如，1929 年 9 月蒋介石派员赴藏宣慰，致函中提及"兹特派棍却仲尼赴藏慰问兴居，并开谕藏民咸知五族共和之真谛"③。"西藏为我五族之一，唇齿相依，荣辱相与，断无离异之理。"④可见，"五族共和"说在当时对团结广大心向祖国的藏族同胞产生了重要的、积极的影响。

20 世纪 30 年代，日本侵略东北，宣扬满蒙是特殊地区，不属于中国。随后又策动"华北自治"。为警醒国人，1935 年傅斯年发表《中华民族是整个的》一文，追本溯源，深刻论证中华民族的整体性与同一性。1939 年顾颉刚在《中华民族是一个》中，强调"凡是中国人都是中华民族——在中华民族之内我们绝不再析出什么民族——从今以后大家应当留神使用这'民族'二字"⑤。他认为帝国主义利用鼓吹"五大民族"等群体皆为"民族"的策略，来实现其分裂中国的目的。他说："我们绝不能滥用'民族'

---

① 《文官处为抄送谭云山报告随谢国梁赴藏及返京经过呈文和处理藏事建议致行政院公函》，载中国藏学研究中心、中国第二历史档案馆等合编：《元以来西藏地方与中央政府关系档案史料汇编》第六册，中国藏学出版社 1994 年版，第 2537—2538 页。

② 刘家驹编译：《班禅大师全集》，正中书局 1943 年版，第 132、151 页。

③ 《蒋介石为派贡觉仲尼赴藏宣慰事致噶伦擦绒函》，载中国藏学研究中心、中国第二历史档案馆等合编：《元以来西藏地方与中央政府关系档案史料汇编》第六册，中国藏学出版社 1994 年版，第 2484 页。

④ 中国第二历史档案馆：蒙藏委员会档案，全宗号 141，卷号 2572 号。

⑤ 顾颉刚：《中华民族是一个》，《西北通讯》1947 年第 1 期。

二字召（招）分裂之过，'中华民族是一个'，这是概念，也是事实。"[1] 费孝通在《关于民族问题的讨论》一文中对顾颉刚提出的"中华民族是一个"的观点提出质疑，认为中国境内的"五大民族"等群体皆为"民族"，"我们不必否认中国境内有不同的文化、语言、体质的团体"[2]，亦不必将这些团体排除在"民族"之外。"国族"争论发生在特殊的时代背景下，一种是从学理上出发思考"国族"，一种是从政治立场上阐释"国族"。后来顾颉刚曾解释他是"出于时代压迫和环境引导"才作《中华民族是一个》这篇文章的。[3]

　　抗战时期的国族争论，反映出社会大众在强敌内侵、民族危亡之际普遍认同中国各民族拥有共同的责任与利益，致使"中华民族"观念得到强化。蒋介石的民族主义思想深受中国传统文化与孙中山民族主义思想的影响。孙中山在《三民主义》第一讲中指出："民族主义就是国族主义。中国人最崇拜的是家族主义和宗族主义，所以中国只有家族主义和宗族主义，没有国族主义。"[4] 在接下来的第五讲中孙中山指出复兴民族主义的方法，"我们失了的民族主义要想恢复起来，便要有团体，要有很大的团体。便先要有小基础，彼此联合起来，才容易做成功。我们中国可以利用的小基础，就是宗族团体。此外还有家乡基础，中国人的家乡观念也是很深的"[5]。后他更详细地阐释，"要善用中国固有的团体，象家族团体和宗族团体，大家联合起来，成一个大国族团体"[6]。孙中山的这一思想亦编入初级中学的《公民课本》中："我们如想振兴中国，恢复中华民族的精神，就得将全国人民结成一个很大的国族团体。不过要结成这个大的团体，须先要有小的基础，彼此联合起来，才容易成功。我国可以利用小的基础就是宗族团体和家乡团体。"[7] 由于孙中山的巨大威望与影响力，日后"国族"一词频频出现在中

① 顾颉刚：《中华民族是一个》，《西北通讯》1947 年第 1 期。
② 费孝通：《关于民族问题的讨论》，《益世报·边疆周刊》1939 年第 19 期。
③ 顾颉刚：《我为什么要写"中华民族是一个"？》，《西北通讯》1947 年第 2 期。
④ 孙中山：《孙中山选集》下卷，人民出版社 2011 年版，第 640 页。
⑤ 孙中山：《孙中山选集》下卷，人民出版社 2011 年版，第 700 页。
⑥ 孙中山：《孙中山选集》下卷，人民出版社 2011 年版，第 705 页。
⑦ 孙伯謇：《公民课本》第 1 册，商务印书馆 1934 年版，第 58 页。

国国民党各要人的讲话中，以宗族团体与家族团体复兴民族主义的宣传传播开来。

国民政府认为在国家没有实力解决边疆问题的情况下，本着民族自治和民族平等精神，尝试提出"五族联邦"制来解决目前国内的民族问题。1934年3月7日，蒋介石在南昌演讲时称：

> 在此恶劣环境下，对于复杂之边疆问题，即无实力可用，便不可不有相当之政策，在各个帝国主义利害冲突之中求生存之路，一面充实国力，静待时机……但目前首要之图，即须树立一明确之政策。予以为目前最适当之政策，莫若师苏俄"联邦自由"之意，依五族共和之精神标明"五族联邦"之政策……由过去所得之教训，吾人应知一种切实而得当的政策之确立，乃今日对付边疆问题最切要之事……依据总理"国内各民族一律平等"之原则，确立"五族联邦"制，简言之，即采允许边疆自治之放任政策。诚以国家大事，完全为一实际的力量问题，国际关系，乃纯粹决于实际的利害打算，依此而筹边，在今日情势之下，虽欲不放任，事实上也只能放任。放任自治，则边民乐于自由，习于传统，犹有羁縻笼络之余地……并认定唯有宽放的自治政策，方可以相当的应付边疆问题。予意除本部应为整个的一体以外，边疆皆可许其自治而组织"五族联邦"之国家，如此则内消"联省自治"之谬误，外保岌岌可危之边疆……故实行"五族联邦"加紧充实国力，乃今日应付边疆之唯一有效途径。①

国民政府在"五族共和"基础上，提出"五族联邦"制，反映了"五族共和"在当时仍有一定的积极影响。

国民政府也始终强调"国内各民族一律平等"，认为孙中山提出过的"五族共和"以及"扶助国内弱小民族，使之能自决自治"的主张，都体现了民族平等的精神。蒋介石的民族思想："我国父首先宣布五族共和的大义，以解除国内各宗族的轧轹，而至之于一律平等的境域。由此以至于今日，我国民政府仍一本我国父的遗教，以及中国国民党历次宣言……务使国内各宗

---

① 林恩显：《国父民族主义与民国以来的民族政策》，台北编译馆1994年版，第193—195页。

族一律平等，并积极扶助边疆各族的自治能力和地位，赋予以宗教、文化、经济均衡发展的机会……这是中国国民党革命的一贯精神，亦即是中国国民党对内政策的唯一使命。"①这表明，国民政府解决国内民族问题的口号是"国内各民族一律平等"。

国民政府也继承了孙中山"融合国内各民族为一中华民族"的思想。蒋介石在1929年致达赖函称："藏人为我中华民族之一……惜我总理创行三民主义，深有鉴于帝国主义者侵略吾国，非合全国之力一直奋斗，则不能与之争存，而民族主义之精神，即所以求中华民族自由平等之路也。"②1930年曾复函班禅，称"中央本民族主义将五大民族冶为一炉，合组成一中华民族，一心一德以防止帝国主义之侵略"③。国民政府承认中华民族是由国内各民族组成的，1942年8月27日，蒋介石在西宁发表《中华民族整个共同的责任》演讲称："我们中华民族乃是联合我们汉、满、蒙、回、藏五个宗族组成一个整体的总名词。我说我们是五个宗族而不说五个民族，就是说我们都是构成中华民族的分子，像兄弟合成家庭一样……我们集许多家族而成宗族，更由宗族合成为整个中华民族……所以我们只有一个中华民族，而其中各单位最确当的名称，实在应称为宗族。"④1943年出版的以蒋介石个人名义发表的《中国之命运》一书中亦指出："我们中华民族是多数宗族融合而成的。融合于中华民族的宗族，历代都有增加，但融合的动力是文化而不是武力，融合的方法是同化而不是征服……四海之内，各地的宗族，若非同源于一个始祖，即是相结以累世的婚姻。《诗经》上说：'文王孙子，本支百世。'就是说同一血统的大小宗支。"⑤国民政府推行"我们是一个中华民族"的思想。蒋介石在统一国家建设治理边疆时亦遵循此思想。上述主张表明蒋介石认识到武力不能解决国内民族问题，大力宣传中华民族自古以来就是一个大家庭，但是否认国内各民族是各个民族群体，民族的概念被换成宗族的概念，强调各个民族都是中华民族大家庭中的宗族、宗支。这就否定了民族之

① 林恩显：《国父民族主义与民国以来的民族政策》，台北编译馆1994年版，第188页。
② 中国第二历史档案馆：《国民政府档案》，全宗号1，卷号2633。
③ 刘家驹编译：《班禅大师全集》，正中书局1943年版，第173页。
④ 蒋中正：《中华民族整个共同的责任》，《福建训练月刊》1943年第4期。
⑤ 林恩显：《国父民族主义与民国以来的民族政策》，台北编译馆1994年版，第184页。

间的差别，目的是否定各个民族的自治性，减弱民族独立意识，以应对西藏等边疆民族少数上层人士提出的"高度自治"的主张。

南京国民政府派人赴藏宣慰，所秉持的对藏宣传指导方针即是三民主义。1929 年 9 月 23 日，蒋介石派人赴藏，在致达赖喇嘛函中讲道："自先总理领导革命，创立民国，一以力求中华民族自由平等为职志。政府秉承遗训，奠定寰区，对于藏卫人民，无时不思以至诚博爱之心为谋安定。"①需要着重指出的是，南京国民政府所提出过的西藏自治，也是秉承孙中山之精神，指导方针是在统一的中华民国内部，西藏"外交、军事、政治均归中央办理"，"中央予西藏自治权"，②符合孙中山提出的民族自决自治的基本原则。至于民国时期极少数西藏上层人士所主张的西藏"高度自治"，是妄图从中国分裂出去，与孙中山的民族自决自治的主张、国民政府允许西藏适度"自治"的政策有本质的区别。

国民政府民族政策的制定客观上也受到当时国内外政局和边疆地区实际情况限制，一方面是帝国主义利用少数民族分裂分子频频插手边疆事务，以图达到侵占的目的；另一方面是国民政府无实力对边疆民族地区进行直接管理。在这种情况下，蒋介石在 1934 年 3 月 7 日南昌演讲时称："边疆问题实到处牵涉外交问题，盖谈东北与内外蒙古，不离对日俄之外交，谈新疆西藏不离对英俄之外交，谈滇桂不离对英法之外交，故中国之边疆各方面皆有问题……各国解决边疆问题之方法，就其侧重之点观察，不外两种：一即刚性的实力之运用，一即柔性的政策之羁縻。如果国家实力充备，有暇顾及边疆，当然可以采用第一种手段，一切皆不成问题；但吾人今当革命时期实力不够，欲解决边疆问题，只能讲究政策，如有适当之政策，边疆问题虽不能彻底解决亦可免其更加恶化，将来易于解决。"③

① 《蒋介石为派员赴藏宣慰事致达赖喇嘛函》，载中国藏学研究中心、中国第二历史档案馆等合编：《元以来西藏地方与中央政府关系档案史料汇编》第六册，中国藏学出版社1994 年版，第 2483 页。
② 《赵戴文为派员与贡觉仲尼等洽商会呈蒋介石解决西藏具体办法致阎锡山电》，载中国藏学研究中心、中国第二历史档案馆等合编：《元以来西藏地方与中央政府关系档案史料汇编》第六册，中国藏学出版社 1994 年版，第 2478 页。
③ 林恩显：《国父民族主义与民国以来的民族政策》，台北编译馆 1994 年版，第 192 页。

这说明，当时的国民政府在制定民族政策时主要采取的是"柔性的政策之羁縻"。

所制定的民族政策，由于内战、抗日战争等原因也多数未能具体实施。南京国民政府的民族思想政策所存在的主要缺点：第一，南京国民政府的民族理论淡化了孙中山民族主义思想中的"中国民族自求解放，反对帝国主义侵略"的主张。在近代的中国，帝国主义是造成边疆问题的总根源，如果不反帝就不能真正解决国内的民族问题。国民党政府依靠美英抗日反共，对帝国主义分裂中国边疆的侵略活动不敢做坚决的斗争，这是国民党民族思想政策的根本缺陷。第二，国民政府统治时期的主要目标是"反共"，消灭中国共产党领导的人民革命，不会也不愿投入军事力量坚决反击西藏少数上层分裂分子的行为。南京国民政府解决西藏问题把握住了最基本的原则，就是始终坚持西藏是中国不可分割的组成部分，主权是不容谈判的。

第二节　宪法明定中国对西藏主权地位

1912 年 1 月 1 日，中华民国南京临时政府成立，孙中山就任临时大总统，提出"五族共和""国家统一"等政治纲领，在《中华民国临时约法》中明确规定了中华民国对西藏的主权，明确了西藏的法律地位。此后，北京政府、南京国民政府都承续这些基本国策，又进一步确立了治藏法规，并实施了相应的政策措施。同时，西藏地方也承认西藏是中华民国领土的一部分，派出代表到中央政府参政、议政。从国际法上讲，英国政府和西藏极少数上层分裂分子炮制的西藏"独立"的图谋，从来没有实现过。

《中华民国临时约法》《中华民国约法》《中华民国宪法》中关于西藏地方的权力与地位，明确了中央政府对西藏的主权。

西藏在 1904 年抗英战争失败后，陷入了更危险的境地。英国的势力在西藏进一步扩大，值此之时，清朝的统治也岌岌可危，在风雨飘摇中，英、俄、日等国加紧了对我国西藏、蒙古等地区的侵略。1907 年 8 月，英、俄签订《西藏协定》，沙俄承认英国在我国西藏地方的特殊利益，英国则默认沙俄在我国蒙古地方的特殊地位，以之作为利益交换。英国则趁机培植亲英势力集团，支持西藏少数分裂分子分裂祖国的活动。清廷面对西藏的危情，于1909年6月令川军三千人调发西藏，击退叛军，进驻拉萨。十三世达赖则在英印当局的"保护"下到达印度，清廷再度革去达赖喇嘛的名号，致使双方矛盾激化。辛亥革命爆发后，起义的烽火很快蔓延到西藏，驻藏川军先后"变乱"，清朝在西藏的统治崩溃，一时谣言纷传，人心惶恐，在英国政府和英印当局的教唆下，西藏"独立"问题显现。近代以来西藏地方安全最艰险的时刻到来了。

值此危难时刻，1912年1月1日，孙中山就职中华民国临时大总统，发布宣言："国家之本，在于人民。合汉、满、蒙、回、藏诸地为一国，即合汉、满、蒙、回、藏诸族为一人。是曰民族之统一。武昌首义，十数行省先后独立。所谓独立，对于清廷为脱离，对于各省为联合。蒙古、西藏意亦同此。行动既一，决无歧趋，枢机成于中央，斯经纬周于四至。是曰领土之统一。"①明确指出中华民国是包括西藏地方在内的多民族统一的国家。实际上，也提出了解决西藏问题所遵循的最基本原则，就是西藏是中华民国不可分割的组成部分。

1912年3月11日，南京临时政府公布《中华民国临时约法》规定："中华民族领土为二十二行省、内外蒙古、西藏、青海。"以国家宪法的形式，明定西藏是中华民国不可分割的组成部分，表明了民国政府坚决维护国家领土完整的决心。同时又规定："中华民国人民一律平等，无种族、阶级、宗教之区别。""参议员每行省、内蒙古、外蒙古、西藏各选派五人，青海选派一人，其选派方法由各地方自定之。"②授予藏族与汉族、蒙古族相同的参政、议政的权力，共同管理国家，参与国家大政方针的制定。

但是，此时西藏问题有继续恶化的趋势，在英国的唆使和支持下，西藏地方极少数上层分裂分子叫嚣西藏"独立"。因此，如何解决西藏问题已是民国政府的当务之急。值此西藏形势危难之时，孙中山于1912年4月1日正式辞去临时大总统，由袁世凯就任临时大总统，成立北京政府，主持全国政务，如何处理西藏事务也是袁世凯面临的紧迫问题。1912年4月22日，

---

① 《孙中山全集》第2卷，中华书局1982年版，第2页。
② 《孙中山全集》第2卷，中华书局1982年版，第220—221页。

袁世凯发布总统令："现在五族共和，凡蒙藏回疆各地方，同为我中华民国领土，则蒙藏回疆各民族，即同为我中华民国国民。"①1914年5月1日公布的《中华民国约法》规定："中华民国之领土，依从前帝国所有之疆域"。从前帝国指的是清朝，确定了西藏是中国领土的组成部分。1923年10月10日公布的《中华民国宪法》规定："中华民国永远为统一民主国"；"中华民国国土，依其固有之疆域。国土及其区划，非以法律，不得变更之"；"内外蒙古、西藏、青海，因地方人民之公意，得划分为省县两级，适用本章各规定"。1931年6月1日，国民政府公布《中华民国训政时期约法》规定："中华民国领土为各省及蒙古、西藏。""中华民国永为统一共和国。"②

　　抗日战争胜利后，国民党召开国民大会讨论制宪事宜。1946年12月25日，国民大会通过《中华民国宪法》规定："中华民国领土，依其固有之疆域，非经国民大会之决议，不得变更之。""西藏自治制度，应予以保障。"③

　　作为中华民国一部分的西藏地方，也享有与其他行省一样的参政、议政权力。《中华民国临时约法》规定西藏可选派参议员5人。1913年，北京政府公布《第一届国会西藏议员选举法》《参议院议员选举法》《众议院议员选举法》《参议院参议员选举法实施细则》，对西藏地方选举参议员、众议员办法等都有明确规定。1931年1月，国民政府公布《国民会议代表选举法》《国民会议代表选举施行法》，依法选出前藏代表6人、后藏代表4人参加5月举行的"国民会议"。1938年4月12日，《国民参政会组织条例》规定西藏代表在国民参政会中的名额，西藏参政员有喜饶嘉措、丁杰、罗桑扎喜、阿旺坚赞等人。1937年5月21日，国民政府颁布《国民大会组织法》规定：西藏参加国民大会代表名额："由在西藏地方有选举权人选出者十名。"此外，在立法院、监察院等中央机关中都有藏族委员。西藏代表为国家大政方针建言献策，实现西藏人民的参政、议政的权利。这些都体现了中国对西藏的主权管理，是国民政府遵循的最基本原则。

　　中华民国历届政府在国家根本大法中都明确规定了西藏是中国领土不可

---

① 《中国大事记》，民国元年四月二十二日大总统令，《东方杂志》1912年第12期。
② 云南省档案馆藏：《中华民国训政时期约法》，分类号 D693.8，顺序号 84。
③ 云南省档案馆藏：《中华民国宪法》，分类号 D693.8，顺序号 480。

分割的一部分，从来没有承认过西藏的独立地位。在当时和现在，一些西方政客和西藏分裂分子认为十三世达赖从印度返回西藏，在 1913 年（藏历水牛年）发布的文告，就宣布了西藏的"独立"。从文告的内容上看，核心是由于汉藏矛盾，驱除汉人出藏，并没有正式宣布建国。在与中央政府的联系，所谈判的条件中都清楚地表明达赖接受中央管理的条件，这是西藏反对清廷错误政策情绪的延续，大部分僧俗官吏不愿意完全脱离中国。实际上达赖喇嘛和噶厦从来没有发表政治公告宣布西藏是独立的"西藏国"，而且派代表参加国民会议。

从国家法的角度讲，民国时期的西藏也是中国领土的一部分。西藏"独立"问题是英国政府侵略西藏的产物，是其一手炮制的政治图谋。但是国际上包括英国在内的任何外国政府都没有承认过西藏是独立国家。正是因为西藏是中国领土的一部分，英国政府和英印当局才变换花招，以"宗主权"偷换"主权"概念，英国将西藏界定为是在中国宗主权之下的"自治国"（autonomous state under Chinese suzerainty），这是英国玩弄的政治花招和策略，是英国在 1904 年侵略西藏以后确立的与中国政府交涉藏案的原则。

所谓宗主权是西方政治的产物，资本主义用来推行殖民统治的一种方式，侵略其他弱小国家，占领土地的借口。"承认中国在藏拥有宗主权，清朝中英所订西藏条约一律有效，但不承认中国有干预西藏内政之权"。从中可以看出，英国政府侵略西藏的险恶用心。以此来否认西藏是中国的领土。强权是公理，当一个国家强大时，"宗主权"是"主权"的同义词；当一个国家实力不行，内部分裂时，这个主权就得另当别论了。这就是国际政治的逻辑，英国政府相当清楚自己的强盗逻辑，充分暴露和揭示了英国干涉中国内部事务，唯恐中国不乱的野心和图谋，来否认西藏是中国的一部分，试图将西藏问题国际化，从而促使西藏"独立"合法化。

而英国政府在民国时期干涉中国内部事务，涉及西藏问题时，都是"依据"《西姆拉条约》（草案）的。事实上，民国成立以来，中英之间从来没有就西藏达成任何协议和协定。英国与西藏地方代表擅自签订的《西姆拉条约》（草案）是非法和无效的，西藏代表夏扎是没有国际公认的签字权力的，只有主权国家才有缔约权。当时的民国中央政府拒绝在《西姆拉条约》（草案）上签字，此后历届中央政府也从来没有承认过。对此国内外学者都曾清楚、明确地阐述过。因此，从民国的历史事实、国家法的角度，西藏始终是中国领土的组成部分。

第三节　中国国民党历次中央会议治藏决议案内容

1924年，国民党经过孙中山先生重组，召开了第一次全国代表大会，并在中国共产党的帮助下，提出将新三民主义作为政纲。其中，民族主义成为国民党关于民族问题的基本纲领。1931年九一八事变爆发，蒙藏和新疆地区对国家民族存亡兴废的重要性更成为全民族的共识，它不仅关系到国家的统一和边疆安全，更是抗日救国的战略大后方。所以，作为执政党的国民党不得不从国家政治的角度，研究、考虑蒙藏等边疆民族问题，并以全国代表大会和中央全会名义作出有关决定，以便指导其掌握的国民政府对边疆地区施政。本节是将1949年以前，国民党历届全国代表大会和中央全会有关蒙藏等边疆民族问题的决议及国共合作作为一个历史坐标并结合标志性的历史事件，分四个阶段梳理，以供研究参考。

一、第一次国共合作时期

1924年1月20日到30日召开的国民党第一次全国代表大会，至1927年3月召开的二届三中全会的三年间，是国民党正式组建成全国性政党，并与共产党合作，进行北伐，夺取政权的重要时期，在国民党历史上具有里程碑意义。

1912年8月，孙中山组建中国国民党。1913年初，国民党在国会选举中获多数席位，在宋教仁被刺案发生后，发动"二次革命"，旋即失败，遭到袁世凯强行解散。1914年，孙中山在日本召集部分党员组成中华革命党。1917年，孙中山在广州召开国会非常会议，组织护法政府，被推举为海陆空大元帅，誓师北伐。次年，因受桂系军阀排挤，向非常国会提出辞呈，赴上海继续撰述《建国方略》。1919年将中华革命党正式改组为中国国民党。1920 年，在粤桂系军阀势力被驱逐后，孙中山重回广州。1921
年，国会召开非常会议，决定组建中华民国正式政府，孙中山就任非常大
总统，再举护法旗帜，组织大本营，准备北伐。1922 年 6 月，发生陈炯明
之变，孙中山退居上海。1923 年，陈部被驱逐，孙中山再回广州，重建大
元帅府，并与中国共产党和苏联共产党建立了密切联系，确立了"联俄、
联共、扶助农工"三大政策。在这种形势下，1924 年 1 月，国民党在广州
召开了第一次全国代表大会，并积极为北伐进而夺取全国政权做政治、思
想、组织上的准备。它标志着国民党以全国性政党正式走向国家政治舞
台。1925 年 7 月 1 日，中华民国政府在广州正式成立。随着北伐战争的胜
利进军，为推动国民党革命运动，决定将指挥中枢北移，1926 年 12 月 13
日，武汉临时中央党政联席会成立，并于 1927 年 1 月 1 日正式办公，标
志着国民政府在武汉正式成立，同时于 3 月召开了国民党二届三中全会。
总的来说，这个时期是国共合作、国民党逐步打垮北洋政府并夺取全国政
权的时期。正是在这种历史背景下，国民党的全国代表大会和中央全会都
将蒙藏等民族问题列为国家政治生活中的一个重要议题，并作出相应的
决议。

　　国民党的第一次全国代表大会，于 1924 年 1 月 20 日至 30 日在广州召
开（会议期间，因列宁逝世休会三天）。孙中山先生作《开会词》和《闭会
词》，并重新解释"三民主义"（民族、民权、民生），把"民族主义"解
释为对外反对帝国主义，对内求得各民族平等；"民权主义"则是要建立普
通平民所共有，非少数人所得为私的民主政治；"民生主义"则以平均地权
（实行耕者有其田）和节制资本为中心。根据重新解释的基本精神，确立了
"联俄、联共、扶助农工"三大政策，作为新三民主义的核心。这些都以大
会"宣言"和"决议"的形式，确立为党的政治纲领。

　　大会同意共产党员和共青团员以个人身份加入国民党。同时，根据新三
民主义的基本精神修订了国民党章程草案，并改组了国民党的领导机构。

　　出席代表大会的共有 198 人。大会选出执行委员 24 人（其中共产党员
3 人）、候补执行委员 17 人（其中共产党员 4 人），组成中央执行委员会
（大会闭会期间作为国民党的最高领导和决策机构）。这次大会标志着国民
党根据新的历史形势和任务完成了重新改组，以及国共两党第一次合作的

正式建立，在国民党史上具有里程碑意义。正是由于上述政治、历史背景，蒙藏等边疆民族问题被第一次列入国民党全国代表大会的《大会宣言》和《决定》中。

《大会宣言》声明："国民党之民族主义，有两方面之意义：一则中国民族自求解放；二则中国境内各民族一律平等。"[①]这就明确了民族革命的历史任务，一是反对帝国主义的侵略，二是反对民族歧视和压迫，实现各民族一律平等。

在党章关于"特别地方党部组织"的规定中，将蒙藏等边疆民族地区单列一款："热河、察哈尔、绥远三特别行政区域及蒙古、西藏、青海等处之党部组织与省同。"[②]这体现了对蒙藏等边疆民族的重视，以及蒙藏汉等各民族政治上的平等。

作为大会决议案的《国民政府建国大纲》（孙中山手拟）规定："对于国内弱小民族，政府当扶植之，使之能自决自治。对于国外之侵略各强权，政府当抵御之；并同时修改各国条约，以恢复我国际平等、国家独立。"[③]这些都成为后来国民党历次全国代表大会与中央全会讨论和决定关于蒙藏等边疆民族问题所遵循的基本原则。

1925年5月18日至25日，国民党一届三中全会先在北京召开，后移至广州举行，主要讨论、决定孙中山逝世后党的政纲和政策问题，决定接受孙中山先生遗嘱，通过了对党、军队、军校的训令和时局宣言，再次肯定了国共合作政策。在《接受总理遗嘱宣言》中，重申孙中山先生提倡的三民主义，表示"恒以百折不挠之精神，继续奋斗，以图恢复民族平等，国家独立，使我中国脱离半殖民地之地位，造成依据三民主义之完全独立自由的国家"[④]。没有涉及蒙藏等边疆民族的具体内容。

---

① 荣孟源主编：《中国国民党历次代表大会及中央全会资料》（上），光明日报出版社1985年版，第15页。

② 荣孟源主编：《中国国民党历次代表大会及中央全会资料》（上），光明日报出版社1985年版，第24页。

③ 荣孟源主编：《中国国民党历次代表大会及中央全会资料》（上），光明日报出版社1985年版，第35页。

④ 荣孟源主编：《中国国民党历次代表大会及中央全会资料》（上），光明日报出版社1985年版，第77页。

1926年1月1日至20日，国民党第二次全国代表大会在广州召开。到会代表256人，其中共产党员约100人。会议坚持孙中山先生提出的"联俄、联共、扶助农工"三大政策，通过了政治、党务、军事等决议。在《大会宣言》中，着重说明了民族运动与反对帝国主义的国际革命运动的关系，"对于（民族）平等之观念，有二：（一）自求平等；（二）同时求他人之平等。合此二观念，故民族运动与国际运动实为相须。惟其如是，乃能与不平等待人之帝国主义作殊死战"①。

《关于党报决议案》着重说明："第二次代表大会要求本党党报时时指示民众民族主义之中有两种要点：第一是脱离帝国主义的压迫而独立；第二是依据五权宪法实现国内统一的政府，想实现国内统一的政府，必须先打倒帝国主义。"②另外，在修正的党章中保留原党章关于"蒙古、西藏、青海等处三党部组织与省同"的条款。

大会闭幕之后，即于1926年1月22日至25日召开二届一中全会，主要决议中央政治会议为政治指导机关，对中央执行委员会负责。5月15日至22日，国民党二届二中全会于广州召开，主要议题是通过了限制、打击共产党的"整理党务案"。虽然也有共产党人参加了这次全会，但根据此案，清除了中央党部的共产党员。右派掌控了国民党中央的重要领导权。

1926年7月4日至6日，国民党二届中央执行委员会临时全会在广州召开，主要议题是北伐事宜，会议推举蒋介石为中央执委会主席（出征期间由张静江代表），通过了《为革命军出师宣言》，北伐正式开始，未涉及边疆民族问题。之后不久，10月15日至26日，国民党二届中央委员及各省、市、特别区以及海外总支部代表联席会议在广州举行，主要通过"本党最近政纲"等决议案。

1927年3月10日至17日，国民党二届三中全会在汉口召开。出席委员共33人（包括吴玉章等共产党人）。会议通过了坚持国共合作和集政治、军事、外交、财政之权于常委会，以及限制蒋介石权力的决议。会议通过

①　荣孟源主编：《中国国民党历次代表大会及中央全会资料》（上），光明日报出版社1985年版，第99页。

②　荣孟源主编：《中国国民党历次代表大会及中央全会资料》（上），光明日报出版社1985年版，第145页。

的《对全国人民宣言》，再一次强调了边疆民族问题，说："我们要帮助国内的少数民族（蒙古、西藏、回族等）的自决与解放。"[①]当时，北伐节节胜利，江南各省基本被国民党掌控。会议通过的《对全体党员训令》说："更有进者，本党以至以革命统一全国之时机，今后不但须使中华民族对外求得自由平等，且须使国内少数民族一律平等，以证实本党之民族主义为民族解放，非国家主义者之貌为外抗强权而内则压制弱小民族者，所可比附。本党同志当对于满、蒙、回、藏少数民族之解决，力予援助，使能在本党统一之后，相与自由联合。此尤为本党同志所应注意者也"。在《统一革命势力决议案》中，重申国共合作，强调"中国国民党与中国共产党两党联席会议，须立时，讨论一般的合作办法，特别是以下各问题"。有关问题共列五项，其中第二项即"国内少数民族问题"。[②]

二、国共分裂与南京国民政府成立初期

自 1927 年 9 月国民党中央特别委员会召开，至 1935 年 11 月四届六中全会召开，这七八年的时间，总的来说，是国共分裂时期，国民党掌控的国民政府代替北洋政府，名义上统一了全国，与此同时，对共产党领导的红军和苏区进行大规模"围剿"。

1927 年 4 月 12 日，蒋介石发动反革命政变，并于 4 月 18 日建立南京国民政府。汪精卫发动"七一五"反革命政变，在武汉成立国民党中央和国民政府。蒋介石面对武汉方面的对峙、桂系的离心，以及徐州战役的失败，陷入了困境，采取了以退为进的策略，向南京国民政府提出辞职，于 8 月 12 日离开南京去上海，宣布下野。这时迁居上海的西山派自立党中央，主张"清党"。于是，政治目标一致的三派合流，都反对孙中山的联共政策。9 月 16 日，三方在南京召开会议，通过《大会宣言》，成立中央特别委员会，代行中央执行委员和监察委员会职权，改组国民政府，武汉和南京两府合

---

① 荣孟源主编：《中国国民党历次代表大会及中央全会资料》（上），光明日报出版社 1985 年版，第 307 页。

② 荣孟源主编：《中国国民党历次代表大会及中央全会资料》（上），光明日报出版社 1985 年版，第 315—318 页。

并。标志着国共两党正式决裂，以及形成国民党一党专制的国民政府，名义上成为中央政权。不久，蒋介石重回南京，再掌军政大权。随着国共分裂、北洋军阀政权的覆灭，全国政治格局发生了重大变化，共产党领导的工农红军在江西建立了革命根据地。蒋介石主政的国民党当局从 1930 年底至 1935 年，对红军展开了大规模的"围剿"，迫使红军北上，开始长征。以上这些是我们解读 1927 年 9 月国民党中央特别委员会至 1935 年 11 月四届六中全会期间有关蒙藏问题决议的历史背景。

1927 年 9 月中下旬，国民党在南京成立"中央特别委员会"，"宁汉合流"并连续召开会议。这次会议虽然没有涉及蒙藏问题，但对此后国民党曲解孙中山先生的民族主义，打下了政治基础，也可视为国民党关于民族主义转折的一个历史坐标。

1928 年 2 月 2 日至 7 日，在南京又召开了二届四中全会，决定重新登记党员，并组成以谭延闿为主席的国民政府和以蒋介石为主席的军事委员会，会议通过的《中华民国国民政府组织法》规定："国民政府受中国国民党中央执行委员会之指导及监督，掌握全国政务。"以立法的形式规定国民党对政府的掌控，又规定国民政府设置各部委，其中包括蒙藏委员会，表明国民政府将继承北洋政府设置专门管理蒙藏事务的中央机构。

1928 年 8 月 8 日至 15 日，国民党二届五中全会在南京举行。会议决定实行五院制和通过"整理军事案"。在通过的"政治问题决议案"中，同意四中全会关于《国民政府组织法》的决议，重申逐步实施五院制。以蒋介石为国民政府主席，谭延闿为行政院长。同时决议在行政院下设蒙藏委员会等各部委。1928 年冬天，国民党二届中执委、中监委中的汪精卫派在上海成立"中国国民党改组同志会"，并于 1929 年 2 月发表了该会《第一次全国代表大会宣言》，其宗旨是既反对共产党，也反对西山会议派，还反对蒋介石专权，系国民党内部汪与蒋派系争权夺利斗争。1930 年 7 月，在北平召开"扩大会议"后，便"无形间已解体"，与边疆问题无关。

南京国民政府已经在形式上完成了对全国的统一，开始考虑以后的建设问题。中国国民党第三次全国代表大会，于 1929 年 3 月 15 日在南京举行。会议对汪精卫派进行了处理，对其本人书面警告，其主要成员陈公博等被开除党籍；开除桂系首领李宗仁党籍并决定出兵讨伐；恢复西山会议派和因反对国共合作而被开除党籍人员的党籍。

格桑泽仁作为西藏代表列席了会议。在1929年3月27日的会议上通过的《对于政治报告之决议案》中，列"蒙藏与新疆"专项，这是国民党中央第一次关于蒙藏问题的决策，对于后来国民党和国民政府的西藏政策，有着重要影响，故系其全文如下：

> 蒙藏与新疆 本党致力国民革命，既以实现三民主义为唯一目的，则吾人对于蒙古西藏及新疆边省，舍实行三民主义外实无第二要求。虽此数地人民之方言习俗，与他省不同，在国家行政上，稍呈特殊之形式，然在历史上、地理上及国民经济上则固同为中华民族之一部，而皆处于受帝国主义压迫之地位者也。辛亥以前，满洲以一民族而宰制，于国内各民族之上。而列强之帝国主义，得图谋侵略而瓜分之。故辛亥革命，其意义为一方铲除满洲之宰制政策，一方为打破列强之瓜分政策。不幸满清既倒之后，国内之军阀代之而兴，列强之帝国主义。一方援助军阀以压迫国内各民族，一方变瓜分之说为共管之说，变武力的侵略为经济的压迫。其结果遂令蒙古、西藏与新疆之人民，在经济上、政治上、教育上所处之地位，无稍增进。今幸军阀之恶势力已被摧毁，中国境内之民族，应以互相亲爱、一致团结于三民主义之下，为达到完全排除外来帝国主义目的之唯一途径。诚以本党之三民主义，于民族主义上乃求汉、满、蒙、回、藏人民密切的团结，成一强固有之国族，对外争国际平等之地位。于民权主义上，乃求增进国内诸民族自治之能力与幸福，使人民能行使直接民权，参与国家之政治。于民生主义上，乃求得发展国内一切人民之经济力量，完成国民经济之组织，解决自身衣、食、住、行之生活需要问题也。
>
> 大会于此，认为今后宜本此主义上之真义，以全力昭示蒙、藏、新疆之人民；并根据国家生存上共同之利益，努力实现汉、满、蒙、回、藏诸民族有组织的密切团结，共谋经济上、政治上、教育上之建设。盖唯国内民族政治巩固之力量，始足以截止国外帝国主义之政治掠夺；唯国内民族经济及教育充实之力量，始足以排除国外帝国主义之经济侵略。本党敢郑重述明：吾人今后，必力矫满清、军阀两时代愚弄蒙古、

西藏及漠视新疆人民利益之恶政，诚心扶植各民族经济、政治、教育之发达，务期同进于文明进步之城，造成自由统一的中华民国。必如此，庶足以保持中国永久之和平，而促进世界大同也。①

第三届全国代表大会闭幕的当天（1929 年 3 月 28 日），即举行三届一中全会，主要议题是研究从政治、组织上保证贯彻落实三届全代会的决议问题。6 月 10 日至 18 日，召开了三届二中全会，会议决议开除冯玉祥党籍，并加以讨伐。由于会议主要议题是讨论议定训政时期的党、政、军以及建设方案（议定 1935 年之前完成"训政"），所以边疆民族问题被提上议程，并于 6 月 17 日通过了《关于蒙藏之决议案》，全文如下：

（一）举行蒙藏会议。蒙古由各盟、旗长官及人民各推出代表若干人，西藏由达赖、班禅喇嘛及西藏人民各推出代表若干人，同来中央参加；并由中央派定若干人一律出席。会议之任务为报告蒙、藏之实际情况，讨论关于报告训政及蒙藏地方之一切改革事宜，呈请中央核定施行之。蒙藏委员会之委员，对于蒙藏会议应一律参加。此项会议于民国十九年三月前举行。

（二）派员宣慰蒙、藏。由中央特派对党国有重要资望之专员十人至二十人，分赴蒙古、西藏，宣达中央扶植蒙藏民族之政策与决心，慰问并调查蒙藏人民之疾苦。

（三）于首都设立蒙藏学校，为储备蒙藏训政人员及建设人才之机关。由蒙藏各地选送优秀青年应试入学。并附设蒙藏研究班，指导促进关于蒙藏事情之专门研究。

（四）关于蒙古、西藏经济与文化之振兴，应以实行发展教育为入手办法，其要点如下：

1.通令各盟旗及西藏、西康等地主管官厅，迅速创办各级学校，编译各种书籍及本党党义之宣传品；实行普及国民教育，厉行识字运动，改善礼俗，使其人民能受三民主义训育，具备自治之能力。

2.确定蒙藏教育经费。

---

① 荣孟源主编：《中国国民党历次代表大会及中央全会资料》（上），光明日报出版社 1985 年版，第 315—318 页。

3. 在教育部内特设专管蒙藏教育之司科。

4. 首都及其他适应之地点，设立收容蒙藏青年之预备学校。特定国立及省立之学校，优遇蒙、藏、新疆、西康等地学生之办法。

上列各项事宜，由行政院负责制定详细计划，迅速实行。

（五）蒙藏委员会应根据施政纲领及实施程序，积极筹划实施。在第一期内，应特别注重于调查蒙藏情况，革新行政制度，兴办教育及筹备自治诸项。

（六）加紧对于蒙藏之宣传，撰制各种浅显之宣传品，译成蒙藏文字，包括下列各要点：

1. 阐明蒙藏民族为整个中华民族之一部，并释明三民主义为蒙藏民族唯一之救星。

2. 说明蒙藏民族所处地位之危险，帝国主义有侵略阴谋之恶毒，及第三国际曲解民族自决之煽动宣传。

3. 说明对于蒙藏各地教育、经济之设施与交通实业之建设，应由中央政府扶助其地方政府依据本党主义、政纲尽力进行。惟军事、外交及国家行政，必须统一于中央，以整个的国家力量谋蒙藏民族之解放。

4. 说明本党训政之意义，督促蒙藏人民积极培养自治之能力，完成自治之组织。并优先登录蒙藏人民参加地方行政，并奖励蒙藏优秀分子来中央党政机关服务。[1]

此后，由于国民党上层矛盾斗争加剧，边疆民族问题很难提上重要政治方程，并未涉及边疆民族问题。

1930 年 3 月 1 日至 6 日，国民党三届三中全会在南京举行，主要议题是通过"训政时期党务工作方案"，以及"修正中央执行委员会政治会议条例"等。"修正中央执行委员会政治会议条例"加强了蒋介石派系的权势，例如修正后的政治会议，规定政治会议为全国实行训政之最高指导机关，对于中央执行委员会负其责任，"政治会议之决议，直接交由国民政府

① 荣孟源主编：《中国国民党历次代表大会及中央全会资料》（上），光明日报出版社 1985 年版，第 765—767 页。

执行"。①1930年8月召开的中国国民党中央党部扩大会议，在国民党历史上是一个著名事件。1930年夏，以汪精卫为首的改组派和以邹鲁等为首的西山会议派，与阎锡山的晋军和冯玉祥的西北军，联合反蒋，于7月13日在北京中南海怀仁堂召开会议，决定成立中国国民党中央党部扩大会议，并于8月7日正式开会议决，以"依法召开国民党第三次代表大会和筹备召集国民会议，制定约法"为号召，组织国民政府（以阎锡山为主席），与蒋介石的南京国民政府对抗。后来，由于讨蒋军事失利，阎、冯军队节节败退，1931年9月20日，"扩大会议"由北京迁至太原，继续订约法草案，并于10月27日公开发表，共8章211条。此后，"扩大会议"即如云烟消散。不过，这次会议还是注意到了边疆民族问题。在8月13日的会议上通过了一个《中央党部扩大会议国内民族部组织条例》；在9月1日通过的《国民政府组织大纲》的第十三条规定"国民政府设立蒙藏委员会"；在10月27日公布的《中华民国约法草案》第一章"建国大纲"第四条规定"（三民主义）其三为民族类，故对于国内之弱小民族，政府当扶植之，使之能自决自治"。在第五章"地方制度"之第一百六十二条规定："外蒙古、西藏等不设省之地方，其制度应参照其宗教风俗习惯另以法律定之。"②

1930年11月12日至18日，国民党三届四中全会在南京举行。会议是在蒋与阎、冯中原混战取得胜利之后召开的，议决对"扩大会议"主要人员汪精卫、邹鲁、阎锡山、冯玉祥等人进行了组织惩处。会议主要议题是讨论召开国民会议和制定约法等。11月17日的会议通过了《中华民国国民政府组织法（修正案）》，规定"国民政府总揽中华民国之治权"（第一条），"国民政府主席兼中华民国陆、海、空军总司令"（第九条）。11月18日的会议决定，蒋介石以国民政府主席兼行政院长，集党政军大权（包括边疆民族地区党政军权）于一身，但也为加剧党内斗争埋下了伏笔。

1931年5月1日至2日，蒋介石在南京主持召开三届一中临时全会。这是在非常情况下召开的非常会议。2月28日，蒋介石拘禁胡汉民。4月

---

① 荣孟源主编：《中国国民党历次代表大会及中央全会资料》（上），光明日报出版社1985年版，第797—798页。

② 荣孟源主编：《中国国民党历次代表大会及中央全会资料》（上），光明日报出版社1985年版，第857—872页。

30 日，邓泽如、林森、古应芬、萧佛成四人以国民党监委名义弹劾蒋介石，并在广州准备召开反蒋的国民党中央执监委员非常会议。① 其间，两派分裂，汪派去上海。广州成为胡派大会，但其内部又因人选问题争吵不休。胡汉民返粤调停，始于 12 月 5 日闭幕。而与汉派分裂后的汪派遂到上海，借法租界举行，12 月 3 日举行上海中国国民党第四次全国代表大会，会议日程仅一天，主要是讨论通过从在沪代表中选举中央委员十人案。两会都未见西藏代表出席，也未有涉藏议案。

胡汉民派、汪精卫派、孙科派、西山会议派和两广军人陈济棠、李宗仁等，于 1931 年 5 月 27 日联合在广州成立中央执监委非常会议，28 日正式宣布成立国民政府，声明与蒋介石的南京国民政府分庭抗礼，造成宁粤分裂局面。不久，九一八事变爆发，全国人民抗日反内战声浪日益高涨。在这种政治压力下，宁粤双方议和。粤方于 1932 年 1 月 5 日宣布取消由"非常会议"产生的国民政府，另成立西南执行部和西政委会。因此，蒋介石在南京主持召开的这次全会非常匆促，仅两天时间，会议主要议题是筹备召开国民会议和制定约法等。5 月 1 日通过的《中华民国训政时期约法》第一章"总纲"第一条规定："中华民国领土为各省及蒙古西藏"；第七章"政府之组织"第八十条规定："蒙古、西藏之地方制度，得就地方情形，另以法律定之"。②

1931 年 6 月 11 日至 15 日，国民党三届五中全会在南京召开，主要是为了缓和国民党内部矛盾，以集中力量打击红军。会议通过了《中央执行委员会政治会议条例》（修正案），仍然规定"政治会议为全国实行训政之最高指导机关，对于中央执行委员会负责任"。③ 还通过了《修正国民政府组织法案》，关于"国民政府总揽中华民国之治权""国民政府主席兼中华民国陆海空军总司令""行政院为国民政府最高行政机关"等条款仍旧，推举蒋介石任国民政府主席兼行政院长，强化其权威。

----

① 1931 年 11 月 18 日，胡汉民派和汪精卫派在广州召开"中国国民党第四次全国代表大会"。
② 荣孟源主编：《中国国民党历次代表大会及中央全会资料》（上），光明日报出版社 1985 年版，第 945—951 页。
③ 荣孟源主编：《中国国民党历次代表大会及中央全会资料》（上），光明日报出版社 1985 年版，第 992 页。

中国国民党第四次全国代表大会。1931 年 11 月至 12 月期间，蒋介石在南京、胡汉民在广州、汪精卫在上海分别召开三个中国国民党第四次全国代表大会。南京的会议于 11 月 12 日闭幕。参加这次全国代表大会的有各省市党部代表 242 人，海外党部代表 88 人，特别党部代表 71 人，边远省区（内蒙古、外蒙古、新疆、青海、西藏、西康、宁夏）代表 25 人。其中，西藏地区的代表 5 人：罗桑坚赞、罗桑囊嘉、棍却仲尼、刘曼卿、阿旺坚赞；西康省（即川边藏区）的代表 3 人：刘家驹、杜履谦、江安西；青海的代表 2 人：李天民、曾三省。另外，西藏会议代表 11 人列席了会议：沙里瓦呼图克图、洛桑嘉措、智化、陈耀堂、陈耀弟、龚瑾、石殿峰、吴世瑾、米义山、巫明远、曹言。11 月 16 日上午举行的第二次会议，中央执行委员会提出与西藏有关的"边远各省区实业建设及文化建设应确定方针，切实进行案"。19 日下午举行的第五次会议，审议通过并作为全国代表大会决议案。①

1931 年 12 月 25 日，第四届中央执行委员会第二次全体会议，通过改革行政体制，把国民政府的人事、行政等一切权力，掌控于国民党中央执行委员会，国民政府成为国民党中央的工具。26 日，召开第三次会议，通过决议："在中央党部内添设民族委员会，专负蒙藏一切党务工作，交党务委员会。"② 同时，内定石青阳为蒙藏委员会委员长。

1931 年 12 月 28 日，第四届中央执行委员会第一次会议通过胡汉民、汪精卫、蒋介石为常务委员；同时，又通过以中央执行委员、中央监察委员，组成中央政治会议，推举蒋介石、汪精卫、胡汉民为政治会议常务委员。这样，蒋介石通过中央执行委员会、政治会议，掌握了党、政、军大权。同时，包括西藏在内的边疆民族事务也就自然归于其掌握之中。

一·二八淞沪抗战爆发，国民党中央党部和国民政府迁到洛阳。1932 年 3 月 1 日至 6 日，在洛阳举行第四届第二次中央全会。会上讨论了上海战事，决定对日方针，并决议成立军事委员会，以蒋介石为委员长。在 3 月 5 日举行的第二会议上，决议："关于蒙藏政治、教育等问题（白委员云梯

① 荣孟源主编：《中国国民党历次代表大会及中央全会资料》（下），光明日报出版社 1985 年版，第 67—73 页。

② 荣孟源主编：《中国国民党历次代表大会及中央全会资料》（下），光明日报出版社 1985 年版，第 137 页。

提）交常务委员会斟酌办理。"①说明当时战争体制，国民党中央已无暇顾及西藏。

1932 年 12 月 15 日至 22 日，中国国民党四届三中全会在南京召开，举行预备会议一次、正式会议六次。会议决定 1935 年 3 月召开国民大会，制定宪法，实行"宪政"。在 12 月 19 日四届中央执行委员会第三次全体会议上，通过了《慰勉蒙藏来京各员并团结国族以固国基案》②，其主要内容共五条：

（一）对于远来与会之班禅、章嘉两大师及各盟旗领袖，表示欢迎；（二）宣告汉、满、蒙、回、藏各地同胞一致团结，以御外侮而奠国基；（三）关于开发边疆地方之一切一目十行施设，应以尽先为各该地方土著人民谋幸福为原则；（四）以后中央各机关关于可能范围内，应多任用边地各族人员。以为训练其政治能力之机会，并增加国族团结之实力；（五）行政院赶速于首都地方为蒙藏僧俗来京供职人员设备适宜之住所，并参酌旧制，制定各项办法。

1932 年 12 月 21 日第三次会议，通过白云梯委员等"政蒙藏委员会长制为常务委员制案""每年拨发蒙藏教育经费案"。1934 年 1 月 20 日至 25 日，国民党四届四中全会在南京举行，中心议题是讨论"围剿共产党"以及西南地区改革政治，中央与地方均权等事宜。在 1 月 25 日会议上，通过了"选任班禅额尔德尼为国民政府委员案"③。此后，召开的四届五中、六中全会均未涉及边疆民族问题。

三、第二次国共合作与全民抗战时期

1935 年 11 月国民党第五次全国代表大会的召开，是国民党历史上的一个重大转折。1935 年，中国历史上发生了两件大事，直接影响着国民党的政治决策：第一件是 10 月毛泽东同志率领的工农红军主力，经过艰苦卓绝的二万五千里长征，到达陕北。第二件，华北事变。日本帝国主义侵占我东北地区之后，进一步控制察哈尔和华北广大地区，并建立伪政权。8 月 1 日，共产党发表宣言，号召全国人民团结起来抗日救国。全国各地城市学生纷纷举行示威游行，热烈响应。在这种形势下，国民党不得不重新制定政治决策，把抗日救国放在内战之前。

1936 年 12 月 12 日，西安事变发生。张学良、杨虎城等爱国将领，兵谏蒋介石抗日。西安事变和平解决。1937 年 7 月 7 日，日本侵略军在北平公然对我军民武装袭击。7 月 8 日，中国共产党通电全国，号召全民族抗战。在这种政治形势下，蒋介石也于 7 月 17 日发表谈话，宣布对日抗战。8 月 13 日，日军进攻上海，国民党军队组织"淞沪会战"失败。8 月初，蒋介石在南京召开国防会议，中共中央派代表参加，就合作、共同抗日进行谈判。经过十余天会谈，达成协议，共产党领导的工农红军被改编为国民革命军第八路军。第二次国共合作正式形成。日军攻陷南京后，1938 年 1 月 11 日，国民政府迁至重庆，但实际上，军事及外交部门则驻武汉办公。7 月，中国军队组织了规模空前的抗击日军的武汉会战。10 月 25 日，武汉失守。国民党中央党部和国民政府全部迁往重庆。

1935 年 11 月 12 日至 23 日，国民党第五次全国代表大会在南京召开。这一年，共产党领导的工农红军主力年底到达陕北，力量逐步恢复和壮大。国民党的"围剿"神话彻底破灭。华北事变之后，日本侵略者日益猖狂。全国人民的抗日救国热情日益高涨。在这种形势下，国民党第五次全国代表大会对一些政策作出调整。林森在《开幕词》中，面对现实，以"救国复兴"为号召，提出"安慰全国同胞的期望，鼓舞起一致救国的热诚，振衰起敝，以挽回艰难的国运"[①]。会议通过了《召集国民大会及宣布宪法草案》《确定救党救国原则案》等一系列决议案，根据当时大的政治形势和会议主要精神，11 月 23 日通过的《代表大会宣言》，将蒙藏等边疆民族问题，列为十

---

① 荣孟源主编：《中国国民党历次代表大会及中央全会资料》（下），光明日报出版社 1985 年版，第 288 页。

个专题中的第八，题目为"重边政、弘教化，以固国族而成统一"。

> 为实施总理民族主义之遗教，因应国家当前之环境，必须扶助国内各民族文化经济之发展，培养其社会及家族个人自治之能力，尊重其宗教信仰与社会组织之优点，以期巩固国家之统一，增进国族之团结。其基本实施纲领，有如下列：一曰，对于边疆各地间与在西南各省间之民族，其一切施政纲领，以尽先为当地土著人民谋利益为前提。从前大会屡有郑重之决议，必须切实奉行；二曰，自后国内蒙族、藏族、新疆回族，以及散住内地各小族，选举代表，必须在当地有确实籍贯者，期能充分表达各族人民之情意；三曰，对于上列各地民族之教育，中央应切实制定妥善方案，而努力以谋其发展，国家对于各族之教育，必须宽筹经费，确立预算；四曰，关于上列各地之经济建设，应取保育政策，于其原有之产业与技能，应尽量设法使之逐渐改良，俾人民能直接获益；五曰，政府应培养连署地人才，俾中央各机关得充分任用边地出身之人员，以收集思广益之效，而厚真正统一之力。①

1935 年 12 月 2 日至 7 日，中国国民党第五届第一次中央全会于南京召开。会议的主要决议案是，决定 1936 年 5 月 5 日公布"宪法"草案和 11 月 12 日召开国民大会。会议决定改组中央领导机构；中央常务委员会增设主席、副主席（胡汉民任主席，蒋介石任副主席）；中央最高政治指导机关——政治会议，改为政治委员会，增设主席、副主席（汪精卫任主席，蒋介石任副主席）。决定林森为国民政府主席，蒋介石兼行政院长。实权仍在蒋介石手中。这次会议没有专门的蒙藏决议。有关事宜包括在有关边疆地区决议案中：

> 关于边远省区党务："一、应派遣熟习地区情形之中央委员主持边区党务，组织党部，并配遣各项专门人员，襄助工作，借以振边地同志集团工作之兴趣，以培养其集团行动力量。同时，由政府慎选同志主持边区行政，以协助党务之推行。二、应加紧边区党员训练，使之充实其革命修养，以为服务社会。领导民众之准备；增设中央行政学校边区分

---

① 荣孟源主编：《中国国民党历次代表大会及中央全会资料》（下），光明日报出版社 1985 年版，第 298—299 页。

校，并令附设各种短期训练班，借为边地训练人才，以提高边地文化运动。"关于宣传方面："策进边区宣传。团结国族，共赴国难，为目前急切之要图。须以地理、历史、人文之提示，拉进边区人民国家民族之意识，及对本党主义之信仰；并启发其知识，以增益生产之技能。"关于民众训练方面："边区民众训练工作之推进。边区人民因生活阶段、文化程度、信仰关系之不尽相同，故训练工作应注意因地制宜，并以实际事业如教育、救济、卫生等事项之举办，寓最忠诚之辅导。至民族关系之增进，尤须特别注重，如民族间如有互欠睽角及互欠和睦之处，本党亟应尽精诚调和之责，生活文化各方面，更应切实辅助其改进与增善。"①

1936 年 7 月 10 日至 14 日，中国国民党第八届第二次中央全会在南京召开。会议通过了《国防会议组织条例》，实行战时体制，以国防会议作为战时最高决策机关。②

1936 年 12 月 12 日，发生西安事变。张学良护送蒋介石回南京。1937 年 2 月 15 日至 22 日，国民党五届三中全会在南京召开，经过激烈斗争，最终通过了宋庆龄等提出的恢复孙中山三大政策，联共抗日的提案。同时也通过了关于剿杀中共军队的决议案。

1938 年 3 月 29 日至 4 月 1 日，在武汉举行临时全国代表大会，通过了《抗日建国纲领》选举蒋介石为国民党总裁、汪精卫为副总裁，建立国民参政会，会议设有专门的蒙藏决议。但在大会《宣言》中，重申孙中山先生提倡的民族主义，纳入全民抗战的国家战略，号召包括蒙藏民族在内的边疆各少数民族共同奋起抗战，以实现民族解放、平等的远大目标："必当深切认识，惟抗战乃能解除压迫，惟抗战获得胜利，乃能组织自由统一的即各民族自由联合的中华民国。各民族今日致力于抗战，即为他日享有自由之左

---

① 荣孟源主编：《中国国民党历次代表大会及中央全会资料》（下），光明日报出版社 1985 年版，第 378—382 页。

② 蒋介石以军事委员会委员长兼国防会议议长，授权军事委员会委员长对于党政统一指挥。

券也。"①

随后，1938年4月6日至8日，在武汉召开五届四中全会。4月7日的五届中央执行委员会第四次全会通过了《国民参政会组织条例》。其中，第三条规定，国民参政会参政员总额150名，"由曾在蒙古、西藏地方公私机关或团体服务、著有信望，成熟谙各该地方政治社会情形，信望之著之人员中，选任六名（蒙古四名、西藏二名）"②。另外，青海省、西康（川边藏区）各出一名。

1939年1月21日至30日，国民党五届五中全会在重庆召开。会议决定"设置国防最高委员会，统一党政军之指挥，并代行中央政治委员会之职权"③。委员长由国民党总裁蒋介石担任。同时，又决议设立"防共委员长"。会后发表《宣言》，号召"竭尽吾全国国民所有之心力物力，共同致力于团结，积极奋斗与努力建设三事"。以实现抗战建国之大计。其政治决案中"关于行政院工作者"的第三项是关于蒙藏事务："蒙藏方面。各种设施均合边情，并与抗战建国纲领相适合。际此抗战进入第二期之时，更应随时注意其内部情形，并由政府派员前往联络宣传，俾团结一致，以利抗战。"④

1939年11月12日至20日，国民党五届六中全会在重庆召开。制定了关于抗战救国的军事、政治、经济、党务、教育规划，并定于1940年11月12日召开国民大会。会议还决定蒋介石兼任行政院院长。会议设有专门的蒙藏决议案，在11月17日的全会上，通过了"请组织边疆宣慰团，以加紧团结而利抗战建国案"，"迅速完成西南西北交通网并彻底整理现行公路行政以利交通案"。在11月18日的五届中央执行委员会第六次会议上通过的"对于政治报告之决议案"中的"关于检讨部分"，仅有一句："行政院工作……蒙藏

---

① 荣孟源主编：《中国国民党历次代表大会及中央全会资料》（下），光明日报出版社1985年版，第467—468页。

② 荣孟源主编：《中国国民党历次代表大会及中央全会资料》（下），光明日报出版社1985年版，第518页。

③ 荣孟源主编：《中国国民党历次代表大会及中央全会资料》（下），光明日报出版社1985年版，第563页。

④ 荣孟源主编：《中国国民党历次代表大会及中央全会资料》（下），光明日报出版社1985年版，第547、559页。

方面，于组训蒙民及宣传联络工作暨调整青藏纠纷，咸能适应情势。"①

　　1940 年 7 月 1 日至 8 日，国民党五届七中全会在重庆召开，着重讨论研究抗战期间的经济问题，涉及蒙藏者很少。在 7 月 3 日的会议上，通过了"罗桑坚赞（藏族）委员提：请政府通令边区省府切实遵行总理民族平等遗教，以巩固国家统一增进民族团结案"。以及"陈委员树人等十一人提：吸收华侨资金开发西南沿边以固国防案"。②

　　1941 年 3 月 24 日至 4 月 2 日，国民党五届八中全会在重庆召开，主题是实行战时经济统制。蒋介石在《开幕词》中，再次强调民族问题之重要，说："在宪法草案中，更明定'中华民国各民族均为中华国族之构成分子'，'中华民国人民在法律上一律平等'，'中华民国之主权属于国民全体'。"强调建设民有、民治、民享之国家。在 4 月 2 日通过的《对于党务报告之决议案》中，强调说明"至于边疆同胞及海外侨民，亦觉过去征求入党之进度内于缓少应边谋推广，逐步增强"。"对于边疆与海外干部人员之训练工作，尚应推广增强。"主要是强调了在广大边疆地区加强培养党务人才。在 3 月 28 日的会议上，组织了边疆情形专题报告，"由章嘉（藏族）、麦斯武德、罗桑坚赞（藏族）三委员分别报告"。在 4 月 1 日的会议上通过了"请设置边疆语文系与西北西南文化研究以培植筹边人才而利边政施行案"，在 4 月 2 日的会议上通过了"关于加强国内各民族及宗教间之融洽团结，以达成抗战胜利建国成功目的之施政纲领要案"。③

　　1941 年 12 月 9 日，国民政府宣布对日、德、意三国宣战。随即于 15 日至 23 日，国民党五届九中全会在重庆召开。主题是通过"加强国家总动员实施纲要案"等有关蒙藏事务仍然纳入战时体制。在 12 月 22 日的会议上通过的《对于政治报告之决议案》中强调说明："关于蒙藏委员会者，太平洋战争爆发以后，蒙藏政务更加重要，原报告所列方针大体均甚切要，仍盼切实推

①　荣孟源主编：《中国国民党历次代表大会及中央全会资料》（下），光明日报出版社 1985 年版，第 602 页。

②　荣孟源主编：《中国国民党历次代表大会及中央全会资料》（下），光明日报出版社 1985 年版，第 655—656 页。

③　荣孟源主编：《中国国民党历次代表大会及中央全会资料》（下），光明日报出版社 1985 年版，第 674—718 页。

行。又：全会关于加强国内各民族团结之施政纲要，尤当切实执行，以副各民族之期望。"①

1942 年 11 月 12 日至 17 日，在世界反法西斯战争和中国的抗日战争开始战略反攻后召开的九中全会之后将近 1 年，在重庆召开了国民党五届十中全会。会议通过了党务、政治、军事、经济等 82 项决议案，主要是筹划抗战胜利后建国的问题，用蒋介石在《开幕词》中的说法是"建设中国的一切方针计划，都要由此次全会作一个全盘的决定"。会议设有关于蒙藏的专门决议，只是在 11 月 27 日通过的《对于政治报告之决议案》中，有一段话专门谈到边疆问题："对于边疆各地之一切政务设施，应继续遵照八中全会所决议'培养其自治能力，改善其生活，扶植其文化，以确立其自治基础'。对于西北各地，尤应实施有计划及大规模之移民实边，但实施时应兼顾当地经济实况及人民之利益。至于主持移民之人员，尤须选拔志行纯笃、刻苦干练者充之，并予适当之训练。"②这些都对于边疆问题笼统而言，其重点是对包括甘肃、青海和西藏在内的西北广大地区的开发。

1943 年 9 月 6 日至 13 日，国民党五届十一中全会在重庆召开。林森于 8 月 1 日去世，会议选举蒋介石继任国民政府主席，并通过了《修正国民政府组织法案》，规定作为国民政府主席，为"海陆空军大元帅"，"五院院长对国民政府主席负责"，进一步从法制上强化了蒋介石独裁体制。会议的主题，按蒋介石《开幕词》是"应该特别注重于建国问题，对于今后战事、党务、政治、经济的发展前途，以及三民主义的建设，如何实行，都应该充分研讨，作一个具体决定"③。但没有什么新意。对于边疆问题，也只是泛泛而谈，没有什么切实有效的政策措施。在 9 月 21 日通过的《对于政治报告之决议案》中，提到："边省建设至关重要，本党对此迭有昭示。年末西北各省政治、财政、金融、教育、交通、军事以及党务建设之进步，实为中央与

① 荣孟源主编：《中国国民党历次代表大会及中央全会资料》（下），光明日报出版社 1985 年版，第 741 页。

② 荣孟源主编：《中国国民党历次代表大会及中央全会资料》（下），光明日报出版社 1985 年版，第 765、789 页。

③ 荣孟源主编：《中国国民党历次代表大会及中央全会资料》（下），光明日报出版社 1985 年版，第 827 页。

地方协同努力。中央对于派赴边省工作人员，尤应本人地相宜、才职相称之原则，慎加选择。"①这里主要讲的还是包括甘肃、青海在内的西北地区，对于蒙藏地区没有更多涉及。

1944 年 5 月 20 日至 26 日，国民党五届十二中全会在重庆召开。主题仍然是抗战胜利后的建设问题：加强战力，贯彻胜利；巩固经济，稳定物价；提高行政效率；加强推行地方自治，健全民意机关；履行法治，保障民权。关于蒙藏地方行政体制，只是包括在地方自治基本原则中。

四、抗战胜利后，败退台湾前

1945—1949 年，是中国天翻地覆的五年，也是国民党由执政党走向败退的重大历史转折。

1945 年 8 月 15 日，日本帝国主义宣布无条件投降。抗战胜利后的 8 月至 10 月，国共两党在重庆举行和平谈判，商谈战后建国大计，签署了《双十协定》。1946 年 5 月 3 日，蒋介石回到南京，5 日在南京举行了还都大典。国民党宣布将还政于民，"结束训政，进入宪政"时期。

1945 年 5 月 5 日至 21 日，国民党第六次全国代表大会在重庆召开。主题依然是抗战建国，仍以战后建设为主。主要议题有四项：国民大会之召集，宪法草案之研讨，党章之修订，政治纲领之研讨。这次大会根据战后建设，召开国民大会，实行宪政的设想，提出对共产党"政治解决"的方针，但在 5 月 17 日的会议上通过了《本党同志对中共问题之工作方针》，以及《对于中共问题之决议案》，已着手战后内战的准备。

由于主要着眼于抗战建国的战后建设问题，与抗战以来历次中央会议比较，有关蒙藏等边疆民族问题，都提到一个显著的位置，在会议通过的修正的《中国国民党总章》中规定"凡特别行政区域（如蒙古及西藏），党部与省部同"②。在出席会议的代表和中央委员名单中，专列"边疆党部"（9

① 荣孟源主编：《中国国民党历次代表大会及中央全会资料》（下），光明日报出版社 1985 年版，第 839 页。

② 荣孟源主编：《中国国民党历次代表大会及中央全会资料》（下），光明日报出版社 1985 年版，第 943 页。

人），其中西藏5人：土丹参烈、图登生格、计晋美、冯云仙（女）、格桑泽仁。这是此前不曾有过的，显示对于包括西藏在内的边疆民族问题的重视。

1945年5月17日的会议通过了《根据三民主义政纲明确承认各民族之民族地位予以应得之权利案》，以及《确定民族政策纲领案》。在5月18日通过的《本时期党政纲政策条例》的重新申明三民主义的民族主义的一段话中，特别强调了边疆民族问题："民族主义有两方面之意义，一则中国民族自求解放，一则中国境内各民族一律平等。而现阶段之中心要求，在于加速胜利，巩固国基，扶助边疆民族以造成独立自由之统一国家。"同时，又有关于蒙藏专款："实现蒙藏各民族之高度自治，并扶助各民族经济、文化之平衡发展，以奠定自由统一的中华国民之基础。"[1]把蒙藏等边疆民族问题，提高到抗战胜利后建设统一多民族国家的基础的高度来认识，足以说明当时的国民党中央，对于蒙藏等边疆民族的重视。（所说"蒙藏各民族之高度自治"是指当时颁行的地方自治法案，主要是指"中央与地方权责分明迅赴事功"。[2]）

会议还选举西藏摄政热振活佛和蒙藏委员会藏事处处长罗桑坚赞为中央执行委员；喜饶嘉措（藏传佛教大师）、格桑泽仁（藏族，国民政府官员）为候补中央监察委员。

在1945年5月21日通过的《第六次全国代表大会宣言》中特别重申了蒙藏等边疆民族问题，说："我全党同志与全国同胞为国家民族效忠了途径，厥为完全实行三民主义。民族主义之目的，一曰中国民族自求解放，一曰国内各民族一律平等。……为贯彻民族主义之目的，本大会特重申第一次代表大会时'于革命获得胜利以后，当组织自由统一的中国民国'之宣言，必以全力解除边疆各族所受日寇劫持之痛苦，亦必然全力扶助边疆各族经济、文化之发展，尊重其语言、宗教与习惯，并赋予外蒙、西藏以高度自治之权（其含义见前注，引者注）。民族主义彻底实行之日，即为我国家长治之安

---

[1]　荣孟源主编：《中国国民党历次代表大会及中央全会资料》（下），光明日报出版社1985年版，第933—934页。

[2]　荣孟源主编：《中国国民党历次代表大会及中央全会资料》（下），光明日报出版社1985年版，第965页。

永保团结之时。"①将蒙藏等边疆民族问题列入全国代表大会宣言，在国民党历史上可能仅此一见，可见国民党中央将它列为抗战胜利后建设的一个非常重要的问题。

国民党第六次全国代表大会闭幕之后，于1945年5月28日至31日，即于重庆召开了六届一中全会。会议决定重新组建中执委党委会和中监委常委会，宋子文任行政院院长，蒋介石不再兼任。会议的主题是将六次全国代表大会有关决议案，送交各院、会、部、办，并要求其制订实施方案，并要求各级党部对于政纲、政策加强宣传。根据会议精神，5月30日会议通过了有关边疆民族问题的三个提案:《关于边疆问题请制订方案及健全主管机构案》《关于边疆党务预备费，借以补济边疆各党部之实际需要而利工作案》《请指拨专款，饬由边疆各党部设立牧场及各种生产合作事业，以发展边疆经济，增加边地生产，而奠边疆党部经济基础》。

抗日战争胜利后，全国人民普遍要求和平、民主，过上安定生活，在这种形势下，国民党暗中却筹划如何"解决"共产党和解放区的问题。于是，1946年3月1日至17日召开了国民党六届二中全会，决定撤销国防最高委员会，恢复中央政治委员会，推翻了政协会议通过的各种决议，又以"军队国家化"的名义通过"统编中央部队为国军之基本方案"，同时，暗中布置在华北、东北发动内战。但是，为了欺骗舆论、欺骗人民群众，不得不公开宣扬"高举三民主义的大旗"，"和平建国"，因此，不得不对边疆民族问题予以关注。在3月15日通过的《对于党务报告之决议案》中，决定在中央执行委员会下分设秘书处和组织、宣传等部外，专门设立边疆部，主管边疆民族问题，这是过去没有的;在《对于政治报告之决议案》的"立即实施事项"中，边疆问题专设一条:"调整边疆政府，并尽量引用边胞参加中央及地方之行政，以贯彻本党之边疆政策。"②

1946年3月3日的第二次会议，除其他议程外，"又通过组织，组织地方行政委员会及边疆问题委员会，推定有关人员先行研讨关于地方行政及

---

① 荣孟源主编:《中国国民党历次代表大会及中央全会资料》(下)，光明日报出版社1985年版，第911页。

② 荣孟源主编:《中国国民党历次代表大会及中央全会资料》(下)，光明日报出版社1985年版，第1045页。

边疆问题之报告事宜"①。边疆问题委员会以张厉生、白云梯、梁寒操为召集人，由吴忠信（蒙藏委员会委员长）、格桑泽仁、章嘉胡土克图（藏传佛教大师）等 24 人组成（4 日会议又宣布增加贺耀祖等 13 人，共 37 人）。

1946 年 3 月 11 日的第十四次会议，听取了边疆问题报告。白云梯报告"内蒙问题及其解决办法"，格桑泽仁报告"藏族现状"。12 日的会议对边疆问题进行了讨论，并决议组织边疆报告审查委员会，由格桑泽仁、章嘉胡土克图等 39 人组成，白崇禧、白云梯、刘文辉为召集人。

1946 年 3 月 17 日的六届中央执行委员会第二次会议通过了《党务问题报告审查委员会提出：对于边疆问题报告之决议案》（共计 4 件提案），以及《边疆问题报告审查委员会提出：对于有关边疆问题提案之处理办法案》（共有 8 件提案），以及《对于边疆党务之决议案》——名为"党务"，实为边疆政策，其主要内容是：

一、为发展边疆党务，应根据当地人民生活情况采取各种适当之活动方式，尤应注重经济、文化、卫生及社会事业之发展；二、由中央宽筹经费，以为边疆党部兴办生产及合作事业之基金，其分配单位如下：各蒙旗党部，西藏党部，新疆党部，各直属区党部；三、派往边疆党部之工作人员，其待遇应随时按照当地生活标准，从优发给，俾专心一志（致）努力工作，至奖励赴边疆工作同志，详细办法拟交常委会参照第七十九号提案妥拟实施；四、宣传工作应利用各地语言文字，在各该区域设置各该边疆文字之印刷机构，创办报纸、印发宣传品及训练教材；五、为适应目前需要，中央即在光复区蒙旗设置训练机构，分别训练蒙旗青年，俾均成为本党斗士，以奠定三民主义之民治基础。②

六届二中全会闭幕后不久，1946 年 10 月初，国民党军队抢占张家口，拉开全国内战序幕。1947 年 3 月，国民党军队大举进攻陕甘宁边区。在这种政治背景下，3 月 15 日至 24 日，国民党六届三中全会在南京召开，宣告同共产党彻底决裂。但是，还是以"革命建国"为招牌，就"实行宪政"、

---

① 荣孟源主编：《中国国民党历次代表大会及中央全会资料》（下），光明日报出版社 1985 年版，第 1081 页。

② 荣孟源主编：《中国国民党历次代表大会及中央全会资料》（下），光明日报出版社 1985 年版，第 1051—1052 页。

政治经济、改革、外交、军事等专项作出了一些决议。边疆问题已经提不上日程，二中全会的有关决议早被搁置一边，在 3 月 24 日召开的中央执委会第三次会议通过的《政治改革案》中，泛泛写了几条："九、国内各民族一律平等，为本党一贯之主张，国民大会复明定于宪法，本党必竭诚拥护，促其实施；十、边疆地区民生之实际痛苦，本党当依宪法基本国策章第一百六十八条、第一百六十九条之规定，努力迅予解除；十一、盟旗与各省县之关系，应请政府斟酌实施情况，及现行法令，妥订调整办法，予以实施；注意边疆教育，培植各族青年，以增进其公共事业服务之能力与机会，其卫生机构及社会福利事业，应予恢复及充实；彻底改革及充实中央边政机构，并尽量引用边疆地区干练人士参加实际工作，而负实际责任。"①这些仅把以往有关边疆民族的条文拼凑一下，只是作出姿态，应付一下社会舆论。

这次全会闭幕不久，共产党领导的军队开始反击，渡过黄河，向国统区进攻。为挽救危局，国民党于 1947 年 9 月 9 日至 13 日，在南京召开六届四中全会，会议主题是将中央党部与三青团组织合并，根据形势修订了《国民党当前组织纲领》。蒋介石在《开幕词》中公开承认"要竭尽全力挽救即将灭亡的命运，目前本党所遭遇之危机，至为重大"②。所以，根本顾不上什么边疆民族问题了。只是在 1948 年 12 月 22 日，蒋介石任命白云梯为蒙藏委员长，算是应付一下蒙藏边疆民族问题。

1949 年 1 月，蒋介石下野，李宗仁代任总统；4 月，解放军百万雄师过大江，南京国民政府彻底崩溃。国民党中央和国民政府此前已迁往广州，只图自保，蒙藏等边疆民族事务，当然不可能提上议事日程，只是照例应付。5 月 18 日召开的行政院第 68 次会议决议，以宫保慈丹为十世班禅，并明令公布。6 月 16 日，代总统李宗仁任命周昆田兼蒙藏委员会委员长。

1949 年 7 月 16 日，国民党在广州成立非常委员会作为最高决策机构，代行中央政治委员会职权。蒋介石于 7 月 14 日抵广州，任非常委员会主席，李宗仁为副主席。会议主要是通过"扭转时局方案"和商讨国民党改

---

① 荣孟源主编：《中国国民党历次代表大会及中央全会资料》（下），光明日报出版社 1985 年版，第 1131 页。

② 荣孟源主编：《中国国民党历次代表大会及中央全会资料》（下），光明日报出版社 1985 年版，第 1185 页。

造方案，根本没有涉及蒙藏等边疆民族问题。在此期间，7月8日，西藏地方当局以防止共产党渗透为名驱逐所有国民党驻藏人员，制造了旨在分裂祖国的驱汉事件，国民党中央以国民政府的名义，连续发表声明，予以严厉谴责，又于8月派蒙藏委员长关吉玉到青海主持十世班禅坐床典礼。这些可以看作是国民党败退台湾前，对蒙藏边疆民族的一个历史交代。

1949年前国民党历届全国代表大会和中央全会有关民族问题的决议，作了简要概述，其核心都是蒙藏问题，尤以西藏问题为重点。这对于我们研究民国时期的边疆民族问题，特别是西藏问题，有着重要的启示。下面总括起来谈几点感想。

第一，1924年1月，在广州召开的国民党第一次全国代表大会上，孙中山先生阐释了以民族、民权、民生为主要内容的新三民主义。同时，又通过《大会宣言》，使之成为国民党第一次全国代表大会的决议。其民族主义的内容主要包括两方面：一是中华民族自求解放，二是境内各民族一律平等。这些成为后来国民党历届全国代表大会和中央全会有关民族问题决议的基本原则和指导思想。

这次大会是国共第一次合作的大会，有许多共产党员（以个人身份参加国民党）出席了大会，并被选为中央执行委员会委员、中央委员，或候补中央委员。所以有关的决议，共产党的代表也是举了手的。因为，孙中山先生接受共产党的建议所形成适合国情的新三民主义，也体现了共产党当时的政纲。历史已经证明，1921年，"中国共产党的产生，中国革命走上完全新的阶段，在中共及苏联共产党的援助之下，中山先生欣然接受了中国共产党最先提出的反帝反封建两大革命任务，旧三民主义就此变成基本上适合于中国国情的新三民主义"①。正因为如此，1943年9月中共中央以《解放日报》社论的形式，对孙中山提出的民族主义郑重给予历史肯定。这是中共中央对于孙中山先生关于民族主义的一次最重要的政治表态："民国十三年（1924年），国共两党第一次合作，孙中山先生改组国民党，发表第一次全国代表

---

① 《解放日报》社论：《国民党与民族主义——为纪念"九一八"十二周年而作》（1943—9—18），转引自中共中央党校党史教研室选编：《中共党史参考资料》（五），人民出版社1979年版，第173页。

大会宣言，从新解释民族主义说：'国民党之民族主义，有两方面之意义。一则中国民族自求解放，二则中国境内各民族一律平等。'又说'国民党之民族主义，其目的在使中国民族得自由独立于世界……吾人欲证实民族主义实为健全之反帝国主义，则当努力于赞助国内各种平民阶级之组织以发扬国民之能力。盖惟国民党与民众深切结合之后，中国民族之真正的自由与独立，始有可望也。'""这是国民党对民族主义最正确的一次真释。"①

正是由于孙中山先生的民族主义，正确分析了当时国内国际形势，提出了中国民族革命运动的战略目标和任务。所以，它不仅成为国民党历届全国代表大会和中央全会有关民族问题决议的基本原则和指导思想，而且中国共产党也在革命实践中始终遵循和坚持这一基本原则，并为之长期奋斗。

第二，1927 年蒋介石搞"四一二"政变，国共分裂；北伐胜利彻底打垮北洋军阀集团，掌控南京国民政府的蒋介石与掌控武汉国民政府的一派，先是争权夺势，后合而为一，再关系上海的"西山派"等小派别，国民党实现形式上的全党统一，其所掌控的南京国民政府，名义上成为中央政权。国民党成为执政党。因此，之后召开的国民全国代表大会和中央全会，开始从国家政治的高度，考虑民族主义的实施——以维护国家对蒙藏等边疆民族的主权管理为核心。除决议成立蒙藏委员会作为专门管理机构，以及一系列政策法规外，还作了一些专门决议。1929 年 3 月召开的三届全国代表大会通过的《对于政治报告之决议案》，列"蒙藏与新疆"专题。在 4 月召开的三届二中全会上通过了《关于蒙藏之决议案》。

后来，历次全国代表大会和中央全会，蒙古和西藏及各省一样，都有代表参加。蒙古和西藏党部，按省党部对待。党章规定："蒙古、西藏、青海等处之党部组织一省同。"在有关蒙藏决议案中，都强调说明"蒙藏民族为整个中华民族之一部"，在数次审议通过的"宪法"草案中，都有同样内容并列有"中华民国领土包括二十二行省和蒙古西藏"的专门条款。国民党中央及其掌控的国民政府，在抗日战争的艰难岁月，坚持了基本政治原则，对

---

① 《解放日报》社论：《国民党与民族主义——为纪念"九一八"十二周年而作》（1943—9—18），转引自中共中央党校党史教研室选编：《中共党史参考资料》（五），人民出版社 1979 年版，第 172 页。

西藏地方当局的分裂活动进行了严厉谴责和制止，对英国干涉、侵略西藏的行径进行了严正交涉和抵制，维护了国家主权和领土完整。这些对于蒙藏边疆地区的安全和蒙藏民族对于国家的认同，都有着积极的历史意义，应该给予历史的肯定。

第三，1927年国民党掌控南京国民政府成为执政党之后，一直处于政治狂风恶浪和连年战争之中。党内，派系斗争激烈，你死我活；党外，与共产党的武装斗争，连年不断；日本侵华造成空前民族危机，抗战胜利后发动大规模国内战争。在这种特定的历史条件下，国民党的权势人物经常将"派系利益至上，政党利益至上"作为最高政治准则，并以此为标准，根据需要解读包括民族主义在内的新三民主义，从而将原为建国政纲之一的民族主义作为党派斗争的"理论武器"。董必武早在抗战胜利前夕的1945年3月，就对此作出精辟的分析，指出：

> 三民主义是国民党的最高政纲。关于三民主义的解释，孙中山先生自己有讲演，胡汉民有解释，汉奸汪精卫、周佛海等各有解释，蒋介石也有解释。那些解释是分歧的。正确的解释应当以"国民党第一次全国代表大会宣言"为根据。因为（一）那是孙中山先生亲自主持的大会通过的；（二）那是代表大会上决定，不同于私人意见；（三）那是国民党和共产党合作，共产党也赞成那种解释的。①

延安时期的中共中央机关报《解放日报》，也对执政时期的国民党曲解新三民主义的民族主义，从而将本党利益置于国家民族利益之上，进行过理论批判："国民党反动派利用大革命的力量，一到南京，立即投降帝国主义，疯狂地实行清党大屠杀。他们一面投靠帝国主义，一面保存民族的空口号，新三民主义为之扫地无遗。他们所谓'民族主义'，别有谬解。"②

第四，成为执政党后的国民党历次全国代表大会和中央全会，也做过一些加强蒙藏边疆（特别是西藏地区）建设的决议，例如，1929年3月召开

---

① 董必武：《关于大后方各党派问题》（1945—3），转引自中共中央党校党史教研室选编：《中共党史参考资料》（五），人民出版社1979年版，第356—357页。

② 《解放日报》社论：《国民党与民族主义——为纪念"九一八"十二周年而作》（1943—9—18），转引自中共中央党校党史教研室选编：《中共党史参考资料》（五），人民出版社1979年版，第173—174页。

国民党第三次全国代表大会通过的《对于政治报告之决议案》中的《蒙藏与新疆》，特别说明了加强边疆民族地区建设的基本方针，与蒙藏和新疆等边疆民族"共谋经济上、政治上、教育上之建设。盖唯国内民族政治巩固之力量，始足以截止国外帝国主义之政治掠夺；唯国内民族经济及教育充实之力量，始足以排除国外帝国主义之经济侵略"。宣称要"诚心扶植各民族经济、政治、教育之发达，力期同进于文明进步之域，造成自由统一的中华民国"。之后不久，在6月召开的三届二中全会上，又通过了《关于蒙藏之决议案》，决定召开全国蒙藏会议，"蒙古由各盟、旗长官及人民各推出代表若干人，西藏由达赖、班禅喇嘛及西藏人民各推出代表若干人，同来中央参加会议"，研究蒙藏地区兴革事宜。同时决定"关于蒙古、西藏经济与文化之振兴，应以实行发展教育为入手办法"，开办各级各类学校，优待蒙藏学生。另外，也有一些关于改进边疆民族地区交通、经济贸易、文化交流等方面的决议，但都很简略。国民党中央也曾根据这些决议，责成国民政府各部委制订实施计划，负责贯彻落实。但除了开办一些蒙藏学校外，其他大部分都成一纸空文，少见实效。这主要是因为国民党的主要精力和国家政府的人力、物力、财力主要用于战争，同时，生产力和科学技术的落后，也是客观原因。

总的来看，国民党历届全国代表大会和中央全会有关蒙藏等边疆民族问题的决议，都是一笔值得认真总结、研究的政治文化遗产，其经验教训、成败得失，都是重要的历史镜鉴。

第三章　国民政府恢复与达赖喇嘛的政治联络

十三世达赖在清末转为亲英，在西藏推行新政，培养了一批亲英贵族，为英国所利用，加强对西藏地方当局的影响，策动西藏"独立"。国民政府上台后，在继承北洋政府对藏政策的基础上，坚守中国对藏主权，以三民主义和建国大纲为指导原则，加强与西藏地方当局的联系。晚年的十三世达赖目睹英人挑拨尼泊尔、鼓动西藏地方当局扩充军备进攻康区，导致西藏地方的困境，有所醒悟，主动与中央恢复了政治联系，为汉藏关系的进一步发展打下了基础。

第一节　蒋介石的筹藏思路

光绪二十一年（1895 年）十三世达赖喇嘛 20 岁正式亲政，直至 1933 年12 月 17 日圆寂，执掌西藏地方政教事务达 38 年，是继五世达赖喇嘛之后，影响最大的一位达赖喇嘛。晚清、民国是急剧动荡的年代，西藏地方也是迭遭变故，内外时局皆千年未有。达赖喇嘛以巩固自己的政教权力和维护西藏旧制度为最高目的，游离在仇英、亲英与仇中、亲中之间，应对各种事端和变故，展现了老到圆滑的政治手腕，所作所为直接影响了中英藏事交涉。

达赖喇嘛对待中央政府和英国政府的态度和对策可以分成以下三个阶段。

第一阶段，从 1895 年正式亲政到 1910 年逃亡印度之间，达赖喇嘛仇视和坚决反抗英国侵略，愤恨驻藏大臣，又无法依靠清廷保藏，但对清廷仍存信任，抵制川边改土归流和川军入藏，所做的是尽一切办法维护自己的政教权力和西藏旧政教制度。达赖喇嘛从亲政开始，就展现出了杰出的政治才能，为维护自己的政教权力，设计铲除了原摄政第穆的势力，巩固了自己的地位。当时西藏的首要威胁是英国的侵略。英国侵占西藏邻边地区后，寻找一切可能的机会侵扰西藏。1876年，英国借口马嘉理事件，强迫清朝签订《中英烟台条约》，开放西藏，全藏僧民则坚决拒绝英人游历西藏，掀起了抗英保藏的热潮。这阻碍了英国侵夺西藏的图谋。1888年，英国发动第一次侵藏战争，强迫清朝于1890年3月17日签订《中英会议藏印条约》以割占西藏地方领土，逼迫噶厦正式开放通商。反观驻藏大臣对英国妥协退让，对内压制西藏人民的反英斗争，损害西藏地方的利益，来换取英国的"仁慈"和地方的苟安。事实恰恰相反，清朝的所为既不能阻止英国侵略的步伐，也不能获得西藏人民的尊重和认可。达赖喇嘛的幼年是伴随着英国的侵藏成长起来的，耳闻目睹了很多英人侵藏及驻藏大臣的斑斑劣迹，深入其心理意识。亲政之初的达赖喇嘛要维护西藏地方的权益和固有的政教制度，仇恨英国，对清政府和驻藏大臣妥协退让的政策非常不满，坚决抗英，反对议和，拒绝履行中英所订的有关西藏地方的约章。此时，达赖喇嘛仍对清廷保持较高的信任，认为驻藏大臣的所为是上瞒朝廷的一己之行。1898年，达赖喇嘛特上书理藩院，要求朝廷保护西藏，制止驻藏大臣的对外妥协退让和对内压制的行为。

在驻藏大臣求和、达赖喇嘛主战中，英国发动了第二次侵藏战争。新任驻藏大臣有泰昏聩无能，力主和谈，压迫藏人听命英军。1904年7月27日，达赖喇嘛出走库伦。8月3日，英军占领拉萨。有泰的行为未顾及西藏地方的感受和利益，激起了达赖喇嘛的愤恨。在达赖喇嘛流寓内地4年之久的痛苦彷徨中，英国、俄国、清朝交涉藏事，达成了英俄《西藏协定》《中英续订藏印条约》妥协方案。而达赖喇嘛目睹时局艰辛，清朝、英国、俄国实力的对比，心理发生很大变化，借俄国抗英国的幻想破灭。同时，达赖喇嘛很想进京朝觐，面达皇帝，陈述西藏近况，指斥驻藏大臣的种种不良作为。1908年，达赖喇嘛朝觐慈禧和光绪帝，未获所期，只好带着不满和失望返藏。恰在此时，清廷一改以前，力图振作，于1906年派张荫棠查办藏事，推行新政，挽回对西藏的主权；又命赵尔丰为川滇边务大臣，在藏区改土归流，以备筹藏改制。这就触动了西藏旧的政教体制，激起了贵族集团的恐惧和反抗。清朝衰亡在即，又不顾西藏政情，内外局势皆不合适，却又想通过激进手段力挽西藏政权，这是愚蠢之举。在达赖喇嘛看来，驻藏大臣联豫的新政、赵尔丰的改土归流和川军入藏，清楚地表明了清廷筹藏改制的决心，既要剥夺达赖喇嘛的政治权力和地位，又要改革西藏旧的政教制度，直接损害了自己的根本利益，这是达赖喇嘛决不愿答应的事，遂改变了对中央政府和英国的态度。

第二阶段，从 1911 年辛亥革命起，至 1925 年擦绒亲英军官集团政变。达赖喇嘛利用英国搞"独立"，又敷衍英国的侵略要求；同时，不忘中央政府，却又想统治川边、青海藏区，所为都是为了巩固自己的政教权势、农奴制度。

1910 年，清廷一意孤行派川军入藏，直接将达赖喇嘛推向了对立面。逃亡印度的达赖喇嘛对清廷产生了很深的不满和愤恨情绪，又看到了英国的强大，改为亲英以固私利，利用英国巩固自己的政教权力。民国初，中央政府实力的不足恃和国家的混乱，使得达赖喇嘛认为是谋求西藏"自立"的大好机会，进而想借助英国扩展对邻近省份藏区的统治。

民国初年的混乱局势使得汉藏关系降到冰点。1911 年，四川保路运动、辛亥革命相继爆发，传到拉萨，驻藏川军变乱，法纪荡然。在英国的唆使下，藏军趁机围攻驻藏川军，发布文告，驱除汉人出藏，造成了西藏地方与中央政府关系的中断。达赖喇嘛满心幻想，依靠英国支持西藏的政教制度和搞政治"独立"；同时，又婉拒英国的侵略要求。既要利用对方，又不能过多出卖西藏地方的领土和利权，达赖喇嘛在头 20 多年里"玩"的就是这种踩钢丝的技巧。

利用英国，达赖喇嘛作出了一些令亲者痛的错误举动。达赖喇嘛对于清朝的不满情绪郁积在心中，一时难以化解，1912 年返回拉萨后，积极地借助英国的力量，对抗中央，却被英国用于分离中国西藏。英国继教唆和武装支持藏军驱除川军出藏后，向袁世凯主政的北京政府施加压力，威逼中国放弃武力西征、参加"三方会议"，公开要求西藏"独立"，否认中国对西藏主权。达赖喇嘛配合英方，派出司伦夏扎与会，内部拟定会谈条件是："西藏管理其内部事务；西藏管理其对外事务，重大问题与英协商；除商人外，中国驻藏大臣，或其他官员及士兵不得驻藏；西藏包括雅砻、德格、巴塘、理塘及远至打箭炉的地区。"[①]达赖喇嘛的真实想法是借助英国的力量，取得

---

① ［英］柏尔：《西藏之过去与现在》，宫廷璋译，商务印书馆 1930 年版，第 152 页。

"自立"及划分对己有利的康藏边界，没有公开"独立"及向英国出卖西藏领土的打算。

但是在英方唆使下，夏扎违背事前的商定，公开提出"独立"主张，与英方划出藏印边界，出卖西藏东南领土，达赖喇嘛深为不满，自此冷落夏扎。但是，夏扎与麦克马洪签署的《西姆拉条约》（草案）的危害却在以后岁月里不断发酵。

达赖喇嘛打算将政教统治范围扩展至康区，认为内地动荡，正是大好机会，遂挑起康藏战火。北京政府通过各种途径，派人与达赖喇嘛直接联系，争取恢复已中断的中央政府与西藏地方的联系，在国家内部和平解决争端。英国不断干扰北京政府的努力，对西藏极尽破坏挑拨怂恿之能事。达赖喇嘛对和平洽商犹豫不决，幻想依靠英国，施行新政，养西藏"自治"能力，趁此良机，一举实现梦想。达赖的私心正中英国下怀，自西姆拉会议之后，英国借口帮助达赖喇嘛，在推行新政期间，通过亲英教育、军火支持、经济贸易等方式，渗透和控制西藏，对抗北京政府。

达赖喇嘛推行新政，内容广泛，如派贵族子弟留学英国、印度，学习英文、军事、机械等现代知识；邀请英国军官训练藏军；改革行政吏治；兴办工厂、产业；发展金融；发展教育、医疗卫生；等等。但这些措施不是解决西藏广大农牧民的实际生活困难，也不是改革旧农奴制度，而是维护三大领主的利益，巩固自己的政教权力，培养西藏的"独立"能力，适应国内外近代化的新形势，不得不作出的改革。在这种思想指导下，达赖喇嘛借助英国来壮大自己，抗衡中央，作出了有损祖国利益的错误活动。英国对达赖喇嘛的新政给予了一些帮助，但并不是善举，不是真心希望西藏发展，而是想控制西藏的政治、军事、经济，变西藏为自己的保护国。历史证明了这一点。但是，达赖喇嘛在20多年的时间里，利用英国的支持，为英国势力扩大影响、培植亲英派创造了条件，客观上为英国侵略西藏起到了推波助澜的作用，负面影响直到21世纪。

第三阶段，从1925年亲英军官集团密谋政变失败，到1933年12月17日达赖喇嘛圆寂期间，达赖喇嘛通过残酷的事实，领教了英国的阴毒，深刻感受到仅依靠英国后果很严重，最终并不利于自己的政教权力和西藏地方的安全，转而削弱亲英势力，寻求改善与中央的关系。

　　自从达赖喇嘛利用英国后，在近 30 年里，英国打着帮助西藏的旗号，处处为自己的利益谋划，破坏离间汉藏关系，鼓动达赖喇嘛向康区进攻，扩军增税，控制西藏对外交通、通信、经济贸易，无限期享有治外法权，谋夺藏东南领土，所作所为导致西藏僧俗民众生活困苦、经济疲敝，局势紧张，社会不安，民怨沸腾，损害了达赖的威信。达赖喇嘛面对现实，不得不调整自己的政策，与中央接触协商解决内部争端。这引起了英国的不安，英国怂恿擦绒密谋政变，想彻底控制西藏。1925 年，达赖觉察并挫败了以擦绒为代表的亲英军官政变，更加清醒地认识到英人的目的，坚定了政策转向。英国侵藏分子贝尔称："到 1925 年，达赖喇嘛日益坚定地撇开英国，转向中国……俄国报刊幸灾乐祸地报道说：英国在西藏的影响崩溃。毫无疑问，英国大大地失去了影响。……在那些年代里，西藏的两位领袖达赖喇嘛和班禅喇嘛已经有明显转向中国的趋势。"[1]达赖喇嘛有内向之心，但是内地的纷争、中央政府的无力，没有给达赖提供机会。

　　1927 年 4 月，南京国民政府成立，名义上全国有了统一的中央政府。这对西藏地方是个积极影响，达赖喇嘛认为国家的力量会强些，对国民政府抱有较大的希望，1928 年至 1929 年相继派五台山罗桑巴桑堪布、雍和宫堪布贡觉仲尼晋见蒋介石，面达"达赖不亲英人，不背中央，愿班禅回藏"的内向意思，[2]希望与中央政府建立联系。国民政府拟定解决西藏问题的办法，1929 年至 1930 年初相继派文官处书记刘曼卿、贡觉仲尼到达拉萨，达赖喇嘛面示："英国人对吾确有诱惑之念，但吾知主权不可失。性质习惯不两容，故彼来均虚与周旋，未尝与以分厘权利。中国只须内部巩固，康藏问题，不难定于樽俎。"[3]1930 年 3 月，达赖喇嘛在南京成立西藏办事处，以贡觉仲尼为总代表。1931 年 5 月，达赖喇嘛派贡觉仲尼等 6 名西藏代表参加国民会议；11 月，贡觉仲尼等人又参加中国国民党第四次全国代表大会。从晚年行动

①　[英] 查尔斯·贝尔：《十三世达赖喇嘛传》，冯其友等译，西藏社会科学院西藏学汉文文献编辑室 1985 年版，第 366 页。

②　《赵戴文为与贡觉仲尼等申叙达赖喇嘛不背中央等意致阎锡山电》（1929 年 9 月 8 日），载中国藏学研究中心、中国第二历史档案馆等合编：《元以来西藏地方与中央政府关系档案史料汇编》第六册，中国藏学出版社 1994 年版，第 2475 页。

③　刘曼卿：《康藏轺征》，商务印书馆 1933 年版，第 119—120 页。

来看，达赖喇嘛表达了内向的意愿，拟先推动西藏地方与中央政府恢复正常联系，再寻找机会坐下来协商，在国家内部和平解决西藏问题。英国眼见西藏地方内向举动，1930 年派驻锡金政治官威尔入藏挑拨。1930 年 6 月发生甘孜大金寺和白利寺之争酿成康藏武装冲突。西藏地方武装向川边内犯，又于 1932 年 3 月发动对青海玉树地区的进攻，在藏军节节败退之际，达赖喇嘛邀请威尔北上拉萨，调解冲突。英驻华公使向中国政府施压。西藏地方与中央的关系又起波澜。这说明达赖仍做着统治西藏、谋夺西姆拉会议未划定的"内藏"美梦，心存侥幸，对中央观望犹疑，患得患失，首鼠两端，心中始终有"自立自主"的想法，没有坚持和平进程。1932 年 10 月 8 日，康藏双方达成冈拖停战协议。西藏地方和平再现曙光。令人遗憾的是，1933 年12 月 17 日，十三世达赖喇嘛圆寂。

十三世达赖喇嘛是一个非常务实的，具有很强领导才能、富有政治手腕和机变的政教首领，管理西藏地方 30 多年，对英国、中央政府的态度和策略，直接影响了西藏政治格局及其以后西藏地方政府的政治态度。

达赖喇嘛处理藏事的核心思想是巩固自己的政教权力和维护西藏政教制度，不管时局怎么变化，始终坚持这一点来应对中央政府和英国。1932 年，达赖在藏历新年大法会上演讲后，发布《告全藏官民书》："毗邻之印度政府和中国政府，军力强盛，应与之和睦相处。"他以维护西藏政教制度和自己的利益为最高目的，认为过分倾向一方，都会招致另一方的不满，和平统一则英国侵略干预，中央无能力保护西藏；倒向英国，中央政府必然反对，普通僧俗不安，人心动摇，都不是上策。达赖喇嘛的目的就是维护自己和贵族、宗教上层人士的利益。在策略和手法上，再根据时局的发展变化，考虑是联英，还是亲汉。当内地局势混乱，实力弱小不能对抗列强时，西藏地方是不能得罪英国的，先借助英国的势力发展壮大自己，再寻找机会恢复与中央的正常关系；待英国一战之后实力衰弱，而内地南北统一之际，达赖喇嘛则依违两者之间，观察实力的对比，等待合适时机，在实际操作中，就离不开西藏地方政治派别的角力，逐渐形成了相对稳定的三大政治势力。

亲英派：西藏上层亲英派是在民初开始形成的。清末时，英国侵略的同时，开始蓄意培养西藏上层贵族亲英分子，为达赖喇嘛和广大西藏僧俗坚决抵制，因而收效不大。达赖喇嘛自印度返藏之后，严惩亲汉的擦绒噶伦、三大寺堪布等僧俗上层，以及重用达桑占东、夏扎等亲英贵族，导致亲英分子上台得势。随后，达赖喇嘛革新藏政，派遣贵族子弟往英国、印度留学，学习英文、军事、机械、发电等现代知识，他们返藏后，受到信任和重用，多为藏军及噶厦政府中的重要官员。英国一直有意培植贵族亲英分子，在印度、江孜训练藏族军官，使得藏军上层军官多数是亲英分子，藏军总司令擦绒成为亲英派领袖，形成了亲英集团，主张现代化改革，反对宗教膨胀的权力，希望政教分离，建立世俗的政府。即使在军官集团密谋组织亲英政府失败之后，亲英派在政治上并没有完全失势，藏军军官及噶厦部分官员仍掌握较大的军权和行政权。到达札摄政时，亲英派重新占据噶厦重要位置，明目张胆地分裂祖国。

亲汉派：清朝前期在强化对西藏主权管理的同时，采取因俗而治政策，尊重藏族的民族宗教习俗，每年给予大量的财物布施，免除徭役和赋税，不改变和触动旧的风俗制度，积极维护西藏的安全和领土完整，所以深获大多数僧俗民众的好感和尊服。即便到了晚清，驻藏大臣腐败无能，激起达赖喇嘛和部分贵族的不满，也没有改变大多数僧俗民众对中央政府的崇信之情。在川军变乱引发中央政府威信大减之时，一般藏民和僧人仍以"白种人"种族宗教风俗与己迥异，深恶之。自达赖喇嘛施行新政，亲英派上台后，增加了很多差役苛税，广大僧俗怨声载道，使寺院失去了很多财源，损害了宗教利益。以三大寺为主的亲汉派反对西藏现代化变革，想维持宗教和寺院的支配地位。但是，他们基本上没有掌握军队和政治权力。热振活佛摄政之时，亲汉派还有相当大的影响力。待达札摄政，特别是热振活佛被害之后，亲汉力量损失殆尽。

自主派：此派是以维护西藏旧农奴制度和政教制度为最高目的，以十三世达赖喇嘛为代表，反对亲英军官集团政教分离的主张，不甘心受英国控制，不完全排斥近代化革新，利益和主张居于亲汉、亲英两者之间。达赖喇嘛在改良藏军、政治革新上借助亲英派，又以亲汉力量牵制亲英派的激进主张，主要目的是维护西藏地方现有的政教制度，防止为英国吞并。自主派以噶厦中保守的官员和贵族为主，掌握了西藏地方行政权力。其与亲英派主张西藏地方"独立"的谋求在某种程度上是一致的，因此，一旦自主派和亲英派结合，就会大于亲汉派的声音，使得恢复中央政府与西藏地方的正常关系倍加艰难。亲汉的热振摄政仍要顾虑自主派和亲英派的主张，不敢有大的作为。达札摄政时，自主派和亲英派同流合污，亲汉力量越来越弱。

这三派势力彼此影响，相互牵制，是西藏地方处理与中央、英国关系的主要政治力量，西藏问题的解决，很大程度上受制于他们的政治态度。

纵观十三世达赖喇嘛一生的表现，其内心深处以接受内地统治终比沦入英国殖民统治为有利，这样可以延续西藏旧的政教制度，加之广大爱国力量的影响，一生中有不少事实说明，达赖喇嘛不愿受英国的摆布，汉僧法尊曾在拉萨听说："英国驻印总督送给西藏很多枪械和用品，请求达赖喇嘛允许他一件事，要一块地方，设立医院，救济人民，兼做一点商业。像这种先送礼后有求，又有理又中听的说词，当然难以谢绝。达赖喇嘛坚决谢绝，西藏地方为中国大皇帝所有，非我能给，所能给只有地方官衔。"[1]

在内地实力弱小，中央政府尚不能对抗英国之时，若达赖喇嘛一心倾向中央，英国是不会善罢甘休的，况且列强环伺的中央政府能否顶住英国的压力，敢于接受西藏的内向之心，实施有效管理吗？这仍是不好测知的。所以，达赖喇嘛深知英国的野心，英人"不惜多方甘言利诱欲遂其私，幸达赖善运智慧应付有方，苦心孤诣，未坠术中。虽因川衅与中土久未续交，但全藏之领土幸皆完整无缺，而复于近日得以与中央相见也"。[2] 保全西藏领土完整无缺，实属不易，不能简单地说达赖喇嘛是骑墙的两面派，也不能概括为达赖喇嘛更偏向于亲英还是内向，他是一个以巩固自己政教权力和维护西藏旧制度为目的的民族首领。达赖喇嘛长期对内地抱有若即若离的犹疑观望态度，这种态度也与内地政府的分裂及对列强的软弱退让，认为不足恃有密切关系。[3] 不幸的是，达赖喇嘛不能有效抑制亲英势力的扩张，不能坚决果断地恢复西藏地方与中央政府的正常关系，幻想西藏地方"自立"，导致亲汉力量在西藏地位削弱，亲英派和自主派势力坐大。当达札摄政后，西藏噶厦当局偏离了达赖喇嘛晚年的"路线"，作出了许多损害中国领土和主权完整的分裂活动。

---

① 法尊：《我去过的西藏》，载张羽新、张双志编纂：《民国藏事史料汇编》第十八册，学苑出版社 2005 年版，第 389 页。

② 贡觉仲尼等编：《达赖事略》，铅印本 1934 年版，第 12 页。

③ 孔庆宗：《黄慕松入藏纪实》，载《西藏文史资料选辑》第 5 辑，1985 年，第 65 页。

一、十三世达赖政治态度的演变及中英对西藏政策的调整

北京政府将未解决的西藏问题遗留给了南京国民政府。国民政府成立之初，就面临着处理包括西藏在内的边疆民族地区事务的重大问题。国民政府治理西藏有一套比较完整的政策，这在国民党中央会议、历次西藏会议中都有所体现。总体上看，国民政府治藏的基本政策可以归纳为以下三个方面。

1. 以孙中山的三民主义和建国大纲为指导原则

国民政府有关西藏政策的指导原则基本上遵循孙中山生前倡导的三民主义和建国大纲。1912 年 1 月 1 日，孙中山就职中华民国临时大总统，发布宣言："国家之本，在于人民。合汉、满、蒙、回、藏诸地为一国，即合汉、满、蒙、回、藏诸族为一人。是曰民族统一。武昌首义，十数行省先后独立。所谓独立，对于清廷为脱离，对于各省为联合。蒙古、西藏意亦同此。行动既一，决无歧趋，枢机成于中央，斯经纬周于四至。是曰领土之统一。"[1]明确指出中华民国是包括西藏地方在内的多民族统一的国家，这是解决西藏问题所遵循的最基本原则。

1912 年 3 月 11 日南京临时政府公布《中华民国临时约法》规定："中华民国领土为二十二行省、内外蒙古、西藏、青海。"以国家宪法的形式，明定西藏地方是中华民国不可分割的组成部分。1912 年 2 月 18 日，孙中山专门发布公告，号召五族共和团结为一家："中华民国之建设，专为拥护亿兆国民之自由权利，合汉、满、蒙、回、藏为一家，相与和衷共济。"[2]1924 年 1 月，中国国民党第一次全国代表大会通过宣言，重释新三民主义核心内容："一则中国民族自求解放；二则中国境内各民族一律平等。""承认中国以内各民族之自决权，于反对帝国主义及军阀之革命获得胜利以后，当组织自由统一的（各民族自由联合的）中华民国。"[3]这也是解决西藏问题，实现西藏地区持久稳定的根本之策。孙中山的上述主张成为国民政府治藏政策的理论纲领，为国民政府宣传包括藏族同胞在内的多民族统一的中华民族共同体，团结藏族

---

① 《孙中山全集》第 2 卷，中华书局 1982 年版，第 2 页。
② 《孙中山全集》第 2 卷，中华书局 1982 年版，第 105 页。
③ 《孙中山全集》第 9 卷，中华书局 1986 年版，第 118—119 页。

人民反抗英国侵略奠定了思想基础。

1929 年 3 月 15 日至 28 日，中国国民党在南京召开第三次全国代表大会，27 日会上通过"蒙藏与新疆"的决议案，郑重宣布"本党致力于国民革命，既以实现之三民主义为唯一目的，则吾人对于蒙古、西藏及新疆边省，舍实行三民主义外，实无第二要求。……中国境内之民族，应以互相亲爱，一致团结于三民主义之下，为达到完全排除外来帝国主义目的之唯一途径。诚以本党之三民主义，于民族主义上，乃求汉、满、蒙、回、藏人民密切的团结，成一强固有力之国族，对外争国际平等之地位。于民权主义上，乃求增进国内诸民族自治之能力幸福，使人民能行使直接民权，参与国家之政治。于民生主义上乃求发展国内一切人民之经济力量，完成国民经济之组织，解决自身衣食住行之生活需要问题"。"诚心扶植各民族经济、政治、教育之发达，务期同进于文明进步之域，造成自由统一的中华民国。"[1] 全面继承了孙中山三民主义主张，并在以后的涉藏政策中均秉承本次会议精神。1929 年 6 月 17 日，国民党第三届二中全会通过关于蒙藏之决议案，提出要加紧对西藏宣传，要点是："阐明蒙藏民族为整个的中华民族之一部，并释明三民主义为蒙藏民族唯一之救星。""说明蒙藏民族所处地位之危险，帝国主义者侵略阴谋之恶毒，及第三国际曲解民族自决之煽动宣传。"[2]

国民党的上述决议体现了以三民主义指导藏事的精神。此后，国民政府在对西藏宣传时，专门将三民主义和党义翻译成藏文，印成小册子对藏族同胞宣讲。

2. 坚决反对外国干涉中国内政，和平解决西藏问题

民国以来，孙中山统率国民党宣示革命时，就呼吁以革命的精神唤起民众参与，废除不平等条约，维护中国主权和领土完整。北洋政府也一直强调中国对西藏拥有无可争辩的主权，西藏问题是中国内政，坚决反对外国干涉。出于各种原因，北洋政府多次与英国谈判藏事，犯下参加"西姆拉会议"的大错。国民政府对此引以为鉴。1928 年 6 月 15 日，国民政府发表《修

---

① 《关于蒙藏之决议案》，载熊耀文编：《总理对于蒙藏之遗训及中央对于蒙藏之法令》，蒙藏委员会 1934 年，第 61—62 页。

② 《关于蒙藏之决议案》，载熊耀文编：《总理对于蒙藏之遗训及中央对于蒙藏之法令》，蒙藏委员会 1934 年，第 64—65 页。

改不平等条约宣言》，庄严宣告要废除一切不平等条约，建立平等和相互尊重主权的对外关系，以显示政府的革命性质，不同于旧军阀政府。南京国民政府从未与英国就"西藏问题"进行过谈判，一直坚决反对英国提出的所谓"三方协约"，争取与噶厦在国家内部解决藏事。

对英交涉，国民政府又表现出软弱的一面。1928 年 7 月 7 日，外交部发表废约通告，宣称：中华民国与各国间之条约已到期者，废除原约，另订新约；尚未期满者，解除原约，另订新约；其旧约已满期，而新约尚未订定者，另订临时办法。① 没有废除历次中英签订的不平等条约以及英藏签署的非法条约，告诉列强是修约而不是废约。这是由南京国民政府依靠美英、反苏反共的性质和外交利益决定的。美国历史上较少占有中国殖民利益，国民政府视其为最重要的盟友。英国在第一次世界大战后，战略中心转移，侵略中国领土野心减弱，威胁远逊日本，实质危害下降。美国和英国又是盟友，因此限于当时的国内外局势和国家实力，获取英国的善意，将有利于国民政府反共抗日。在这种情况下，国民政府不可能冒与英国关系决裂，甚至兵戎相见的危险采取军事手段解决藏事。

1934 年 3 月 7 日，蒋介石在南昌发表讲话："在此恶劣环境下，对于复杂之边疆问题，即无实力可用，便不可不有相当之政策，在各个帝国主义利害冲突之中求生存之路，一面充实国力，静待时机。……予以为目前最适当之政策，莫若师苏俄'联邦自由'之意，以五族共和之精神标明'五族联邦'之政策。""采允许边疆自治之放任政策，诚以国家大事，完全为一实际的力量问题，国际关系，乃纯粹决于实际的利害打算，依此而筹边，在今日情势之下，虽欲不放任，事实上也只能放任。放任自治，则边民乐于自由，习于传统，犹有羁縻笼络之余地。""认定惟有宽放的自治政策，方可以相当的应付边疆问题。予意除本部应为整个的一体以外，边疆皆可许其自治而组织'五族联邦'之国家，如此则内消'联省自治'之谬误，外保岌岌可危之边疆……故实行'五族联邦'加紧充实国力，乃今日应付边疆之惟一有效途径。"蒋介石认为国家实力是解决西藏问题的根本之道，在实力不济时，通过赋予"西藏自治"，应付边疆问题。

---

① 国民政府外交部编：《外交部公报》第 1 卷第 3 号，第 132 页。

蒋介石又提出："各国解决边疆问题之方法，就其侧重之点观察，不外两点：一即刚性的实力之运用，一即柔性的政策之羁縻。如果国家实力充备，有暇顾及边疆，当然可以采用第一种手段，一切皆不成问题，但吾人今当革命时期实力不够，欲解决边疆问题，只能讲究政策，如有适当之政策，边疆问题虽不能彻底解决亦可免其更加恶化，将来易于解决。"①"刚性实力"是以军事手段为主的综合实力，"柔性的政策之羁縻"侧重于和平手段。从中可以看出，蒋介石不主张在目前情况下，采取军事手段解决西藏问题，愿执行"柔性的政策之羁縻"以避免问题的恶化，等待将来国家实力充备时，彻底解决藏事。从国民政府20多年的所为来看，蒋介石都本着坚持中国主权的原则下，以"柔性的政策之羁縻"精神，和平处理藏事，这对于我们了解国民政府在班禅回藏、康藏公路、热振被害等事件上的态度都有着指导意义。

3.赋予西藏自治权，建设地方经济、教育

1929年6月17日，国民党第三届二中全会通过关于蒙藏之决议案，中央政府协助西藏地方政府进行交通、经济、教育建设，"惟军事、外交及国家行政，必须统一于中央，以整个的国家力量，谋蒙藏民族之解放"。"督促蒙藏民族人民积极培养自治之能力，完成自治之组织。"②

国民政府遵循三民主义，照顾到西藏地方政治、经济、文化宗教等方面与内地差别较大的特殊情况，赋予西藏地方自治权。1929年9月12日，国民政府为派员与贡觉仲尼协商所拟"解决西藏办法九条"中规定"中央予西藏以充分自治权"。1930年3月，国民政府为谢国梁入藏与达赖洽商所拟"解决中藏问题条件十一条"中有"国民政府承认西藏有完全自治权"。1935年，国民政府制定的特派护送班禅返藏专使"入藏训条"中有"允许西藏有完全自治权，其自治方案另定之"。1947年1月1日公布的《中华民国宪法》规定："西藏自治制度，应予以保障。"需要指出的是，国民政府赋予西藏的自治权，是在中央政府主权管辖下的地方自治，中央管理西藏地方的国防、外

---

① 林恩显：《国父民族主义与民国以来的民族政策》，台北编译馆1994年版，第193—195页。

② 《关于蒙藏之决议案》，载熊耀文编：《总理对于蒙藏之遗训及中央对于蒙藏之法令》，蒙藏委员会1934年，第64—65页。

交等重大事宜。

另外，国民政府为扶植西藏地方自治，还制定有关法令，在西藏推行建设计划，以逐步去除西藏与内地的差异，培养其自治能力。1930年1月，教育部和蒙藏委员会共同制定《蒙藏教育实施方案要目》，以后陆续颁布《待遇蒙藏学生章程》《保送蒙藏学生办法》。1928年12月，国民政府在北洋政府蒙藏院的基础上筹建蒙藏委员会，隶属行政院，作为主管中央机构办理藏事。1929年2月23日《国民政府蒙藏委员会训政时期施政纲领》颁布，其职责是"规定行政系统、促成全民政治、扩充公安设备、调查外交情事、整理财政、发展交通、兴办教育、整顿司法事务、振兴实业、保护宗教"等。在蒙藏委员会历次向国民参政会所作的工作报告、蒙藏委员会年度计划中，建设西藏都是国民政府施政的一个重要内容。

上述三个方面是国民政府20多年来与英国、西藏噶厦围绕藏事交涉斗争的指导方针，在班禅额尔德尼回藏、十三世达赖喇嘛致祭册封、十四世达赖喇嘛认定及坐床典礼、九世班禅额尔德尼转世灵童寻访、康藏公路、英军侵占我藏东南领土、热振被害等重大事件上鲜明地体现出来，在一定程度上遏制了英国分裂西藏的图谋，维护了对西藏的主权立场。

二、英国侵藏政策的调整

1. 贝尔入藏和《寇松备忘录》

英国在西姆拉会议上打算将自己单方面确定的西藏"自治"地位、藏印边界等侵藏政策一次性解决，为中国政府坚决拒绝。一战期间，英国忙于投入欧洲战场，无暇顾及西藏。中国内地则是军阀混战，南北政府纷争，无实力扭转西藏地方与中央政治僵局。1917年，蓄谋已久的藏军主动进犯康区，挑起康藏战事。英国怂恿藏兵进攻的同时，派英使多次到北京政府要求解决藏案，希望继续谈判。1918年，英使朱尔典九次到我外交部催促，均被婉词答复，予以拒绝。1919年5月，英使到部再催开议。北洋政府不得不提出解决办法。1919年5月30日，外交部将节略面交朱尔典。该办法如下：

一、拟将打箭炉、巴塘、里塘三土司完全划归川省治理。

二、拟将察木多、八宿、类吾齐各呼图克图以及三十九族土司所属地划归外藏。

三、中国政府为重视当时英专员拟将昆仑以北之青海、新疆所属地仍划归中国完全治理之意，中国政府拟愿将瞻对、德格地方，及昆仑山以南、当拉岭三十九族、察木多、德格土司以北青海南部之地划归西藏。

四、云南、新疆省界仍宜保存旧治。①

朱尔典报告英国政府后，1919 年 8 月 13 日来部会议，提出最后调停办法：

一、将内外藏名称取消，打箭炉、巴塘、里塘、道孚、炉霍、瞻对、冈拖等处划归内地，德格以西地方划归西藏。

二、仍沿用内外藏名称，将打箭炉、巴塘、里塘、瞻对、冈拖等地划归内藏，中国不设官驻兵，德格划归外藏。②

这与北洋政府的希望相距悬殊，国务院开会讨论，多不赞同开议，主张缓办。甘肃、四川、青海、云南等地官民闻知消息，纷纷致电表示坚决反对与英磋商藏事，力主应根本否认所有划界条约，维护中国领土主权。

压力之下的北洋政府不愿意损害国家和民族利益，拒绝与英国谈判藏事，转而努力与西藏地方直接接触，争取在国家内部解决争端。北京政府特电令甘肃督军张广建组织代表团赴藏。1919 年 11 月 25 日，李仲莲、朱绣等甘肃代表到达拉萨，会晤达赖喇嘛。早就想接洽中央却又苦无途径的达赖喇嘛委婉表达了希望和平解决藏事的心情。汉藏和好重现曙光。

此事震动了英国政府，已经退休的前锡金政治官贝尔承认："西藏政府终于在中国人一直向其施加的压力面前屈服了，并允许中国外交使团前来拉萨。这是自 1910 年中国军队迫使达赖喇嘛流亡以来绝无仅有的事件，也是英藏关系倒退的一个表现。"③这对英国、英印政府内部的前进派来说，是无

---

① 《蒙藏委员会关于英帝国主义侵略西藏之政策及 1905—1925 年资料之一》，载中国藏学研究中心、中国第二历史档案馆等合编：《元以来西藏地方与中央政府关系档案史料汇编》第六册，中国藏学出版社 1994 年版，第 2444—2445 页。

② 《外交部为报八月十三日与英使交涉西藏情形事致陆征祥电》（1919 年 9 月 1 日），载中国藏学研究中心、中国第二历史档案馆等合编：《元以来西藏地方与中央政府关系档案史料汇编》第六册，中国藏学出版社 1994 年版，第 2448—2449 页。

③ [英] 查尔斯·贝尔：《十三世达赖喇嘛传》，冯其友等译，西藏社会科学院西藏学汉文文献编辑室 1985 年版，第 207 页。

法容忍的。英国对侵藏政策作出了调整，从 1921 年起在两方面加大了策动西藏"独立"的力度：一是培植西藏"自治"能力；二是外交施压中国。

培植西藏"自治"能力的重点是武装西藏。英印前进派主张对西藏地方当局作出积极援助的明确许诺，要求英国政府供应西藏军火。英国政府内部的温和派从外交整体利益出发，不希望因明显的"援助"西藏，激起中国人民的怒火，损害在华整体利益。争执不下的双方，在维护英国的利益上是一致的。英国政府决定派前锡金政治官贝尔入藏访问拉萨，调查西藏地方情况，评估西藏地方与中国中央政府的关系，为调整侵藏政策提供建议。

贝尔属于鹰派人物，一直主张积极侵略西藏。贝尔到拉萨后，面见达赖，主动向西藏地方当局兜售武装计划，称西藏"未受过训练，装备低劣的6000 士兵不可能使他的国家抵御中国的进攻……他应当把军队逐步增加到15000 人"[1]。当时尚未醒悟的达赖喇嘛将扩军增税之事交民众大会讨论，以藏军军官为主的亲英派极力支持，以三大寺为首的僧侣强烈反对。有意为之的达赖强行规定西藏每年征募士兵数百，向贵族和寺庙征税用于扩充军备。此事传出，人心恐慌，众僧侣"群情激动，气氛紧张，几个寺庙剑拔弩张，一场暴动，一触即发"[2]。数万僧人在拉萨城游行，大喊要杀死贝尔，与藏军发生冲突，遭到了达赖喇嘛的镇压。

贝尔不断上书英印政府，促其怂恿伦敦援助西藏。贝尔夸张地说苏俄、日本向西藏输送军火，扩大了影响；中国在西藏东部不断施加军事压力；西藏亲汉派有意疏远英国，打算与中国和解。如果英国不支持西藏，"中国再占领西藏，其军队在拉萨，甚至在更南的地方驻扎，很可能形成一个对印度搞阴谋的中心"[3]。这意味着英印将面临着中国的威胁，因此维护印度边境安全的唯一办法是由英国援助和控制西藏，维持西藏在中国宗主权下的"自治"来屏障印度北部边境。

英国政府采纳了贝尔"支持西藏自立"的建议，指示贝尔，英国同意售

---

[1] ［英］查尔斯·贝尔：《十三世达赖喇嘛传》，冯其友等译，西藏社会科学院西藏学汉文文献编辑室 1985 年版，第 243 页。

[2] ［英］查尔斯·贝尔：《十三世达赖喇嘛传》，冯其友等译，西藏社会科学院西藏学汉文文献编辑室 1985 年版，第 270 页。

[3] ［英］柏尔：《西藏之过去与现在》，宫廷璋译，商务印书馆 1930 年版，第 191 页。

给西藏地方 1000 支步枪、10 挺机关枪、10 门山炮等武器，用以自卫。英印制订了武装西藏的详细计划，主要有下列内容：允许西藏从印度进口武器；帮助训练西藏军队；给予架设江孜至拉萨电报线的技术援助，建立印度与拉萨间的电报联系；为了保护和开发西藏，最终促成西藏军火制造，帮助西藏开发矿产，在拉萨或江孜开办英文学校；向拉萨派遣临时英国官员；建议印度政府考虑向英国和其他外国游客开放西藏。① 英国批准了英印政府的计划。吕昭义认为贝尔入藏后英国执行的是武装西藏的政策。这是加强西藏地方"自治"能力的一个重要内容，供应军火是通过增强支持力度，以此来对抗中国中央政府，目的是促成西藏"独立"实现。这是英国一贯的政策。

英国"武装西藏"的政策导致了非常严重的政治后果。

一是前藏噶厦在扎什伦布寺所属地强行征税，使得达赖系统与班禅系统的矛盾尖锐化，迫使班禅出走内地。

二是亲英军官集团想谋夺最高权力，密谋发动政变。

英国"武装西藏"的计划出笼之后，达赖喇嘛将新政的重点转向扩军增税，对寺庙和贵族征收赋税，征募藏兵，向印度购买武器，派送军官到江孜军校训练。1923 年，又邀请英人在拉萨成立警察局。这些都触犯了寺庙、僧侣集团及部分贵族的利益，遭到了强烈反对，加剧了内部矛盾。1924 年，英印派遣锡金政治官贝利到拉萨，打探情况。噶厦官员抱怨扩军备战使得西藏地方财政空虚，民怨沸腾，要求印度政府同意西藏地方对印藏贸易征收关税。贝利强调西藏地方必须自行解决一切开支，应趁中国内乱，采取军事行动确立一条有利的康藏边界线，听从印度政府的建议与中国谈判，实现"永久的和平"。贝利之行使得达赖喇嘛和噶厦认清了英国自私的目的，利用西藏地方牵制中国，却不花费任何财物。贝利也了解到达赖喇嘛和民众对英人强烈不满，在呈交英印政府报告中指责达赖专权，噶厦无能低效，只有改变西藏政治体制，西藏才能被英国掌控。

英国政府看到西藏地方当局的抵制情绪，打算逼达赖交权，扶植亲英派首领擦绒为藏王做代理人。1924 年，藏军总司令擦绒秘密联络亲英的藏军

---

① IOR,L/P&S/10/718，贝尔的报告，1921 年 11 月 29 日，转引自吕昭义：《英帝国与中国西南边疆（1911—1947）》，中国藏学出版社 2001 年版，第 279—280 页。

军官，开会讨论推翻达赖、搞政教分离事宜。会后，一名军官告密。达赖果断采取行动，撤销擦绒总司令职务，停止训练藏军，关闭江孜贵族学校，结束新政，转而想办法恢复与中央政府的关系，打击了亲英势力，亲汉力量重振，为下一阶段汉藏关系的恢复做好了铺垫。

英国政府策动西藏"独立"的另一个手段是外交施压中国，逼迫中国政府在《西姆拉条约》（草案）的基础上重议谈判，妄图"合法"地确立西藏政治"独立"的地位，最典型的标志是《寇松备忘录》。1921 年 8 月，英外相寇松会晤驻英大使顾维钧，称西藏问题久悬未结，现难再搁置，并将节略面交顾维钧，文称：自 1919 年停议以来，已越两载，当时中国说明仅系暂缓磋商，英国政府现请中国在伦敦或北京重议，勿再延迟。1914 年，"三方"磋商时，所拟草约规定了"西藏自治"，但仍在中国宗主权下，中国除了界务一款外，业经同意，并于 1919 年承诺重行正式谈判。此事如不从速续议，英国政府嗣后对西藏拟以"自治国"待之。果能重新开议，可根据 1914 年草约加以修改。寇松威胁道："续议事须于一个月内开始，如期满未开议，则即与自治之西藏直接商订协约，并拟饬江孜商务委员随时前往拉萨办理交涉。"[1]《寇松备忘录》是继《朱尔典备忘录》之后，英国政府再次阐述的所谓对藏政策，基本目标是一致的，仍想与中国政府签订类似《西姆拉条约》（草案）一样的协议，妄图按照英国的设想解决藏事。在西姆拉会议上吃了亏的中国政府彻底看清了英人的用心和目的，不愿再迈入英国的陷阱，遂拖延敷衍应付英国的外交压力。1921 年 9 月 10 日，我外交部正式答复英使："现川滇不靖，无从实地调查，且各方面均有牵涉，需要全国充分谅解才能决定。现在情势比民国四年、八年尤其困难，勉强开议，不易结束，况太平洋会期甚迫，筹备已日不暇给，顾维钧大使亦职务繁纷，本案不论在京、在英皆非最短期内所能兼顾办理。本政府意见俟太平洋会议后必设法及早开议。"[2]英国由于政府内

---

① 《顾维钧为英外相催促了结西藏问题并提出书面节略事致外交部电》（1921 年 8 月 26 日），载中国藏学研究中心、中国第二历史档案馆等合编：《元以来西藏地方与中央政府关系档案史料汇编》第六册，中国藏学出版社 1994 年版，第 2459—2460 页。

② 《外交部为答复英使缓议节略内容致英使馆电》（1921 年 9 月 10 日），载中国藏学研究中心、中国第二历史档案馆等合编：《元以来西藏地方与中央政府关系档案史料汇编》第六册，中国藏学出版社 1994 年版，第 2464 页。

部改组，无暇顾及藏事，也暂时接受了中国政府缓议的答复。待太平洋会议结束后，中、英立场坚决，无法调和，续议藏事再次搁置下来。

从 1914 年西姆拉会议流产到北洋政府垮台，通过与北洋政府长时间的外交交涉，英国想按照《西姆拉条约》（草案）的内容与北洋政府达成协议的目的失败了，也终于明白，想逼迫中国政府外交承认西藏政治"独立"是不可能的。

2. 维持西藏现状

南京国民政府上台后，英国政府要重新考虑对华外交方针。英国认为国民党提出的民族解放、废除不平等条约、取消治外法权、关税自主、收回租界等要求将直接损害其在华利益。这是英国非常不满的，是要千方百计反对的。但是，国民党又是反苏反共的，这符合英国遏制苏联和共产主义的基本战略，在这一点上，英国要支持国民政府。总体来看，英国对华外交的根本出发点是最大限度地维护在华特殊权益，不希望中国强大，不希望中国政府收回其殖民利益，因此支持国民党政权是有条件的。在这种极端利己的战略指导下，英国要维护在西藏的既得利益，不希望西藏地方与中央政府恢复正常往来，极力阻挠破坏和平协商进程。所以，即使在日本侵略中国期间，在中华民族最危急关头，在中国军民配合盟军反击法西斯死伤无数之时，在中国远征军缅甸浴血奋战之际，英国仍迫不及待地侵占中国西藏东南领土，策动西藏"独立"。这就是英国对华外交的本质，也是西藏问题无法得到解决的根本原因。

国民政府上台至抗日战争爆发期间，英国在西藏面临很大的困境。主要原因有三：一是亲英势力扩军增税，密谋夺权的行动，使人们看清了英国的真面目。二是自民国以来，在英国的挑唆下，西藏地方当局穷兵黩武，经济濒临崩溃，民不聊生，全藏上下多有怨言。三是国民政府统一全国，增强了西藏上层集团对中央政府的信心。这些都削弱了英国的威信，迫使英国在1927 年至 1937 年不得不想方设法破坏西藏地方与中央政府的关系，维护西藏现状。

1929 年，达赖喇嘛委派代表面见蒋介石，请求洽商藏事。随后，蒋介石派遣贡觉仲尼、刘曼卿入藏磋商。英国对蒋介石和达赖相互派代表传递信息、中央与西藏地方的关系朝着和平协商的方向迈进，深感不满和忧虑，不希望西藏地方当局避开英国直接与中国政府谈判。

英人多次联络噶厦，表示希望派代表入藏会晤达赖，都被达赖婉拒。受到冷落的英国决定挑唆尼泊尔军事威胁西藏，迫使西藏地方当局认清英国的地位和作用。无法摆脱英国控制的达赖不得不邀请锡金政治官威尔入藏，就印藏之间的关系进行谈判。

英国趁此机会派遣威尔进入拉萨，密会达赖、噶厦官员，利诱和威逼达赖，在经济贸易上给予西藏一些优惠，以援助西藏"独立"抵抗中国为借口，怂恿达赖挑起康藏战事，划分康藏边界，迫使和平协商进程停顿，维持西藏地方"自立"的现状，进而达到维持英国在西藏的影响目的。在策略上，英国以夏扎签署的《西姆拉条约》（草案）为干涉藏事的借口，要挟西藏地方当局，教唆其对抗中央，策动其"独立"。在外交上逼迫中国政府签订正式条约解决西藏问题。

第二节　中国对英交涉维护西藏主权

1928 年，五台山堪布西藏喇嘛罗桑巴桑奉达赖命，面见蒋介石，表达内向的意愿。1929 年 1 月，蒋介石委托罗桑巴桑致信达赖："今寰区统一……西藏为我中华民族之一……执事适派代表罗桑巴桑到京备述一切，藉悉法座高瞻远瞩，倾诚党国之决心……藏卫接壤强邻，帝国主义者所压迫久矣。幸赖法座深明大义，内向情殷，此后愈当并力一心，修内政而御外侮，自不难相与造成民有、民治、民享之中国。"[1] 殷切希望汉藏和好，团结一致，修内政御外辱，共建五族共和国家。这是国民政府与西藏地方政府的首次政治联络。达赖喇嘛极为重视，有意与国民政府深入洽商。5 月，达赖喇嘛派代表雍和宫大喇嘛贡觉仲尼，与蒙藏委员会专门委员谢国梁在北平会晤，声称："极愿代表达赖南下参加（孙中山）奉安大典，藉表敬意，并联络中藏感情，惟切

---

[1]《文官处为抄送蒋介石谷应芬赞慰达赖喇嘛抵御外侮倾诚内向信函事致藏事处长函》（1929 年 10 月 30 日），载中国藏学研究中心、中国第二历史档案馆等合编：《元以来西藏地方与中央政府关系档案史料汇编》第六册，中国藏学出版社 1994 年版，第2487 页。

须严守秘密，不宜登载报纸，恐惹英人质问。"① 贡觉仲尼表达了到南京洽商解决藏事的意愿。蒙藏委员会极表欢迎，筹备招待事宜。8月，贡觉仲尼偕楚称丹增、巫怀清，往太原见蒙藏委员会委员长阎锡山，声称达赖喇嘛致信令其代向中央申明："一、达赖并无亲英事，其与英国发生关系，不过系因英藏壤地毗连，不能不与之略事敷衍耳；二、达赖仇华也属误传，民六、民九、民十三达赖均有派员来华，并发有护照，内中言明中藏亲睦，现有护照可证；三、达赖、班禅感情素惬，其始之发生误会，系因班禅部下之行为不法，达赖逮捕数人，班禅遂惧而出走，并非达赖所逼。"②9月2日，贡觉仲尼、巫怀清等人抵达南京，受到蒙藏委员会副委员长赵戴文热情欢迎。9日，蒋介石接见贡觉仲尼等人，贡觉仲尼等再次声明达赖不亲英人、不背中央，愿迎班禅回藏的意愿。

随后，贡觉仲尼委托巫怀清与蒙藏委员会委员刘朴忱密谈，商讨内容是：

一、达赖确实愿输诚中央。

二、诚意欢迎班禅回藏。

三、将来行政系统、军政、外交归中央办理，并派遣驻藏长官；藏人有充分自治权。

四、军事可以边防军名义由班禅率少数军队回藏。

五、森姆拉草约原系藏人主张，将来达赖可声明由中央主持解决，则英人方面自难藉口。

六、将来达赖派正式代表，必须西藏三大寺承认始能有效。当班禅出走时，三大寺即主张派人迎归，不意班禅有借兵归藏之复函，三大寺因而亦不满意。但对班禅仍有信仰，一加疏通，自可赞成派正式代表及

① 《蒙藏委员会为贡觉仲尼代表达赖喇嘛参加孙中山奉安典礼事致蒋介石呈》（1929年5月25日），载中国藏学研究中心、中国第二历史档案馆等合编：《元以来西藏地方与中央政府关系档案史料汇编》第六册，中国藏学出版社1994年版，第2471页。

② 《阎锡山为达赖喇嘛令贡觉仲尼等声明无联英仇华等三事致国民政府行政院电》（1929年8月15日），载中国藏学研究中心、中国第二历史档案馆等合编：《元以来西藏地方与中央政府关系档案史料汇编》第六册，中国藏学出版社1994年版，第2473—2474页。

迎班禅回藏。[①]

从贡觉仲尼等人所谈来看，达赖喇嘛愿意恢复前清旧制，展现了很大的诚意，这就给蒙藏委员会造成达赖"输诚可信"的分析判断，拟定了尚不切实际的和平解决西藏问题具体办法，与贡觉仲尼等协商后，会呈蒋介石：

一、西藏与中央关系恢复如前；

二、达赖、班禅应加入中国国民党，并负责筹划西藏党务之进行；

三、达赖、班禅加入本党后得为政府委员；

四、外交、军事、政治均归中央办理；

五、中央予西藏以充分自治权；

六、班禅回藏由达赖派员欢迎，中央护送；

七、达赖、班禅在西藏之政教权限一切如前；

八、中央以达赖、班禅为西藏政教之首领；

九、班禅归藏时，拟派国防军随同入藏，以资保护；

十、达赖在京设立办公处，经费由政府发给。[②]

从这可以看出，国民政府对解决西藏问题抱有乐观情绪，对噶厦内部政情并不了解，是从中央的角度思考，希冀"一步到位"的完全恢复与西藏地方的正常关系，所拟办法低估了实际困难。蒋介石看待此事更有政治眼光，又提出八个问题征询达赖喇嘛的意见：

一、中央与西藏之关系应如何恢复？

二、中央对西藏之统治权如何行使？

三、西藏地方自治权如何规定？范围如何？

四、达赖、班禅加入中国国民党。

五、达赖、班禅在西藏政教上之地位与权限一律照旧？抑或另有规定？

---

① 《赵戴文为巫怀清密谈达赖喇嘛拥护中央等事致阎锡山电》（1929 年 9 月 10 日），载中国藏学研究中心、中国第二历史档案馆等合编：《元以来西藏地方与中央政府关系档案史料汇编》第六册，中国藏学出版社 1994 年版，第 2476 页。

② 《赵戴文为派员与贡觉仲尼等洽商会呈蒋介石解决西藏具体办法致阎锡山电》（1929 年 9 月 11 日），载中国藏学研究中心、中国第二历史档案馆等合编：《元以来西藏地方与中央政府关系档案史料汇编》第六册，中国藏学出版社 1994 年版，第 2478 页。

六、班禅回藏，达赖如何欢迎？中央如何护送？

七、达赖是否在京设立办公处以便随时接洽？至于经费，可由中央发给。

八、西藏对中央有无其它希望？①

这八个问题都涉及了现实的核心事项，探询达赖的意见，并决定派贡觉仲尼作为国民政府的代表，携带蒋介石致达赖喇嘛、噶伦擦绒信函和蒙藏委员会委员长阎锡山致达赖喇嘛信函以及解决办法之意见返藏联络。

1929 年 11 月 7 日，贡觉仲尼启程经香港、印度，1930 年 1 月 16 日到达拉萨，受到达赖喇嘛热情接见，倾谈数小时。贡觉仲尼向阎锡山回函称："仲尼即将中央德意力为宣传，并再三婉陈吾藏应仍与中央力谋联络，以收唇齿辅车之效。颇蒙佛爷及擦绒采纳。"② 另外，国民政府 1929 年 7 月委派行政院文官处一等书记官刘曼卿入康藏调查情状，并于 1930 年 3 月 1 日进入拉萨。达赖派文武官员出城迎接，盛情款待。同时，国民政府拟于 1930 年 3 月召开西藏会议，并邀请达赖喇嘛派员与会。

正当国民政府、西藏地方政府及民众对恢复正常关系满怀期望之际，英国从中干涉破坏，中央与西藏地方的和平进程再次受阻。

一、尼藏纠纷交涉

英国看到达赖避开英印当局，积极与国民政府联系洽商，深感忧虑和不满，命令锡金政治官迅速要求西藏地方同意英印官员访问拉萨，遭到达赖的婉拒。英国另谋他法，利用 1929 年冬发生的尼藏纠纷小题大做。

---

① 参见孔庆宗：《回忆国民党政府对西藏政务的管理》，载《文史资料选辑》第九十三辑，文史资料出版社 1984 年版。同文见《赵戴文为政府派贡觉仲尼等入藏向西藏当局提出八项办法致阎锡山电》（1929 年 9 月 22 日），其中遗漏第五条，载中国藏学研究中心、中国第二历史档案馆等合编：《元以来西藏地方与中央政府关系档案史料汇编》第六册，中国藏学出版社 1994 年版，第 2482—2483 页。

② 《关于西藏慰问专员棍却仲尼抵拉萨情况函》（1930 年 3 月 15 日），蒙藏委员会档案，全宗号 141，卷号 2336。《贡觉仲尼为报会见达赖喇嘛等晤谈情形事致阎锡山函》，载中国藏学研究中心、中国第二历史档案馆等合编：《元以来西藏地方与中央政府关系档案史料汇编》第六册，中国藏学出版社 1994 年版，第 2496 页。

根据 1856 年西藏地方官员与尼泊尔议和约章，尼泊尔商民在西藏享有不交捐税、治外法权等特权。1929 年，尼籍商人违抗西藏地方政府的法令，在拉萨出售烟草，逃匿尼泊尔领事馆处，被强行抓获鞭挞致死。尼泊尔政府获知后扬言要进攻西藏，征集 67000 名军人，采购军米、黄油、砖茶、烟叶、牛羊、军装、弹械等叫嚣宣传，威胁西藏。班禅驻印通讯处立即快函报告班禅驻京办事处，处长罗桑坚赞急呈告国民政府，称最近三四年，达赖多次侵入尼泊尔境界，仇怨加深，以致酿成战端，吁请中央应付尼泊尔，拯救西藏。[①] 而贡觉仲尼自江孜发英文致电蒙藏委员会："尼泊尔政府于一月二十六日派兵九千人入藏"，"此事之发生，乃尼泊尔妒忌中国与西藏之和好"。[②] 蒙藏委员会密呈国民政府："查此次事端发生，大抵英人唆弄。设或英人得乘机解决尼事，日后藏事将不堪设想。"[③] 在中央与西藏地方关系出现转机、和平统一出现曙光之时，国民政府希望能抓住尼藏失和的机会，促使形势朝有利的方向发展。

国民党中央执行委员会专门召开第 219 次政治会议，讨论解决西藏地方与尼泊尔纠纷的办法，认为前由贡觉仲尼带交达赖之八款，仅是原则问题，为了便于具体洽谈，补充解决藏事问题具体意见，拟定了《解决尼藏问题手续十一条》《解决中藏问题条件十一条》《解决中尼问题条件四条》，于 1930 年 3 月 26 日会呈国民政府。

解决中藏问题条件：

一、中藏应恢复原来密切之关系。

二、西藏不得与中国以外之各国发生政治关系。

三、西藏与他国旧订之约得提请国民政府处理。

---

① 《罗桑坚赞关于尼泊尔准备侵藏情况致行政院呈》（1930 年 2 月），载中国藏学研究中心、中国第二历史档案馆等合编：《元以来西藏地方与中央政府关系档案史料汇编》第六册，中国藏学出版社 1994 年版，第 2513—2514 页。

② 《阎锡山等为拟派员调解尼藏冲突事致蒋介石密呈》（1930 年 2 月 17 日），载中国藏学研究中心、中国第二历史档案馆等合编：《元以来西藏地方与中央政府关系档案史料汇编》第六册，中国藏学出版社 1994 年版，第 2514 页。

③ 《国民政府关于解决西藏地方与尼泊尔纠纷的训令》（1930 年 4 月 1 日），载中国藏学研究中心、中国第二历史档案馆等合编：《元以来西藏地方与中央政府关系档案史料汇编》第六册，中国藏学出版社 1994 年版，第 2520 页。

四、达赖应欢迎班禅回藏。

五、达赖应将占领西康各县完全交还国民政府。

六、西藏外交及军政重大事项应由国民政府负责办理。

七、国民政府承认西藏有完全自治权。

八、达赖、班禅在西藏政教上之权利概仍其旧。

九、国民政府派专员常川驻藏，达赖、班禅应负保护全责，并予以种种便利。

十、西藏得派专员常川驻京，并由国民政府酌给办公费。

十一、此次尼藏交涉，概由国民政府特派员秉公办理。

解决中尼问题条件：

一、恢复中尼旧日密切之关系。

二、尼藏问题由国民政府特派员秉公处理，尼政府应先下令停止军事行动。

三、国民政府如派专员赴尼泊尔时，尼政府应负保护全责，并予以种种便利。

四、尼泊尔得派专员常川驻京，由国民政府酌给办公费。

会议决定应立即采取措施，拟由国民政府电知尼泊尔，要求暂停军事行动，听候中央调解；由谢国梁电复贡觉仲尼转达达赖，告诉上述情形；严促新任驻印总领事卢春芳、副领事梁长培迅速赴印，协助特派员解决尼藏问题；请国民政府迅任命蒙藏委员会参事巴文峻、专门委员谢国梁为赴尼、藏特派员，[1] 调查"所有此次尼藏发生战事原因及内中有无英人指使各节"。[2] 蒋介石分致尼泊尔国王、达赖喇嘛信函，内称"所有尼藏交涉由中央负责解

---

[1] 《国民党中央执行委员会政治会议关于解决中央与西藏地方及西藏地方与尼泊尔纠纷问题决议之国民政府函件》（1930 年 3 月 26 日），载中国藏学研究中心、中国第二历史档案馆等合编：《元以来西藏地方与中央政府关系档案史料汇编》第六册，中国藏学出版社 1994 年版，第 2518—2519 页。

[2] 《蒙藏委员会就派巴文峻谢国梁调解西藏地方与尼泊尔纠纷汇案具文复国民政府呈》（1930 年 4 月 29 日），载中国藏学研究中心、中国第二历史档案馆等合编：《元以来西藏地方与中央政府关系档案史料汇编》第六册，中国藏学出版社 1994 年版，第 2523 页。

决，藉维双方安宁"。①

达赖喇嘛面对尼泊尔的进攻态势，也动员全藏备战，征集士兵，准备军用帐篷、食物，打算收回尼泊尔在西藏享有的特权和权力，与尼泊尔订立新条约，并在此事上依靠中央，增加了内向之心。从当时情况看，尼军进入西藏境内也纯属谣传。尼、藏双方在做军事准备，大造舆论，但没有采取实际行动。巴文峻、谢国梁等人于 1930 年 7 月 19 日抵达印度。此时尼藏冲突已平息。巴文峻旋入尼泊尔，获知："此次尼藏发生冲突，全为英帝国主义所策动，并非出于尼泊尔之本愿，惟尼泊尔为蕞尔小国，无力抵御强英，一时不得不听命。"② 尼泊尔政府以国礼接待巴文峻，表示愿意与中国和睦相处，保持友谊关系。

尼藏纠纷系英印当局一手挑起，也由其促尼泊尔息战。达赖喇嘛政治应对得当，也收息事之效。据贡觉仲尼所谈：达赖清楚地明白，英人"挑拨尼泊尔向西藏侵略，使尼藏交恶，英人可收渔人之利"③。"这是英帝国主义耍的讹诈手腕，尼泊尔小题大做，讨好英人，其实并无对藏作战以逞大欲的决心，因而亦以政治手腕对付之，不为所慑。"据贡觉仲尼回忆："当英人指使尼军入藏时，达赖佛极为镇静，不谋于众，独自决策。他用我的名义写一电稿，令我亲送至江孜英政府所设置的电台，以明码拍至南京友人转报此事于政府。他采用这个方式，意在使英籍电员视作要电，密报英国当局，就会发生作用。我即日遵办，后来果收息事之效。"④

英国的目的是警告和威胁西藏，而不是侵入西藏，面对一触即发的尼藏冲突，也感局势严重，一旦爆发战争，全藏僧俗仇恨英人，并不利于英国。据锡金政治官威尔回忆：西藏地方严重怀疑英国支持尼泊尔，英国在西藏的

① 《蒋介石为西藏地方与尼泊尔交涉由中央负责解决并派谢国梁入藏事致达赖喇嘛函》（1930 年 5 月），载中国藏学研究中心、中国第二历史档案馆等合编：《元以来西藏地方与中央政府关系档案史料汇编》第六册，中国藏学出版社 1994 年版，第 2527 页。

② 洪涤尘：《西藏史地大纲》，正中书局 1936 年版。

③ 《全亚细亚联盟理事长黄攻素关于英帝国主义挑拨尼泊尔向西藏发动军事行动函》（1930 年 3 月 19 日），蒙藏委员会档案，全宗号 141，卷号 2640。

④ 孔庆宗：《回忆国民党政府对西藏政务的管理》，载《文史资料选辑》第九十三辑，文史资料出版社 1984 年版。

影响降至最低点。①

英印政府一面令尼泊尔息战，一面令大吉岭警察总监莱登拉入藏调停。莱登拉是在刘曼卿之后来到拉萨的，据刘曼卿记载："不数日有联典（莱登拉）者，为尼泊尔事件入藏，此君即尼人，自称英籍，后渠欲破坏予入藏之目的，而欲施其陷害，但卒未成功，亦云幸矣。"②

贡觉仲尼致函蒙藏委员会，内称尼藏纠纷，中央派人相助，全藏僧俗深感大德，"伏思一电之威，闻风惊胆，彼此相仇以解。此亦国威镇慑所致也"。③ 表明通过此事，西藏民众对国民政府的支持非常感激，中央增强了在西藏地方的影响。

英人深知中国政府借尼藏纠纷解决西藏问题之用意，严查印度进入西藏关口，致使谢国梁未能由印度入藏，转往缅甸，聘请仰光《兴商日报》谭云山为秘书，于1930年11月26日来到噶伦堡，乔装混入藏境，可惜于距进入拉萨城仅一日程的地方病逝。

尼藏纠纷是英国为干涉藏事蓄意制造的一个借口。通过尼泊尔侵藏、莱登拉访问拉萨，达赖也深知离开英国要想维护西藏地方的安危是不现实的，在政治、经济、军事等各方面仍仰赖于英国，因此不敢绕开英国直接与中央解决西藏问题。英国目的得逞，也就终止尼泊尔军事准备。随后达赖向英印政府发出邀请派员访问拉萨，商讨解决藏事问题。达赖又一次屈服于英国，使得汉藏和平进程再生波澜。

二、康藏之战交涉

尼藏纠纷结束，康藏又生争端。偶发的"大白事件"点燃了康藏战事。"大白"指的是西康省所属甘孜县内的大金寺（又称"达结寺""达吉寺"）和

---

① 1930年11月18日锡金政治官 No.7（14）-p./30 信函，威尔使团访问西藏的报告。英国印度事务部档案，L/P&S/10/1113，1930，p.8573。

② 刘曼卿：《康藏辂征》，商务印书馆1933年版，第79页。

③ 《文官处为抄送贡觉仲尼备述达赖喇嘛及僧众尊崇中央情形密函致行政院公函》（1930年7月24日），载中国藏学研究中心、中国第二历史档案馆等合编：《元以来西藏地方与中央政府关系档案史料汇编》第六册，中国藏学出版社1994年版，第2499页。

白利（又称"白茹"）土司。大金寺有寺僧 2000 多人，在民初驱逐川军出藏及川藏战争中支援藏军，为达赖青睐，获赠枪支、弹药等，借经商、放贷聚敛财富，组建了喇嘛武装，颇为骄横和富饶，不受西康管制。大金寺东 30 里有白利土司，自清初势力很强，信仰藏传佛教，有雅拉寺（又称"亚拉寺""雅纳寺""噶札寺"）家庙。民国初年白利老土司与智古（又称"噶珠"）喇嘛结好，请其主持家庙，划拨 15 户村民供其差役。1927 年白利老土司亡，其女承袭土司，与智古喇嘛不和。1930 年，智古喇嘛将为其当差的 15 户村民转给大金寺，激起白利土司和村民不满。双方发生冲突，甘孜县知事置之不顾。1930 年 6 月 18 日夜晚，大金寺派喇嘛兵突袭白利土司，烧杀劫掠。西康当局派员调解无效，随后遣兵进驻弹压大金寺。大金寺遂遣人入藏求援。西藏地方及英国趁机插手，致使"大白事件"演变为康藏战争。

按照前述贡觉仲尼转达的意思，达赖喇嘛内向显得颇为真诚。但是，为什么相隔 2 年又派兵主动进攻康区呢？这实际反映了达赖喇嘛本人真实的政治企图及中英双方实力的较量。1929 年 7 月，行政院文官处一等书记刘曼卿离开南京到康藏调查，并准备与噶厦联络洽商。1930 年 3 月 1 日，刘曼卿到达拉萨。莱登拉联络亲英派多次阻止刘曼卿会见达赖。迟至 3 月 28 日，达赖喇嘛首次召见刘曼卿，一面对陷入蒋冯阎大战的国民政府心存犹疑；一面又惧怕英人，谈到和平打算时，吞吞吐吐，不敢明言。5 月 5 日，刘曼卿返回之际，达赖接见送行，言及政治意向期盼"中国真正和平统一"，愿意川藏纠纷和平解决，"都是中国领土，何分尔我"。关于班禅返藏，"吾与班禅原有师弟之谊，绝无若何意见，闻渠近日旅居蒙古，想亦有不适之苦，吾至以为念"。对西藏受英人之压迫，有难言之痛苦，对中央是否能保护西藏深表怀疑，坦称："英国人对吾确有诱惑之念，但吾知主权不可失。性质习惯不两容，故彼来均虚与周旋，未尝与以分厘权利。中国只须内部巩固，康藏问题，不难定于樽俎。"[1] 这反映了达赖对英人既恐惧又痛苦，对中央既怀疑又没有信心，担忧西藏前途的真实想法。

1930 年 8 月 30 日，贡觉仲尼返回南京，携带达赖对国民政府所提八款答复，呈交国民政府。

---

[1] 刘曼卿：《康藏轺征》，商务印书馆 1933 年版，第 119—120 页。

第一款，中央能将中藏施主关系照前至诚有信之待遇，而西藏以前原系至诚相见，现在更要竭诚拥护中央。

第二款，西藏政教谋根本安定之法，商洽立约后，必更稳妥。

第三款，从此中藏施主诚意谋西藏安全，其范围自应照旧。若原系西藏地方，刻下未在西藏政权之下者，自应仍归西藏范围，久后必安。

第四款，达赖喇嘛现在年高，加之政教事务渐繁，又因三大寺及上下菊巴僧俗官员未经同意之前，不能来京。至班禅现住内地，除扎什伦布寺庙宇教务外，素无其他政务可管，自应就近加入国民党，但素无解决藏事之发言权。

第五款，西藏政教向归西藏地方政府掌治，班禅早在后藏有一庙宇。扎什伦布系第一辈达赖所修建，后一辈达赖到拉萨时，无人掌其庙宇，时选班禅掌管扎什伦布，并赠号班禅。后由五辈达赖因屡次师徒关系，将扎什伦布给予班禅。若照以前旧规办理，西藏人民无不悦服。

第六款，班禅左右人等造前后藏名目，意在分离，素不遵守藏政府法令，往往以下犯上，思想行为均系恶化。甲辰年，英人到拉萨时，班禅前往印度与英人密谋，不得结果，仍回扎什伦布。又辛酉年，班禅联同钦使设法谋夺达赖政教各权，后由三大寺及全藏人民反对，不得已仍回扎什伦布。又向章班禅应出军粮四分之一，不但任意不交，还作不法行为。彼时若照西藏法律着实解决，焉有现在之事。因思前辈达赖与班禅师徒关系很深，竭力忍让。彼等不但不悔悟，还拥班禅舍扎什伦布而逃。当时具函请其回藏，并未容纳，因与库伦共党有谋，便往库伦，因库佛圆寂，方到内地。而此间将扎什伦布庙宇，业经派员妥为保护。至左右班禅人等时常挑拨，现在未申明逃奔理由之前，西藏碍难欢迎。

第七款，先设办事处于南京、北平、西康三处，以后若有加添之处，再当陈请。

第八款，为防侵略守土之故，目前只希望中央接济军械，以谋地方安全，如有所需，再当陈请。①

---

① 孔庆宗：《回忆国民党政府对西藏政务的管理》，载《文史资料选辑》第九十三辑，文史资料出版社 1984 年版。

从上述来看，达赖答非所问，与南京方面所提内容相距甚远，将中央与西藏地方的隶属关系歪曲为"施主关系"；索要川边、青海；将达赖、班禅关系恶化全归咎于班禅属下的挑拨搬弄，声称班禅除扎什伦布寺教务外，对藏事并无任何管理权力。这与1929年的表态相比实是很大的退步，令国民政府深感难以解决，故仅允准西藏地方设立驻京、驻平、驻康三个办事处，以资联络。此八款答复，反映了达赖在尼藏纠纷解决之后的真实政治态度，令汉藏政治协商难以顺利进行。这离不开英国的挑拨及康藏局势的发展。

贡觉仲尼、刘曼卿来到拉萨，引起了英印当局警惕。刘曼卿离开西藏，经过加尔各答停留时，莱登拉自大吉岭赶来威胁刘曼卿说："中藏交涉决不能舍英独举，以英于地势上，于条约上，均负有中藏居间人之义务。并谓中国不宜以武力制服藏人。"[①]尼藏冲突平息之后，英印政府打算派锡金政治官威尔（J.L.R.Weir）尽快访问拉萨，探听达赖的意向。而国民政府代表的到来，给英印政府很好的借口趁机向西藏地方当局施压，迫使其接受英印官员访问。实际上，英国和英印真正的忧虑是国民政府、西藏地方当局正在将英人排斥在外进行和谈，一旦成功，将"损害"英国的利益，降低其在西藏的影响力。

一触即发的尼藏冲突，也促使达赖明白，西藏很难摆脱英国的干预。1930年5月，达赖喇嘛邀请英印官员访问拉萨。英印政府与英国外交部多次磋商，就威尔访问西藏进行研判，认为建立与达赖喇嘛、噶厦官员的私人关系有重要价值。莱登拉建议威尔应尽早访问拉萨，指出英国官员多年未驻拉萨，导致亲英派颇受挫折。英印总督在致印度事务大臣一封信中提出建议，称："我们一定要建议西藏政府推迟谈判，直到更有希望产生对他们有利的结果之时。"为西藏提供军火"前提条件是西藏政府做出书面保证，这些军火只能用于自卫和内部的安全事务"。[②]英国内阁予以批准。英国现在的政策是反对汉藏和好及彻底解决西藏问题，维持现状是符合英国最佳利益的，也是义不容辞的责任。

---

① 刘曼卿：《康藏轺征》，商务印书馆1933年版，第124页。

② L/P&S/10/1113，印度总督致印度事务大臣，1930年5月7日，转引自吕昭义：《英帝国与中国西南边疆（1911—1947）》，中国藏学出版社2001年版，第308页。

　　英国内部达成一致意见之后，决定派威尔携夫人于夏季访问拉萨。1930 年 8 月 4 日，威尔抵达拉萨，受到达赖喇嘛和噶厦的热情接待。8 月 8 日，威尔礼节性的正式拜访达赖喇嘛，递交印度总督信函和礼物，内称印藏长期存在的友好关系，将继续造福双方，永远不会中断，印度对西藏极为关注。① 之后，威尔与噶伦会谈，就购买军火、建设新工厂、水利发电、海关税率、羊毛贸易、售银、边界争端等问题商讨。在威尔、达赖单独会谈时，达赖希望双方能解决所有问题。威尔也就班禅返藏、汉藏关系、印藏关系等提出意见。威尔在 10 月初离开拉萨，向印度外交和政治部递交报告，汇报西藏之行的收获。

　　威尔为拉拢西藏地方当局，利诱达赖：允许西藏地方政府控制西藏三分之二的羊毛销售，这种羊毛垄断权可延续到 1933 年 4 月；为了印藏友好，印度政府可以低于市场的价格卖银给西藏地方政府；暂时不讨论对西藏贸易施加关税的问题；对在印度没有固定商所的西藏商人放弃征收所得税，这项恩惠的维持取决于西藏对印度的友好态度；为西藏提供军火，允许西藏地方政府以合理的分期付款的方式偿还早期购买军火的余额。

　　威尔与达赖单独密商班禅返藏问题，察觉达赖真实的想法是打算与班禅洽商，劝其返回西藏。对于汉藏关系，达赖喇嘛与印度政府的意见一致，认为与国民政府重开谈判，或者批准、修改 1914 年的《西姆拉条约》（草案）的时机并不成熟。威尔并没有质问内地密使在拉萨的问题，唯恐引起猜疑而影响友好的关系。威尔也察知西藏地方一些官员对与国民政府的关系有普遍的共识，认为西藏不能无限期地维持现在的"独立"状态，应该采取切实行动以友好的方式向中国提出，争取到"半独立"地位。② 威尔是继 1921 年贝尔到拉萨之后，又一次比较成功的访问，以维护印藏传统友谊为借口，利诱达赖挽回西藏地方当局的信任，破坏国民政府与西藏地方的和谈，将 1925 年以来已经降温的印藏关系又恢复到某种密切的程度。印度政府满意威尔访问的效果，认为达到了恢复相互理解和增加友善的目的。

---

① 　英国印度事务部档案，L/P&S/10/1113，1930，p.5625。

② 　IOR, L/P&S/10/1113, Letter From the Political Officer in Sikkim, No.7（14）-p./30, Deted Gangtok, 18th November，1930. 威尔使团访问西藏的报告。

　　威尔入藏时，"大白事件"已经发生，离开拉萨后，谭云山入藏。1930年12月22日，谭云山拜见达赖，呈上蒋介石及蒙藏委员会委员长马福祥的信，由于谭云山不知藏案内容及手续，无法与达赖就政治问题进行深谈。1931年2月15日，谭云山携带达赖复信离开拉萨，经印度加尔各答、缅甸仰光、香港和上海，于6月30日返回南京。通过在藏观察，谭云山在向国民政府汇报时称：达赖有倾向中央及希望早日解决西藏问题之意，西藏民众普遍欢迎和好，唯恐发生战事。中藏问题已经到了解决时机，若再迁延，错过时机，则将来更觉困难。对藏方面外交，宜采取极端强硬政策，西藏地方当局每以英人为畏。"其实英人在藏并无何等势力，现在时势转变，英人对于西藏已不能有所作为。尤以印度革命勃兴，英人自顾不暇，更无力及于西藏。故今后政府解决西藏问题，宜直截了当，径与藏政府办理，再不必顾虑英人，更不可再与英人交涉，有所迁就。万一彼一时纵有危言，亦可置之不理，断不足惧也。"[①]西藏民众普遍希望汉藏和好是当时民意的反映。自民初20多年来，达赖扩军增税，对康区发动战争，中断汉藏关系，直接损害了寺院集团和普通民众的利益。英国控制了西藏对外经济、交通，侵略藏东南，挑拨离间，扶植亲英派，谋夺政权的行径，也激起了一些西藏上层人士的不满。此时，西藏地方经济疲敝、民心思定，渴望与内地恢复友好的正常关系。这也直接反映在威尔、谭云山的旅藏观感中。

　　但是，达赖喇嘛个人的政治企图占了上风。其表现为极力维持现有的政教制度。这是他的最高理想和政治追求。他示好国民政府及流露内向意愿，也是对1924年英国策动亲英军官谋夺最高政权，势力膨胀的一种忧惧，担心过分依赖英国使得西藏沦为外教统治。另外，当时西藏地方民心内向，在这种情况下与中央和谈，不失为抵御英国的一个良策，也可以安抚藏内亲汉势力的情绪。

　　威尔经常在达赖的房间里进行"坦诚"的私密谈话，煽惑、挑唆汉藏关系，给予利诱允诺，声称永远致力于印藏友好，支持达赖对抗中央政府。从

---

① 《文官处为抄送谭云山报告随谢国梁赴藏及返京经过呈文和处理藏事建议致行政院公函》（1931年7月16日），载中国藏学研究中心、中国第二历史档案馆等合编：《元以来西藏地方与中央政府关系档案史料汇编》第六册，中国藏学出版社1994年版，第2538页。

事实上看，达赖再次被英人的巧言令色所蛊惑，恢复了对英印政府的信任，不听中央政府的调解，将"大白事件"人为扩大，征兵赴边进攻康区。这是达赖晚年作出的错误举动。

藏军赴德格后，屡与甘孜康军发生冲突。达赖喇嘛称："正在调和之际，谁知桑布喇嘛与甘孜驻防汉官处怂恿，是以汉官偏袒白茹寺，攻击达结寺，该寺抵御。"指责班禅、西康当局偏袒白利土司，攻击大金寺。电告蒙藏委员会要求康军撤兵："适值汉藏恢复旧谊之间，忽生此衅，大局有碍，请速电撤兵。"[①] 国民政府正在与达赖协商解决藏事，深恐因地方小事影响大局，从一开始就主张和平解决争端。国民政府督促刘文辉撤兵，避免事态恶化，委派蒙藏委员会委员孙绳武、刘赞廷前往调查调解，并电告达赖喇嘛。而达赖喇嘛却增兵甘孜、德格前线。1931 年 1 月 25 日，达赖喇嘛通过贡觉仲尼致函蒙藏委员会，"惟查此次达结、白茹两寺之争执，委由宗教发生问题，自有教主达赖喇嘛主持解决，既非关政治问题，更无汉官干涉之必要"[②]。无疑是自认康区为达赖管辖之地，否认中央政府的管理权。

1931 年 2 月 9 日，藏军突袭甘孜康军，激战月余，前线康军弃甘孜败退至炉霍。蒙藏委员会一面电令达赖喇嘛停止进攻，一面改派唐柯三委员迅赴调解。达赖喇嘛电复敷衍蒙藏委员会："藏方抱定仍前和好宗旨，前派调处员琼让未起身，不知如何调解，盼复。"[③] 同时，却下令藏军进犯瞻化、炉霍、道孚等地，一时颇占上风，震动康地。5 月 3 日，唐柯三抵达成都。在国民政府的严令督促下，川、康军队静候调解。蒙藏委员会电告达赖停止进攻，速派代表，指定地点谈判。达赖不予回电，令藏军猛攻，攻占瞻化、炉霍等县土地。蒙藏委员会连续致电达赖请藏军撤出甘、瞻，妥商调解。7 月

① 《蒙藏委员会为达赖电请撤兵"大白事件"仍希迅速调解事致刘文辉电》（1930 年 10 月 15 日），载中国第二历史档案馆、中国藏学研究中心合编：《康藏纠纷档案选编》，中国藏学出版社 2000 年版，第 13 页。

② 《西藏驻京办事处为报大白案发生经过并请中央严电制止军事行动等情致蒙藏委员会呈》（1930 年 10 月 15 日），载中国第二历史档案馆、中国藏学研究中心合编：《康藏纠纷档案选编》，中国藏学出版社 2000 年版，第 44 页。

③ 《达赖为藏方抱定和好宗旨并盼复如何调解事致蒙藏委员会电》（1931 年 4 月 4 日），载中国第二历史档案馆、中国藏学研究中心合编：《康藏纠纷档案选编》，中国藏学出版社 2000 年版，第 95 页。

27 日，达赖则宣称"甘瞻原属藏境，藏军占领，责有攸归"。[1] 公开了占领川边康区的野心，图谋实现西姆拉会议上提出的康藏边界，自认为战局对己有利，并不愿意和谈。这激起了川、康军民的强烈不满，要求国民政府下令收复被占的甘孜、瞻化、昌都等地区，彻底解决康藏问题。恰在此时，九一八事变爆发，国民政府全力应付外患，故对国内的康藏纠纷是期望和谈换息战，"惟中央正注意东北外患，西陲边务暂令和缓处置……由刘赞廷秉承尊旨妥为交涉，冀交涉不致中断为要"[2]。令唐柯三、刘赞廷在炉霍、甘孜分别调解。藏方闻知东北被日本侵占，形势危急，自忖国民政府不敢强硬解决，故无诚意和谈。11 月 7 日，在藏军不撤出甘孜、瞻化的前提下，刘赞廷与藏军代本琼让在甘孜订立解决"大白事件"的八项条件，等于承认了藏军对甘孜、瞻化等康区的占领。这遭到了刘文辉、西康民众的强烈反对，群情激愤。国民政府迫于压力，不得不令唐柯三暂缓签字。西藏地方当局真实想法是趁此机会，一鼓作气攻占打箭炉，将西姆拉会议上提出的所谓"内藏"囊括在手。1932 年 2 月，康藏和谈破裂。1932 年 3 月 1 日，行政院电令唐柯三解职回京，交川康边防总指挥刘文辉负责办理康藏之事。

达赖喇嘛如此顽固胆大：一是误判形势，低估了国民政府、西康军民的决心和实力，想效仿民初的康藏战争，自以为能取得胜利。二是获得了英国的支持。英国希望西藏地方当局进犯西康迫使中国政府承认所谓的"内藏"。英属印度暗中援助藏军军火。1931 年 8 月 5 日，英印政府决定提供 1 门山炮、1350 枚炮弹、2 挺机枪、500 支步枪、100 万发子弹等。1932 年 5 月 16 日、25 日，噶厦和达赖喇嘛致函威尔，要求提供武器。6 月，英印政府同意提供 4 门山炮、500 枚榴散弹、1500 枚加农炮弹、1000 枚炸弹、4 挺马克西姆机枪和 4 挺刘易斯机枪、1500 支步枪、100 万发子弹等。[3] 西藏地方当局

① 《蒙藏委员会为康藏纠纷事致川康边防总指挥函》附 15《抄达赖喇嘛致本会电一件》，载中国藏学研究中心、中国第二历史档案馆等合编：《元以来西藏地方与中央政府关系档案史料汇编》第六册，中国藏学出版社 1994 年版，第 2566 页。

② 《蒙藏委员会为仍遵前电由刘赞廷妥为交涉事致唐柯三电》（1931 年 10 月 28 日），载中国第二历史档案馆、中国藏学研究中心合编：《康藏纠纷档案选编》，中国藏学出版社 2000 年版，第 216 页。

③ 周伟洲、周源主编：《西藏通史·民国卷》，中国藏学出版社 2008 年版，第 184 页。

在甘、瞻获得暂时胜利后，错误估计形势，在威尔的唆使下，1932年三四月间，又进攻青海玉树一带，扩大了战火。国民政府屡电西藏地方政府立即停止军事行动，达赖执迷不悟。青海马步芳部、川军刘文辉部决定增兵全面反攻。康军经过激烈战斗，于7月底击溃藏军，收复德格、邓柯、石渠、巴塘等地，迫使藏军向金沙江西岸撤退，隔江对峙。青海马家军也于八九月间收复大小苏尔莽，进占金沙江西岸青科寺。藏军与四川、青海、西康民军交战全线失利，西藏地方"皆谓川康青联军将直捣拉萨，一时大为恐慌"。①

在康、青边军反击胜利之际，国民政府不放弃和平努力，1932年8月7日，蒋介石致电贡觉仲尼："西藏为五族共和之一，无异一家骨肉，中央决不愿用兵力以解决各项问题。但期藏兵不进犯，和平妥商，绝无助川开衅之意。惟迭接各方报告，谓西藏正倾师犯康，添购新械，达赖且将亲自指挥。所报如确，固未谅解中央对藏之好意，兵连祸结，亦徒苦川藏人民。请转电达赖，有何固见，尽可倾诚见告，但属合理要求，中央无不乐于容纳，万勿轻信他人挑拨谣言，趋走极端，徒授帝国主义者侵略之机会也。"②1932年8月29日，行政院第58次会议决议："对于藏事，如达赖诚意内向，自当用和平方法，以期绥服边隅。"③9月，参谋本部召开各部、会、省代表参加西防会议，电令川、康、青联军停止军事行动，谋求康藏纠纷和平解决。

1932年，藏军在康、青节节败退之时，英国跳出来外交干涉。中国驻印领事馆得知英印向西藏地方当局提供武器之后，迅报告外交部。1932年7月23日，国民政府外交部召见英国驻华公使代办应歌兰（E.M.B.Ingram），抗议英国干涉中国内政；又命驻英使馆向英国外交部提出质询。8月12日、17日，英外交部答复我使馆：

① 《刘曼卿为译录达赖喇嘛告全藏官民书致石青阳呈》（1933年6月26日），载中国藏学研究中心、中国第二历史档案馆等合编：《元以来西藏地方与中央政府关系档案史料汇编》第六册，中国藏学出版社1994年版，第2583页。

② 《蒋介石为期望藏方不进犯康中央绝无助川开衅之意事复贡觉仲尼电》（1932年8月7日），载中国第二历史档案馆、中国藏学研究中心合编：《康藏纠纷档案选编》，中国藏学出版社2000年版，第283页。

③ 《行政院为核复达赖呈报中央意见从速议定对藏方案事致蒙藏委员会训令》（1932年8月29日），载中国第二历史档案馆、中国藏学研究中心合编：《康藏纠纷档案选编》，中国藏学出版社2000年版，第287页。

（一）系根据 1921 年印藏条约，印度不得不供给西藏军械；

（二）以后供给军械时，当严厉限于维持治安与自卫之用；

（三）中藏纠纷，若中政府同意，英政府愿调解。

我驻英大使"答以中藏纠纷系我内政，谢绝调解"[①]。

藏军溃败，拉萨震恐。1932 年 8 月 10 日，达赖喇嘛致电威尔，寻求支持，请他来拉萨出谋划策。英国政府认为直接援助西藏从财政和外交考虑都是不可取的，目前不宜公开插手康藏战事，应充当中间人。9 月初，威尔第二次访问拉萨，与达赖喇嘛、噶伦会谈，探听局势，了解达赖想法，表明了英印政府的上述态度，西藏地方当局颇为失望。无奈之下，1932 年 10 月 8 日，西藏地方代表却让与西康地方代表邓骧签订《冈拖协议》，以金沙江为停火线。"汉藏双方接受议和协定，弃嫌言好，所有汉藏历年悬案，听候中央暨达赖佛解决。"[②]藏军在战场上无法获利后，西藏地方当局寄希望英国政府施压国民政府，妄图通过谈判缔结所谓于己有利的"协议"。

1932 年 9 月，英国政府研判认为康藏战事发展到现在，已经影响到其在西藏的利益。英国的利益范围如 1914 年的《西姆拉条约》（草案）表明的一样，是维护西藏的完整"自治"及一个有效的政府，以便维护印度及其邻国的边境地区的和平与秩序。英国对西藏负有确定的义务，必须与中国政府"讨论"此事，应向中国政府清楚表明，为西藏确定一项解决目前争议的合理协议是英国的利益所系。如果中国挑战西藏的"自治"地位，或向昌都进军威胁到这个"国家"的完整，英国将视为最严重的事件。[③]英国外交部命驻华使馆向国民政府施压，表明上述态度。

1932 年 8 月 31 日，英驻华使馆官员霍尔曼到我外交部面见欧美司负责人徐谟，解释印度供应的军火是 1921 年承诺的一部分，专为维持秩序及自

---

① 《罗文干为报英国插手康藏纠纷事及与英使馆交涉情形致蒋介石代电》（1932 年 10 月 18 日），载中国第二历史档案馆、中国藏学研究中心合编：《康藏纠纷档案选编》，中国藏学出版社 2000 年版，第 303 页。

② 《川康总指挥部驻京办事处抄报冈拖和约及签定经过致蒙藏委员会呈》（1934 年 3 月 20 日），载中国藏学研究中心、中国第二历史档案馆等合编：《元以来西藏地方与中央政府关系档案史料汇编》第六册，中国藏学出版社 1994 年版，第 2588 页。

③ IOR,L/P&S/12/578，印度事务部致外交部，转引自吕昭义：《英帝国与中国西南边疆（1911—1947）》，中国藏学出版社 2001 年版，第 315 页。

卫之用。

徐谟指出："从理论上来说，印度政府能为在这种条件下向西藏提供武器进行辩护，但是，由于缺乏控制手段，他们并不能真正保证这些武器不被用于自卫与安全的目的"，"中国已经收到情报，在目前川藏边境对中国的敌对行动中，西藏军队使用的一些武器是英国制造的"。

霍尔曼提出调停："英国及印度政府深受最为友好的愿望激励，愿意用其力量为防止新的战斗而作出一项停火安排，他们愿意以一切最为有效的方式向双方提供善意的帮助。印度政府因受西藏事务的直接影响，最为渴望和平，将通过其有职权的官员，尽其所能对西藏当局做一切事，确保终止敌对。"

徐谟："英国和印度政府能作出的最好方式就是制止向西藏军队供给新的武器，这样西藏就会放弃作战，战斗自然停止。"

霍尔曼："中国政府如欲英政府出面斡旋，如划定疆界等事，俾战事可停，英方颇愿担任。"

徐谟："本部告以此系中国内政问题，应由中国自由裁定，不必第三者从中斡旋。"①

1932年10月7日，英驻华使馆代办应歌兰面见外交部长罗文干，称："康藏纠纷现已扩大，应即设法劝令双方停止军事行动。""此次青军逼近昌都，与民国三年前北京外交部派员与英藏两方在印度森姆拉地方会议条约第二条载有尊重外藏疆界完全之原则不符，该原则已于是年五月一日外交部致英使之节略中承认。现在川青军队准备会攻之昌都，即包括外藏范围内。"以非法的《西姆拉条约》（草案）为依据，竟称昌都一带属于所谓"外藏"。罗文干驳斥："该条约未经签订，自不能发生效力，民三外交部节略对于界务一端未予承认，是外藏究以何处为界，殊难确定，因此西姆拉条约第二条之原则无从适用。"应歌兰称："中国如令饬川青军停止进攻，则英国当可劝

① IOR,L/P&S/12/577，应歌兰致西蒙1932年9月24日附录，《霍尔曼与徐谟会见备忘录》（1932年8月3日），转引自吕昭义：《英帝国与中国西南边疆（1911—1947）》，中国藏学出版社2001年版，第314页。也可参见《罗文干为报英国插手康藏纠纷事及与英使馆交涉情形致蒋介石代电》（1932年10月18日），载中国藏学研究中心、中国第二历史档案馆等合编：《元以来西藏地方与中央政府关系档案史料汇编》第六册，中国藏学出版社1994年版，第2581页。

告西藏停止军事行动。"罗文干坚决拒绝："康藏战事为中国内政问题，无接受斡旋之必要。"

1932 年 10 月 10 日，外交部派员向应歌兰声明，"中国早经自动令饬双方停止军事行动"。应歌兰提议："藏方正式声明藏军驻守类乌齐及金沙江以西，华方正式声明华军驻守结古及金沙江以东，俾免冲突。"俨然自封调解人，干涉中国内政，提出康、藏划江为界。这理所当然地为罗文干断然拒绝："中国政府既经自动下令停战，已足以应付局势，此外如有其他举动，必为国人所反对，故对于此项提议认为尚无采择之必要"。应歌兰又称："民国三年外交部节略承认西姆拉条约第二条之原则，今华军举动实为对外藏之侵略行为，英方并表示不承认藏事为中国内政问题，如康藏纠纷不能和平解决，必发生严重之结果。"以非法的《西姆拉条约》（草案）为依据，无理宣称康军自卫反击是侵略行为。罗文干严正告之，康藏之争是藏军主动挑起的内战："外藏界限问题当留待将来解决，此次举动并非华兵先向藏兵进攻，乃系藏兵先行内犯，现中国政府既已下令停战，希望可以和平解决。"①

1932 年 10 月 25 日，应歌兰再次会见罗文干，提出英国愿意调停："英国已经做好准备，不论何时都将做出帮助以确保达成协议"，妄称"英国的帮助将是极其有益的，因为他们能直接接近和影响西藏政府"。罗文干予以拒绝，指出："英国政府认为除了边境问题之外中国政府受西姆拉协约的约束，然而，这是不确定的，是有争议的。""任何英国干预的提议都将在中国激起强烈的反响。日本正准备对英国的干预大做文章，中国的报纸沸沸扬扬，并开始怀疑。"②英国不得不慎重考虑中国国内的局势，若公然干涉藏事，中国人民反抗侵略的怒火有可能从日本转移到英国。目前在外交上继续争论，对英国并不能得到什么。英国决定不再向中国政府施加强大的外交压力，而是鼓动西藏地方当局与中国政府谈判，达成有利的协议。

① 《罗文干为报英国插手康藏纠纷事及与英使馆交涉情形致蒋介石代电》（1932 年 10 月 18 日），载中国藏学研究中心、中国第二历史档案馆等合编：《元以来西藏地方与中央政府关系档案史料汇编》第六册，中国藏学出版社 1994 年版，第 2581 页。

② IOR,L/P&S/12/578，应歌兰致西蒙信附《关于西藏问题的会谈备忘录》（1932 年 10 月 26 日），转引自吕昭义：《英帝国与中国西南边疆（1911—1947）》，中国藏学出版社 2001 年版，第 321 页。

在威尔的教唆下，1932 年 12 月 6 日，西藏地方当局给英印总督威灵顿勋爵（Lord Willington）写信请求帮助：

一、立即缔结 1914 年中国与西藏间的西姆拉协议。

二、召开有中国和西藏代表参加的，英国政府作为调停人的会议。

三、任命威尔上校为英国的谈判代表之一，他对此事有充分的了解。①

1932 年 12 月 13 日，达赖通过贡觉仲尼转电蒋介石，称应请英人调解。12 月 29 日，蒋介石两次复电达赖："汉藏问题纯属内部事务，现为国民政府时期，绝不允他人插手干涉。吾望一如既往，热爱祖国，忠贞不渝，团结一致。""吾一向主张内部事务不允外人参与，对此达赖喇嘛熟知。吾为加强团结，一贯表示友好，已严令西康、青海不准发兵"，"若汉藏能和睦如初，康藏之事则不难解决"，希望达赖将政府上述旨意向三大寺所有僧众详细传达"务使维护祖国统一，不允外人插手，内部事务可经内部协商逐步解决"，拟派中央代表随同贡觉仲尼赴藏"向达赖问候，并商讨解决汉藏之间悬而未决事宜"，表现出很大的和谈诚意。②1933 年 1 月 8 日，达赖将蒋介石的电报告知新任锡金政治官威廉森（F.Williamson），再次请求英国政府阻止中国政府的军事行动，帮助西藏，并促成汉藏缔结所谓的《西姆拉条约》（草案）。

英国内阁经过讨论，命令威廉森通知西藏地方当局：英国政府鼓励达赖与中国直接谈判，愿意提供建议和支持。达赖大为失望，不得不接受和平停火谈判。1933 年 6 月，西藏与青海签订停火协议，结束战事。随后，国民政府致电达赖，拟派员入藏洽商。令人遗憾的是，12 月达赖突然圆寂。汉藏和谈进程再次受阻。

---

① IOR,L/P&S/12/578，《西藏民众大会致威灵顿公爵信》（1932 年 12 月 6 日），转引自吕昭义：《英帝国与中国西南边疆（1911—1947）》，中国藏学出版社 2001 年版，第 320 页。

② 《蒋介石为中央与西藏问题纯属国家内部事务绝不允许外人插手并允派员赴藏商讨务使维护祖国统一一事致达赖喇嘛电（二件）》（1932 年 12 月 29 日），载中国藏学研究中心、中国第二历史档案馆等合编：《元以来西藏地方与中央政府关系档案史料汇编》第六册，中国藏学出版社 1994 年版，第 2582—2583 页。

第三节 九世班禅返藏与英国的阻扰破坏

1923 年 12 月九世班禅出走内地，与十三世达赖一派决裂，双方矛盾肇因于英国。

英国发动第二次侵藏战争时，十三世达赖夜走内地。英印当局打算"推倒达赖，抬出班禅"，更好地控制西藏政教权力。1905 年，英印政府"邀请"班禅访问印度两月有余，会见了英国威尔士亲王（后即位英王乔治五世），"实谋废达赖图藏"。此后数年，英驻锡金政治官贝尔、江孜商务代办鄂康诺等采取各种手段笼络班禅，关系十分密切，煽惑班禅独立于达赖之外，已经引起达赖方面的猜疑和不满。1910 年 2 月，达赖逃往印度后，班禅应驻藏大臣联豫邀请来布达拉宫主持 1911 年藏历新年仪式，这在政治上有失慎重，致使达赖和噶厦怀疑班禅额尔德尼欲取代达赖喇嘛，颇为忌恨，为日后双方矛盾的激化种下了祸根。

在清代，班禅管辖后藏扎什伦布寺，委任官员治理所属土地、庄园、农奴，征派粮税、差役，噶厦政府无权过问。达赖返回拉萨后，要求扎什伦布寺承担 1888 年、1904 年、1912 年三次战争军费总开支的四分之一，并由噶厦征管后藏粮税等。这违背了前清的历史传统，侵犯了班禅的地位和权力，激起了班禅系统的强烈反对。从 1920 年起，噶厦政府派员清理、测量扎什伦布寺所属寺院财产和耕地。1923 年颁布《水猪年法令》，规定班禅辖地必须支应差役、税粮以及承担全藏军饷总额的四分之一军费。班禅方面拒绝交纳，噶厦拘捕了扎什伦布寺的重要官员，投进监狱。处于险境的班禅被迫于藏历 1923 年 11 月离开扎什伦布寺，前往内地。达赖喇嘛派扎萨喇嘛接管扎什伦布寺，直接管理后藏。达赖、班禅方面的矛盾彻底尖锐化。

班禅流寓内地，受到了中央政府和各界群众的热烈欢迎，深得敬重。1924 年 5 月，班禅奉大总统曹锟电进京；12 月 29 日，行至西安发出和平通电，呼吁各方停止内战，团结起来统一国家。1925 年 3 月 2 日班禅又致函北京政府召开的"善后会议"，发出五族共和，消弭内战，建设新国家的倡议。班禅应邀在北京、南京、上海、普陀山、东北、内蒙古各地访游，弘扬佛法，呼吁和平，力主汉藏和好，期盼藏事早日解决。北洋政府对班禅尊崇隆重，从优款待，但因内地战乱，无暇应对西藏问题，故对班禅返藏一事未能有所作为。

　　南京国民政府成立后，政治氛围改善。1928 年 9 月 2 日，班禅致函庆贺国民政府成立，再次流露了爱国爱藏又报国无门的焦虑心情："西藏民族内受暴政之压迫，外逼强邻之侵略，正处于如水益深，如火益热，奄奄一息，仰求我公最力支持，俾我藏民早登衽席之安，同立于青天白日旗帜之下。"① 1929 年 2 月 20 日，国民政府批准成立班禅驻南京、驻北平办事处。

　　1929 年贡觉仲尼代表达赖进京联络洽商解决西藏问题，班禅返藏是其中的一个重要内容。达赖通过贡觉仲尼转达声明：达赖、班禅感情素睦，所发生误会是班禅部下行为不法所致，非达赖所为。"班禅早归则早迎，晚归则晚迎"，"并非亲英而拒绝班禅"，② 原则上愿意欢迎班禅返藏。国民政府则多次重申尊重达赖、班禅同为西藏政教首领的地位，拟派卫队护送班禅返藏。双方在班禅返藏原则上是一致的，但是在中央护送班禅返藏办法上尚没有谈及，都深感解决起来颇为困难。班禅方面颠沛流离内地五年之久，其下属官员对噶厦多心怀怨恨，一时难以消解，常思武力返藏，故对贡觉仲尼来京与中央接洽非常不满，据担任与贡觉仲尼和谈代表的谢国梁委员讲："班禅方面宣传达赖亲英叛华，希望政府用武力解决藏事，庶得攫取全藏政权，故反对和平，忌达赖与中央接近。日来于报纸上极力诋毁，谓国梁勾结达赖亲英叛国，作种种宣传。"③ 班禅左右都反对洽商，力主武力返藏。而中央政府面对达赖主动伸出的"橄榄枝"，首选之策是力争与达赖洽商解决藏事，促成班禅尽快返藏。

　　班禅方面目睹内地统一，国家实力增强，以为是回藏的大好机会，心情颇为急切。1929 年尼藏纠纷，班禅要求国民政府发给枪支弹药及军饷，筹

---

① 中国第二历史档案馆藏：《国民政府行政院档案》，全宗号 2，卷号 2533。
② 《赵戴文为与贡觉仲尼等申叙达赖喇嘛不背中央等意致阎锡山电》（1929 年 9 月 8 日），载中国藏学研究中心、中国第二历史档案馆等合编：《元以来西藏地方与中央政府关系档案史料汇编》第六册，中国藏学出版社 1994 年版，第 2475 页。
③ 《谢国梁关于解决及研究藏事几点意见致阎锡山电》（1929 年 9 月 11 日），载中国藏学研究中心、中国第二历史档案馆等合编：《元以来西藏地方与中央政府关系档案史料汇编》第六册，中国藏学出版社 1994 年版，第 2479 页。

划武力返藏。在贡觉仲尼来往联络期间，班禅多次上书国民政府，请求当机立断，尽快解决西藏问题。中央政府拟在1930年5月举行蒙藏会议，邀请达赖、班禅各派代表与会，达赖方面代表迁延不至，致使西藏会议推迟，后拟在1931年12月召开。1930年7月23日，班禅上书蒋介石等，希望国民党停止中原大战，共御外辱，重视西藏问题，早日解决藏事。

1931年3月17日，班禅应邀赴南京。5月，班禅参加国民会议。达赖出席代表是贡觉仲尼。5月16日，班禅呈送"解决藏事内政、外交意见书"，拟出内政、外交意见：内政方面按照前清旧制，前后藏分治，由中央派驻藏办事长官管理。外交不准其他外国干涉藏政，对外交涉由国民政府办理。建议中央政府最短时间通盘筹划解决藏事，"早日归藏，宣示威德"，正式请求返藏。① 蒙藏委员会打算趁此机会调处两方面的意见，分函达赖、班禅代表，请以书面提出解决藏事之意见，以供研究，俟定期召集会议，共同商讨。班禅方面提出《藏事先决问题三项》《藏事谈判节略十六条》。

《藏事先决问题三项》：

第一项，以后凡汉、藏各界人等及班禅需用物品，准许自由出入藏境。

第二项，后藏人民，除后藏正供外，不得有额外苛派等情事。

第三项，前在拉萨监禁之班禅亲属亚西贡古旭即行释放来京。

《藏事谈判节略十六条》：

第一条，解决藏事以恢复中央、西藏间固有之统属关系为原则。

第二条，西藏与任何国家或地方所订条约，凡未经过中央批准者，一概无效。

第三条，前藏、后藏、西康应划清界限，竖立界石，永资信守，前后藏以干坝堤为界，前藏、西康以丹达山为界。

驻康之藏军限期撤退，并早日组织西康省政府。

前藏政教由达赖主持，后藏政教由班禅主持。

---

① 《文官处为抄送班禅拟具解决藏事内政外交意见书致行政院公函》（1931年6月3日），载中国第二历史档案馆、中国藏学研究中心合编：《九世班禅内地活动及返藏受阻档案选编》，中国藏学出版社1992年版，第22页。

……

第六条，政府派遣大员二人，分驻前藏、后藏办事。

第七条，西藏军事外交统归中央主持。

第八条，内地与西藏人民往来应绝对自由，不得稍加限制。

前藏逮捕拘押之后藏官民一律释放。

……

第十条，前藏没收后藏官民之财产一律发还。

第十一条，班禅未回藏以前，由政府给予相当名义，并指定青海或西康适宜地方驻锡，兼为其徒众居住生活之地点。

第十二条，班禅前往青海或西康时，由政府遴派大员护送，并通知蒙古各盟旗长官及各呼图克图自由欢送。

第十三条，班禅年俸请照前政府规定之每年十万元成案，由中央发给。

第十四条，班禅未回藏以前，由政府按月拨发办公费五万元至回藏之日止。

第十五条，班禅成立卫队两团，所有饷械等费，在未回藏以前，由政府发给。

第十六条，政府发给班禅无线电机五架，分设各处以通消息，发给长途汽车二十辆，以利交通。

以上班禅所提主张同南京政府主张接近。达赖方面则不肯提出任何意见，也未指定代表。随着"大白事件"日渐扩大，洽商遂告停顿。①

班禅没有放弃获得英国支持返藏的幻想。早在1905年，班禅就在印度与威尔士亲王和王妃见面交谈过。1926年，在北京，班禅与乔治王子会谈，希望能得到英国帮助返回故土。英国人为此转告达赖，希望能促成双方对话。1930年6月，班禅致信新任锡金政治官威尔："为了保住我们的生命，如果我要返藏，对我来说至关重要的是要带领一支军队，否则西藏某些心怀鬼胎的人可能会向我行凶作恶的。在这种情况下，我请求你为了彼此间的利

① 孔庆宗：《回忆国民党政府对西藏政务的管理》，载《文史资料选辑》第九十三辑，文史资料出版社1984年版。

益，善意地做出安排，借给武器和弹药，帮助我们返回西藏。假使你觉得提供武器不方便，那我就请求借一笔钱，如果答应了我的请求，在我返藏后将如数奉还。"① 英国当然不会供应武器，更担心班禅与国民政府密切的关系会影响到其在西藏的利益，但也希望看到班禅与达赖的矛盾能得到和解，这也有利于扩大英国的影响力。

康藏战争发生后，和平洽商解决返藏问题暂停。在"大白事件"初起时，达赖指责班禅方面派遣桑布喇嘛至甘孜驻防汉官处怂恿，是以汉官偏袒白利土司，并谓班禅在打箭炉设办事处，有暗中挑拨行为，以致"大白事件"因小故而起争端。蒙藏委员会专门调查，函告达赖当系传闻失实。国民政府一心示好，一面令前线驻军暂停军事行动；一面撤销班禅驻成都、打箭炉办事处以绝达赖借口，希冀调解息事。

蒋介石有意将班禅作为对西藏地方当局交涉的棋子，这涉及国民政府的治藏策略。起初，国民政府解决西藏问题首策是与达赖方面和谈，打算率先恢复与西藏地方当局的正常关系，经过数年洽商初现和平曙光。意想不到的是，偶然的"大白事件"，在英国的挑唆下，酿成了康藏战争，国民政府顾全大局，严令康、青军队隐忍，达赖却拒绝中央的调解，中止了和平进程。

在这种情况下，中央政府要考虑对付西藏地方政府的有效办法。班禅身为藏传佛教宗教领袖，在全藏僧俗中享有很高的威望，已经在内地传法多年，人心思盼。所以，此时中央政府积极推动班禅返藏既可以获得政治感召力，凝聚爱国藏胞心向中央之情；又可用其抗衡达赖，逼达赖和平谈判。另外，班禅一旦返藏成功，其宗教地位和威望可分化西藏地方政治势力，壮大亲中央的爱国力量，促进和平进程。所以，原主动与达赖和谈的国民政府调整策略，转而积极推动班禅武力返藏，并采取了实际行动。

1931 年 6 月 24 日，国民政府正式公布封授班禅"护国宣化广慧大师"名号，并由蒙藏委员会呈请特派班禅为"西陲宣化使"，设立"宣化使行署"以及办法。

一、国民政府为宣传三民主义、中央政令，及抚慰青海、西康等处

---

① ［美］梅·戈尔斯坦：《喇嘛王国的覆灭》，杜永彬译，中国藏学出版社 2005 年版，第 194 页。

喇嘛、寺院、信仰佛教之民众起见，特派班禅额尔德尼为西陲宣化使。

二、宣化使除对于喇嘛、寺院及信仰佛教之民众宣布教化，及执行国民政府所特许之慰抚事宜外，对于青康两省之行政有意见时，须建议于国民政府或两省省政府，请求决定办法，宣化使不得直接干涉。

三、西陲宣化使得在青海、西康两省境内选择适宜地点，组织行署，内设参赞二人，由中央简派，辅助宣化使办理一切宣化使事务。

四、西陲宣化使行署内，得设秘书、宣传、教务三处。其职员名额及任用办法另定之。

五、西陲宣化使得派宣传员分往青、康各地，慰抚寺院，教化人民。

六、西陲宣化使得成立警卫队，任保卫宣化使之责。队长由宣化使愿呈请派充，教练官由中央派充。所需枪械、子弹、无线电台及长途汽车等，均由中央酌派。前项卫队队员，须按学校办法教练，以期成为善良而有用之国民。

七、西陲宣化使行署经费每月定为一万五千，警卫队经费每月定为一万五千，均由中央发给。

八、班禅额尔德尼年俸定为十二万，由中央按月发给。其个人费用及随从、僧徒之生活等费，均由年俸内开支。所有招待各费，一律停止。

九、以上办法，自国民政府核准之日施行，至班禅额尔德尼回藏之日为止。①

中央政府的行动表明：一是宣示中央尊班禅抑达赖的政治态度，表达对西藏地方政府发动战争的不满。二是提高了班禅的政治和宗教地位，身为西陲宣化使，凡是青海、西康等处信仰藏传佛教的民众皆可以宣化，削弱达赖在上述地区的宗教影响力。三是同意班禅购买军火，成立卫队，支持班禅武力返藏。达赖深谙权谋，自然大为不满国民政府此举。媒体略微披露消息

---

① 《行政院秘书处为抄送特派九世班禅为西陲宣化使办法请审查事致刘尚清等函》（1931年6月24日），载中国藏学研究中心、中国第二历史档案馆等合编：《元以来西藏地方与中央政府关系档案史料汇编》第六册，中国藏学出版社1994年版，第2610—2611页。

后，西藏驻京代表贡觉仲尼等即辞去蒙藏委员会委员以示抗议。

蒋介石并不全力支持班禅武力返藏，此是解决西藏问题的手段而不是目的。班禅获知中央政府支持武力返藏后，心中激情澎湃，返藏心切。但是，国民政府迟迟不下册封"西陲宣化使"命令，"文件各项，留中待发"。国民政府在 1931 年 6 月 24 日拟定命令，迟至 1932 年 4 月 14 日，才正式宣布委任班禅为"西陲宣化使并指定青海香尔德驻锡办公"。① 整整 10 个月的时间。固然有九一八事变发生之后，国民政府的全力应对，更主要的是中央政府仍在争取达赖方面的和谈诚意，不愿激化矛盾。在英国的支持下，达赖喇嘛野心复炽，1932 年 3 月向青海方面攻击。这就迫使国民政府不得不强硬应对，在命川军刘文辉部、青海马步芳部反击藏军的同时，正式委任班禅为"西陲宣化使"，前往青海、西康宣化信教民众，以其来抗衡达赖。命令公布后，西藏地方政府掀起了要求中央政府收回成命的浪潮。西藏驻京办事处攻击班禅"不过一宗教师，与一般教徒同隶于达赖喇嘛统属之下，初无若何特殊地位"，大量购运军火，扰乱西藏；提请撤销班禅名号、印册、职位，查禁军火，裁撤班禅驻各地办事处，取消俸银、招待费等要求。西藏三大寺及民众大会发函指责班禅"不顾恩义，悖经背教"，如不撤销班禅名号职位，"则中藏两方和好恐根本上无成功之希望矣"。②

班禅办事处处长罗桑坚赞针锋相对历数达赖"背叛中央，妄自尊大"，"勾结外援，遗害地方"，"阴贼险狠，侵权害命"，"违背佛法，惨杀同种"，"滥施酷刑，罪及无辜"，"吞没民产，以饱私囊"，"违背世界潮流，阻碍中藏交通"，"媚外求荣，不惜断送国权"，"横征暴敛，开租税史上未有之奇闻"，"无端启衅，侵略边省"等十大罪行；陈情班禅拥护祖国，维持国家领土主权奔走号呼十余年；要求中央"变和平为武力"，明令讨伐祸国殃民之

---

① 《国民政府特派班禅为西陲宣化使并照准香尔德驻锡办公致行政院指令》（1932 年 4 月 14 日），载中国藏学研究中心、中国第二历史档案馆等合编：《元以来西藏地方与中央政府关系档案史料汇编》第六册，中国藏学出版社 1994 年版，第 2617 页。

② 《西藏驻京办事处为陈述班禅种种谬举吁恳解决并译录三大寺及民众大会宣言书致行政院呈》（1932 年 5 月 20 日），载中国藏学研究中心、中国第二历史档案馆等合编：《元以来西藏地方与中央政府关系档案史料汇编》第六册，中国藏学出版社 1994 年版，第 2619—2627 页。

达赖，取消其驻京办事处，撤职查办贡觉仲尼等人。①

蒙藏委员会就西藏驻京代表评告班禅一事核办，附上意见："一、清《理藩院则例》记载，达赖、班禅宗教上之地位并无显著高下之分。二、据《西藏通志》载，前藏达赖、后藏班禅政权各有区分。三、班禅拥护中央，颇具热诚；达赖进兵占据甘、瞻。事实表现，显有不同。四、西陲宣化使为宣布教化及慰抚事宜，不涉及行政，地域限于青海、西康，不及西藏，且复限于班禅回藏之日止。"② 国民政府支持班禅方面，但并无攻击达赖之词，仍希望"五族一家，努力恢复旧日关系"，充分体现了和平解决西藏问题的诚意。③ 在康藏战事平息之后，1932年12月24日，班禅宣誓就职西陲宣化使。

达赖、班禅两大活佛系统所属僧俗官员宛如仇敌，不利于事情的解决。达赖、班禅头脑冷静，拟和平协商。1932年，藏军在康区的失败，迫使达赖致信班禅："某些良心不好的仆从玩弄阴谋诡计所造成的伤害尽人皆知。但是你自然不会一时冲动想使西藏卷入战乱，西藏是由父子共同管理的。但是，现在拉萨谣言四起，盛传西藏将要爆发战争。在这段时间对宗教的尊崇正在削弱，这是一个效仿外国人的时代，人人都喜好邪恶的行为（即战争）。自从你离开西藏至今将近十年了，而事情仍然是这种状况，我非常担心你的生命可能会遭不测。而且，假如你能返回卫地，师徒之间的关系就会像烟与火的关系一样不可分离。我们的先辈的高贵的传统也将得到维持。因此，请你在这个问题上三思并给我一个答复，以便我能根据情况的变化而行事。"④ 为了显示诚意，达赖释放了拘押在牢的班禅亲

---

① 《班禅驻京办事处为陈述西藏政情历数达赖之罪并请讨伐达赖等情事致行政院呈》（1932年6月7日），载中国藏学研究中心、中国第二历史档案馆等合编：《元以来西藏地方与中央政府关系档案史料汇编》第六册，中国藏学出版社1994年版，第2628—2633页。

② 《蒙藏委员会关于西藏总代表评告班禅一案谨具意见致行政院呈》（1932年6月11日），载中国藏学研究中心、中国第二历史档案馆等合编：《元以来西藏地方与中央政府关系档案史料汇编》第六册，中国藏学出版社1994年版，第2634—2635页。

③ 《蒙藏委员会为抄录关于收到宣言书复达赖喇嘛三大寺等电致行政院秘书处公函》（1932年7月21日），载中国藏学研究中心、中国第二历史档案馆等合编：《元以来西藏地方与中央政府关系档案史料汇编》第六册，中国藏学出版社1994年版，第2641页。

④ ［美］梅·戈尔斯坦：《喇嘛王国的覆灭》，杜永彬译，中国藏学出版社2005年版，第195页。

属。1933 年 1 月 26 日，班禅复信达赖，打算派代表赴拉萨协商返藏事宜。1933 年 6 月 2 日，班禅代表安钦活佛等抵达拉萨与噶厦协商。班禅方面提出的条件如下：

一、（班禅要求）归还从四世班禅洛桑曲杰时代起（1570—1662 年）到八世班禅丹白旺曲（1854—1882 年）时代所积聚于扎什伦布寺的全部财产（这里提到了前几世班禅喇嘛时代所失去的领地）。

（"民众大会"）答复：记不起有什么答复了。

二、（班禅要求给予）日喀则、南木林、白朗、郎卡子等宗的管辖权。

（"民众大会"）答复：这些宗不会给予班禅喇嘛，而且还要没收其他两个庄园用以支付军队的维持费和扎什伦布拖欠的巨额款项。扎什伦布可以从拉孜、昂仁、彭错林、康巴、达木等小宗得到收入，但是宗本将由拉萨委派。

三、（班禅还要求）归还自 1923 年扎西喇嘛出走以来被没收的扎什伦布寺官员和他们的仆从的所有动产和不动产。

（"民众大会"）答复：将把三座房屋还给一些官员，还将归还部分牲畜，此外再没有什么要还的了。

四、（班禅要求）扎什伦布寺的官员和随从在全藏行动自由，不受限制。

（"民众大会"）答复：在班禅喇嘛返回西藏之前，将不允许他属下的官员随心所欲地四处走动。

五、（班禅要求）偿还自 1923 年班禅出走以来增加新税的方式从藏地征收的所有财物。

（"民众大会"）答复：什么都不会偿还。万一爆发战争，扎什伦布须支付四分之一的军费，他们必须支付一些费用（数额以后确定）和上述"二"所提及的将被没收的两个庄园的收入。如果要求以乌拉差役和食物来代替资金支付也行。

六、（班禅指出）扎什伦布拉章应当拥有一支卫队，这支卫队及扎什伦布的其他军队依然完全由扎西喇嘛本人控制。

七、如果将来需要增加军队，后藏的所有军队都由扎西喇嘛支付薪饷并由他直接支配。

八、应当确定后藏的税额,由扎西喇嘛的官员征收,不必由拉萨政府来征收。

("民众大会")答复:上述要求都不能答应。

九、(班禅说)倘若要订立协议,应当由一个第三方代表(即英国或中国)充当证人。

("民众大会")答复:班禅喇嘛必须由海路返藏。订立任何协定都没有必要让第三方代表充当证人。①

班禅与达赖的矛盾表面上是税收和财产的事,其根本分歧是班禅方面要完全管理后藏事务,并持有武装的权力,这是噶厦不会答应的。当然,班禅也不会遵照前藏的条件返藏。班禅不赞成下属的攻击,1932年10月派安钦活佛及秘书长王乐阶等人,前往拉萨与达赖会谈协商班禅回藏。1933年初,安钦活佛等人携带班禅亲笔信,走海路经印度入藏谈判。②1933年4月安钦活佛一行到达拉萨,达赖优礼接待,"大悟过去全系两方僚属猜忌而起,切望早日回藏,共谋众生安宁"。③达赖原则上同意恢复班禅在扎什伦布寺及所属地的政教权力,发还扎什伦布寺及拉孜、昂仁、彭错林、康巴等4个宗,在班禅返藏后,撤回扎萨喇嘛和宗本。唯一的条件是扎什伦布寺所属百姓仍要供应西藏地方的徭役差粮。④"但告诉他们此事尚需征询拉萨议会的意见。"在班禅回藏出现曙光之际,西藏部分贵族唯恐班禅回藏后,威胁自己的既得利益,"该机构的两名最具影响的议员敌视班禅,垄断了会议,其他人都不敢说话,所以议会给予了否定的答复"。土丹贡培、龙厦在"民众大会"上煽动反对,敌视班禅,噶厦内无法达成一致意见,致使班禅回藏问题又被搁置下来。"这使达赖喇嘛大为不安,因为这使事情更加复杂化。"⑤

① [美]梅·戈尔斯坦:《喇嘛王国的覆灭》,杜永彬译,中国藏学出版社2005年版,第196—199页。

② 《西藏文史资料选辑》第4辑,1985年,第14页。

③ 刘家驹:《西藏政教史略》,中国边疆学会1948年版。

④ 牙含章编著:《达赖喇嘛传》,人民出版社1984年版,第302页。

⑤ [英]查尔斯·贝尔:《十三世达赖喇嘛传》,冯其友等译,西藏社会科学院西藏学汉文文献编辑室1985年版,第361页。

据《蒙藏佛教史》记载：达赖自知将去，召集全体司伦、噶伦及安钦活佛等，作遗嘱曰："尔等不听我教诲，吾将去矣。师兄班禅在南京，中央有力，应速请彼回藏，维持政教。前藏后藏缁素人等，应听班禅之教诲。中央和平，救吾等之苦恼。"[1]这个遗嘱真伪尚有争论，据贡觉仲尼告诉孔庆宗："达赖佛曾突然下令汇款二十万卢比至印度，人问何用，他说，打算赴内地一游。""第十三辈达赖有整顿西藏之心，拟先到中央，再回藏改革，将贵族庄田归公，官吏给薪，免除百姓差役，若达赖晚死三年，必有若干成就。"[2]从上述来看，达赖晚年确有回到祖国的打算，拟与中央政府和平解决西藏问题。

经历多年的颠簸，身在夹缝中的挣扎，面对属下的倾轧，康藏战事失利，拉萨城内的惶恐，身心疲惫的达赖再也经不起折腾了，于1933年12月17日圆寂。在和平再露曙光之时，西藏问题又一次变得前景叵测，变数丛生。但是，经过30年来的扩军增税，康藏战事不断，早就导致拉萨人心惊恐，社会不安，僧俗积怨已久，1932年"达赖左右力主一战，加紧征兵勒捐。拉萨之大寺及人民深怀不满，几至哗变"[3]，动摇了达赖的权威。形势危急，达赖在藏历新年大法会上，历数小时，滔滔不绝演讲，颁布《告全藏官民书》，才使人心稍定。但是，广大僧俗已经失去了对英国、噶厦政府的信任，渴望与内地和平相处。正是在这种背景下，热振活佛才能果断结束康藏战事，与中央洽商，做出恢复汉藏正常关系的努力，是因为有民意基础才敢为之。

一、围绕班禅回藏路线的交涉（1934—1935）

在班禅筹备返藏的同时，中英交涉、中央与西藏协商也在紧张进行中。噶厦原则上同意十三世达赖生前的承诺，决定派代表欢迎班禅返藏。1934年7月4日，蒋致余致电行政院称："噶厦派定降巴曲旺为政府代表，三大寺亦

---

[1] 释妙舟编：《蒙藏佛教史》，江苏广陵古籍刻印社1993年版，第140页。

[2] 孔庆宗：《回忆国民党政府对西藏政务的管理》，载《文史资料选辑》第九十三辑，文史资料出版社1984年版。

[3] 刘曼卿：《康藏辅征》，商务印书馆1933年版，第158页。

派一堪布为代表，前往内地欢迎班禅回藏，约两月后启程。"①从当时的形势上看，龙厦政变失败后，僧俗各界"因中央尊重佛教，极表好感"，拉萨的政治气氛非常有利于中央政府。当时在拉萨影响陷入低谷的英国也没有完全反对。在威廉逊入藏之前，中央政府应抓住这个最佳时机积极推动班禅返藏。

中英交涉、中央与西藏地方当局协商班禅返藏问题主要分歧有两点：一是班禅走海路还是经陆路返藏；二是班禅返藏是否应配备护卫队。英国、西藏地方当局都希望班禅走海路回藏。1934年3月8日，英国公使贾德干拜访在南京的班禅，询问回藏一事，表示英国政府欢迎班禅走海路经印度入藏，并会提供一切便利。1934年7月26日，西藏驻京办事处代转噶厦致蒙藏委员会电："接班禅来电，其计划拟由青海转道回藏。此节前曾由西藏僧俗官民全体大会议决，请其海道回藏。……兹班禅复请取道青海，如由青入藏，则随带卫队，恐启人民惊疑，致生误会，所请取道青海，绝对不能赞同。"②班禅返藏若是经海路则是从印度进入西藏，能否配备护卫队和武器都要受制于英国，体现了英国的意志；若是经青海入藏则可以自由配备护卫队和武器，彰显了中央政府意旨。班禅返藏是中国内政，国民政府和班禅都希望走陆路入藏，以宣示国家主权。英国干涉班禅返藏的目的是控制班禅系统，维持在西藏的地位，不希望看到国民政府的影响力增强。西藏地方当局反对班禅入藏配备护卫队和武器，是唯恐爱国亲汉的势力扩大，损害自主派和亲英派的既得利益，故西藏地方当局与英国政府是相互利用，各有所需。在这种情况下，班禅选择海路还是陆路就体现了他的政治态度。

班禅起初对英国抱有很大的幻想。班禅通过驻印度代表察色康转告锡金政治官员，希望英印政府说服噶厦支持班禅返藏。1934年3月24日，班禅派出与噶厦洽商的代表安钦活佛、王乐阶等人会见了锡金政治官员，表示西藏地方政府没有人拥有权势，没有一致的声音，对班禅的态度苛

① 《行政院秘书处为抄送黄家濂转呈蒋致余报噶厦及三大寺派代表欢迎班禅回藏电事致蒙藏委员会函》(1934年7月4日)，载中国第二历史档案馆、中国藏学研究中心合编：《九世班禅内地活动及返藏受阻档案选编》，中国藏学出版社1992年版，第82页。

② 《西藏驻京办事处转呈噶厦请班禅由海道入藏电致蒙藏委员会快邮代电》(1934年7月26日)，载中国第二历史档案馆、中国藏学研究中心合编：《九世班禅内地活动及返藏受阻档案选编》，中国藏学出版社1992年版，第86页。

刻，令班禅很难情愿返藏，担忧班禅返藏的前景。[1] 班禅代表返回南京后，于 1934 年 7 月 11 日，拜访英驻华大使贾德干，希望他劝说英国政府支持班禅返藏，并敦促锡金政治官威廉逊从中调解。[2] 班禅清楚地知道英国的幕后作用，想借助英人迫使西藏地方当局接受返藏的条件。

英国政府表态支持班禅经海路返藏。1934 年 3 月 18 日，贾德干拜访班禅，询问班禅回藏一事："称印度政府将为其由海路前往西藏提供一切便利。"[3] 班禅代表安钦活佛、王乐阶、洛桑坚赞在南京、印度分别与英驻华大使、锡金政治官等人也多次会谈，英国传达的信息是不干涉西藏事务，愿意为班禅回藏提供便利。国民政府比较坚决地反对英国干涉。当然，一生爱国的班禅服从中央政府的命令，坚持经陆路入藏，配备护卫队，以扬国权。1934 年，围绕班禅返藏的斗争并不激烈，处在彼此试探对方态度的阶段。当时国民政府的首要目的是解决中央与西藏地方当局的政治关系，通过黄慕松入藏，开启了友好协商的大门。黄慕松在拉萨多次与热振、司伦朗敦、四噶伦商谈班禅返藏事宜，表达了班禅返藏应坚持的原则："（一）保持班禅大师之尊严与自由；（二）维持西藏现有之治安。"[4]

在返藏一事上，最着急却无处使力的是想尽快回藏的班禅一方。虽然各方都原则上支持班禅回藏，但是，达赖圆寂已经一年多，中央政府并没有落实经费、护卫队、护卫专使等具体事项，噶厦也在尽量拖延，中英交涉、中央政府与噶厦的协商、班禅代表与噶厦的谈判返藏的条件都没有取得实质性进展。至 1935 年 2 月 8 日，西陲宣化使公署才正式成立。班禅回藏似乎仍是遥遥无期。

1935 年 3 月 19 日，班禅催促蒙藏委员会尽快落实返藏事宜："自派安钦佛、王罗皆等二次入藏，现已数月，叠接函电，卫藏交涉，大体就绪，轻骑回藏，亦无不可。惟闻中藏悬案尚无具体答复，民族感情未见融洽，若就私略公，有负班禅来华倾诚祖国、团结五族之初志。是以有望于执政诸公恩威

---

[1] L/P&S/12/4181 P.Z.2763/1934，关于班禅喇嘛返藏问题。

[2] L/P&S/12/4181 P.Z.4634/1934，班禅喇嘛代表与贾德干就班禅返藏问题会谈。

[3] L/P&S/12/4181 P.Z.650/1934，1934 年 3 月 8 日台克满南京函。

[4] 中国第二历史档案馆、中国藏学研究中心合编：《黄慕松 吴忠信 赵守钰 戴传贤奉使办理藏事报告书》，中国藏学出版社 1993 年版，第 33 页。

并济，早定方针，以期解决，而免久悬。"并提出宣化步骤、建设计划及提请中央简派得力大员护送，补助入藏差费，选派卫队护送等事项。①

1935 年 4 月 7 日，在拉萨谈判的安钦活佛也致电蒙藏委员会称："倘于最近期间送班禅回藏，以中央之官吏护卫之，军队随之而往，民间既无滋扰，则无有不欢欣踊跃而礼拜者。再从而恢复中藏一家，除去民间苦厄，安处之目的可达。倘仍沿柔和之态而进行，中藏问题绝对无有成功之可能。请酌夺。上述情形，希予早决实施方针，并祈明白赐复。"②督促中央抓住时机快下决断，武力护送班禅回藏。这是对国民政府的婉转批评。国民政府正在全力内战，处理西藏问题所持的是和平宗旨，先解决中央政府与西藏地方当局的政治关系，再处理班禅返藏、康藏边界等具体事宜，这就是安钦活佛所说的"柔和之态"，没有体现出坚决、果断的勇气和对策。这种软弱的态度为噶厦和英国政府所抓住和利用。噶厦中当权的泽墨、彭休噶伦、大仲译琼让等官员根本不愿意班禅回藏，唯恐将失去个人的职权。英国也不希望班禅在中国政府的支持下返藏。当然，围绕班禅返藏的交涉，表面上看是国民政府和噶厦的协商，实质上起主要作用的是中国政府与英国的态度。

1935 年 4 月 8 日，蒋介石为班禅回藏一事致行政院、蒙藏委员会电，指示目前先讨论两个问题："(1) 班禅是否完全利用宗教力量较为有利。(2) 如组织武力入藏，是否反增阻力，或生其他枝节？届时中央采取何项有效方法？似应详加研究。"③中央驻藏代表蒋致余坚决主张武力支持班禅返藏，致电蒙藏委员会："中藏问题既无和平解决之望，班禅又何能和平回藏？原中央之助班禅回藏者，非仅为班禅已也，亦欲藉班禅以解决中藏问题耳……目下藏中亲汉官民鉴于藏当局之倒行逆施，愤激万分，其得中央之来苏，望

① 《班禅陈述藏案近况宣化步骤建设计划及回藏意见致蒙藏委员会函》(1935 年 3 月 19 日)，载中国第二历史档案馆、中国藏学研究中心合编：《九世班禅内地活动及返藏受阻档案选编》，中国藏学出版社 1992 年版，第 110—112 页。

② 《安钦呼图克图为请中央近期护送班禅回藏事致黄慕松函》(1935 年 4 月 7 日)，载中国第二历史档案馆、中国藏学研究中心合编：《九世班禅内地活动及返藏受阻档案选编》，中国藏学出版社 1992 年版，第 114—115 页。

③ 《蒋介石为班禅回藏应讨论事宜致汪精卫等电》(1935 年 4 月 8 日)，载中国第二历史档案馆、中国藏学研究中心合编：《九世班禅内地活动及返藏受阻档案选编》，中国藏学出版社 1992 年版，第 115 页。

眼欲穿。敬祈转呈当局，俯采弟电所呈计划，迅予实行。"①蒋致余对蒋介石打算借班禅返藏和平解决西藏问题的策略非常不满，也认为是无用的，中央不能再犹豫不决、瞻前顾后，应果断地立即武装护送班禅返藏。蒋致余认为："中藏问题既无和平解决之望，班禅又何能和平回藏"，"中央之助班禅回藏者，非仅为班禅已也，亦欲藉班禅以解决中藏问题耳"。②蒋致余洞察了蒋介石支持班禅返藏的目的。表面上看，蒙藏委员会仍在缓慢地筹划班禅回藏的办法、路线、经费概算等事宜，实际上是等待国民政府最高领导人的决断。蒋介石的真实打算是内战、抗日，这是他的全国战略，对西藏政策的战略方针是和平解决问题，西藏不要宣布"独立"，英国不要公开支持"独立"，稳定不生事端是第一要务。正是在这种战略考虑下，蒋介石赞同班禅返藏并不积极支持武力返藏，配备护卫队是宣示主权的一种政治姿态和策略，而不是要达到的目的。安钦活佛、蒋致余等人考虑的是具体的战术，而不是全国战略谋划，不了解想统一全国、面对日本侵略的蒋介石的真实想法。

在1935年8月26日锡金政治官威廉逊访问拉萨前，英国对班禅回藏并没有持强烈的公开反对，主要是在幕后怂恿噶厦反对班禅经陆路回藏。待威廉逊进入拉萨打探情况后，英国政府调整了策略，由驻华使馆出面干涉此事，态度日趋强硬，煽动噶厦对抗中央政府，使得班禅返藏阻力越来越大，国民政府也失去了护送班禅回藏的良机。

1935年8月威廉逊访问拉萨前，噶厦的态度比较和缓。1935年5月10日，西藏驻京办事处转噶厦电文："班禅由北路回藏，无论取道何地，请勿随带汉蒙人，其所携带随身保护之枪械愈少愈善，并望以后勿再运带枪械

---

① 《蒋致余为请中央派兵护送班禅回藏事致高长柱电》（1935年4月14日），载中国第二历史档案馆、中国藏学研究中心合编：《九世班禅内地活动及返藏受阻档案选编》，中国藏学出版社1992年版，第117页。

② 《蒋致余致蒙藏委员会高长柱电》（1935年4月14日），载中国第二历史档案馆、中国藏学研究中心合编：《九世班禅内地活动及返藏受阻档案选编》，中国藏学出版社1992年版，第11页。

入藏。"①5 月 17 日，蒋致余致电蒋介石："布达拉连日会议，讨论对于班禅回藏问题。班禅要求一切照清末旧例办理。该会议讨论结果，班禅回藏路线由青亦可，惟不得带汉人蒙人前来，俟其抵藏后，一切均可照办。"②蒋致余探知西藏地方当局反对班禅返藏的是泽墨、彭休噶伦，附和的是东波、大仲译琼让等，官民、寺院均不满泽墨等行为，希望班禅迅速回藏。"现噶厦已派降巴曲大寺堪布为迎班代表，拟由结古迎班，实则侦察。军队亦在调集中，将对班禅护卫队予以抗拒。惟西藏军队总额仅七千八百人，内有驻康中四千外，余散布于前、后藏。兵籍十有七八为后藏，不独无战斗能力，且无战斗意志。倘青、康军能东、北两路同时并进，哲康噶布伦坚不赴康，昌都自不难下，班禅之回藏亦不待战"。他认为英国"绝不敢明目张胆助藏"，此时西藏"官吏不和，政治紊乱，民不堪命，兵无斗志，藏事解决，此正其时，大功之成，其待公矣"。③在泽墨等操纵下，噶厦为班禅返藏制造障碍，要求班禅不能带卫队，不能带汉蒙人，只能取道海路等，调动军队沿边布防，如失败，则泽墨等人逃往印度。

1935 年 4 月 20 日，台克满向班禅转交英国政府的回函：英国政府乐意看到班禅与西藏地方政府化解分歧，将会指示代表在权力范围之内促成协议。但希望班禅降低要求，满足西藏地方政府的条件。④英国政府没有出面抗议中国政府派遣护卫队护送班禅回藏。

1935 年 7—8 月，蒙藏委员会呈报行政院通过《特派护送班禅回藏大员行署办法草案》《特派护送班禅大师回藏大员行署经费概算书》。同时，蒋介

---

① 《西藏驻京办事处转呈噶厦请班禅回藏勿随带汉蒙人等事致蒙藏委员会代电》（1935 年 5 月 10 日），载中国第二历史档案馆、中国藏学研究中心合编：《九世班禅内地活动及返藏受阻档案选编》，中国藏学出版社 1992 年版，第 140 页。

② 《蒋致余为报布达拉会议讨论班禅回藏情形致蒋介石电》（1935 年 5 月 17 日），载中国第二历史档案馆、中国藏学研究中心合编：《九世班禅内地活动及返藏受阻档案选编》，中国藏学出版社 1992 年版，第 145 页。

③ 《诚允为谢委驻藏重责并抄转蒋致余给马步芳两电事致黄慕松电》（1935 年 6 月 11 日），载中国第二历史档案馆、中国藏学研究中心合编：《九世班禅内地活动及返藏受阻档案选编》，中国藏学出版社 1992 年版，第 161—162 页。

④ L/P&S/12/4181 P.Z.4361/1935，洛桑坚赞就班禅与西藏政府之间关系会谈的报告，第 221 页。

石命令宪兵司令谷正伦选派宪兵一混成营，约300余人组成中央护卫队充仪仗之用，并批准诚允为护送班禅回藏专使。8月15日，行政院正式核准签发命令，并知照蒙藏委员会、班禅行辕、西藏驻京办事处等相关机构。这些举措标志中央护卫班禅回藏之事正式启动。英国、噶厦获悉后，立即作出强烈的反应。此后，国民政府与英国政府主要围绕仪仗队护卫问题进行交涉斗争。

二、围绕中央仪仗队护卫班禅返藏的交涉（1935—1937）

1935年8月26日，威廉逊抵达拉萨。英驻锡金政治官历来都是强硬的侵藏分子，是侵藏政策的鼓吹手，每次去拉萨访问都煽风点火，挑拨噶厦中的分裂分子反对中央政府，破坏中国政府与西藏地方的正常关系。威廉逊访问拉萨也担负着重要任务。行前，英国政府指示威廉逊：

（1）口头提出班禅返藏的问题，以寻求所存在的各种分歧得到进一步的解决，而大英政府或印度政府又不必为这种解决的实现承担任何责任，不提担保问题。

（2）弄清汉人在拉萨设置无线电台是否表明中华民国的代表常川驻藏。

（3）探明西藏方面对英国为与中华民国的使团相抗衡而遣使入藏的态度，如果英国使团打算常川驻藏，西藏将作何反应。

并令威廉逊转达如下担保：

（1）尽管英国拟承认中国对西藏理论上的宗主权，但是仍将坚持他们现行的政策，即把西藏视为事实上实行自治的国家。

（2）英国急切希望保持同西藏的传统友谊，并继续一如既往地友好相处。

（3）倘若西藏卷入了与中华民国的纷争和冲突，英国将辨明事件的是非曲直，在南京给予外交上的全力支持。①

---

① 印度事务部档案，L/PS/12/4175，古德关于威廉逊1935年使藏的报告，转引自〔美〕梅·戈尔斯坦：《喇嘛王国的覆灭》，杜永彬译，中国藏学出版社2005年版，第203、204页。

英国派代表出访拉萨的目的是支持噶厦对抗中国政府，援例在拉萨派驻代表、设立无线电台。其中，怂恿噶厦反对班禅返藏也是威廉逊此行的一个重要任务。蒋致余向行政院报告威廉逊与噶伦谈话的内容：威廉逊说："在昔中国驻扎官兵在藏时，西藏曾被欺压不少，现为西藏计，自应拒绝中国官兵入藏为要。此次中国仅派兵三百名来藏，难道三百名中国兵，西藏亦不能拒绝吗？至于班禅，西藏务须设法迎回。"噶伦答："中国系大国，后再派大兵前来，英国能助兵助械助饷否。"威廉逊说："助兵一节，英国实不可能，枪弹饷粮，英国当可协助。"[1]蒋致余称："威廉逊来拉后，表面对职礼貌似属相当，惟骨子里已派诺若巴图等不时间接向藏当局进言，诱藏抵抗中央，设藏失败，由英国出面和解。"[2]

1935年9月初，蒋致余探知西藏地方当局连日开会，将亲汉派剔除出其小会议之外，反对中央分子密谋，"决电中央，表示反对，电不日即发，并决实力拒抗，连日正在运送枪弹赴康中，前昨二日运去三十驮"[3]。英人在拉萨散布谣言："班禅所有枪弹已被马步芳扣留，中国内地未平，不能西顾，挑拨藏方以兵拒抗班禅回藏。彭休等愚暗，且深忌中央夺其政柄，已堕其彀中。刻除前已派往西康二部军队军火外，又正招兵，限下月中开赴藏北与青海毗连处防堵班禅入藏。"[4]有英国壮胆的噶厦分裂势力态度变得强硬起来。9月22日，噶厦致电蒙藏委员会："惟在中藏善后尚未解决之际，中央直派汉蒙官兵护送，民众深滋误会，佥认中藏和好无望，危机紧迫，不敢缄默。凡藉名护送班禅官兵，无论多寡，不特不得越进藏境，且须一概撤回。班禅

---

[1]　中国第二历史档案馆藏：《蒋致余致南京行政院汪兆铭急电》（1935年10月16日），蒙藏委员会档案，全宗号141，卷号2358。

[2]　《蒋致余为报闻西藏抗拒护送班禅仪仗队入藏并拟请中央撤回驻藏人员等情致行政院等电》（1935年9月9日），载中国第二历史档案馆、中国藏学研究中心合编：《九世班禅内地活动及返藏受阻档案选编》，中国藏学出版社1992年版，第195页。

[3]　《蒋致余为报闻西藏抗拒护送班禅仪仗队入藏并拟请中央撤回驻藏人员等情致行政院等电》（1935年9月9日），载中国第二历史档案馆、中国藏学研究中心合编：《九世班禅内地活动及返藏受阻档案选编》，中国藏学出版社1992年版，第194—195页。

[4]　《蒋致余为报闻英人在藏蛊惑及藏政府遣差与班禅商洽等情致行政院等电》（1935年9月12日），载中国第二历史档案馆、中国藏学研究中心合编：《九世班禅内地活动及返藏受阻档案选编》，中国藏学出版社1992年版，第198页。

如须护卫，亦可依照佛意，俟到藏境，自有藏方准备迎护。"①9月27日，噶厦又通过西藏驻京办事处转电蒙藏委员会："藏人抱定此见，万难变更，请中央令所派护送专使与仪仗兵均勿入藏境，免致临时发生误会。"②

蒙藏委员会内部分析噶厦反对中央派遣专使及仪仗队入藏的原因：

（一）受英人之鼓动，此次威廉逊到拉萨，即为明证；

（二）屡请中央解决中藏根本问题，而迄未达要求；

（三）惟恐班禅增加力量，将来有干涉西藏内部政权之可虑。③

为了彰显和平诚意，蒙藏委员会将派遣专使及仪仗队的缘由通告西藏驻京代表，令其转达给噶厦：

（一）班禅为维持尊严，保护安全，应带所要之卫队，本委员长前在拉萨曾与西藏各当局当面约定。

（二）中央应派专使及仪仗队，在迎送西藏之佛教领袖，已有成例，实非创自今日。

（三）欢迎班禅回藏，为全藏人民所渴望。今班禅俯循民意，实行回藏，如中央不派专使及仪仗队为之保障，不独无以表中央推崇佛教之真诚，且班禅势必自行招募不十分精练之卫队，以壮观瞻。

（四）基上所述，如果贵噶厦不想班禅回藏则已，否则，不由中央负责予以保障，必由其本人自找保障。总之，班禅回藏之必须保障，乃为必需之事实，今中央于审筹熟虑后，遂本其爱护藏民之心，决定依照旧例，派遣专使及仪仗队护送，此实为万全之策也。

（五）如贵噶厦忽略实际情形，既不希望中央派人护送，则班禅自行带兵又为不许，不独无以慰全藏人民渴望之殷，而逼班禅久住边界，

① 《噶厦为拒阻中央派员暨仪仗队护送班禅入藏事致蒙藏委员会电》（1935年9月22日），载中国第二历史档案馆、中国藏学研究中心合编：《九世班禅内地活动及返藏受阻档案选编》，中国藏学出版社1992年版，第202页。

② 《西藏驻京办事处为转陈噶厦请勿派官兵护送班禅入藏等事致蒙藏委员会快邮代电》（1935年9月27日），载中国第二历史档案馆、中国藏学研究中心合编：《九世班禅内地活动及返藏受阻档案选编》，中国藏学出版社1992年版，第207页。

③ 《蒋致余为报闻西藏抗拒护送班禅仪仗入藏并拟请中央撤回驻藏人员等情致行政院等电》（1935年9月9日），载中国第二历史档案馆、中国藏学研究中心合编：《九世班禅内地活动及返藏受阻档案选编》，中国藏学出版社1992年版，第195页。

将来于西藏局势之推移如何，此时实未可逆料也。

（六）且在班禅准备同藏前，曾向中央要求随带卫队甚多，经中央几经考虑与磋商，始改为仪仗兵三百余人。以此三百余人跋涉长途、担负护送全责，于西藏实有百利而无一害。

（七）在中央一方为维护班禅在佛教上之尊严，一方为维持现颇安定之藏局，此次派遣专使及仪仗队，实为应有之举动，而亦为避免许多无谓纠纷之因素也。①

蒙藏委员会称中央护送专使及仪仗队是援照旧例，为尊崇佛教、爱护和平，班禅回藏的目的也在安定民心，维持政教稳定。在英人的支持下，噶厦并不接受中央的善意回应，反而派兵赴金沙江沿线布防，妄图武装对抗中央，这就使得形势急转直下，中国政府向英国交涉势在必行。

1935 年 10 月 14 日，威廉逊在拉萨致电英印政府外交和政治部，报告与噶厦会谈的情况："西藏政府根本不希望班禅喇嘛返回，但顾及内部舆论，不敢阻止，也害怕中国的影响，于 6 个星期前已反对中国政府派军队和官员护送班禅返藏，要求英国的帮助。"威廉逊认为西藏地方政府非常软弱，以至于他们宁愿允许 300 人，也不愿意冒险引起严重后果，除非他们确信得到英国的强硬支持。威廉逊承诺英国将会给予噶厦外交支持。②

英国对西藏地方政府的举动非常满意，决定配合噶厦公开反对中国派仪仗队前往拉萨，以鼓励噶厦坚持其态度。英国的策略是从外交上强硬施压中国接受西藏地方政府的要求。1935 年 10 月 31 日，英国外交部致电贾德干，命令其向中国政府抗议班禅护卫队一事。1935 年 11 月 9 日上午，贾德干到中国外交部抗议，由徐谟外交次长接待。③

贾德干大使："据报班禅喇嘛此次回藏，带有军队三百人，藏政府曾有

① 《蒙藏委员会为再申派专使及仪仗队护送班禅回藏缘由复西藏驻京办事处代电》（1935年 10 月 7 日），载中国第二历史档案馆、中国藏学研究中心合编：《九世班禅内地活动及返藏受阻档案选编》，中国藏学出版社 1992 年版，第 211—212 页。
② L/P&S/12/4181 P.Z.7477/1935，1935 年 10 月 16 日，印度政府外交和政治部致印度事务部大臣第 2993 号密电。
③ 《徐次长会晤英大使贾德干谈话记录》（1935 年 11 月 9 日），载中国第二历史档案馆、中国藏学研究中心合编：《九世班禅内地活动及返藏受阻档案选编》，中国藏学出版社1992 年版，第 227—228 页。

电致贵国政府及班禅喇嘛表示异议，迄未得复。不知贵国政府将如何处置此事？"

徐次长："阁下询问此事，想仅系探听消息。"

贾德干大使："不止探听消息，因贵国政府派遣军队入藏，系违反西姆拉条约第三条，且此事既为西藏政府所反对，本国政府对于西藏之治安，素极关心，亦觉贵国此举有发生困难之可能。"

徐次长："姑先勿论条约问题，先就事实言。班禅喇嘛为保护自身安全及维持其尊严起见，原欲多带卫队入藏，嗣因藏方希望人数不必过多，故中央决定只派仪仗队三百人。但此项部队完全系卫队，而非军队，本国政府并未接到西藏当局表示反对之电报。"

贾德干大使："然则藏方对于人数已有表示，三百名不可谓不多。且班禅本人必有卫队，何必由中央派队护送？"

徐次长："据本人所知，上述三百名仪仗队入藏事，藏方已经同意，贵大使所称藏方反对一节，本人毫不所闻。班禅本人素无卫队，前在南中时，亦系由中央派队护卫。"

贾德干大使："闻中国政府尚拟派一大员率领卫队入藏，确否？"

徐次长："政府确已派一大员，但非军人，与卫队亦无关。彼系一文官，其任务为伴送班禅，此系依照过去惯例，表示政府尊重班禅之意耳。"

贾德干大使："班禅既无卫队，入藏时其部下甚多，且多武装者，必可加以护卫。且入藏后，可由藏方派队护卫。总之，本国政府根据《西姆拉条约》第三条及藏方之异议，希望贵国政府对于此事再予慎重考虑。本人当即复外交部，将阁下所称各节叙入。同时希望阁下将本国见解转陈贵国政府当局。"

徐次长："阁下复外部电中，可告以此项卫队完全系为保护班禅与维持其尊严所派遣，本国政府并无借此机会派遣军队入藏之意。"

贾德干大使："自当酌量婉达，惟本国政府是否可以安心，则未可知。"

英使以西藏地方政府异议及非法的《西姆拉条约》（草案）为理由，反对中国派遣护卫队，是非常无理的，是对中国主权的极大藐视，是赤裸裸地直接干涉中国内政。徐次长表示中国政府所派遣的是仪仗队而不是卫队，声称中央政府并未接到西藏地方当局反对的电报，对英国所谓的"抗议"婉转驳斥。从整体来看，外交部的答复显得颇为软弱，没有维护中国固有主权的理直气壮之感。

1935年11月27日，英驻华使馆秘书裨德本到中国外交部，再次重复贾德干的意思。外交部答复："查阅此案文卷，并向蒙藏委员会询明，当黄慕松将军前在拉萨时，曾将班禅喇嘛仪仗事，向西藏当局提及，彼等对于此事，并无异议。徐次长已向贾德干大使释明，此项派送班禅喇嘛之部队，纯系护卫，而非军队。此项派遣，除保护班禅喇嘛之安全及维持其尊严外，实无其他用意。至于《西姆拉条约》，中国政府对此未签订之文件向来所持之态度，当为英国政府所深知。此项未尝正式缔结之条约之援引，中国政府殊不能认为适当。且班禅之仪仗队，既非军队性质，无论如何与上述之条款究无关系也。"[1] 中国政府严正声明仪仗队不是军队，目的是保护班禅的安全，维护其尊严。至于所谓的《西姆拉条约》（草案），中国政府从来没有承认过，英国援引非法的条约是无效的。

中国外交部的答复有理有节，英国并未感到丝毫理亏，仍再三强硬抗议中国政府。1935年12月23日，英驻华使馆向中国外交部递交一份正式备忘录：

> 关于派遣仪仗队护送班禅喇嘛回藏事，英国政府对于外交次长之解释，认为不能满意。当一九三四年黄慕松将军提及此事时，西藏政府不论采取如何态度，然其现在之态度，则对于派遣中国官员偕同仪仗队护送班禅喇嘛，极表异议。值此西藏反对之际，如中国政府仍坚持其意见，是则班禅喇嘛回藏将致无限的延宕，殊属可能。抑或引起中藏间之困难情势。

> 西藏之于中英两国，皆有切肤利益，中国对之应谋一英国政府所承认之政策，藉以维系两国之友好关系，当所企盼。西藏政府既已明白表示其希望，又中国如有与其希望相抵触之行动，将引起危机，故英国政府对于此事极为重视，并愿中国政府不致采取此种可以引起不幸纠纷之

---

[1] 《刘司长与英大使馆秘书裨德本谈话摘要》（1935年11月27日），载中国第二历史档案馆、中国藏学研究中心合编：《九世班禅内地活动及返藏受阻档案选编》，中国藏学出版社1992年版，第228页。

途径也。①

英国政府态度蛮横，俨然自居为西藏的"保护国"，竟然声称在西藏地方当局的反对下，如果中国政府坚持派遣护卫队，将会造成班禅不能回藏、汉藏之间爆发危机、破坏中英友好关系的后果，以此威胁中国政府。同时，威廉逊告诉噶厦，英驻华使馆已经向国民政府提出强烈抗议，汉人护卫班禅回藏与噶厦的愿望相悖，将引起英国政府的强烈反对，英国对成功抱有希望，西藏应当坚持其目前的态度。②

外交部将与英交涉经过呈报行政院、蒙藏委员会等，由行政院命令相关部会呈报对策。蒙藏委员会认为："仍拟依照前定办理班禅回藏事件之（一）维持中央向来对藏之惯例。（二）维护班禅尊严。（三）不妨碍藏中秩序。（四）不致引起对外纠纷等四项原则，继续进行"，拟出的对策是："一、班禅回藏，为应付西陲局势，确属需要，在目前按照已定计划实施，将来再行相机应付，以策万全。二、因此项事件而引起之对英外交，以事属我国内政问题与之委婉周旋。"③

外交部提议："班禅回藏卫队，仍照原案护送，一面将英使抗议，由蒙藏委员会通知班禅，征询其意见，再定办法。"④ 行政院第242次会议决议，批准外交部的提议。国民政府指示班禅回藏按照原定计划继续进行，通知蒙藏委员会、驻藏代表蒋致余、护送专使诚允、噶厦等相关机构和个人。同时，将外交部有关英使抗议的谈话纪要转发班禅行辕。这就表明国民政府考虑到国内政治局势的发展，对英国的外交利益等情况，没有决心武力支持班

① 《照译驻华英大使馆备忘录》（1935年12月23日），载中国第二历史档案馆、中国藏学研究中心合编：《九世班禅内地活动及返藏受阻档案选编》，中国藏学出版社1992年版，第237—238页。

② ［美］梅·戈尔斯坦：《喇嘛王国的覆灭》，杜永彬译，中国藏学出版社2005年版，第205页。

③ 《蒙藏委员会为拟定应付英国干涉护送班禅回藏原则和意见致行政院呈》（1935年12月19日），载中国第二历史档案馆、中国藏学研究中心合编：《九世班禅内地活动及返藏受阻档案选编》，中国藏学出版社1992年版，第233—234页。

④ 《行政院为饬将英干涉护送抗议通知班禅征询意见事致蒙藏委员会训令》（1935年12月27日），载中国第二历史档案馆、中国藏学研究中心合编：《九世班禅内地活动及返藏受阻档案选编》，中国藏学出版社1992年版，第236页。

禅返藏以及强硬抗议英国。

1936 年 1 月 12 日，班禅回电："仍拟依照原定计划，开春入藏。望中央一秉成案，以期贯彻。倘明春行抵藏边，万一藏方有武力抗拒汉兵入藏之事，想善后策划，中央定有成竹。"① 班禅不改初衷，坚持由仪仗队护送回藏，希望中央政府坚决贯彻执行既定计划。

1935 年 11 月 17 日，威廉逊在拉萨病逝。英国代表团不得不中断计划，离开拉萨。蒋致余认为这是护送班禅进藏的良机，1935 年 11 月 24 日，急电蒋介石、孔祥熙：贾大使对中央派兵护送班禅回藏事，口头向我外交部提请考虑，"此纯为英、藏此次计议虚声恫吓我中央之狡计，一面对我抗议，一面嗾藏反对，以期阻挠我对藏事之进行。……实际上，英已以不敢援助，现藏亦以专事挑拨怨英。自我去年实力经营以藏事以还，英国侵略西藏中坚贝尔之去内地既遭阻于前，威廉逊之来情形又致身败于后，其间虽云天幸，然亦不无人谋。其在藏方，职之应付始终未变强硬态度，现藏方以中央对班禅回藏问题意旨坚决，外援绝望，已渐趋软化其当权之心，彭休寒日且亲向职对以前种种拳致歉意，藏人之心怯情虚可想而知。值此藏失政治重心，英人侵略主谋如尚事，急起直追，以快刀斩乱麻之敏捷手段，迅速解决，更待何时？夫事业愈大，阻难愈多，以今日积弱之国势，谋复久在他人宰割之下数百万方里图，而欲人之一言不发，其可得乎？语云：'操之自我则存，操之在人则亡'。《后出师表》所谓：'主伐亦亡，与其坐而待亡，孰与伐之'等语，实不啻为今日藏事写照。万恳当机立断，迅饬诚专使首途，毋再展缓行期，致长藏方气焰。倘遇英有抗议时，请以内政与成例却之，对英外交，实无何意外可虑。至藏方更无抵抗之能力与决心，一俟中央官兵行抵康境，则藏方自俯首听命，而于二十年来一切纠纷均不难迎刃而解。"② 蒋致余认为英人不敢实力援藏，噶厦外援已绝，现内心胆怯，中央应当机立断，迅速命

---

① 《班禅为仍照原定计划开春入藏事致行政院电》(1936 年 1 月 12 日)，载中国第二历史档案馆、中国藏学研究中心合编：《九世班禅内地活动及返藏受阻档案选编》，中国藏学出版社 1992 年版，第 245 页。

② 《蒋致余请中央勿顾英国恫吓速送班禅回藏致军委会委员长蒋、行政院代院长孔等电》(1935 年 11 月 24 日)，载中国第二历史档案馆、中国藏学研究中心合编：《九世班禅内地活动及返藏受阻档案选编》，中国藏学出版社 1992 年版，第 222—223 页。

令班禅一行开赴西藏。

接到行政院第 242 次会议决议的内容通告后，1936 年 1 月 22 日，蒋致余又致电蒋介石：

> 查所示班佛主照案进行一语，究系指照中央原定方案进行，抑系指照藏方意见进行，未经明白训示……乃事至今日，中央原定方案似已又呈动摇之势。中央用班禅乎？抑班禅用中央乎？主管机关自应负其责任。此职之未解一也。

> 中央派遣官兵护送班禅回藏，自属侧重以武力平定藏乱，收复藏地，与雍正时之护送达赖七世入藏，事同一例。一俟中央军进驻昌都，则藏中一切纠纷均可迎刃而解。

> 职目击现时藏中当局愚狡诈伪，不可理喻，知藏无实力，纯用欺骗推诿拖延手段蒙蔽中央，倘中央稍有实力入藏，即可镇压。派兵一节，万不能望其接受，故自始即呈复不至接洽。一面仍以不折不挠之精神，根据西藏民意，查照历来旧例，与藏中恶势力相奋斗。

> 值此国家危急存亡之秋，无论任何事务，倘不确定方针，猛力干去，宁有一事可成功，一地保全乎？藏自失政治重心后，藏方人自为谋，士不用命，毫无反抗能力。英国徒事挑拨，多所顾虑，从无援助决心。全藏民不聊生，人心思汉。此正解决藏事千载一时之会。倘班禅再迟迟其行，坐失时机，而欲职以虎穴余生与虎谋皮，徒失威信，无裨事实。此职未解之二。①

蒋致余所持的观点是：一是西藏地方当局纯用欺骗推诿拖延手段蒙蔽中央，内部力持反对者仅数人，多数人无抵抗决心，人心思汉。二是英国多空言挑拨，尚不会全力援助西藏。三是期盼中央政府抓住有利时机，果断坚决地武力护送班禅迅速返藏。蒋致余以抱病之身周旋于西藏上层僧俗中，尽忠职守，为藏事奔走竭虑，言辞铿锵有力、切中要害、满腔热血，自始至终坚决支持武力护送班禅返藏，不管其观点是否都切合实际，其爱国卫藏之情仍令人深为敬佩。

---

① 《蒋致余致蒋介石养电》，载中国第二历史档案馆、中国藏学研究中心合编：《九世班禅内地活动及返藏受阻档案选编》，中国藏学出版社 1992 年版，第 251—252 页。

获知国民政府仍坚持护送班禅的原定计划之后，1936 年 2 月 1 日，西藏"民众公会"一日连发三电致蒋介石、黄慕松："目下中藏问题尚未解决，双方边界驻有防守官兵，设再着派越界，不得不出于阻拦。""若谓护送班禅，俾沿途警卫不致有缺，则请送至藏境，由藏境起，应如何尊重体制，增设仪仗以及所需一切，概由藏方负责积极准备，隆重欢迎。""此间并非不遵中央命令，请勿误会，迅速收回护送成命。现在此间已派僧俗官员及三大寺堪布前往迎接矣。"①西藏地方政府仍坚持中央护卫官兵不得进入藏境，班禅入藏后由噶厦负责接待护送。

1936 年 2 月 4 日，贾德干再到外交部"抗议"：

兹奉本国外交部训令，特来重提班禅喇嘛仪仗队入藏一事。希望贵国政府再加慎重考虑。

（一）藏政府曾屡次请求本国政府设法阻止此事，且上年十月或十一月间，藏方曾有电致班禅喇嘛，表示在中藏问题尚未解决以前，藏方不能允许中国仪仗队入境。十一月五日，班禅喇嘛曾有复电，声明渠本无带队入藏之意。又上年十二月二十一日藏政府曾有电致贵国政府，对于仪仗队之准备入藏表示反对。本年一月十日黄委员长复电称班禅已抵青海，仪仗队入藏事，可以和平解决，毋庸过虑等电，历历可考。

（二）此事有妨碍西藏治安之虞，盖因藏方既反对该仪仗队入藏，恐因此引起藏方反抗，而班禅回藏或致延搁。

（三）此事涉及英国利益，盖英国深愿西藏有一巩固及具有维持治安能力之政府，为达到此项目的起见，英国愿与贵国合作。

外交部驳斥："西藏既欢迎班禅喇嘛回藏，断无反对仪仗队入藏之理。"贾德干称："班禅本人回藏与仪仗队入藏，截然两事，仪仗队护送至中藏边境已足，在西藏境内，班禅喇嘛之尊严与安全，自可由藏方负责。班禅喇嘛瞬将入藏，希望贵方接受本国政府之建议，速谋解决，请转达主管机关再加考虑。"外交部将英方的意思转告蒙藏委员会，并附上意见："惟英方对于此

---

① 《西藏民众公会为请收回护送成命由西藏自行迎接班禅回藏事致行政院等电》（1936 年 2 月 1 日），载中国第二历史档案馆、中国藏学研究中心合编：《九世班禅内地活动及返藏受阻档案选编》，中国藏学出版社 1992 年版，第 262—263 页。

事既极端重视，自不得不格外审慎考虑，以免引起纠纷。究竟班禅喇嘛之仪仗队应否令其送至藏边为止，相应函请查照妥核办理并见复为荷。"①贾德干声称噶厦请英国政府阻止此事，中国政府护送班禅只能到汉藏边界，显然早与噶厦商定，不反对班禅回藏，但是反对中央护卫队进入西藏，这是公然否认中国政府对西藏主权之举。而中国外交部在英使迭次"抗议"下，态度软化，流露出屈从之意。

1936 年 2 月 7 日，西藏僧俗全体人会致电蒙藏委员会："现当中藏问题尚未解决之际，边界各有驻军，班禅回藏，无论随带员兵多寡，决加拒绝……并祈准照前电饬令护送班禅员兵抵内地边界时全行撤回，不令一人入于藏境。至班禅抵藏界时，应需护卫员兵，均当照其所要人数，由藏政府派遣。现在藏政府派接班禅之僧俗官员及三大寺堪布、职员等，均已出发矣。"②噶厦态度强硬，与英使一唱一和，配合默契。

1936 年 2 月 13 日，蒙藏委员会回复意见给外交部："现在拉萨政策，一方表示坚决反抗，一方利用英人外交压迫，苟中央即于此时放弃原来主张，将使藏方对英益怀威德，对我益存轻视，西藏事件益难办理。英方态度固须重视，惟英人重利，藏方深惧，故合作程度尚存疑问。""暂时似应持镇静态度，仍拟照案进行。"③蒙藏委员会表态委婉，其意是仍坚持原案，护送班禅出发，与外交部有分歧。

外交部、蒙藏委员会各不负责，相互推诿，没有明确的主张，行政院也无具体的意见。而诚允护送专使行署经费，前后仅领到十五万元，面临沿途

---

① 《外交部为英使续行干涉派队护送班禅回藏事致蒙藏委员会公函》（1936 年 2 月 6 日），载中国第二历史档案馆、中国藏学研究中心合编：《九世班禅内地活动及返藏受阻档案选编》，中国藏学出版社 1992 年版，第 271—272 页。

② 《照译西藏僧俗官民全体大会来电》，载中国第二历史档案馆、中国藏学研究中心合编：《九世班禅内地活动及返藏受阻档案选编》，中国藏学出版社 1992 年版，第 273—274 页。

③ 《蒙藏委员会为英使干涉派队护送班禅回藏所述意见不实仍按原案进行事复外交部函》（1936 年 2 月 13 日），载中国第二历史档案馆、中国藏学研究中心合编：《九世班禅内地活动及返藏受阻档案选编》，中国藏学出版社 1992 年版，第 275 页。

断绝给养的困难。[①] 从此事可以看出，蒋介石无意坚持仪仗队护送班禅回藏。可能外交部、蒙藏委员会察知蒋介石的心理，故无人建言，才会出现各部会公函往来于途，议事于厅堂，而决事无绪拖延至今的情形，这就使身在兰州的护送专使诚允不知所为，只能等候中央明令"定期首途"之日。中央政府在后方犹豫不决，瞻前顾后，身在前方的班禅、蒋致余、诚允等人焦急万分，无不渴望中央速下决断。

1936 年 2 月 25 日，蒙藏委员会委员长黄慕松根据班禅和平返藏的宗旨拟定六项办法呈报蒋介石：

（一）仪仗队应跟随班佛，体察情形，逐步跃进，稳妥保护。第一步拟在青海境内之结古准备。

（二）班佛在青、藏、康交界之处，须有十分确实之保障。拟请密令青滇当局及重庆行营，对于班禅回藏时，足以妨害和平之意外事变宜有切实注意与准备。

（三）拟请设法使班佛方面之随行人员及行李等均减至最低限度，以示无他，而去拉萨之疑，减轻阻障。

（四）拟请密令诚专使设法促成班佛与拉萨间为和平回藏之商洽，谋扫除或减少障碍。

（五）拟请密令财政部顾全事实，对班佛及诚专使经费多拨现银，收买边地人心，消弭反抗意志。

（六）本会仍力与拉萨政府联络，并努力开释，以求其觉悟。[②]

黄慕松深知蒋介石和平解决藏事的真实想法，所拟办法都避重就轻，没有谈及具体应对噶厦、英方的办法，武装护卫班禅是否入藏，青康军队戒备等实质问题。蒋介石迟迟不下决断，又没有明确的态度。这就使得具体办事的蒙藏委员会、外交部仍在公牍往来中消耗时间。

---

① 《诚允请拨行署经费等事致蒙藏委员会函》(1936 年 2 月 18 日)，载中国第二历史档案馆、中国藏学研究中心合编：《九世班禅内地活动及返藏受阻档案选编》，中国藏学出版社 1992 年版，第 280 页。

② 《黄慕松为遵拟班禅和平返藏办法六项请鉴核致蒋介石折呈》(1936 年 2 月 25 日)，载中国第二历史档案馆、中国藏学研究中心合编：《九世班禅内地活动及返藏受阻档案选编》，中国藏学出版社 1992 年版，第 287 页。

此时行政院命令蒙藏委员会、外交部等会商英使所称仪仗队护送到藏边为止之事，已露妥协之意。1936 年 3 月 19 日，黄慕松回复外交部公函："今中央已不能劝阻班禅，又不能消弭拉萨反抗，乃忽视班禅愿望，即行决定仪仗队不入藏边之策，岂但失去政治上操纵之弹性，且班禅左右为保障生命，必将利用过去之准备，编队入藏，西藏局势有立陷混乱之虞。""设若应允英人之请，消息一传，中央威信即行扫地，英人信仰更见抬头，西藏前途何堪设想?!""我方为整个西藏之维系计，似宜仍照所定计划实施，俟相当时期相机应付，以不背和平安边之方针为要旨。至于对英外交，表示敦睦友谊，仍希贵部婉言应付。"① 蒙藏委员会仍坚持原定计划，反对行政院、外交部对英妥协，凸显了国民政府内部的分歧。蒙藏委员会只是公牍机关，没有任何实权，面对外交部对英交涉不力，心有不满，却只能徒呼奈何！

1936 年 3 月 21 日，黄慕松为外交部答复英使拟定意见：

一、中国本部人民，多数崇奉佛教，信仰班佛，故于班佛回藏，极望政府依照从来礼仪护送。

二、西藏官民，崇奉班佛之热烈，中外共知，目前除极少数因自身利害关系之官吏外，无不渴望中央以从来之隆重典礼护送班佛。

三、班佛及其左右对于应有之礼仪体制，亦极盼中央照例举行。

"中国政府基于上述事实，深知俯顺民意，尊崇班佛，举行向例，即所以安定西藏，而安定西藏以及维持其现状，又为中国目前绝对需要，故中国政府希望西藏之和平与英国所有之怀抱，毫无异趣。惟鉴于上述事实，苟欲得其和，必先求其平。中国政府自当本其和平主旨，体察各方情势，努力注意调处，使西藏安定，以免影响邻地治安。"②

1936 年 4 月，首席噶伦泽墨在内斗中下台，爱国的热振活佛权势陡增，班禅和平返藏再现曙光。而英驻锡金政治官致电西藏地方当局，称驻华大使正在对中央政府护送班禅返藏事极力交涉，意在"鼓励"西藏地方当局坚持

---

① 《蒙藏委员会为阐述处理英干涉护送班禅卫队入藏事要旨致外交部公函》（1936 年 3 月 19 日），载中国第二历史档案馆、中国藏学研究中心合编：《九世班禅内地活动及返藏受阻档案选编》，中国藏学出版社 1992 年版，第 295—296 页。

② 《答复英使对藏事请求要点》，载中国第二历史档案馆、中国藏学研究中心合编：《九世班禅内地活动及返藏受阻档案选编》，中国藏学出版社 1992 年版，第 299 页。

反抗。

1935 年 11 月，威廉逊在拉萨病故后，英印政府任命古德为锡金政治官。1936 年 4 月，英印政府打算修订西藏政策，认为必须维持一个友好的"自治"西藏地方政府，可以抵御中国"侵略"，维护印度东北部的利益。所以，英印政府必须对噶厦施加压力，对班禅返藏一事调停。在四五月份，英国外交部、印度事务部、英印政府就班禅返藏进行磋商，并重新拟定对策。英印外交部副部长卡罗就英国对西藏的政策及在班禅返藏上的作用特致电印度事务大臣，称在英国的保证下班禅和平返藏，将符合英国的政策。英国采取积极的干预措施，仍有实现和解的可能。方法有：一是诺布顿珠前往拉萨告知噶厦，英国就护卫队事宜仍在南京施加强硬的外交压力，督促中国政府放弃，并希望噶厦直接向中国提出抗议。二是由古德致函班禅，反对中国护卫其返藏；噶厦同意恢复其地位和财产；在返藏后，解决分歧；古德为调解人。三是英国将以更积极的方式介入，由古德主动促成双方达成协议，为拉萨提供实际援助，并拟向西藏地方政府承诺免商品过境税和在印度训练军官。①

印度事务部收到卡罗公函后，致电英国外交部称：在没有英国的介入下，噶厦与班禅不可能达成协议；班禅渴望在日喀则安度晚年，中国政府对班禅的影响不太强烈；古德的介入将诱惑班禅抛弃中国护卫队；若西藏地方政府接受古德的调解，承担反对中国护卫队的责任，并不会引起中国政府抗议和民众不满，原因有三：西藏易守难攻；中国满意英国对西藏没有领土企图；中国的注意力全在日本，不能过多关注西藏事务。

英国外交部讨论后回复西藏政策的原则是：维持西藏地位的完整性和自主权，不受包括中国在内的任何外国势力的影响；采取措施维持和加强亲英西藏地方政府的权力和地位；英国应努力阻止中国护卫队入藏；赞同古德积极调停，并促成双方达成协议；若班禅拒绝调停，英国将向西藏地方政府提供援助。②

由于诺布顿珠曾被噶厦授予扎萨的头衔，可以随时访问拉萨。英印政府派诺布顿珠先期赴藏，于 1936 年 6 月 26 日到达拉萨，与噶伦会晤，代表英

---

① L/P&S/12/4181 P.Z.2775/1936，《印度政府就英国对西藏政策及在班禅返藏问题建议》。

② L/P&S/12/4181 P.Z.3075/1936，《英国对印度政府建议的反应》。

国政府和英印政府调解班禅和噶厦的分歧，并要求噶厦答应古德访问拉萨。7 月 15 日，诺布顿珠致电印度外交部，称噶厦不希望英国介入与班禅的分歧，这是西藏内部事务。"班禅携带大量枪弹使西藏政府怀疑其真实意图，达成协议的可能性非常渺茫。"[①]英印政府指示古德尽快访问拉萨，探知西藏的整体局势，讨论西藏地方政府所关心的问题。

1936 年 7 月 31 日，古德一行离开甘托克，先到达江孜，在江孜商务专员黎吉生陪同下前往拉萨。从 1936 年 8 月 24 日至 1937 年 2 月，古德代表团在拉萨停留半年，无疑促使噶厦对护卫队问题采取了更坚决反对的态度。

外交部部长张群已无意与英方对抗，规劝黄慕松："如仍坚持原定计划，势必引起重大纠纷。倘事先不加审慎，深恐事后难于收拾。可否即令仪仗队护送至藏边为止之处，仍希察照迭次函文，再予考虑决择，以期边政、外交相安无事。"[②]此实是自丧国家主权，一旦同意英使的要求，将开外人干涉西藏内政恶例，中央将失去在西藏的威信，以后如何能经营西藏呢？此举政治恶果太明显，蒙藏委员会与外交部商定了一个比较折中的应付英方干涉的办法，1936 年 4 月 22 日，呈报给行政院："商定办法二项如下：（一）仪仗队之行动，视有无妨碍和平为准，于进至藏边时决定之。（二）现对英方不作肯定答复。"[③]兼任行政院院长的蒋介石很快批复同意，在既定立场上动摇，这是对英国的一次重大让步妥协。而身在拉萨的蒋致余仍在梦中，1936年 5 月初致电蒋介石，称热振活佛大权在握，极力反对中央的大卓尼已经被革职，各噶伦与职开诚相见，恭敬有理，"藏局至此，实已好转"，"倘班禅不于此沿途草盛之时启程入藏，时机一过，后事难知"。[④]1936 年 6 月 15 日，

① L/P&S/12/4181,P.Z.5266/1936，《印度外交部致印度事务大臣第 1640 号电报》（1936 年 7 月 21 日）。

② 《张群为处理英干涉护送班禅仪仗队入藏对策希再予考虑决择事致黄慕松函》（1936 年 4 月 6 日），载中国第二历史档案馆、中国藏学研究中心合编：《九世班禅内地活动及返藏受阻档案选编》，中国藏学出版社 1992 年版，第 302 页。

③ 《蒙藏委员会为与外交部商定应付英干涉护送班禅仪仗队入藏办法事致行政院呈》（1936 年 4 月 22 日），载中国第二历史档案馆、中国藏学研究中心合编：《九世班禅内地活动及返藏受阻档案选编》，中国藏学出版社 1992 年版，第 304 页。

④ 《蒋致余致行政院长蒋介石鱼电》，载中国第二历史档案馆、中国藏学研究中心合编：《九世班禅内地活动及返藏受阻档案选编》，中国藏学出版社 1992 年版，第 306—307 页。

西藏三大寺代表到达拉卜楞寺，拜见了班禅、诚允等人，言称西藏僧俗都渴望班禅早日回藏。诚允、班禅相继致电蒙藏委员会称时机大好，"班佛入藏绝无阻碍"，"竭诚表示欢迎专使入藏之意"，"中藏前途，想可乐观"，期盼中央速速决策。①

　　三大寺代表是亲汉力量，与噶厦的态度是有区别的。而英人则在拉萨怂恿噶厦，拒绝中央护卫队入藏。1936 年 8 月 24 日，蒋致余向蒋介石报告古德来拉萨的消息，称："英人此次来藏，其最终目的当在班禅回藏，希图调解卫藏事件，保存其在藏之地位。"②古德怂恿噶厦应坚持强硬地对待班禅，利用中国政府的困境，搞"独立"，这最大限度地符合西藏的利益。

　　与三大寺代表会谈后的班禅心情很好，认为回藏希望大增，主张从速启程。在没有得到噶厦明确表态之前，班禅特将部分行李运至西藏，为回藏做准备，此举显得过于急切，"班佛首批运来行李三百驮中，有步枪五十八杆、炸弹六百枚、无线电机全架、汽油十余驮，均被拉萨政府令饬黑河宗本扣留"③。这使得形势又变得迷离难测。噶厦政府连开五日会议，讨论未果。古德要求噶厦备一内容为"请不派兵护送班禅回藏"的正式公函，托英使转交国民政府。

　　此时，苦等无果、经费拮据的诚允心力疲惫，萌生去意，1936 年 7 月 24 日请求辞去护送专使，8 月 14 日，行政院任命赵守钰接任。9 月 8 日，班禅致电蒋介石，称当前多数人期盼汉藏和好，"兹为促前途顺利及制止少数当局野心起见，拟恳钧座电饬甘青川康军政领袖，详述中央派遣专使及仪仗队三百名护送回藏意义，倘藏方当局执迷不悟，万一武力见拒之

---

①　《诚允报闻哲蚌寺代表昂旺堪却表示中央本和平主张班禅入藏绝无阻碍情事致蒙藏委员会电》（1936 年 6 月 20 日），载中国第二历史档案馆、中国藏学研究中心合编：《九世班禅内地活动及返藏受阻档案选编》，中国藏学出版社 1992 年版，第 310 页。

②　《蒋致余致蒋介石敬电》（1936 年 8 月 24 日），《班禅返藏案》，台北"国史馆"藏西藏档，172—1/0018/019/4。

③　《蒋致余致蒋介石电》（1936 年 7 月 4 日），载中国第二历史档案馆、中国藏学研究中心合编：《九世班禅内地活动及返藏受阻档案选编》，中国藏学出版社 1992 年版，第 315 页。

时，即相机声援，用期实现和平，统一国防"①。而班禅左右多主张武力回藏，所列理由是：

  1.英国在西藏并无基础，其所欲见好于拉萨者，未尝不可以见好于扎什伦布，故武力回藏不致引起若何严重问题。

  2.康藏因信仰佛教，多数拥戴班禅，一旦用兵，康酋必多未协助藏方，僧俗亦必相率来归，况班禅已有枪数千，以之对藏而有余。

  3.青军方面，亦曾向班禅表示愿协助效劳。惟应否借重青军，将来须请示中央耳。②

1936 年 9 月 14 日，西藏驻京办事处转呈噶厦致蒙藏委员会电："兹闻护送班禅专使业已易人，谅中央亦不任其越入藏境。现因汉藏问题尚未解决，若遽派官员军队前来，深恐人民发生误会，与汉藏施主关系阻碍极大。"③

噶厦以汉藏和好要挟国民政府，这使得蒋介石非常为难，自黄慕松入藏以来，汉藏紧张关系大为缓和，和平洽商解决藏事，西藏问题似乎朝有利于和平的方向发展，这给中央政府莫大的希望。但是，若是接受噶厦的要求，中央不派一兵一员护送班禅，就不能彰显中央主权，大大有损中央威信，班禅返藏的政治意义无形中大为降低。若一味与噶厦和平协商势必导致班禅返藏之事无限期拖延下去。若是全力支持武力返藏，又破坏与前藏的和平关系，很可能激起英国的干涉，有损抗日大局。所以，蒋介石在班禅返藏问题上难下决断，使班禅返藏时机一失再失，最终拖延了之。可以看出蒋介石对西藏政策的真实想法：在全力抗日和内战大局之下维持西藏现状。

  1936 年 9 月下旬，蒋致余仍在苦苦哀劝蒋介石："查自达赖逝世，藏政

---

① 《班禅为报与西藏迎禅代表晤谈情形并坚持按原定计划回藏事致军委会电》（1936 年 9 月 8 日），载中国第二历史档案馆、中国藏学研究中心合编：《九世班禅内地活动及返藏受阻档案选编》，中国藏学出版社 1992 年版，第 344 页。

② 《蒙藏委员会调查室抄送班禅左右主张武力入藏班禅不欲兵戎相见情报致藏事处函》（1937 年 5 月 26 日），载中国第二历史档案馆、中国藏学研究中心合编：《九世班禅内地活动及返藏受阻档案选编》，中国藏学出版社 1992 年版，第 415 页。

③ 《班禅驻京办事处为转呈噶厦反对中央护送班禅官员卫队入藏事电致蒙藏委员会代电》（1936 年 9 月 14 日），载中国第二历史档案馆、中国藏学研究中心合编：《九世班禅内地活动及返藏受阻档案选编》，中国藏学出版社 1992 年版，第 344 页。

失去重心，藏中群众心理，均趋向于拥戴中央，而于班禅回藏，盼望尤切，并无发生疑虑与误会情事。其为此中梗者，不过少数当权世家，窃恐中央势力入藏有不利于彼等，故不惜抑坚民意，蒙蔽中央。班禅回藏一案，苟主持边政者能于计划之初熟察藏情，以迅雷不及掩耳之手段妥速办理，则大功早告厥成。乃黄前委员长计不及此，事前既坚持征求同意，事后复再三无谓解释，致启藏方轻视之心，多方反对。我愈解释，彼愈疑虑，我愈迟延，彼愈狡展。……职等驻藏日久，目击实情，就藏中现况而论，仍非班禅速回，藏事未由进行，又非派兵护送，班禅不能到达，固不仅有关中央威信已也。目前藏方虽唱拒抗，并未作何准备，英人虽肆挑拨，终难望有结果。惟乞钧座毅然主持，迅饬赵专使率领仪仗队护送班禅迅速前进，一俟班禅一行抵达结固，则藏方态度究竟如何转变，当可明白窥见，届时再行相机前进。只求在我有具体计划，终当获得最后之胜利。"① 蒋致余所说的并没有错，但是他不了解蒋介石不愿与英国恶化关系，维持西藏的现状，以不生事端为要务的想法。

1936 年 10 月 24 日，英驻华大使许阁森到中国外交部："关于班禅喇嘛携带卫队回藏事，西藏政府迭向中国政府抗议，要求撤回卫队，而中国方面每否认此事。现在西藏政府或恐中国政府认为西藏未尝表示异议，故特另备公文托本大使转交，兹面递查收。"② 英国代转我国西藏地方政府的公文，是公然侵犯我国主权之举，理所当然地遭到外交部拒绝。英国唆使藏军渡过金沙江，攻击德格、白玉等地，康藏形势骤然紧张。而日本侵华态势日益严重，外交部欧美司司长刘师舜认为在当此对日外交严峻之时，应与英保持友善关系，11 月 25 日，英驻华使馆领事裨德本将西藏"托交"公文转给蒙藏委员会秘书周昆田，但未索取收条。蒙藏委员会以非正式手续接收。在英人的要求下，噶厦坚持："中藏交涉未解决时，中央官军绝对不

① 《蒋致余致蒋介石电》（1936 年 9 月），载中国第二历史档案馆、中国藏学研究中心合编：《九世班禅内地活动及返藏受阻档案选编》，中国藏学出版社 1992 年版，第 348—349 页。
② 《外交部为英使转递噶厦反对中央派队护送班禅入藏公文拒绝收转事致蒙藏委员会公函》（1936 年 10 月 24 日），载中国第二历史档案馆、中国藏学研究中心合编：《九世班禅内地活动及返藏受阻档案选编》，中国藏学出版社 1992 年版，第 354 页。

得入藏。"①

1936年12月10日，英驻华使馆给中国外交部发来正式照会：

> 按印度边界及毗连各地之邻境，须有一能维持和平与治安之巩固有
> 力政府之存在，乃英国主要利益之一……是以英国政府及印度政府对
> 于危害上述情形，及妨扰西藏和平与治安之任何行动或情事，极为重
> 视……英国政府所严重顾虑者，深恐中国政府不顾西藏政府之反对，而
> 坚持其派队护送班禅喇嘛之议，则足以使其返藏之行无期延缓。且如此
> 不仅引起西藏之不安，或竟发生纠纷，甚至可使中藏间发生一困难之情
> 势。本大使是以希望中国政府，不惟鉴于西藏政府之上述愿望，且应顾
> 念上述之英国政府与印度政府之密切关系，以及中英两政府间之友谊，
> 对于下述建议，予以同意。即在中藏边界上，择一相宜地点，使中国护
> 送仪仗队，由班禅喇嘛本人之随从人员代替之。中国护送专使之任务，
> 则交与西藏政府之代表。②

1936年12月12日，西安事变爆发，蒋介石被扣的消息传到西藏。蒋
致余特致电行政院表示，英国人宣传蒋介石被共产党监视，"中国已无
希望"。③ 趁机挑唆以坚分裂分子之心。12月18日，噶厦致电蒙藏委员会再
次要求撤回护送仪仗队。

随后，班禅方面接到身在拉萨的安钦活佛电称："前藏少数人士，对仪
仗队虽表面稍持异议，而实际并无坚决反对之计划。经向各方探询，并以个
人观察，中央如能允许所带仪仗队于护送到藏后即行撤回，则少数怀疑者当
不至再事坚持。"班禅方面也对噶厦作出了让步，提出"仪仗队护送班禅到

① 《蒙藏委员会为英驻华使馆转递噶厦拒绝中央派员护送班禅入藏事致行政院呈》（1936
年11月27日），载中国第二历史档案馆、中国藏学研究中心合编：《九世班禅内地活动
及返藏受阻档案选编》，中国藏学出版社1992年版，第357—358页。
② 《照译驻华英大使十二月十日来照》（1936年12月），载中国第二历史档案馆、中国藏
学研究中心合编：《九世班禅内地活动及返藏受阻档案选编》，中国藏学出版社1992年
版，第365—366页。
③ 《蒋致余致行政院代院长孔祥熙电》，载中国第二历史档案馆、中国藏学研究中心合编：
《九世班禅内地活动及返藏受阻档案选编》，中国藏学出版社1992年版，第363页。

藏后即行撤回"的建议，报请中央明示。① 看到班禅方面主动提议，国民政府也就顺势核准。1937年1月13日，国民政府行政院第296次会议决议："仪仗队护送班禅到达后，即行撤回。"② 并通知外交部、蒙藏委员会、班禅、噶厦、赵守钰、蒋致余等有关各方。2月20日，噶厦通过西藏驻京办事处转致蒋介石电："务请制止护送班禅官员及仪仗队越入藏境。"③ 仍坚持中央仪仗队不得进入藏境。3月9日下午，蒙藏委员会委员长吴忠信受蒋介石之命召见西藏驻京办事处处长，代表政府面告其中央派官兵护送班禅大师入藏之事决无更改，请转告噶厦速派噶伦进京商洽。

接到行政院决议的蒋致余在拉萨连日设宴，招待各噶伦及僧俗官员百余人，对汉藏问题做进一步商洽。在席中，噶伦对赴京商洽一事，"确有几分诚意"，但仍坚持拒阻仪仗队入藏，蒋致余提出三个方法："（1）仪仗队不入拉萨，径赴扎什伦布寺；（2）暂缓至本年六月为止，以俟噶布伦入京商洽；（3）到藏后即行撤回。"④ 据蒋观察，噶伦对前两项办法比较感兴趣，态度和缓了很多，表示继续商洽。蒋致余将会谈结果电告蒋介石。

1937年3月底，蒋致余致电蒋介石，仍恳切建议："关于藏事之解决，主武力，重班禅；主和平，重达赖……中央既不主武力，侧重班禅，以谋彻底改造西藏，似应贯彻和平初旨，谋藏事之初步解决。倘一面坚持派遣官兵护送班禅回藏，一面又欲和平应付藏政府，则势必至如治丝而焚，徒旷时

---

① 《蒙藏委员会为拟定护送班禅仪仗队入藏办法致行政院呈》（1936年12月31日），载中国第二历史档案馆、中国藏学研究中心合编：《九世班禅内地活动及返藏受阻档案选编》，中国藏学出版社1992年版，第368—369页。

② 《行政院为准仪仗队护送班禅到藏后即行撤回致蒙藏委员会指令》（1937年1月13日），载中国第二历史档案馆、中国藏学研究中心合编：《九世班禅内地活动及返藏受阻档案选编》，中国藏学出版社1992年版，第371页。

③ 《噶厦致蒋介石电》（1937年2月），载中国第二历史档案馆、中国藏学研究中心合编：《九世班禅内地活动及返藏受阻档案选编》，中国藏学出版社1992年版，第379页。

④ 《蒋致余致行政院院长蒋介石电》（1937年3月），载中国第二历史档案馆、中国藏学研究中心合编：《九世班禅内地活动及返藏受阻档案选编》，中国藏学出版社1992年版，第390—391页。

日，无裨事实。且藏事为我内政范围，决不能容外人之干涉挑拨。"① 呼吁藏事不能再久拖不决，期望速下决断。

英国则不遗余力地挑唆噶厦，蒋致余报告："英人坐收渔利，于最近迭向藏中各有力方面活动。"② 江孜商务委员到噶厦活动："班禅内部不和，无能为力，可不畏恐。""中藏交涉，中国政府重视西藏，宁愿联合藏政府，而不注重班禅。"③ "英人对于藏方派遣噶布伦入京一节，根据密约从中破坏，声称中藏事项，非有英国参加，藏方不得直接向中央接洽，并声言中国兵力现尚不能达于西藏，且无意用兵西藏，嘱其不必惶惧。"④

在英人的挑拨下，1937 年 5 月，西藏民众大会决定不派噶伦入京，武力抗拒中央官兵护送班禅回藏，下令藏军准备开拔赴康。噶厦调集藏军布防昌都、金沙江一带。蒋致余分析噶厦的心理："目下藏方对于中央，明知抗命力有不逮，固具有避免风险、及时和平解决之诚意。对于班禅回藏及护送仪仗队，则又已下铤而走险、实行武力拒阻之决心。"⑤ 他认为中央不示威无法达到和平途径。"不论藏方或迎或拒，策之上者以令刘文辉总指挥收复昌都，压逼藏方立派噶布伦入京解决藏事。其次，则班禅回藏后，仪仗队仍不宜撤回，更一面令刘文辉总指挥增兵康东示威，压逼藏方立即谈判，藏事亦

① 《蒋致余致行政院院长蒋介石电》（1937 年 3 月 30 日），载中国第二历史档案馆、中国藏学研究中心合编：《九世班禅内地活动及返藏受阻档案选编》，中国藏学出版社 1992 年版，第 396—397 页。

② 《蒋致余致行政院院长蒋介石电》（1937 年 3 月 18 日），载中国第二历史档案馆、中国藏学研究中心合编：《九世班禅内地活动及返藏受阻档案选编》，中国藏学出版社 1992 年版，第 391 页。

③ 《蒋致余致行政院院长蒋介石电》（1937 年 3 月 30 日），载中国第二历史档案馆、中国藏学研究中心合编：《九世班禅内地活动及返藏受阻档案选编》，中国藏学出版社 1992 年版，第 396 页。

④ 《蒋致余致蒋介石电》（1937 年 5 月 10 日），载中国第二历史档案馆、中国藏学研究中心合编：《九世班禅内地活动及返藏受阻档案选编》，中国藏学出版社 1992 年版，第 409 页。

⑤ 《蒋致余致行政院院长蒋介石电》（1937 年 4 月），载中国第二历史档案馆、中国藏学研究中心合编：《九世班禅内地活动及返藏受阻档案选编》，中国藏学出版社 1992 年版，第 401 页。

可初步解决。"①

蒙藏委员会否决了蒋致余所提班禅入藏路线的二项办法："护送班禅官员及仪仗队，应照院会原定办法办理，碍难变更，蒋参议宜照前案不必再与藏方有所洽谈。"②也就是说，蒙藏委员会坚持仪仗队护送班禅入藏后即撤回的原定方案。

身在前方的赵守钰、班禅各派代表在邓柯与三大寺、噶厦代表谈判。班禅代表旺堆罗布提出：

（一）于后藏长练兵内调五百名永远归作班禅卫队，军饷则仍由长练兵饷内拨发。

（二）驻后藏之拉萨营官，于近六年中须由班禅方面同意派遣。

（三）班禅所带中央仪仗队，到藏后准速撤回，如其不信，俟班禅抵西藏交界时具结，由扎什伦布或三大寺人等担保。③

藏方提出仪仗队到藏撤回方法，须有中间人保证；班禅答复噶厦须归还日喀则宗，双方无法谈拢。邓柯会议未取得最后结果。班禅归念心切，决定于短期内入藏，定于1937年8月中旬启程入藏。据蒋致余观察，日前热振严词训责噶伦，力主和平解决，藏中亲汉官民急盼中央官兵迅速来藏，噶厦内心惶急，此时正适宜长驱入藏，使其无观望犹豫之余地。噶厦也深知班禅入藏事情到了最后关头，少数分裂势力看到强烈支持班禅尽快回藏的民意，也倍感惊恐，只好求助于问卜，"神示不许抗拒中央护送官兵"，不得不另想花招。噶厦答复班禅："仪仗队只准护送径赴后藏，到后即速撤回，须外

① 《蒋致余致行政院院长蒋介石电》（1937年6月），载中国第二历史档案馆、中国藏学研究中心合编：《九世班禅内地活动及返藏受阻档案选编》，中国藏学出版社1992年版，第421页。

② 《蒙藏委员会为拟议解决藏事办法四项并转饬蒋致余知照事致行政院秘书处公函》（1937年4月2日），载中国第二历史档案馆、中国藏学研究中心合编：《九世班禅内地活动及返藏受阻档案选编》，中国藏学出版社1992年版，第399页。

③ 《安钦呼图克图为班禅代表向拉萨代表提出班禅入藏三项要求事致吴忠信函》（1937年7月16日），载中国第二历史档案馆、中国藏学研究中心合编：《九世班禅内地活动及返藏受阻档案选编》，中国藏学出版社1992年版，第423—424页。

国人居间担保，日喀则宗不让，班禅如不允诺，即实行抗拒。"①

英国政府见噶厦信心动摇，又派许阁森来外交部施压："仪仗队果入藏，无论藏方意见如何，乃为英方之所不能同意。"并于次日递交正式公函。②此时，日本已经发动全面侵华战争。中国内地局势恶化，迫使国民政府不得不慎重考虑。重庆行营经过再三考虑，最终决定"以避免武力，力图和平送达为宜"，理由是：

（一）边地用兵，扼于地理险阻、人事拮据，收功最为难必。

（二）达赖、班禅二系，其初虽在亲英、亲汉之分，然达赖晚年亦已同心内向，热振摄位，诚信有加……或不宜因班禅回藏小有参差，遂外视达赖一方而竟绝之也。

（三）藏方表示抗拒，据闻其意不在班禅之归，而在扈从之人……则藏方抗拒之形，乃基于卫身家、卫宗教之心理，尚未可以反对班禅，违逆中央目之。

（四）班禅克成愿望，全国所钦，随处安禅，皆可利物。目前似无取冒难回藏，徒增阢陧，即令回藏，亦有侧重政治与侧重宗教之殊。如回藏之旨在收揽达赖政权，则与原有统系相乖，必招噶厦反抗，一朝变置，久而后宁，既难必其有成，成亦虑其弗固，革其无悔，谋国者盖重言之。如回藏之旨在恢宏本有教权，则固全藏人士之所欢迎，毫无阻碍，此时本问题正在变化之际，取舍仍属自如，倘认为挟前旨以去，其道难通，则转以班禅回藏专为宏教之意宣示全藏，以利其行，未为不可。但得归藏以后，坐镇僧俗、稳定后防、辅政相民之效，自然兼收；必欲用兵，反成僵局。现在班禅驻锡玉树，其地瘠陋，非可久留，若我中枢不速运神断，早为解决，则未来事端难保无重劳当宁廑虑者。

上述理由可归纳为两点：一是西藏地理险峭，后勤运输困难，损耗巨

① 《蒙藏委员会为班禅与噶厦商讨仪仗队入藏条件及藏方问卜神示不许拒抗中央护送官兵等事致赵守钰电》(1937 年 7 月)，载中国第二历史档案馆、中国藏学研究中心合编：《九世班禅内地活动及返藏受阻档案选编》，中国藏学出版社 1992 年版，第 437 页。

② 《外交部为英使表示仪仗队入藏无论藏方意见如何英国不能同意事致蒙藏委员会公函》(1937 年 8 月 4 日)，载中国第二历史档案馆、中国藏学研究中心合编：《九世班禅内地活动及返藏受阻档案选编》，中国藏学出版社 1992 年版，第 441 页。

大，不利于用兵，非短时能解决，若噶厦背我而附英，则收复困难。二是仍坚持争取达赖集团为先，与噶厦商洽和平解决藏事的指导原则。班禅虽然内向亲汉，但是在实力、政教权力上要远逊达赖系统，若是扶植班禅而放弃达赖一方，将会引起噶厦的反抗，引起藏中内乱，反而不利于中央政府。这应是蒋介石考虑不对藏用兵的两个主要原因，都是从西藏地方内部角度出发。至于英国干涉、国内战争、抗日则是其他三个原因，但是，若是公开说出，似易受讥讽。至于所借班禅随从言行不端等都是借口，无关大局。重庆行营分析得有道理。但是，此次班禅回藏，应是民国20多年来，中央政府恢复在西藏行政管辖最好的一次机会。一是亲英势力已经减弱，藏中僧俗对英人颇为反感。二是以热振为代表的亲汉力量增强。三是班禅在全藏僧俗中有很高的政治、宗教地位，回藏是民心所向。四是国民政府综合实力要强于北洋政府，具备了统一西藏的政治、军事、经济条件。五是第二次世界大战阴云已经笼罩欧洲，英国虽然实行对德、日、意的绥靖政策，但也在全力筹划政治、经济、军事的应对，无法军事干涉藏事。同时，英国在华有巨大的商业利益，若是公开出兵西藏，将招致中国人民的强烈反对而蒙受巨大的经济、外交损失。另外，美国也出于在远东利益的考虑而加以反对。这是英国外交部一直反对英印政府前进派强硬政策，也是为什么仅仅对噶厦承诺外交支持，而不是军事支持的最重要原因。所以，若是国民政府果断对西藏用兵，虽英国强烈外交干涉但也无实力出兵。巴县重庆行营是抗战时期负责西南国防的最高指挥中枢，代表了蒋介石的个人意旨。因此，利用班禅返藏这一良机，是否果断派兵入藏，是在考验蒋介石个人的政治魄力和战略眼光。事实证明，蒋介石不具备这种政治勇气，不仅在班禅入藏，而且在之后的康印公路、热振事件中都放弃了用兵西藏的机会。这正是具体经办藏事的吴忠信、蒋致余等人心有不满，私下议论蒋介石无能的原因。

重庆行营又提出解决班禅回藏及今后处理藏事的八项办法：

（一）由中央迅行派遣诚信素著大员再行披诚晓谕藏方，以政府护送班禅回藏德意，务期彻底谅解，达到仍旧和平护送入藏之目的；如藏方仍不同意，则责令组织迎护队于适当地点与我护送官兵交替，负责保护大师回藏之安全。

（二）如班禅因原护送人员、部队不得入藏而不愿回，即仍令宣化西陲，驻于西宁塔尔寺等处，借以团结内蒙古、甘青诸民族。

（三）西藏问题如不能因班禅之归得进一步解决，则今后对于达赖一系即当益加扶植怀来，俾与班禅一系同心向内，共护中枢，以宏厥休，而固吾圉。

（四）采纳蒋参议蒸电第一项意见，明示藏人，准其依照旧时佛法规范治理，绝不轻以新时代政制、政理变更其固有之政治机构与社会组织。

（五）达赖之呼毕勒罕闻已转生，其处所且接近内地，应特别予以寻求之便利与扶助，于寻得后，隆其安送禅榻之礼，借收精诚团结之效。

（六）特别注意青、康两省政治，于无损宗教精神、不背人民信仰之条件下，力图刷新，以增进藏卫观感，诱其忻慕步趋，俾无形中同化于我。

（七）对西藏各系人物之有才识、可造就者，广为吸引，量能位置于中央机关或送入相当学校肄业，以资鼓舞，而昭宏育，借挽背我亲英之失。

（八）藏方一向与中央隔阂，交通梗阻不便，实为一有力之因，为促进双方关系，使日臻于亲睦融洽计，宜及时为藏方商洽筹办青藏与康藏间之邮航、公路等，以为完成建国方略中高原铁路系统计划之准备。①

蒋介石避免武力，侧重达赖一系，和平解决西藏问题的基本方针未变，蒋致余、班禅、赵守钰等犹未知其意。1937 年 7 月 27 日，蒋致余建议：

（一）拟请分饬班禅、赵专使克期首途，早日莅藏。

（二）拟请将计就计，分别授意康刘、青马、多吉以去岁藏军东犯善后为词，同时电责藏军退出康境，免再发生意外，促其觉悟。

---

① 《军委会办公厅为转送重庆行营对解决班禅回藏问题及今后处理藏事的意见致蒙藏委员会公函》（1937 年 7 月 19 日），载中国第二历史档案馆、中国藏学研究中心合编：《九世班禅内地活动及返藏受阻档案选编》，中国藏学出版社 1992 年版，第 426—429 页。

　　（三）拟请政府电饬热振、司伦、噶厦重提前议，责令立派噶布伦随职入京，商洽解决办法；并责令支给乌拉，先行招待接替人员来藏。①

　　班禅与赵守钰面谈自己的看法："噶厦态度狡展异常，意在以延宕手段阻我入藏。若待各项问题解决而后入藏，则入藏仍必无期限。不问噶厦态度如何，决于阴历七月启程。惟为减少前途阻力计，拟请中央酌派飞机，并饬青、康当局虚作军事准备，以壮声势。"赵守钰提出到黑水后对噶厦方面应有顾虑三点："（一）消极抗拒，不供给乌拉、燃料。（二）积极抗拒，实行武力阻止。（三）迎班禅入藏而拒中央官兵。"班禅答："（一）过黑水两站即入后藏境界，乌拉、燃料必可得到当地人民供给。（二）必要时不赴拉萨，径回后藏，噶厦不致以武力拒阻。（三）中央官兵由三大寺担保，以祛噶厦疑虑。"班禅决意与中央官兵同进退。赵守钰复提噶厦反复无信，拟请蒙藏委员会再电噶厦剀切说明中央爱护西藏之意，并严词加以诘责，一方面再由专使以和平态度致文三大寺代表及多仁台吉等转电噶厦解释一切，以促噶厦之觉悟。班禅对此表示同意。据赵守钰分析，班禅此次主张之所以积极，不外下列数因："（一）班佛离藏日久，归念甚切。（二）班佛左右亦欲早日回藏。（三）玉树环境不容久住。（四）抗日战起，非短时所能结束，不趁此时入藏，以后困难更多。"他担心"万一噶厦以武力抗拒，中央将何以维持威信？"呈请行政院速下决断。②

　　此时，拉萨盛传抗日战事对中国不利，态度变得强硬，邓柯、德格西岸藏军采买大批给养，遣回官兵眷属，似有备战之势。1937 年 8 月 19 日，行政院第 325 次会议决议："抗战期间，班禅应暂缓入藏，先暂住政府指定地点。"③蒋介石正式作出班禅暂缓返藏的决定。陈布雷致吴忠信函，转达蒋

————————

①　《蒋致余致行政院院长蒋介石电》（1937 年 7 月），载中国第二历史档案馆、中国藏学研究中心合编：《九世班禅内地活动及返藏受阻档案选编》，中国藏学出版社 1992 年版，第 439 页。

②　《赵守钰为与班禅入藏对策事致蒙藏委员会电》（1937 年 8 月 8 日），载中国第二历史档案馆、中国藏学研究中心合编：《九世班禅内地活动及返藏受阻档案选编》，中国藏学出版社 1992 年版，第 443—444 页。

③　《行政院为班禅暂缓入藏致蒙藏委员会训令》（1937 年 8 月 19 日），载中国第二历史档案馆、中国藏学研究中心合编：《九世班禅内地活动及返藏受阻档案选编》，中国藏学出版社 1992 年版，第 452 页。

介石的批示："此时中英关系必须顾全，仪仗队入藏恐启纠纷，应商请季陶先生婉电班禅，劝以特别慎重，如必须入藏，则须得藏方有确实回音，且派队到边境相接，一切妥适后，方可决定。至仪仗队，只能达边境为止，不可入藏。"①

接到行政院"暂缓西进"电令的班禅一行遵从政府命令，"决不舍中央护送官兵与仪仗队入藏，尤不愿入藏后受拉萨政府限制而与中央疏远，现决遵令缓进"。②班禅方面暂停入藏，静候中央指示。1937年9月29日，英驻华使馆参事贺武来到外交部面交备忘录一件，称："英国政府认西藏虽在中国宗主权之下，但在其本身管区内则属自治的，英国政府视其完整与自治为重要利益中原因之一，未经约妥，派遣中国军队以变更现状之企图，尤其于未得西藏政府同意时，英国政府均认为危及本国利益，因此不能不加关切。而信赖中国政府将令仪仗队撤退。"外交部意见是："我方处此非常时期，既不宜与藏方兵戎相见，尤万不能对英引起重大纠纷"，"统观今日局势，默察英方态度，认为此时不宜令其入藏"。③国民政府在抗日危局下，最终屈从英国的外交压力，放弃了武力支持班禅返藏，借班禅返藏和平解决藏事的愿望落空。

1937年9月30日，噶厦致电班禅行辕："限中央护送官兵到藏后一二月内即由海道全体撤回，并须佛座签字承认今后服从前藏政府命令。"④班禅本人不愿意在噶厦的屈辱条件下返藏，忧国心切，顾全抗日大局，决定率属自玉树移驻西康甘孜。

---

① 《陈布雷转示蒋介石为顾全中英关系班禅入藏须特别慎重仪仗队不可入藏谕致吴忠信函》（1937年9月28日），载中国第二历史档案馆、中国藏学研究中心合编：《九世班禅内地活动及返藏受阻档案选编》，中国藏学出版社1992年版，第457页。

② 《赵守钰致行政院院长蒋介石电》（1937年10月），载中国第二历史档案馆、中国藏学研究中心合编：《九世班禅内地活动及返藏受阻档案选编》，中国藏学出版社1992年版，第464页。

③ 《外交部为英国干涉班禅仪仗队入藏并亦认为不宜入藏事致蒙藏委员会公函》（1937年10月1日），载中国第二历史档案馆、中国藏学研究中心合编：《九世班禅内地活动及返藏受阻档案选编》，中国藏学出版社1992年版，第459页。

④ 《班禅堪布厅为噶厦所提条件无法接受大师率属移驻甘孜事致班禅办事处电》（1937年9月30日），载中国第二历史档案馆、中国藏学研究中心合编：《九世班禅内地活动及返藏受阻档案选编》，中国藏学出版社1992年版，第458页。

　　至此，班禅返藏之念彻底断绝。随后，发表《告西陲民众书》，号召蒙藏各界同胞爱国爱民，团结一致援助前方将士抗日救国。大师多年奔走内地，宣化护国，忧伤藏事，心力疲惫，回藏之望终为泡影，化为沉重的精神打击。1937年11月间，班禅病重不能安卧，饮食难进，12月1日，病逝于玉树行辕。临终遗嘱仍感念中央优遇，询问抗战消息，期盼汉藏和好，留下了不能回归藏土的遗憾。12月23日，国民政府追赠班禅"护国宣化广慧圆觉大师"封号，派考试院院长戴传贤到甘孜致祭，在重庆设立治丧委员会，举办班禅大师追荐大会，令中央各部、院、会派人致祭，各省及佛教团体亦来电哀悼，前后藏及藏区各寺院皆派人来玉树祭奠诵经。1938年3月15日，行政院指示撤销护送专使行署。4月12日，蒙藏委员会拟定《班禅善后办法》11条，裁撤西陲宣化使公署，安置人员、灵柩返藏等。留在内地的班禅行辕人员，则继续寻访转世灵童，为十世班禅认定、坐床、汉藏和好继续工作。1940年11月，赵守钰护送班禅灵柩交予藏方代表，送归扎什伦布寺安葬。

　　班禅寓居内地13年，无时不想返回扎什伦布，最终愿望落空，究其原因：一是英国极力阻挠班禅在中央政府支持下返藏。二是达赖集团与班禅系统在税收、财产、管辖权力方面的矛盾难以调和。三是基于国内外政治局势的考虑和自身实力的不济，国民政府的中心任务是依靠美英援助打内战和抗日，确立了和平解决藏事的原则。同时，国民政府临事的软弱、犹豫不决、瞻前顾后的特点也表现得淋漓尽致，丧失了借班禅返藏恢复中央威权的最好机会，英国和噶厦从这次较量中看到了国民政府的软弱，以后更加肆无忌惮。

第四章　国民政府坚守主权派黄慕松、吴忠信入藏

十三世达赖圆寂之后，西藏地方当局失去了政教首领，各派政治势力争权夺利。司伦朗敦和首席噶伦泽墨（又称"赤门"）、孜本龙厦联合打掉土丹贡培之后，推五世热振活佛出任摄政。龙厦发动噶厦改革运动失败之后，热振设计解除了噶伦泽墨和司伦朗敦的职务，确立了以摄政为中心的政权格局。热振摄政是亲汉代表人物，在位期间，国民政府派遣中央代表黄慕松册封、致祭十三世达赖，推动九世班禅返藏；委派蒙藏委员会委员长吴忠信入藏主持十四世达赖坐床大典，努力恢复西藏地方与中央政府的正常关系，抵制英国的干涉破坏，取得一定的成果。

第一节　黄慕松入藏致祭册封与拉萨会谈

1933 年 12 月 20 日，噶厦将十三世达赖圆寂的消息电告蒙藏委员会。次日，蒙藏委员会委员长石青阳致噶厦唁电慰问。22 日，国民政府发布册封令，追赠达赖"护国弘化普慈圆觉大师"封号，议定褒崇典礼。并由蒙藏委员会面示西藏驻京代表，提出"拟请速派大员入藏吊唁，借谋中央与西藏一切问题之解决"。1934 年 1 月 8 日，驻京代表贡觉仲尼致蒙藏委员会呈："旋奉西藏司伦、噶厦、译仓两次复电"，"转请速派大员入藏，早日出发"。①

---

① 《西藏驻京办事处为催请大员入藏事致蒙藏委员会呈》（1934 年 1 月 8 日），载中国藏学研究中心、中国第二历史档案馆等合编：《元以来西藏地方与中央政府关系档案史料汇编》第六册，中国藏学出版社 1994 年版，第 2653 页。

1934年1月12日，国民政府特派参谋本部次长黄慕松为专使，组建行署，任命刘朴忱、蒋致余、高长柱等为随员，筹备入藏事宜。2月1日，行政院第145次会议决议《达赖大师圆寂褒崇典礼办法》，国民政府拟派大员赴藏致祭、册封。2月14日在南京为达赖开追悼大会，党、政、军、民、学各界代表前往致祭悼念。黄慕松行前，军事委员会、内政部、外交部、蒙藏委员会、参谋本部等各派员开会讨论，拟定《大员入藏训条》共4条8项，作为与西藏地方当局接洽的指导原则。

一、关于外交者

1.西藏为我国领土，所有应行解决之各种问题，均属内政范围，应由中央与西藏地方政府直接交涉，避免外人干涉。

2.西藏过去如有与外国订立条约未经中央承认者，应呈报中央审核处理。

3.俟西藏各种问题均有具体解决办法后，由政府与各关系国以平等互惠为原则，另订关于西藏之通商条约。

二、关于政治者

1.恢复中央与西藏原有之统属关系

A.中央与西藏仍照前例安设驻藏办事长官。B.西藏改派负责代表，设立驻京办事处。C.西藏地方政府之最高级官吏，应照旧例呈请中央任命。D.西藏地方政治组织如有未臻妥善之处，应依据中央法令，参酌当地特殊情形，详议改善办法。E.汉藏人民通商旅行，应准绝对自由。F.西藏地方建设事业，在经济上、人才上中央应量予协助。

2.确定康藏界址

A.太昭嘉黎以东三十三县原为清末西康建省区域，但藏方颇多异议。本条第一项统属问题如能解决，界址问题不妨酌予让步。B.昌都位于西康中部，为川、康、藏、滇、青交通枢纽，在军事上尤占重要地位，必须划入西康范围以内。C.康藏界址确定后，应即竖立碑石，以免日后纠纷。

三、关于军事者

1.西藏地方军队应确定名额，由中央派员指导训练，专负维持地方治安之责。

2. 西藏西南边界之国防建设及国防军之统率由中央统筹办理。

3. 西藏地方为自卫计所需枪械由中央发给，不得向外购买。

以上三条为中央对于解决西藏问题之最高原则，其具体办法由入藏大员与西藏地方当局评商拟定，呈候核夺。①

上述体现了国民政府维护国家统一，恢复在西藏政治、外交、军事上主权管理的主旨，也是黄慕松专使办理藏事所遵循的原则。其问题在于：一是国民政府对西藏噶厦、贵族集团内部自主派、亲英势力的态度不了解，对困难估计的不足；二是中央政府是否有能力、有决心反对英国的破坏阻挠？黄慕松在拉萨所面临的现实问题，更为复杂棘手。

英国政府在密切关注西藏局势的发展。达赖圆寂后，英国政府印度事务部内部重申英国在西藏的利益应该坚持三原则：承认中国"宗主权"下的西藏"自治"，不会对中国扩大在西藏的影响漠然视之；1914年《西姆拉条约》（草案）规定西藏是"自治"的，英国会提供适当的帮助。②获知黄慕松准备入藏的信息后，英国政府也在筹划应对政策。英印政府一直主张对中国采取强硬的对策，向英国政府报告认为黄慕松入藏可能导致中央政府在拉萨派驻代表的局面出现，汉人将增强在拉萨的影响，削弱英国的地位，继续维持"西藏完全自治"的地位将有利于印度东北部的安全。锡金政治官威廉逊认为目前西藏的局势不利于英印，要求访问拉萨，支持噶厦对抗中国政府。威廉逊先派助理诺布顿珠做前锋赴拉萨，以祝贺热振摄政登位为名打探消息，路过江孜时，与擦绒会谈。据擦绒告知黄慕松："外人（诺布顿珠）劝其统兵协同英兵进入拉萨，举行政治改革"，为其婉拒。③英国有策动政变或革新西藏政治体制的打算，以此试探擦绒。

英国的想法由龙厦付诸行动。龙厦先联合司伦朗敦、首席噶伦泽墨、三

---

① 孔庆宗：《黄慕松入藏纪实》，载《西藏文史资料选辑》第5辑，1985年。

② L/P&S/12/4177 P.Z.1140/1934，有关汉藏关系及中国代表团前往拉萨的文件，印度事务部档案。

③ 《黄慕松为报擦绒云达赖喇嘛圆寂时外人劝渠统兵协同英兵入拉萨举行政治改革事致行政院等电》，载中国藏学研究中心、中国第二历史档案馆等合编：《元以来西藏地方与中央政府关系档案史料汇编》第六册，中国藏学出版社1994年版，第2672页。

大寺等，放逐最有权势的达赖近侍土丹贡培到工布，再组织亲英官员、贵族参加秘密会议，指责噶厦和泽墨专权，要求改革西藏政治体制，废除噶伦制度。四品官嘎雪向泽墨告密后，泽墨和朗敦逮捕龙厦，以亲英毁灭宗教的罪名施以挖眼刑罚。龙厦是一个主张西藏"独立"的民族主义者，既不亲汉内向，也不同于十三世达赖喇嘛信奉维持现状的策略，而是妄想借助英国的帮助，改革西藏政治体制，进行现代化改革，走"独立"自主的道路。龙厦政变迫使亲英分子在噶厦中的影响力下降。自主派和亲汉力量增强，这对黄慕松入藏洽商汉藏关系是一个利好消息。

1934 年 4 月 26 日，黄慕松由南京出发，经四川、西康，8 月 28 日到达拉萨。噶厦噶伦、官兵、僧俗、汉民代表、尼泊尔驻藏代表等上万人欢迎致敬，隆重热烈。黄慕松朝拜大昭寺、布达拉宫、哲蚌寺、色拉寺、甘丹寺，拜访热振活佛、甘丹赤巴、司伦、噶伦等僧俗首领，与各界联络感情，友好平和的外象暂时掩盖了背后的分歧和矛盾。

据黄慕松观察西藏政教派系现分亲英、亲汉、自主派。亲英派原以擦绒为首领，多居军政要职，握部分实权。自主派以首席噶伦泽墨为首，噶伦及以下大部分各级官员多属此派，掌握噶厦政权。亲汉派以三大寺喇嘛及僧官为多，俗官也有不少，唯无实权，甚散漫无明显主导人物，热振摄政等似是此派。亲英派和自主派皆是掌握军政实权的人，亲汉派多是喇嘛、低级官吏及普通民众，虽有热振活佛摄政倾向中央，但若亲英派和自主派联合抵制亲汉，就会大大削弱和平的力量，数年后亲汉的热振摄政退位及被害，都印证了这一点。

黄慕松来拉萨正是西藏经过多年战争，人心思定之时，亲汉声音高涨。早在 1934 年 4 月 25 日，诺布顿珠就抵达拉萨，刺探噶厦对黄慕松代表团的态度，攻击中国政府，交游噶厦官员，每晚赴首席噶伦泽墨处密谈，全程监视黄慕松在拉萨的活动。

在中央代表团到达拉萨前几天，诺布顿珠密会泽墨、朗穷娃噶伦探知他们的态度：如果黄慕松要讨论汉藏关系，西藏地方政府将提出《西姆拉条约》（草案）所持的立场；如果他们强迫西藏地方政府答应在拉萨设置一位驻藏大臣，西藏地方政府也许会表示同意，条件是没有干涉西藏"自治"的企图。这一条件无论在任何情况下，西藏都将坚持。中国反对英国与西藏有任何联系，在此情况下，西藏地方政府可能会直接与中国解决问题；如果西藏"独立"受到威胁，西藏地方政府将请求英印的帮助。①

1934 年 9 月 10 日，黄慕松先密会首席噶伦泽墨，洽商解决西藏问题的办法："（一）泽墨询可否依据西姆拉草约开始商谈？松告以中藏内部问题中央不愿第三者过问。陈贻范革职，乃国人唾弃之结果。（二）泽墨旋谓中藏结一条约如何？松告以藏方倘有希望，不妨逐条开具出来，松当为转呈中央核办。（三）中藏和好非有证人不可，并达赖在印度时亦有藏事请英信仰保证之诺言，询松之意见若何？松告以双方交涉首重诚意。苟无诚意，仅弥缝一时之冲突，虽有证人亦何足恃？（四）泽墨谓中央对西藏有具体之办法否？松告以达赖停丧在堂，中央不欲有所提示，但极愿聆悉西藏之希望。（五）泽墨允在噶厦及大公所将藏关于政治上、宗教上及其他重要问题具体议定后，提请商议。"②

1934 年 9 月 16 日上午，泽墨等四噶伦来到专使行署，举行第一次正式会谈。首先泽墨发言："汉藏之所以失和者，乃因边界问题启衅。……汉藏和好应先解决川藏边界问题。关于此事，中国既不愿英国从中调停，兹亦不提。然可否照唐柯三与琼让所订之约解决，或可请英国以外之国家从中解决。"黄慕松复称："唐柯三与琼让所拟之协定，不独未经签字，无可置喙，且其后又有冈拖协定，并已正式签字。何能更溯及唐柯三与琼让所拟之协定。至于中藏问题纯属内政，无论任何外国不能参加。且关于康藏界务诸问题，则必先商榷中藏关系一点。顺俟中藏关系确定后，始能谈及。""希望西藏方面将中藏和好事项逐次以书面开列送达，再行商洽。"泽墨噶伦许之，又称："中藏和好其事难，册封致祭其事易，要求先难后易，先商中藏和好，后行册封致祭典礼。"黄慕松表示："中央特派本专使为致祭达赖大师专使，册封、致祭为本专使首要任务。""若先洽商中藏和好而后举行册封致祭典礼，深恐启中央政府与全国民众之疑虑，似属

---

① ［美］梅·戈尔斯坦：《喇嘛王国的覆灭》，杜永彬译，中国藏学出版社 2005 年版，第 174—175 页。

② 《黄慕松密报与首席噶伦密晤谈情形致行政院等电》（1934 年 9 月 10 日），载中国藏学研究中心、中国第二历史档案馆等合编：《十三世达赖圆寂致祭和十四世达赖转世坐床档案选编》，中国藏学出版社 1991 年版，第 57—58 页。

不当。"①

四噶伦均默然，又谈及班禅回藏事宜，后告辞而返。在黄慕松的坚持下，噶厦答应先举行册封致祭典礼。噶厦商定 1934 年 9 月 23 日上午，在布达拉宫正殿举行册封典礼。黄慕松率职属全体人员参加，自司伦以下，四噶伦、僧俗官员、藏军军官数百人迎候礼堂，礼节甚为隆重。册封举行后，10 月 1 日在布达拉宫举行致祭大典。

与此同时，英国、英印政府内部也在紧急研讨对策。1934 年 9 月 17 日，印度政府外交和政治部长麦特卡夫致信威廉逊："关于中华民国特使赴藏一事，印度政府考虑到你们的预见，认为汉人使者入藏可能导致其在拉萨重新派驻一位使臣的局面出现，接踵而来的便可能是汉人在西藏影响的增强，并可能使英国在西藏的影响受到严重削弱。"目前，英国政府不打算对中国政府进一步施加压力，除非事情发展到难以控制的地步。这是因为：英国在中国内地有巨大的商业利益，极不希望与中国政府作对。英国政府不可能像日本割占满洲里一样公开把西藏从中国分裂出去而遭到任何怀疑。英国在西藏真正的兴趣和利益是维持印度边境的稳定。"而且我们的手脚在很大程度上被 1914 年关于中国对西藏宗主权承诺束缚住了。""我们认为，以某种形式保持印度政府在拉萨的影响是非常重要的。""我们应当提出所能采取的切实可行的措施来保持同西藏政府的友谊。"并且有必要用我们所能收集的各种论据尽力向大英政府作出合理的解释，促使他们从更广泛、更全面的角度去决定。"在以后几周，根据事态在拉萨的进一步发展，你们应把整个问题的通盘考虑提供给我。"②

1935 年 1 月 20 日，威廉逊复信麦特卡夫，颠倒黑白地歪曲"中国对西藏的威胁"，竟称："西藏已受到来自其东部和东北部边境的入侵的威胁，迫使他向中国割让土地，黄慕松便一直在制造这种恐惧和威胁"，"还会利用西藏对外来入侵的恐惧，得寸进尺地再提出割让领土的要求，并且会竭力威

---

① 中国第二历史档案馆、中国藏学研究中心合编：《黄慕松　吴忠信　赵守钰　戴传贤奉使办理藏事报告书》，中国藏学出版社 1993 年版，第 32、33 页。

② 印度事务部档案，L/PS/12/4177，1934 年 9 月 17 日，麦特卡夫致锡金政治官员的信，转引自[美]梅·戈尔斯坦：《喇嘛王国的覆灭》，杜永彬译，中国藏学出版社 2005 年版，第 187、188 页。

胁西藏，使其允许中国向拉萨派驻代表，以求获得西藏对外事务的发言权"。
"毫无疑问，中国是一个有害的邻邦"，"如果中国人再度获得对西藏的控制
权，那就可能不断地激起我们的焦虑和愤怒。我们不能够心安理得地对可能
会再度发生的这种事情熟视无睹"。"然而我却非常强烈地感到，无论如何，
我们都必须继续把西藏当做一个完全的自治的国家对待，如果中国的驻藏大
臣出现在拉萨，我们必须只把他当做一名外国代表来对待，在任何时候我们
都决不得以何种方式去同他协商或咨询有关西藏事务或对外关系的任何问
题。""西藏目前的局势非常危急"，"我们希望他本质上完全独立，即使在
名义上自治也好"。

威廉逊接着提出了大量建议，要在 1935 年夏季之前访问拉萨，"因为如
果我不能成行的话，西藏政府就会认为我们对近来事态的发展漠不关心，或
者认为我们已被黄慕松使团所取得的成功吓住了"。"如果允许我出访拉萨，
那么这样一次访问将会使我能够判定能否重建英国在西藏的某种影响。""我
还应当被授权向西藏建议，如果西藏政府愿意，我们将在印度帮助培训更多
的西藏政府官员和军队，或者是出于这一目的派遣英国官员去拉萨。这笔培
训费用由我们开支，我们将不要求西藏政府花一分钱，一旦西藏政府需要，
我们还应当随时准备向她出售更多的军需品。在西藏对汉人的入侵极为敏感
和恐惧的情况下，提供军需品（以及培训官员和军队）便是我们所能提供的
帮助。"威廉逊建议免去西藏地方当局购买军火积欠的几十万卢比，并请求
给他一笔约 7 万卢比的资金入藏，抵制中国的影响。威廉逊的建议得到了英
印和英国政府的批准。① 随后，威廉逊督促噶厦邀请他访问拉萨。

在威廉逊入藏前，黄慕松就汉藏政治关系与噶厦完成了洽商。1935 年 9
月 24 日，噶伦送专使行署公函一件，内容仍仅注重边界问题，并未谈及汉
藏政治关系。黄慕松召集全体职员开会，推刘朴忱前往噶厦商询。9 月 27 日，
刘朴忱赴泽墨住处，就黄慕松办理汉藏问题所持态度加以说明。10 月 2 日，
黄慕松以册封、致祭事毕，拜访热振活佛及司伦朗敦，表示感谢对方的襄

---

① 印度事务部档案，L/PS/12/4175，1935 年 1 月 20 日，威廉逊致麦特卡夫的信，转引自
[美] 梅·戈尔斯坦：《喇嘛王国的覆灭》，杜永彬译，中国藏学出版社 2005 年版，第
188—191 页。

助。司伦称："西藏当局愿以达赖所遗现状做去，若中央另有主张，须交西藏民众大会议决后方能洽商。目下西藏之重要问题，厥为西康地界之争执。"黄答："康藏纠纷固属重要，但中藏关系若不决定，征诸往例，决难达到福利目的。"①

1935 年 10 月 4 日，四噶伦来访，面递公函一封，大意是提出青海俄洛、川康之德格、瞻化、霍尔五属地（即甘孜、炉霍二县内之五土司地），原属西藏，以上土地官民应交还藏政府；并未提及汉藏和好之事。

1935 年 10 月 5 日，黄慕松召集行署全体职员会议，讨论噶厦复函，决议先由黄慕松访首席噶伦泽墨。"专使问：五族共和、共同建设中华民国，西藏是否诚意合作？泽墨答：若满蒙各族加入，西藏亦可加入也。""专使问：西藏对中央政治关系如何？泽墨答：对外可用整个力量，但内部则当继续昔时檀越关系，若内地人士欲抢夺西藏之政权，则万难办到。康藏问题，为全藏人民最所渴望迅速解决之事件，应求先行办理。专使答：中央立场，吾人宜加体贴，倘中藏之政治关系不先行解决，则内地民众及边区官吏之疑虑自不能释，何能求边界问题之解决。"②

1935 年 10 月 7 日、8 日，黄慕松派刘朴忱总参议、巫明远参议两次前往噶厦，面递噶伦复函，转达专使对于中藏和好问题的意见："一、对内谋西藏之安定，二、对外谋力量之结合。"所谓谋西藏安定者，就是迅速解决康藏问题和班禅返藏问题。对外而言，就是集合全国力量，共同一致对外，方能自立自足。并敦请西藏地方当局明示对中央政治关系，然后中央始能负责安定西藏，亦无抢夺西藏政权之意。

噶厦召集西藏民众大会讨论对策，连议数日。会议后呈送黄慕松公函称："西藏为自主之国家，其内政教，无与于汉政府干预，汉方在藏亦不设官驻兵。西藏东北之西宁、康边界一节，如前函所陈，最好将通行汉藏语文之地及人民悉数设法交还藏政府。若汉政府有碍难时，以前青藏因边界之事，于先年彼此曾遣代表会议立约盖章者，希予履行。俄洛早属西藏，应仍

---

① 中国第二历史档案馆、中国藏学研究中心合编：《黄慕松 吴忠信 赵守钰 戴传贤奉使办理藏事报告书》，中国藏学出版社 1993 年版，第 34—35 页。

② 中国第二历史档案馆、中国藏学研究中心合编：《黄慕松 吴忠信 赵守钰 戴传贤奉使办理藏事报告书》，中国藏学出版社 1993 年版，第 36 页。

之，西宁不宜派兵威胁。四川西藏之边界，德格、沾化、霍尔五属等地人民，一时被汉方派兵强夺，立应交还藏政府。如是则顾全佛法，彼此边界之军皆可撤退。倘获安宁，即汉政府最近尊崇佛教、信赖达赖之心不变者。若以如是盛大之意顾念西藏，则汉藏两方檀越关系一致对外。南京国都，西藏亦可派遣代表常川驻彼，如现在然，和好必见日益增进，西藏可作中国之外城。藏地决不容许别国侵入，自当严密防守。"①

1935 年 10 月 24 日，黄慕松前往噶厦面会各噶伦，详细说明中华民国五族共和与西藏政教制度并无抵触，中央并无改变西藏政教制度之意。各噶伦"仍以英人逼近可危，中央力不能及，并改变现状，好则无功，坏则受咎为理由，坚持民众大会之议决不参加五族共和，不承认民国统治。谈判至此，已无磋商余地"。因西藏有留置无线电之请，黄慕松提议，请西藏派遣重要人员赴京答礼，留若干职员驻于拉萨，以资联络。②

1935 年 11 月 10 日，黄慕松派人送至噶厦书函："为诚意商洽中藏和好问题起见，应请西藏首先认定以下两点：一、西藏当然为中华民国领土之一部分。二、西藏服从中央。"对西藏政教制度，本专使可郑重声明如下："一、共同尊崇佛教，予以维护与发扬。二、保持西藏原有政治之制度，可许西藏自治，于西藏自治权限范围内之行政，中央可不干预；其在对外，则必共同一致。凡关于全国一致性质之国家行政，应归中央政府管理，如（一）外交应归中央主持；（二）国防应归中央筹划；（三）交通应归中央设施；（四）西藏重要官吏，经西藏自治政府选定后，应呈请中央分别加以任命。"③

1935 年 11 月 16 日，噶厦送来复函：

第一条 对外西藏为中国之领土，中国政府须答应不将西藏改为行省。

第二条 西藏之内外大小权力暨法规等，无违害政教者，可以依从

---

① 中国第二历史档案馆、中国藏学研究中心合编：《黄慕松 吴忠信 赵守钰 戴传贤奉使办理藏事报告书》，中国藏学出版社 1993 年版，第 38—39 页。

② 中国第二历史档案馆、中国藏学研究中心合编：《黄慕松 吴忠信 赵守钰 戴传贤奉使办理藏事报告书》，中国藏学出版社 1993 年版，第 39—40 页。

③ 中国第二历史档案馆藏：蒙藏委员会档案，全宗号 141，卷号 2554。

中国政府之谕。

第三条 西藏内务之政教所有例规，应如现在自权自主，所有西藏之文武权力不由汉政府加以干预，应如先后口允者为准。

第四条 为西藏地方安宁，故边界之国家及奉行佛法之人类，应予和好如现时，然西藏与外国立约未尽之事，其重要由汉政府共同办理。

第五条 西藏可驻汉政府代表官一员，但主仆从人数以二十五人，此外不得另派官兵。代表请派其真正崇信佛者一员，新旧交替换时，往来皆海道，不得取道西康。

第六条 达赖喇嘛未转世认定即位、未亲政教时，代理法王登位，以及噶伦以上之官，概由藏政府任命，如现在之状况。毕后函陈汉政府驻藏之代表。

第七条 西藏所有久住之汉民等，在壬子年汉藏战争以后，即归西藏政府农垦局管理，屡经维持，将来应遵地方法律，由西藏政府管理，不能由汉政府驻藏代表约束。

第八条 西藏边界所需守土军人，由藏政府自派，如现在之状。外国或者来侵犯时，应发兵之时，方会商汉政府酌行。

第九条 汉藏和好，永久不发生纠纷，安宁边界，故东北青藏边界应遵行前年交涉，俄洛早经属于西藏，西藏与四川两地之边界，德格、沾化、大金寺以上之土地官民，应从速点交西藏政府。

第十条 西藏之僧俗人等，背叛西藏政府逃往中国地面者，中国政府不得收留，任为代表等等。①

至此，噶厦承认西藏为中华民国之一部分，黄慕松认为："西藏当局虽承认政治关系对外为中国领土之一部，但由最后来书第三条至第十条止中七条，要求太过，均非中央所允许而能交涉者。如再行交涉，不惟徒费口舌，亦且增藏人之侥幸心与自大心。"②

黄慕松决意离藏，向热振、司伦等人辞行，留刘朴忱、蒋致余驻在拉

① 中国第二历史档案馆、中国藏学研究中心合编：《黄慕松 吴忠信 赵守钰 戴传贤奉使办理藏事报告书》，中国藏学出版社1993年版，第43—44页。
② 中国第二历史档案馆、中国藏学研究中心合编：《黄慕松 吴忠信 赵守钰 戴传贤奉使办理藏事报告书》，中国藏学出版社1993年版，第47页。

萨，代表中央政府办事联络。黄慕松一行于 1935 年 11 月 28 日离开拉萨，经印度返京。

从上述会谈情况看，黄慕松顺利完成对达赖喇嘛的册封致祭典礼的使命，始终坚持中央对西藏的主权管理这一最基本原则，西藏地方政府书面承认了西藏地方是中国领土的一部分，中央留驻代表在拉萨，管理无线电台，中央政府与西藏地方的关系朝着有利于统一的方向迈进，这是比较成功的一次洽商。说明：第一，西藏内部的亲汉力量加强；第二，自擦绒亲英军官密谋政变失败后，英国政府对噶厦的影响力下降；第三，比北洋政府强大的国民政府无疑会促使噶厦对中央政府的态度发生有利于统一的变化。但是，有关西藏内政、军事、外交、康藏边界等实质问题仍未获解决，体现了西藏地方当局自主派不愿意接受中央政府管辖，在内部事务上希望保持"完全自治"，这被随后入藏的英人威廉逊、古德所利用以对抗中央政府。

第二节　吴忠信入藏主持十四世达赖喇嘛坐床大典

1935 年 6 月 6—13 日，十三世达赖遗体举行奉安典礼。西藏地方政府将寻访达赖转世灵童作为头等大事。从 1935 年 6 月至 1940 年 2 月，国民政府坚持中央对达赖活佛转世的主权管理，派遣蒙藏委员会委员长吴忠信入藏主持十四世达赖喇嘛坐床典礼，密切了中央政府与西藏地方政府的政治关系。

一、青海灵童拉木登珠入藏

遵照达赖活佛转世寻访仪轨，热振摄政率首席噶伦泽墨等高级僧俗官员在拉姆拉错湖观影，求得转世灵童征兆。其间，热振一派设计诱使泽墨于 1936 年 1 月辞去噶伦职务，使得藏局为之一变。1936 年 2 月底，热振活佛在民众大会上正式公布在拉姆拉错湖观影结果。

据蒋致余报告："前在天海，彼（热振）及其左右确有所见。因去年年月不利，故至今日始行宣言详述：先见一破蓝式房屋，继见一所三层汉式房屋，上盖琉璃瓦。于是彼即为达赖转世问题虔诚祷卜，海中遂现出藏文中之第三十（a）、第一（ka）、第十六（ma）亚字母，继现出一条大路，远远望有前所见之三层汉式房屋。其旁有一蒙古包，惟不甚显。旋又为西藏政局虔诚祷卜，海中复现出一西藏房屋，形长方，外有走廊与阑干，一面有门，门有帘，室中有一服黑色衣裳之巨人，揭起此帘。室内又有二巨人，各执旗帜二面，恍惚又似藏中呼图克图所掌之华盖。远处有无数穿灰色军服之军队蜂拥而来。并云：依其推测，新达赖当转生于中国本部蒙古或青海。盖所现藏文三字母似为定都功棚密三之第一个字母，意译为青海塔尔寺人。"①

　　热振活佛预言达赖转世灵童生于青海塔尔寺汉人地方。以格仓活佛为首的寻访小组在1936年4月底启程到青海沿途寻访。1938年7月间，访得青海湟中县祁家川红崖村有一祁氏（一说赵氏）四岁幼童拉木登珠颇为灵异，深为认可，上报拉萨。噶厦派人打算在1938年夏季秘密迎请其进藏。同时，西藏地方政府对寻访达赖转世灵童还有其他不同意见。据蒋致余报告："关于达赖转世问题，现可分为三派：一派即热振宣言达赖转生于东北汉人地方；一派即接近泽墨之甘丹池巴，课云达赖转生为二人，一生于达布，一即接近司伦之工辈（工布）；普鹊（即普布觉）呼图克图（其前辈为已故达赖之师）课云，达赖转生于卫之中央，意谓生于拉萨。目下白棒寺（哲蚌寺）之护法神指示与热振同。"②

　　普布觉活佛小组在西康访得一名灵童。康色活佛小组认定司伦朗敦亲戚绕西颇本之子颇为灵验。热振活佛、三大寺等倾向于青海拉木登珠，以司伦为首的部分僧俗官员支持绕西颇本之子。1938年8—9月，热振摄政、司伦、三大寺堪布、噶厦决定将三名灵童召集在拉萨，按照宗教仪轨，认定真正转世灵童。

　　国民政府非常重视达赖转世事宜。1938年4月26日，蒙藏委员会呈

① 《蒋致余致行政院电》（1936年3月1日），中国第二历史档案馆藏：蒙藏委员会档案，全宗号141，卷号2900。
② 《蒋致余致行政院电》（1936年4月16日），中国第二历史档案馆藏：蒙藏委员会档案，全宗号141，卷号2900。

报行政院："达赖早日转世，原为中央及全国人民一致之企盼。惟转世经过必须呈报政府，办理各项手续后，方为妥当。若任其自行处理，非特违背中藏历史关系，且恐发生争执纠纷。准电前由，拟请钧院令饬青海省政府严密注意，并婉劝寻访人员，务将经过情形呈报政府，听候核办。在未经呈请办理各种手续以前，严防其秘密迎返西藏。"①行政院电令青海省政府密切注意，及时报告藏方人员寻访灵童情形。蒙藏委员会参照旧例，呈报行政院："现第十四辈达赖既在青海境内找获灵异小孩三名，自应依法举行掣签手续，确定呼毕勒罕属谁"，附上喇嘛转世办法二份，请行政院转饬有关各方执行。②

1938年9月23日，西藏驻京代表转噶厦致蒙藏委员会电："关于达赖佛转世一事，经僧民代表在各地详细访寻之结果，在西藏内部所寻选者，有灵异幼童二人，在西宁塔尔方面所寻选者，有灵异幼童一人。依照西藏宗教仪式，所寻选之幼童应聚集西藏，降鸾掣签，认定真正达赖之转世，既多灵异后，复经庄严之金本巴瓶典礼拈定。现典礼期将近，关于西宁塔尔寺地方所选者，请中央政府俯允该主持人迅将寻选幼童送至西藏，参加典礼，并恳发给执照，以利行程。"③青海省主席马步芳已经借故"挽留"纪仓佛寻访小组，迫使噶厦不得不请求中央政府下令对灵童放行。这是一个彰显中央对西藏主权管理的良好机会。国民政府高度重视，在抗日战争最困难时期，决定派大员入藏主持认定、掣签典礼。

1938年10月8日，蒙藏委员会拟定达赖喇嘛转世掣签认定办法呈报行政院：现值国难，达赖转世，尤关重要，自应妥筹，早得解决，安稳藏局。

① 《蒙藏委员会为请令青海省府饬寻访人员将寻访情况呈报中央政府核办严防秘密迎藏事致行政院呈》(1938年4月26日)，载中国藏学研究中心、中国第二历史档案馆等合编：《十三世达赖圆寂致祭和十四世达赖转世坐床档案选编》，中国藏学出版社1991年版，第135页。
② 《蒙藏委员会为达赖灵童应依法掣签手续事致行政院呈》(1938年8月18日)，载中国藏学研究中心、中国第二历史档案馆等合编：《十三世达赖圆寂致祭和十四世达赖转世坐床档案选编》，中国藏学出版社1991年版，第140页。
③ 《蒙藏委员会为拟定达赖喇嘛转世掣签征认办法事致行政院呈》(1938年10月8日)，载中国藏学研究中心、中国第二历史档案馆等合编：《十三世达赖圆寂致祭和十四世达赖转世坐床档案选编》，中国藏学出版社1991年版，第144页。

本会在抗战期间，筹藏原则："（一）中央对藏固有之权，决不放弃。（二）中央与西藏间尚待解决之政治问题，此时暂缓进行。（三）调整今年来各项悬案，消除疑虑，解释误会，以期融洽感情，增进合作。""本会详加考虑，酌拟办法如下：（一）国民政府特派大员前往拉萨，会同热振呼图克图主持第十四辈达赖喇嘛掣签事宜。（二）国民政府特派大员会同热振呼图克图主持第十四辈达赖喇嘛掣签事宜，并得由该员指派代表就近办理之。（三）国民政府特派蒙藏委员会委员长会同热振呼图克图主持第十四辈达赖喇嘛掣签事宜，并得由该委员长指派代表就近办理之。以上三种办法，虽于维护体制之中隐寓权变之意，而皆以达到中央实施对藏固有之达赖转世掣签权为主旨。"① 行政院第 385 次会议决议：案关重要，令蒙藏委员会与藏方商洽妥当，再呈报院核定。蒙藏委员将所拟三项办法电告张威白，令其与噶厦接洽照旧例办理掣签事宜。同时，吴忠信致电青海省主席马步芳："西宁选得之幼童，吾兄设法挽留，荩筹至佩。何时可令赴藏，应俟院令遵行，仍请兄特予注意为荷。"② 在事关汉藏关系及恢复在西藏主权管理的良好关头，蒙藏委员会的方法是先定掣签后迎请青海灵童，特请马步芳配合中央政府，待与噶厦商议妥当认定办法之后，予以放行，以迫使噶厦答应由中央政府派员主持灵童的认定转世事宜。事实证明，马步芳发挥了很大的作用。

而西藏地方政府颇为焦急，令西藏驻京办事处多次致电蒙藏委员会，请求中央派员将青海灵童送至拉萨参加典礼，却并未谈及掣签事宜，大有不愿中央与闻之态。张威白探寻热振活佛口风，拟由乃穷护法神降神指定，偏重青海灵童，援引第九辈、第十三辈之例，免于金瓶掣签。

蒙藏委员会深知若噶厦拒绝中央派员主持掣签，主权一失，后患堪忧。蒙藏委员会电令张威白向噶厦解释中央大员主持掣签办法之意："（一）不过维持派员参加之权。（二）决不借达赖转世一事牵涉其他政治问题。（三）只须藏方

① 《蒙藏委员会为拟定达赖喇嘛转世掣签征认办法事致行政院呈》（1938 年 10 月 8 日），载中国藏学研究中心、中国第二历史档案馆等合编：《十三世达赖圆寂致祭和十四世达赖转世坐床档案选编》，中国藏学出版社 1991 年版，第 144—146 页。
② 《吴忠信为青海灵童何时可令赴藏应俟院令遵行事致马步芳电》（1938 年 10 月 25 日），载中国藏学研究中心、中国第二历史档案馆等合编：《十三世达赖圆寂致祭和十四世达赖转世坐床档案选编》，中国藏学出版社 1991 年版，第 151 页。

应允请中央派员参加掣签典礼，则幼童之送藏毫无问题。（四）幼童将来赴藏，全由纪仓佛等护送，中央不另派人员随同进藏。综上四点，中央要藏履行之义务十分简便，既非留质为盟，更非含有恶意，完全出于爱藏之诚，可谓于藏百利而无一害。"令张与噶厦切实商洽，在三项办法中择一接受为要。[①] 而噶厦、热振复电称"请将西宁所选得之幼童先行送藏"，未谈及掣签典礼之事。

为此，1938 年 12 月 3 日，吴忠信再次电告马步芳，中央派员参加掣签典礼事关国家主权，自难放弃，"所有贵省选得之幼童，应俟派员办法商妥，奉到院令后，再准启行。惟为口头之应付计，不妨令纪仓佛等先行准备"。马步芳复电："尊意高远，极所钦佩，谨当如嘱办理。"[②] 同时，吴忠信电令张威白可告噶厦"中央已令青海省政府督促纪仓佛启行"。马步芳对纪仓佛的拜见请行多次拒绝，迫使噶厦再次致电吴忠信请饬令青海省放行。12 月 18日，噶厦通过驻京办事处电复吴忠信，表示诚恳接受"钧会前定达赖喇嘛转世掣签办法三项中之第三条所载"，并由中央派一和蔼且洞悉边地情形之官员，与西藏驻内地代表同赴西宁督促青海灵童迅速赴藏。[③] 西藏地方政府正式同意中央派员主持掣签典礼。

1938 年 12 月 24 日，行政院第 394 次会议决议："（一）呈请国民政府特派蒙藏委员会委员长吴忠信会同热振呼图克图主持第十四辈达赖喇嘛转世事宜。（二）电青海省政府派员护送纪仓佛及西宁灵童至西藏边境，并特给旅费五千元。"[④] 并电告青海省政府、噶厦、热振、张威白等方面。

[①] 《蒙藏委员会令向噶厦解释掣签三项办法真意并促噶厦接受事致张威白电》（1938 年 11月 26 日），载中国藏学研究中心、中国第二历史档案馆等合编：《十三世达赖圆寂致祭和十四世达赖转世坐床档案选编》，中国藏学出版社 1991 年版，第 157 页。

[②] 《吴忠信为待掣签典礼商妥并奉院令后再准灵童启行事致马步芳电》（1938 年 12 月 3日），载中国藏学研究中心、中国第二历史档案馆等合编：《十三世达赖圆寂致祭和十四世达赖转世坐床档案选编》，中国藏学出版社 1991 年版，第 157—158 页。

[③] 《西藏办事处为噶厦接受中央所定达赖转世掣签办法事致蒙藏委员会代电》（1938 年 12月 18 日），载中国藏学研究中心、中国第二历史档案馆等合编：《十三世达赖圆寂致祭和十四世达赖转世坐床档案选编》，中国藏学出版社 1991 年版，第 160 页。

[④] 《行政院为呈请国民政府派员主持十四辈达赖转世并电青海省府护送灵童赴藏事给蒙藏委员会指令》（1938 年 12 月 24 日），载中国藏学研究中心、中国第二历史档案馆等合编：《十三世达赖圆寂致祭和十四世达赖转世坐床档案选编》，中国藏学出版社 1991 年版，第 162 页。

噶厦中的分裂分子从一开始就不愿中央派大员参加典礼，要求中央政府、青海省政府派员护送青海灵童至藏边即止，由蒙藏委员会委员长派代表张威白参加典礼。张职位较低，显然不能代表中央主持典礼。驻甘孜的班禅行辕电蒙藏委员会，指出金瓶掣签大典例须中央驻藏大员监督主持，呈告"藏方拟请将大师前在青海认定之达赖呼必勒罕，由中央及青海省各派一人护送至藏边而止，再由藏中自行与其在藏所认之两幼童举行金瓶掣签大典"。蒙藏委员会转呈蒋介石："今藏方请中央护送仅及藏边，公然藐视祖国，破坏教规，务使达佛与祖国断绝关系"。蒋介石批示："若仅送至藏边，实于中央威信有碍"，"此事确为中央改善西藏关系之重要时机，不宜坐失"。[①] 命令蒙藏委员会筹议办法具报。马步芳遵照中央指令，继续挽留纪仓佛一行至 1939 年春，迫使噶厦再三请求中央政府速令青海方面派员护送。此时，西藏地方政府内部的政治斗争也告一段落，司伦朗敦一派不愿认定青海灵童，从中阻挠中央派员来拉萨事宜。热振方面坚持认定青海灵童为真身。如果谁能掌控转世灵童，无疑将巩固本派系在西藏地方政府中的权力。热振活佛迫使司伦辞去职务，这为应允中央并促成青海拉木登珠入藏、认定、坐床铺平了道路。热振活佛本心亲汉，并不排斥中央派大员赴藏，待独揽政教大权后，地位隆高，使得亲英分子不敢提出异议。4 月 8 日，张威白密会热振，热振表示："吴委员长亲自来临，均表欢迎。"私下表明了自己真实的态度。[②] 随后数日，热振批准噶厦公函电告驻京办事处，令其呈报蒙藏委员会，称极表示欢迎吴委员长亲莅拉萨，请由海道入藏。

吴忠信走海道进入印度，必须征得英国的同意。1939 年 3 月 21 日，行政院院长孔祥熙电令驻英大使郭泰祺，询问英国的意见，称"英方对于西藏问题素极注目，请密为探询"，吴忠信将前往拉萨主持转世灵童掣签典礼，

---

① 《蒋介石为核议罗桑坚赞电陈达赖转世应由中央派员监督主持事致蒙藏委员会代电》（1939 年 3 月 8 日），载中国藏学研究中心、中国第二历史档案馆等合编：《十三世达赖圆寂致祭和十四世达赖转世坐床档案选编》，中国藏学出版社 1991 年版，第 181—182 页。

② 《张威白为热振欢迎吴忠信亲自入藏主持达赖转世事致吴忠信电》（1939 年 4 月 8 日），载中国藏学研究中心、中国第二历史档案馆等合编：《十三世达赖圆寂致祭和十四世达赖转世坐床档案选编》，中国藏学出版社 1991 年版，第 186 页。

拟取道印度入藏，"盼先向英方交涉，优予假道便利"。[①] 驻英使馆电告行政院英外交部答复："为方便起见，可先由我方（国民政府）将入藏日期与藏方定妥后，再由藏方径行通知印度政府洽办。"[②] 英此举是迫使我承认西藏有"外交"权，"自隐含有使我承认西藏半独立之意义，先例一开，后患堪虞，允宜加意审慎"。[③] 英国的盘算是：若噶厦不通知英印政府，则英国可以借词拒绝吴忠信进入印度；若噶厦通知英印政府，则表明西藏地方与国民政府是"平等"的政治关系。这两种方法都包含承认西藏"独立"的用意。对于英国的用心，中国政府是清楚的，若由蒙藏委员会知会噶厦通知英印，则陷入了英人的"圈套"。国民政府采取由噶厦"自动通知印度"的办法，由驻藏人员张威白多番运作，"使第三者到热振处探询，据热振答称，该已饬令噶厦照办"。[④]1939 年 8 月 30 日，噶厦自动通知英印。9 月 1 日，热振转告蒙藏委员会："敬悉委员长随率职员仆役十九人取得印度入藏，本人已同噶厦电告应属印度沿途妥为关照矣。"[⑤] 欧洲此时已战云密布，英国也无暇外交施压中国。中国外交部与英驻重庆使馆洽办，将吴忠信等人护照送交使馆签证，于 10 月 5 日领到。这样吴忠信最早只能在 10 月中旬出发赴藏，比原定计划 9 月出发晚了一个月之久。

在热振同意吴忠信入藏之后，蒙藏委员会电告马步芳可以放行青海灵童

---

① 《孔祥熙为向英国交涉吴忠信假道印度入藏事致郭泰祺电》（1939 年 3 月 21 日），载中国藏学研究中心、中国第二历史档案馆等合编：《十三世达赖圆寂致祭和十四世达赖转世坐床档案选编》，中国藏学出版社 1991 年版，第 183 页。

② 《魏道明为吴忠信假道入藏英国答复须由藏方与印度政府洽办事致蒙藏委员会函》（1939 年 5 月 15 日），载中国藏学研究中心、中国第二历史档案馆等合编：《十三世达赖圆寂致祭和十四世达赖转世坐床档案选编》，中国藏学出版社 1991 年版，第 192 页。

③ 《行政院秘书处为假道印度入藏事应注意英方制造西藏半独立企图事致吴忠信函》（1939 年 6 月 27 日），载中国藏学研究中心、中国第二历史档案馆等合编：《十三世达赖圆寂致祭和十四世达赖转世坐床档案选编》，中国藏学出版社 1991 年版，第 207 页。

④ 《张威白为热振已饬令噶厦通知印度政府吴忠信过境事复熊耀文电》（1939 年 8 月 25 日），载中国藏学研究中心、中国第二历史档案馆等合编：《十三世达赖圆寂致祭和十四世达赖转世坐床档案选编》，中国藏学出版社 1991 年版，第 235 页。

⑤ 《热振为已告印度沿途关照事致吴忠信电》（1939 年 9 月 1 日），载中国藏学研究中心、中国第二历史档案馆等合编：《十三世达赖圆寂致祭和十四世达赖转世坐床档案选编》，中国藏学出版社 1991 年版，第 238 页。

和纪仓佛小组。马步芳又起私念，一面敷衍蒙藏委员会，称青海灵童正整装待发，待启程定期；一面却拖延不动。噶厦不得不屡电蒙藏委员会请求吴忠信亲莅西宁，率领灵童入藏。马步芳阴奉阳违，目的是索要钱财。蒋介石洞悉其意，指示吴忠信可由中央发给青海"护送费数万元"。[1] 眼见蒋介石主动发话，马步芳也就顺势呈告蒙藏委员会，称青海灵童定于农历五月中旬动身，派师长马元海为护送专员，"路费及到藏交际各费约需一十万元，恭请转请发给"。"年来在青寻觅候选灵儿，所费亦属不赀，均已由藏方支付清楚。"[2] 蒋介石照准，令军需署先行，费用如数垫发。至此，青海灵童入藏已无问题。马步芳收到护送费之后，青海灵童于 1939 年 7 月 15 日启程。蒙藏委员会藏事处处长孔庆宗则在 7 月 2 日由重庆动身取道西康，争取在灵童之前到达拉萨。11 月 25 日，孔庆宗一行到达拉萨。青海灵童已于 9 月进驻热振寺。

1939 年 8 月 4 日，吴忠信赴藏前，拟具"奉派入藏任务及对策"附《对藏政策之检讨》，呈报行政院，针对目前中央与西藏地方的不融洽状态：

> 为今之计，一面昭示公诚，以坚其信；一面应妥为宣慰，以安其心。尤要者，政府在可能范围内为之解除困难，予以便利，同时晓以五族一家及国家至上之大义，俾了然于中央宽大为怀及民族之休戚与共，庶乎情感既和，诈虞尽释，而后新的关系始可以次建立。盖政治乃人群心理之表现，欲谋政治推进，必先从心理改善入手，事半功倍，无逾于此。

> 至于中央在藏治权之确立及康藏间之界务诸大端，为对藏问题之症结。在抗战之现状下，欲求彻底解决，既不可能，如遽予谈判，反易生枝节，似应暂置不提，以免误会。但若机缘许可，能于因势利导之中，加强与藏之联系，忠信当一秉中央历次宣示之治边方针及对藏国策，相机与之商讨，冀有进一步之成功。

---

① 《蒋介石为促使灵童成行之方针事致蒙藏委员会代电》（1939 年 6 月 5 日），载中国藏学研究中心、中国第二历史档案馆等合编：《十三世达赖圆寂致祭和十四世达赖转世坐床档案选编》，中国藏学出版社 1991 年版，第 196 页。

② 《马步芳为请发给护送灵童费用事致蒙藏委员会电》（1939 年 6 月 15 日），载中国藏学研究中心、中国第二历史档案馆等合编：《十三世达赖圆寂致祭和十四世达赖转世坐床档案选编》，中国藏学出版社 1991 年版，第 200 页。

"近年以来，中央与西藏关系逐渐好转，同时印度多事，英人对藏政策亦较缓进。惟根本解决，尚非其时，目前办法：第一，对藏应先从树立信用、收拾人心入手，再相机谋整个政治关系之调整。第二，对英应先从避免摩擦、联系情感入手。"吴忠信拟定目前对藏政策应以争取噶厦的诚意合作为要，并对英国敷衍应付。"（1）外交方面，应力避与英人发生摩擦，而与尼泊尔、不丹等善意联络。（2）在政治上扶持热振，使亲汉派渐握实权，加强中央与西藏之联系，同时联络亲英、自立两派，以减少对我之反感，并进而为我所用。（3）设法健全中央在拉萨设置之办事机关。（4）在宗教方面，须由熬茶、布施等佛事，竭力联络三大寺及各寺院。（5）在民众方面，应善用宣传及实施德惠。西藏政教风俗与内地不同，应因其俗而施之。大抵初在勿触其忌，勿启其疑，施之以恩，导之以信，晓以利害，徐导其合作，进而使其服从。如能办到则政治悬案解决及中央既定国策之实现，亦不难依次观成。"[1]上述五个方面都切中要害，设想不可谓不友善，办法不可谓不周全，如果确实实现，能够发挥很大的作用。但是，中央政府对英国的阻挠及噶厦顽抗态度认识不足，低估了藏事解决之难度。行政院院长孔祥熙对吴忠信的建议批示："对外固应联络感情，避免摩擦，惟有关主权之事，亦未便曲为迁就。"[2]不管运用什么策略，在有关中央主权的事情上不迁就退让，这是国民政府坚持的最基本原则。

二、吴忠信主持十四世达赖喇嘛坐床典礼

吴忠信经香港、仰光，转印度加尔各答、大吉岭、噶伦堡，进入西藏江孜、亚东，于1940年1月15日到达拉萨。英国政府并不愿意看到国民政府改善与西藏地方的关系。1939年12月9日，英国政府指示古德赴藏出席

---

① 《吴忠信为拟具入藏任务与组织暨经费意见事致行政院折呈》（1939年8月4日），载中国藏学研究中心、中国第二历史档案馆等合编：《十三世达赖圆寂致祭和十四世达赖转世坐床档案选编》，中国藏学出版社1991年版，第220—228页。

② 《行政院秘书处为抄转院长对吴忠信折呈批语事致蒙藏委员会函》（1939年10月21日），载中国藏学研究中心、中国第二历史档案馆等合编：《十三世达赖圆寂致祭和十四世达赖转世坐床档案选编》，中国藏学出版社1991年版，第265页。

十四世达赖喇嘛坐床典礼。

吴忠信抵达拉萨后，热振活佛代表、噶伦等高级僧俗官员 70 余人、旅藏商民代表设帐欢迎，献哈达致敬。所有驻拉萨藏军 700 多人全体出城，列队欢迎。沿途民众观者如堵，热烈情况为藏中历史所仅见。据古德观察西藏僧俗心中仍视吴忠信为新的"驻藏大臣"。

噶厦中的分裂分子仍想方设法阻挠吴忠信主持灵童坐床大典。在吴忠信未启程、青海灵童到达黑河（那曲）时，1939 年 8 月 23 日，噶厦就自行宣布拉木登珠为十四世达赖喇嘛，迎请入拉萨，在 11 月 24 日，为青海灵童举行了剃发、受戒、赠号出家之礼。12 月 8 日，噶厦呈报蒙藏委员会，擅自认定拉木登珠为十四世达赖喇嘛。

1940 年 1 月 26 日，热振活佛呈报吴忠信公文，详细叙述了占卜、观湖征兆、寻访经过、青海灵童灵异等情况，称"西藏僧俗大众，贵贱大小皆中心诚信，认为十三辈转世之真身"，"因群众情投意合，不须掣瓶，照例剃发受戒，业已呈报中央在案"，"谨诹定正月十四日举行坐床典礼"。[①] 请吴忠信转报中央政府免予掣签。

吴忠信面对既成事实，命张威白接洽热振活佛，指出噶厦应履行固有仪式，并需按驻藏大臣旧例验看核定青海灵童，再呈报中央政府批准。噶厦先坚持吴忠信进殿会晤拉木登珠，隐含使吴"拜见"拉木登珠之意。吴忠信严正指出驻藏大臣与达赖本属平行，应依照旧例。在热振活佛支持下，1940 年 1 月 31 日，吴忠信在罗布卡林殿外会晤灵童，履行了验看灵童手续。随后，吴忠信致电行政院："忠信复查所述灵异各节，均属确实，拟请转呈国民政府颁布明令，特准以该灵童拉木登珠继任第十四辈达赖喇嘛，并发给坐床大典经费四十万元，以示优异。"[②] 蒋介石批准签发明令。2 月 5 日，国民政府颁布命令："青海

① 《热振为访得拉木登珠灵异情形并请转报中央政府免予掣签事致吴忠信函呈》（1940 年 1 月 26 日），载中国藏学研究中心、中国第二历史档案馆等合编：《十三世达赖圆寂致祭和十四世达赖转世坐床档案选编》，中国藏学出版社 1991 年版，第 282—287 页。

② 《行政院为请发布明令特准拉木登珠继任为第十四世达赖喇嘛并发给坐床典礼经费事致国民政府呈》（1940 年 1 月 31 日），载中国藏学研究中心、中国第二历史档案馆等合编：《十三世达赖圆寂致祭和十四世达赖转世坐床档案选编》，中国藏学出版社 1991 年版，第 289 页。

灵童拉木登珠，慧性湛深，灵异特著，查系第十三辈达赖喇嘛转世，应即免予抽签，特准继任为第十四辈达赖喇嘛，此令。"① 国民政府正式批准认定拉木登珠为十三世达赖喇嘛转世灵童，并免予金瓶掣签，继为第十四世达赖喇嘛，充分体现了中央政府的主权管理权力。

十四世达赖喇嘛坐床典礼，定于1940年2月22日上午在布达拉宫举行。吴忠信的座位则反映了中央主权管理权力。噶厦分裂势力又在典礼座位上制造麻烦。噶厦初提出吴忠信与热振相向对坐，置两人为平等地位，吴忠信坚决反对："其于中央主权最有关系者，则为座位问题。在初，西藏政府拟以忠信与司伦或热振相向对坐，忠信均未接受，乃照驻藏大臣旧例，请忠信与达赖面南而坐。"吴忠信会同热振活佛在布达拉宫大殿主持十四世达赖喇嘛坐床典礼，其座次如下："1.达赖及忠信坐北面南。2.中央官吏坐东面西。3.热振率司伦及僧官等坐西面东。4.噶伦及各世家公子坐南面北。5.尼泊尔、不丹代表坐东面西，位中央官吏之下。""至于英国代表古德，则以座位问题未出席。""余坐达赖左方，地位面南，与之平行，适如旧制。"② 吴忠信与十四世达赖喇嘛平行并座。2月5日，古德才抵达拉萨。噶厦建议古德在坐床典礼之后的2月23日出席赠送礼品仪式。所以，这次坐床典礼是中国中央政府对西藏有效主权管理的体现。某些外国势力和西藏分裂分子历来都极力歪曲狡辩、贬低和抹杀这个事实。

据古德向英印政府提交的报告称："西藏政府建议英国代表团携带礼物在第二天参加，并且询问我们是否希望在第一天呈现礼物。他们小心地指出，不存在不欢迎我们参加第一天典礼的问题，要考虑的问题是如果参加第一天庆典就没有呈现礼品的机会，就会贬低第二天更官方正式的更亲密的效果。在庆典事上，听从西藏政府安排通常是可靠的。所以我们决定随同我们

---

① 《国民政府特准拉木登珠免予抽签继任为第十四世达赖喇嘛及拨发坐床大典经费令》（1940年2月5日），载中国藏学研究中心、中国第二历史档案馆等合编：《十三世达赖圆寂致祭和十四世达赖转世坐床档案选编》，中国藏学出版社1991年版，第291页。

② 中国第二历史档案馆、中国藏学研究中心合编：《黄慕松 吴忠信 赵守钰 戴传贤奉使办理藏事报告书》，中国藏学出版社1993年版，第149、267页。

的好朋友扎什伦布寺和锡金代表一同出席第二天的典礼。"①古德也承认了没有受邀参加典礼的事实，但是将第二天呈献礼品硬说为更官方、更亲密，显得很勉强，是没有任何说服力的。

贝尔在《十三世达赖喇嘛传》中谈道："一九四〇年二月，藏历新年那天，在布达拉宫举行了达赖喇嘛坐床典礼。西藏政府允许中国特使吴忠信来拉萨参加庆典。英国代表也来了。……吴先生只是一个受人左右的旁观者罢了。除了像包括英国代表在内的其他人一样，献上一条哈达之外，他什么也没干。"②这是有意掩盖古德未参加典礼的事实，故意颠倒黑白的说辞。

西藏地方政府公文是驳斥英人的力证。热振活佛致电国民政府："国历二月二十二日，即藏历正月十四日，遵令举行第十四辈达赖喇嘛坐床典礼，地址在布达拉大殿。是日蒙藏委员会吴委员长忠信率属亲临主持，其称吉庆，藏中僧俗官员一致欢腾。又于国历二十六日吴委员长代表中央致送达赖喇嘛珍贵礼品多件，隆仪稠叠，尤纫德意。谨电呈谢，敬祈睿鉴。"③噶厦致电林森、蒋介石："承中央特派代表蒙藏委员会委员长亲临，并赐赠礼品，祥瑞十分，感戴无际。"④电文是最有说服力的证据。

吴忠信以联络感情、融洽关系为要，特带去极为丰富的礼品300驮，对达赖、摄政、司伦、噶伦等六品以上官员三百多人，都有馈赠。布施三大寺为首的前藏喇嘛藏银约10两，对后藏扎什伦布寺喇嘛也派人布施。吴忠信于1940年2月15日上午册封热振并授勋，颁发金册、金印及勋章；下午授予四噶伦勋章。

---

① IOR,L/P&S/12/4266, Reprt on the Discovery, Rescovery, Recognition and Installation of the Fourteenth Dalai Lama, by B.J.Gold，转引自周伟洲、周源主编：《西藏通史·民国卷》（上），中国藏学出版社 2008 年版，第 274 页。

② [英] 查尔斯·贝尔：《十三世达赖喇嘛传》，冯其友等译，西藏社会科学院西藏学汉文文献编辑室 1985 年版，第 401 页。

③ 《热振为呈谢中央特派吴忠信亲临主持十四世达赖喇嘛坐床典礼并赠礼品事致国民政府主席电》（1940 年 3 月 7 日），载中国藏学研究中心、中国第二历史档案馆等合编：《十三世达赖圆寂致祭和十四世达赖转世坐床档案选编》，中国藏学出版社 1991 年版，第 320 页。

④ 《噶厦为感谢中央特派吴忠信亲临主持达赖坐床大典并赐礼品事致林森蒋介石电》（1940 年 3 月 8 日），载中国藏学研究中心、中国第二历史档案馆等合编：《十三世达赖圆寂致祭和十四世达赖转世坐床档案选编》，中国藏学出版社 1991 年版，第 321 页。

古德监督吴忠信在拉萨的活动。吴忠信多次与其会晤说明，中央主持达
赖转世系遵循旧例，没有任何其他企图，以免其疑。古德警告西藏地方当
局："不得与中央商谈任何政治问题，如有所谈，必须先行通知英国代表"，
"西藏对英，究仍有所畏惧，以是中央在藏关系之发展，颇多受此影响"。[①]
吴忠信在拉萨听说："据闻某国人从中挑拨，谓中国现为民国，余辈为党人，
一切主张皆与贵族不利云云。最可笑者，热振近日重庆闻有变动，蒋公是否
在渝为问。"[②]

在十四世达赖转世及坐床各事办理完毕之后，吴忠信就班禅灵柩送回西
藏安葬、入藏交通、汉藏关系等方面内容与噶厦交洽。噶厦复函："除中央
公务人员因公入藏可随时由无线电接洽外，其他朝山礼佛暨商界往来等事，
系关于地方太平，双方应宜原谅，当照承认。""且汉藏中往来不便者，皆因
边境不平之所致，请将藏土德格、夥科、瞻对等地归还藏方，并由中央严饬
各边界不得照前滋事。俾得边地平静，则西藏人众心信意服，汉藏和平较前
尤进。""关于班辕之事，灵柩、财物现在何地？亦请中央调查，当即遵从
函令，行至边界，自当欢迎，以及应当顾念之事，亦当从妥办理。"提出划
定康藏边界的非分要求。[③] 吴忠信评论：不管其回答是否令人满意，"而其夜
郎自大，以独立国家自居，则属其内在精神。其对交通问题尚不肯放松，对
其他较大问题，自无法可以商谈"[④]。噶厦的答复是应允班禅灵柩可以返藏。
汉藏商民入藏仍需要详查，因公入藏需要驻藏办事处与噶厦商洽。避谈汉藏
关系，却先索要康区的德格等地。吴忠信见藏方毫无诚意，无法与之商洽汉
藏关系，也就不再主动谈及。

此次吴忠信又办成了另一件大事。吴赴藏前，国民政府已经筹划在拉
萨设立正式的办事机构。黄慕松由藏内返，留刘朴忱、蒋致余及交通部无

---

① 中国第二历史档案馆、中国藏学研究中心合编：《黄慕松 吴忠信 赵守钰 戴传贤奉
使办理藏事报告书》，中国藏学出版社 1993 年版，第 145 页。

② 中国第二历史档案馆、中国藏学研究中心合编：《黄慕松 吴忠信 赵守钰 戴传贤奉
使办理藏事报告书》，中国藏学出版社 1993 年版，第 299 页。

③ 中国第二历史档案馆、中国藏学研究中心合编：《黄慕松 吴忠信 赵守钰 戴传贤奉
使办理藏事报告书》，中国藏学出版社 1993 年版，第 152—154 页。

④ 中国第二历史档案馆、中国藏学研究中心合编：《黄慕松 吴忠信 赵守钰 戴传贤奉
使办理藏事报告书》，中国藏学出版社 1993 年版，第 153 页。

线电台台长张威白驻藏，尚未有正式机关。刘朴忱病故后，蒋致余在1938年夏离开，仅有张威白一人留藏，蒙藏委员会委任其为咨议，令其在藏联络。吴忠信拟定驻藏机构有两个名称：（一）蒙藏委员会委员长驻藏行辕；（二）蒙藏委员会驻藏办事处。行政院电令吴忠信"设法健全中央在拉萨设置之办事机关"，指示"蒙藏委员会委员长驻藏行辕"不合体制、"蒙藏委员会驻藏办事处"地位太低，均非所宜，应改为"驻藏办事长官公署"名义，与藏方商洽。热振活佛答称："（一）藏中内情复杂，人民疑虑夙深，此时骤设高级机关，易生误会。（二）英国代表古德在此未去，正密切注意中央与西藏政治问题之开展，不无顾虑。（三）按照十三辈达赖向例，此等重大案件必先交僧俗民众大会解决，预计万难通过，届时徒损中央威信。本人心殊不安。（四）此次，完成达赖坐床典礼，汉藏情感恰臻圆满，此时吴委员长尽可先行返京复命，本人在此当再徐为运用，总期达到中央希望。（五）本人受中央厚恩，无时不思竭诚图报，既有所见，不能不掬诚相告。"吴忠信电陈行政院，请示办法。行政院准吴忠信所拟设立行辕或办事处办法，与藏方商洽。吴忠信几经考虑，为免蹈覆辙，决定对藏采取通知方式而不洽商，以免其表示拒绝意见，反成僵局。1940年3月25日，吴忠信任命蒙藏委员会藏事处处长孔庆宗为办事处处长，驻藏咨议张威白为副处长，并限于4月1日成立，同时分函通知热振及噶厦。噶厦默认，并不反对。3月30日，吴忠信电呈行政院报告蒙藏委员会驻藏办事处在拉萨成立经过。[①] 至此，蒙藏委员会驻藏办事处正式成立，为办理藏事发挥了重大作用。

热振活佛担任摄政期间，是民国以来中央与西藏地方关系最好的时期。热振活佛果断停止了康藏、青藏内战，平息了边界纠纷，迎请黄慕松入藏致祭册封，与中央和平协商藏事，为抗战胜利祈祷祝福，承认西藏是中国的一部分；原则上欢迎班禅返藏；迎接吴忠信入藏主持十四世达赖坐床典礼，同意蒙藏委员会在拉萨设立办事处，使得中央与西藏地方的政治关系较十三世达赖时期迈进了一大步，削弱了英国在西藏的影响力。英国不愿看到国民政

---

① 中国第二历史档案馆、中国藏学研究中心合编：《黄慕松　吴忠信　赵守钰　戴传贤奉使办理藏事报告书》，中国藏学出版社1993年版，第154—155页。

府与西藏地方政府的关系趋于密切，相继派遣威廉逊、古德入藏破坏中国和平统一进程。随着 1940 年 1 月热振的辞职，藏中政局为之一变，使得汉藏关系顿生变数。

第五章　国民政府反分裂斗争的努力

达札继为摄政后，撕下了伪善的面具，派任亲英派和自主势力把持噶厦大权，排挤打击亲汉派，直至毒害热振，恶化了与中央的关系，大搞西藏"独立"活动推动西藏问题国际化，为英国所利用，不敢坚决反对英军的侵略行径，丧失了"麦克马洪线"以南的大片中国领土，其危害性不亚于"西姆拉会议"。

第一节　达札摄政毒害热振活佛与中央关系恶化

热振活佛执政为恢复中央政府与西藏地方政治联系作出了有益贡献。这遭到了英印政府、西藏地方自主势力和亲英派的反对。同时，热振活佛在揽权的政治斗争中排除异己，打击对手，树立了很多政敌。另外，西藏地方近年来经济困顿，物价昂贵，贵族生活奢侈，贪索贿赂风行，又为僧俗民众不满。而热振本人生活奢侈的享乐作风，则授予政敌攻击口实。在1940年底，拉萨城开始流传热振破戒于异性，无资格再担任达赖经师，应主动辞职。热振感到民意压力很大，难以应付，通过占卜预测前途非常不吉，遂和亲信商量，认为静休一段时期，避避风头，就能消除凶兆。

热振是想在二至三年后重掌大权，经过权衡利弊，选定达赖喇嘛副经师达札为摄政备选人。热振与亲信商议妥当，又与达札私下达成口头协定后，遂向噶厦提出辞呈，1940年底西藏民众大会一致同意达札接任摄政。

热振和亲信们选择达札，就是看到他数十年来生活简朴，处事谨慎，忠诚老实，有一副善良的面孔。所以，热振的亲信雍乃活佛说："达札·阿旺松绕是你的经师，且年事已高，他心地善良，完全可以信赖，让他权且摄政，就便于到时候由您复任摄政。"热振与达札面商："他表示二至三年内尽心尽力主持政教事务，并发誓到期定将摄政王位奉还与我。"① 热振期望达札在二年或三年后，能将摄政的位子还给自己。达札也发誓保证到时毫不保留地还位给热振。但是，结果证明达札让所有人看走了眼。从事实上看，达札是个心机深沉、外和内狠、手段狠辣的伪君子式的政客。

1941年藏历新年第一天，达札就任摄政。从此西藏与中央关系逐渐恶化，突出表现在两个方面：一是达札集团毫不留情地打击以热振活佛为代表的亲汉派，导致亲汉势力式微，无人再公开亲近中央；二是达札一派放弃了十三世达赖喇嘛晚年的策略，走亲英和自主道路，大搞西藏"独立"，致藏东南领土为外人侵占。

达札上任之始，就声明自己的拉章不从事商业活动，并惩戒贵族官员的腐败，革除奢侈的生活作风，获得了广大僧俗官员的好感，"甚至热振活佛的追随者在回顾当时的境况时都说，当时他们拿热振的行为与达札所确立的高标准的道德准则比较，都感到羞愧"②。在初步巩固自己的地位之后，达札露出了外好内坏的政客本色，搅得西藏政坛风波动荡。

1944年春，达札摄政满三年，按照约定，应还位给热振。12月3日，热振主动返回拉萨面晤达札，要求重新执政。达札装聋作哑，不作任何答复。双方会谈破裂，彼此毫不妥协，遂寻找机会铲除对方。从1944年起，达札利用各种机会和借口清除了热振在噶厦中的势力，任命亲信然巴·土登贡钦、索康·旺清格勒、噶雪·曲吉尼玛、拉鲁·次旺多吉为四大噶伦，夏格巴为孜本，形成了自己的政治集团。

1944—1945年，达札借支持热振的色拉寺吉扎仓与林周宗发生借贷纠纷殴毙宗本之事，派遣藏军没收吉扎仓的武器，严惩为首喇嘛，免除堪布阿旺加措职务，重创了三大寺中支持热振的喇嘛势力。这是达札消灭热振集团采取的非常重要的一步，导致热振集团与达札公开决裂对抗，矛盾愈演愈烈，为期两年半，直至1947年热振被害。

① 噶雪·曲吉尼玛：《回忆热振事件》，载《西藏文史资料选辑》第6辑，1985年。
② [美]梅·戈尔斯坦：《喇嘛王国的覆灭》，杜永彬译，中国藏学出版社2005年版，第300页。

达札掌握实权，手段毒辣，欲置热振于死地，又获得英人的支持。热振朝中无人，外无强援，处于岌岌可危的位置。可惜，被官欲和财富冲昏头脑的热振及其亲信们仍没有认清形势。

热振集团打算寻求国民政府的帮助，向达札摄政施压，夺回政权。热振活佛担任摄政时就以亲汉著称。国民政府也深以热振为亲汉派的代表人物，加意笼络示好。吴忠信在拉萨时，曾授予热振勋章和称号，并多次会晤热振，对热振的评价是："实心亲汉，人亦天真"；"应事经验不足"。[①] 离开拉萨前，吴忠信通过热振的亲信传话："甲、对西藏方面者：一、中央必尊重黄教。二、必不干涉西藏内政。三、西藏如需要中央帮助，中央必照办。乙、热振个人如需要帮助，中央必努力为之。丙、中央所希望热振者：一、保护旅藏汉族百姓。二、恢复交通等事。"[②] 对热振寄予了很大的希望，并表示中央政府非常愿意帮助热振。这个表态无疑让热振集团存在某种幻想，视中央政府为复位的靠山。1945 年 5 月，国民党召开第六次全国代表大会，推选热振为国民党中央执行委员，显示中央仍非常信任热振，这就引起了达札一方的疑惧。

1945 年，自感危险的热振集团筹划寻求国民政府的政治、军事的声援。据拉鲁·次旺多吉回忆：热振对国民党驻藏特工侯国柱说，如果达札继续当政，西藏必将为帝国主义所吞并，这是我们无法容忍的，要求中央支持我重新当政。如果我能重新当摄政王，一定为增进中央与地方关系做贡献。国民党人员回答，中央曾答应予以支持。这时，中央委任他为国民大会的委员，要他赴内地出席国民大会。热振不敢前往内地，委托甘孜的好友出席国民大会，向国民党政府陈述达札投靠外国，破坏汉藏关系，恳求中央明令达札辞职还权。[③]

1945 年 12 月，热振委托西康甘孜白利村甲本邓珠朗杰和大商人图多朗

① 中国第二历史档案馆、中国藏学研究中心合编：《黄慕松　吴忠信　赵守钰　戴传贤奉使办理藏事报告书》，中国藏学出版社 1993 年版，第 271、298 页。

② 中国第二历史档案馆、中国藏学研究中心合编：《黄慕松　吴忠信　赵守钰　戴传贤奉使办理藏事报告书》，中国藏学出版社 1993 年版，第 299 页。

③ 拉鲁·次旺多吉：《热达矛盾起因及我等受命于达札摄政王"迎请"热振活佛的经过》，载《西藏文史资料选辑》第 5 辑，1985 年，第 6 页。

嘉前往内地。次年 7 月，他们到西康会见刘文辉转交热振致蒋介石亲笔信："过去热振主持西藏政教时，对中藏和好多所努力，现在无论安危，惟有依赖中国政府。此时西藏政教如大风下之油灯，危急多端，余及所属虽有补救之愿，无能为力，甚望钧座对藏政有久远安定之策。关于中藏间问题，藏政府已决定派代表十名来京，但现任藏王达札及其同类之臣僚均极仰慕英国，以英国为西藏之永久依靠背景。故此批代表到中央有何诡计巧言，值得顾虑。倘今后中藏失和，乃至决裂之途，余亦难安心。务请中央明令饬现任藏王达札即时退位，仍推荐余照前主持西藏政教。如以此举认为有不便之处，则前辈第十三世达赖圆寂时曾有许多遗嘱，西藏政教全权交付余主持，现任藏王及其臣僚违背斯旨，竟受英人金钱利用，将西藏政教断送，余无法容忍，决起挽救，请中央补助适用步马枪至少三千支及弹药，详情由甲本传邓珠朗杰面陈。"①

热振及达札的矛盾已经引起国民政府的高度重视。驻藏办事处人员密集搜集拉萨各方的动态，陈述意见，电呈情报。蒙藏委员会、军统局、军令部等部门沟通信息，多次研讨会商对策，拟订应对计划。蒋介石数次批示意见，对热振复位之事所引发的对藏之策作出决断。

1946 年，热振与亲信雍乃喇嘛、卡多喇嘛、弟弟紧锣密鼓地策划复位行动，紧密与国民政府联系。据噶厦抓捕热振后搜获的密信记载：热振给其弟等人信中说："你托马官捎来的信收到，内情尽知，前次斯巴捎来达赖喇嘛父亲的话，提到达赖喇嘛询问热振现在如何？要他来见。还有中央严电噶厦宣称，西藏是中国领土，这已是国际公认的，中央要派员驻藏理事，藏王要选藏人拥护的，特别要选懂得汉藏团结的人，只有热振能胜任，要热振当西藏的藏王。近来各贵族都在忙碌此事。达赖喇嘛的父亲还特地叮咛斯巴说，这些话只能告诉热振一人，不能透露给其他任何人。至于这些话是否真实，需请扎莎亲自往达赖喇嘛父亲那里去问问，并且亲自觐见达赖喇嘛问明实情，立即返回相告与我。还请你查明中央是否真地给噶厦发了电报？如系事实，那对我们将有很大的危险。不论中央的电报是否属实，要注意我方

---

① 《热振致蒋介石函》，《藏王达札与热振交恶（1）》，台北"国史馆"藏国民政府档案，0592/4410.01-01。

是否有人在京探听，请他们要求南京政府派飞机前来接应，否则，我们的一切希望都将破坏，我真诚地表示事成之后，保证忠诚地服务于中央，以报答深恩。要抓紧做好上述工作，以免噶厦官员狼狈为奸干坏事。如前所述，电报事若需全藏大会讨论通过方能生效，我们可通过哲蚌寺、色拉寺的堪布们多送点礼物就是了。如果色却扎仓的堪布不参加会议，可通过卡多堪布做好扎仓内部的工作，想方设法推选代表前去参加大会。会上，如果提出摄政王人选问题，我们就得亲自出马，阐明当初我当选摄政王的经过。必要时，可提出查噶厦公文中有关我当选摄政王方面的文件，明确提出要热振当摄政王。若需我亲自出面，那将是迫不得已的事了。详情已托曲益告你。现捎去二十支七九步枪，请你们收留。再嘱，你要在召开全藏大会之时，想方设法推荐哲蚌欧扎仓前任堪布参加会议。"①

1946 年 2 月，军统局驻拉萨站情报员侯国柱报告：噶厦因林周宗、色拉寺事件可能即加罪于热振，甚或派兵攻击；"热振如迫不得已而逃亡，则西藏亲中派之势力将消灭殆尽"，现在热振"恐慌异常，极盼中央能及时设法解救"，建议中央政府命令驻藏办事处对热振加以保护，"则达札不敢与热振冲突，当可保存亲中派之势力于不堕，并有利于今后中央对西藏一切措施之推行"。②

军统局主张："西藏问题，从各方面观察，俱以从热振方面着手较为有利。而且有把握。""如能成功，则政令之推行可由我中央派员实际主持，外交问题亦均可由中央决定，绝无建立中英双方亲善关系之顾虑。"③

蒙藏委员会委员长罗良鉴建议："我方现阶段任务，仍应以藏政府之实力派为对象"，"热振下野已久，势力渐衰，此时策动其复位，不惟难收成效，转恐别生枝节"。④

---

① 拉鲁·次旺多吉：《热达矛盾起因及我等受命于达札摄政王"迎请"热振活佛的经过》，载《西藏文史资料选辑》第 5 辑，1985 年，第 8—9 页。
② 《侯国柱：热振与藏政府有冲突之可能》（1946 年 2 月 8 日），《色拉寺事件来归人士安置》，台北"国史馆"藏国民政府档案，0592/2750.01-01。
③ 《魏龙致重庆电》（1946 年 4 月 21 日），《藏王达札与热振交恶（1）》，台北"国史馆"藏国民政府档案，0592/4410.01-01。
④ 《罗良鉴为沈宗濂拟由索康改组西藏政府致蒋介石函》（1946 年 5 月 15 日），《藏王达札与热振交恶（1）》，台北"国史馆"藏国民政府档案，0592/4410.01-01。

军令部部长徐永昌认为："中央如欲援助在野之热振以推翻现在西藏政权，诚恐热振力量薄弱，事机不密，易为西藏政府发觉，则不但不能收预期之效果，反而引起西藏当局对中央之疑惧，进一步求保护于英人。""对于热振方面亦应善予抚慰，并暗中援助……热振应先尽量暗中寻求党羽，秘密扩张势力，但不能轻举妄动。"①

国民政府内部分成两种意见：1. 军统局主张积极援助热振，认为这有利于彻底解决西藏问题。2. 军令部、蒙藏委员会主张暂不支持热振复位，不动声色地暗中援助达札以待将来，维持现状。各方争执不下，不支持热振复位的似乎占多数，无奈只等蒋介石下最终的命令。

而达札采取挤压策略，一步步瓦解热振的实力。1946 年 5 月，噶厦命令限期官买贵族私藏的武器，欲解除热振的武装。形势对热振方越来越不利，热振焦急万分，不得不连续急电蒋介石，盼望中央的答复。

1946 年 7 月 27 日，热振致电蒋介石："职窃以目前所存实力尚堪一战，惟于时机不知是否得当，否则职当晋京一行，以避其锋。以上二策，究以何者为是，务恳钧裁，以保万全。"②

1946 年 8 月 21 日，军统拉萨情报站转来热振致蒋介石急电："前呈电未蒙核示。窃查藏方欲召回赴京国民大会代表及严密监视在藏中央人员。此种举动显系英方主使，尤足见英藏关系日亲，而与中央日疏。其对中央致疏之原因，实系藏政府本身亲英势力日增之故。前呈拥护中央解放西藏而挽救西藏于危亡之计划，是否予以采纳，务恳迅予裁夺。庶可不失其时，否则个人损失尚不足惜，而国家对藏历年辛苦则恐尽付东流。"③热振生命处于危险之境，请求中央政府给予政治、军事援助，并明确应对办法。忙于发动内战的国民政府却对热振方面的请求不置可否，含糊应付。

热振已经岌岌可危了，蒋介石必须速下决断，遂命令吴忠信与文官长吴

---

① 《徐永昌为签复对扶助热振复位问题之意见》（1946 年 5 月 30 日），《藏王达札与热振交恶（1）》，台北"国史馆"藏国民政府档案，0592/4410.01-01。

② 《郑介民为西藏达札热振交恶致蒋介石报告》（1946 年 8 月 14 日），《藏王达札与热振交恶（1）》，台北"国史馆"藏国民政府档案，0592/4410.01-01。

③ 《郑介民转呈热振续电请示对藏方针报告》（1946 年 8 月 24 日），《藏王达札与热振交恶（1）》，台北"国史馆"藏国民政府档案，0592/4410.01-01。

鼎昌等人商讨对策，在激烈讨论后拟具了四项办法："（一）热振电报及信函中请求事件均以口头答复，由该代表等转报为宜，并另饬军统局转知驻藏人员设法告热振，来电另行答复。该员等应特别谨慎，不可生事。（二）由文官长函告张主任，该代表等暂驻成都，可优予招待，并告以主席极愿接见，并亲予指示。惟须在国民大会闭会各代表离京后方较便利。该代表等如亟待答复报命，主席拟派吴委员忠信来蓉先行代见，亦无不可。（三）口头答复要点：1.该员现在处境困难，中央极为同情，惟仍盼忍耐待时，不可有所流露。2.现在时机似尚未成熟，一俟双方认为成熟时，当予援助，可随时与重庆主席行辕张主任接洽办理。3.该员之生命财产，中央必予保障，倘有不测，中央当以全力支持。（四）此外，西藏国大代表十人来京已久，所有关于国民大会事件及西藏其他问题，宜令饬蒙藏委员会罗委员长督同驻藏办事处沈处长宗濂妥为洽办，随时具报，借以考察西藏现政府之企图而定对藏方针。"①

这四项办法代表了国民政府和蒋介石的最终意见，主要有三点：一是暂不采取措施支持热振复位；二是维持现状，等待时机；三是同情热振处境，保障热振的生命财产安全。但对热振要求派遣飞机、青康军队开赴藏边、供给武器、流亡内地等事项全未谈及，等于是放弃了对热振的武力支持，知热振集团身处险境而毫无实质办法。热振与中央方面派员、函电往来长达二年之久，早为英人及达札方面侦知，促使达札分裂势力必欲除掉热振。

英印驻藏代表黎吉生对达札抓捕热振起到了推波助澜的作用。黎吉生专门求见达札摄政，向他报告：热振已派遣团朗（霍甲本之子）和拉噶尔·土多去内地参加国民大会，可能要同国民党密谋什么。并说，国民党政府很器重他们，闭会后两人都没有回西藏。达札听了密告，立刻命噶厦"要严加注意！"噶厦官员们对此颇为感戴地说："要不是黎卡逊（黎吉生）提供情报，我们还蒙在鼓里呢。现在要立电驻南京三人代表（他们是堪穷土登桑布、孜仲登次仁、洛泽娃强巴阿旺），令其详查那里是否还有其他藏人在活动，并要他们侦查内外各方有否对西藏采取行动之企图。"

---

① 《吴鼎昌关于西藏问题之签呈》（1946年9月5日），《藏王达札与热振交恶(1)》，台北"国史馆"藏国民政府档案，0592/4410.01-01。

另一次，黎吉生通过噶厦的所谓"外交局"，转告达札摄政说，热振已提出要求，请噶厦允许他去印度。噶厦的回答是"要去印度，需得事先同噶厦晤谈，因你是前任摄政王，不同于别人"。看来，热振当时想去印度，实则是经印度去南京。黎吉生还估计，热振此举是企图借口赴印而取道北路去内地。①

1947年2月中旬，黎吉生面见摄政达札："热振派遣植霍尔·普顿朗和拉噶尔·普世多二人前去南京参加了国民党大会，受到优礼接待，胜过噶厦派去的两名扎萨。尤其值得注意的是，热振派去的这二人参加国大后留在南京。他们承认西藏是属于中国领土而非独立，要求国民党派兵入藏，并给予武器和经济援助。国民党也准备派大军入藏，支持热振活佛重任摄政，还决定派飞机轰炸拉萨。""据悉，国民党已给了植霍尔·普顿朗很多武器和金钱，热振拉章与扎什伦布寺拉章联合起来，要在色拉寺建立军事基地，由热振方面发动叛乱。在扎什伦布寺也建立军事基地，由扎什伦布寺拉章发动叛乱。"②

英人显然侦知了热振方面与国民政府的密谈内容。这加速了达札彻底铲除热振的决心和行动步伐。特工魏龙报告，1947年1月23日，"热振派心腹人员报称，藏王达札及四大噶伦连日举行会议，拟消灭热振及其党羽"，请中央设法营救，并准备潜逃进京。③吴鼎昌、罗良鉴认为热振势力已经被摧毁，处境危险，中央鞭长莫及，武力援助势不可能。国民政府依然没有采取任何援助措施。

热振集团在噶厦无人支持，上层贵族中仅有十四世达赖的父亲同情热振。在政治上处于下风的热振开始采取激进的举动。1947年藏历新年，雍乃喇嘛密谋在送给达札的一个包裹中暗藏炸弹，可惜以失败告终。这为达札抓捕热振活佛提供了很好的借口。恰好，藏历2月23日西藏驻京办事处给噶厦发来绝密急电："据查悉等要求国民党中央政府派军队、飞机、装备支援。蒋介石说五天之内给以答复。"

---

① 拉鲁·次旺多吉：《热达矛盾起因及我等受命于达札摄政王"迎请"热振活佛的经过》，载《西藏文史资料选辑》第5辑，1985年，第8—9页。
② 噶雪·曲吉尼玛：《回忆热振事件》，载《西藏文史资料选辑》第6辑，1985年，第16页。
③ 《郑介民致蒋介石报告》(1947年1月26日)，《藏王达札与热振交恶(1)》，台北"国史馆"藏国民政府档案，0592/4410.01-01。

实际上，蒋介石并没有接见邓珠朗杰、图多朗嘉两人。1947 年 3 月，他俩在南京致函蒋介石，提出要求："请中央明令罢免达札现在职位，饬将政权交还热振佛执掌"，"请中央派数架飞机至拉萨市空表示声援"，"请赐助步枪三千支，并配弹运至滇康两省边境"，"增派正规军至青康滇三省边区声援"，"请发给三百万卢比，以补助各项费用"。① 这应是热振及其亲信的意见。英国邮局检查员则在噶伦堡查获热振活佛致中央信函交给藏方，信中密议："请求中央命令达札将摄政职位归还热振，并请中央发给步枪三千支，配以相当数量之子弹与士兵，又借与印币三百万盾，此外请中央派飞机数架以示威胁，不必作战。"② 与邓珠朗杰两人转达的信息一致，这表明热振方面的请求顺利送达南京。参谋总长陈诚面对邓珠朗杰两人的呈请，仍是按照国民政府已经确定的原则拟出意见，表示中央政府暗中支持热振，在必要时才会派飞机、供给武器、增派军队，仍持观望态度。

噶厦接获英人、驻京办事处的密告之后，迅速行动。据拉鲁回忆："噶伦喇嘛和基巧堪布们惊恐万分，立即开了超高级密会，参加这个密会的有噶伦喇嘛然巴·土登贡钦、索康·旺清格勒、噶雪·曲吉尼玛、拉鲁·次旺多吉、基巧堪布钦绕热旦共五人，着重讨论如何对付这一严重事态的办法。与会人都发表了各自的意见，最后索康说：如果不是英国人黎卡逊予通情报，我们现在还蒙在鼓里，不知会发生什么事情呢！目前的情势就是要看谁动手得快，是争速度，我们只有立刻派人去'迎请'热振活佛来拉莎，别无他法！索康的这一番话，得到了大家的赞同。紧接着，我们一起去晋见达札摄政王，向他报告了电报的内容，和刚才讨论的结果。噶伦喇嘛然巴敦请达札摄政指派召讨热振的负责人。达札当即决定叫索康去，索康提出需要增派一名助手，达札便叫我一同前往。返回噶厦途中，索康把我拉到一边，悄声征问：'我们何时出发？'我答：'今晚准备，明晨即赴，可否？'他说：'不行，这样会走漏消息，还是今夜出发为好。'我就依了他。回到噶厦后，我

① 《郑介民致蒋介石报告》(1947 年 4 月 2 日)，《藏王达札与热振交恶(2)》，台北"国史馆"藏国民政府档案，0592/4410.01-02。

② 《蒙藏委员会驻藏办事处抄送西藏政府关于热振事件公告及信件致蒙藏委员会呈》(1947 年 8 月 11 日)，载中国藏学研究中心、中国第二历史档案馆等合编：《元以来西藏地方与中央政府关系档案史料汇编》第七册，中国藏学出版社 1994 年版，第 2885 页。

就提出要当晚出发的意见，经过大家的讨论，决定由摄政王、噶伦和基巧堪布主持审理此案，由仲尼钦布和孜本共同审判热振。同时还规定了审判会上不准提及英人黎卡逊送情报的事，只可提南京的来电内容。"①

　　达札下定决心要铲除热振，在逮捕热振的前一个月，毒死了十四世达赖的父亲祁才仁，为逮捕热振扫清了障碍。反观热振在噶厦中没有援手，依靠的是几个没有实权的亲信喇嘛，行动莽撞，瞻前顾后，幻想中央政府派飞机支持，消息走漏，处境极为危险，仍抱有不切实际的想法。另外，英人黎吉生支持噶厦分裂势力，及时输送情报，挑拨热振与达札的关系。国民政府忙于内战，对热振、达札之争没有任何实质援助行动，仅是口头表示同情支持。所以，达札在力量对比上占有明显的优势，热振失败是必然的。

　　1947 年 4 月 13 日（藏历 2 月 23 日）夜晚，索康、拉鲁两噶伦率 200 藏兵赴热振寺抓捕热振及其亲信雍乃喇嘛等人。次日，噶厦召开官员大会，传达了驻京办事处复电内容，宣布热振要谋害达札摄政，要求全体官员团结一致，共同对敌，逮捕热振及其亲信，查封家产。4 月 15 日，陈锡璋将热振被捕一事电告蒙藏委员会。4 月 19 日，蒙藏委员会请示蒋介石如何处理。陈锡璋分析热振被捕内幕，认为现在当权的摄政、噶伦深知若热振复位后，必死无葬身之地，故不惜铤而走险，孤注一掷，置热振于死地。"其轻视中央，则昭然若揭。我对此事变若取缄默态度，恐将西藏人心尽失。国民大会西藏已派代表参加，其为中华领土，重复昭示世界。我平靖地方乱事，英人即有理由可以公然出面干涉，即使引起对英纠纷，尚不失现在相持之局面。际此千钧一发，若过事求全，则进退失据，坐失西藏。"②蒙藏委员会主张立即采取武力应对措施，即使英人抗议也无法出兵西藏，最坏的结果是维持现状。若不保护热振一方，则中央在西藏人心尽失。

　　此时，色拉寺僧人已经奋起反抗噶厦，武装暴动。达札及噶厦决定武力镇压。英人黎吉生支持噶厦，由"英方无线电员福克升为藏政府装置布达拉

---

① 拉鲁·次旺多吉：《热达矛盾起因及我等受命于达札摄政王"迎请"热振活佛的经过》，载《西藏文史资料选辑》第 5 辑，1985 年，第 11 页。

② 《陈锡璋为藏当局构陷热振分析内幕情形致沈宗濂电》（1947 年 4 月 21 日），载中国藏学研究中心、中国第二历史档案馆等合编：《元以来西藏地方与中央政府关系档案史料汇编》第七册，中国藏学出版社 1994 年版，第 2872 页。

与军营间之无线电话，以利指挥"①。1947 年 4 月 18 日，噶厦派藏军围攻色拉寺，19 日下午，用钢炮轰击，色拉寺喇嘛顽强抵抗。21 日，色拉寺全体僧众急电国民政府："素仰我中央以保护宗教，安定地方为怀，对此当不忍坐视。伏恳速派大军入藏，解决危局。"②23 日，蒙藏委员会将蒋介石批示意见电致达札："色拉寺为佛法圣地，全藏官民均有保护之责，不容有摧毁屠杀情事，应设法和平解决。"③24 日，噶厦派人向陈锡璋解释缘由："谓此事起因由于炸弹案，前经面达，色拉寺吉扎仓少数喇嘛反抗，政府不得不武力制裁，虽有机枪大炮，然只向有喇嘛据守之山岩发射，并未轰击庙宗，只要喇嘛就范，藏政府决不苛求。当于转陈摄政后详复中央，至于中央在藏官员和汉回人民，早派警切实保护。"④

　　1947 年 4 月 24 日，蒋介石亲自致电达札，质询热振被捕事："查热振主持十四辈达赖转世，功绩至著，且经国民政府册封为禅师。中央至为关切，希执事慎重处理，并将详情迅为电复。"⑤27 日，藏军以大炮对色拉寺发起总攻击。28 日，达札回复蒋介石逮捕热振原因，称热振寄来炸弹谋害官员，热振本人及其亲信已经承认并签字，本衲不会有意冤枉无罪之人。⑥

① 《蒙藏委员会为报热振被捕围攻色拉寺及拉萨秩序等情事致蒋介石等代电》（1947 年 5 月 1 日），载中国藏学研究中心、中国第二历史档案馆等合编：《元以来西藏地方与中央政府关系档案史料汇编》第七册，中国藏学出版社 1994 年版，第 2877 页。

② 《色拉寺僧众为请派大军入营救热振等情事致蒋介石等电》（1947 年 4 月 21 日），载中国藏学研究中心、中国第二历史档案馆等合编：《元以来西藏地方与中央政府关系档案史料汇编》第七册，中国藏学出版社 1994 年版，第 2873 页。

③ 《蒙藏委员会为蒋介石谕示色拉寺为佛法圣地不容摧毁屠杀事致达札等电》（1947 年 4 月 23 日），载中国藏学研究中心、中国第二历史档案馆等合编：《元以来西藏地方与中央政府关系档案史料汇编》第七册，中国藏学出版社 1994 年版，第 2873 页。

④ 《陈锡璋关于与噶伦交涉保护色拉寺等情致沈宗濂电》（1947 年 4 月 24 日），载中国藏学研究中心、中国第二历史档案馆等合编：《元以来西藏地方与中央政府关系档案史料汇编》第七册，中国藏学出版社 1994 年版，第 2874 页。

⑤ 《蒋介石为热振被捕中央至为关切希慎重处理并迅复详情事致达札电》（1947 年 4 月 24 日），载中国藏学研究中心、中国第二历史档案馆等合编：《元以来西藏地方与中央政府关系档案史料汇编》第七册，中国藏学出版社 1994 年版，第 2875 页。

⑥ 《达札关于逮捕热振缘由等情复蒋介石电》（1947 年 4 月 28 日），载中国藏学研究中心、中国第二历史档案馆等合编：《元以来西藏地方与中央政府关系档案史料汇编》第七册，中国藏学出版社 1994 年版，第 2875 页。

达札和噶厦不遵守中央电令，公然逮捕热振和毁坏色拉寺。拉萨汉藏僧俗官民都在期望中央的举措。驻藏办事处致电蒙藏委员会：

> 旅藏汉胞最关切者，为西藏人心与国家威信，至旅藏官民安全乃为其次。一般意见，对于中央之期望如下：
>
> 1. 严令西藏政府释放热振并停止围攻色拉寺。
>
> 2. 密令青海省进兵青藏边境，以为色拉寺声援。
>
> 3. 派遣飞机至拉萨或昌都散发传单，借以震慑。
>
> 4. 迅筹此次事变死伤损失之善后救济办法。[1]

国民政府已定下"不干涉"的方针，不会采取任何实质援助措施。1947 年 4 月 29 日，藏军攻占色拉寺。热振方面彻底失败。面对现实，国民政府颇为无奈，但求保全热振性命。5 月 3 日，蒋介石通过驻藏办事处致电达札："务盼泯释猜嫌，早日和平了结，恢复热振自由，并将办理情形具报。"[2] 早在约 1 年前，沈宗濂曾致信蒋介石，乐观估计达热之争，最低限度是能保全热振的性命，认为西藏地方政府"用意在消灭热振之实力，以除后患，不致危害热振个人之安全。万一对热振个人有不利时，因热振历代为呼图克图，宗教之地位甚高，且曾受中央册封，中央去电阻止时，必可生效"[3]。这是蒋介石乐意接受的，也是所期望的结果，却低估了达札的决心和狠辣。

噶厦数次审讯关押在监狱中的热振，在讨论如何定罪时，一部分僧俗官员、三大寺堪布不同意严惩热振。达札早有预见，公然杀害热振不可能得到全藏僧俗一致拥护。1947 年 5 月 6 日，达札秘密令管家在监狱毒害热振，对外宣称热振得重病而死。

达札铲除热振，获得全胜。热振亲汉一派，因中央临事并无办法，心理

---

[1] 《蒙藏委员会为报热振被捕围攻色拉寺及拉萨秩序等情事致蒋介石等代电》（1947 年 5 月 1 日），载中国藏学研究中心、中国第二历史档案馆等合编：《元以来西藏地方与中央政府关系档案史料汇编》第七册，中国藏学出版社 1994 年版，第 2877 页。

[2] 《蒋介石为泯释猜嫌恢复热振自由并速将色拉寺解围事致达札电》（1947 年 5 月 3 日），载中国藏学研究中心、中国第二历史档案馆等合编：《元以来西藏地方与中央政府关系档案史料汇编》第七册，中国藏学出版社 1994 年版，第 2878 页。

[3] 《沈宗濂为热振事件致资生函》（1946 年 8 月 18 日），《藏王达札与热振交恶（1）》，台北"国史馆"藏国民政府档案，0592/4410.01-01。

发生重大变化，从此中央在藏威信大降，亲汉力量殆尽。此后达札一派更未将中央政府放在眼里，明目张胆地增兵康、青边界，派人访问英、美，大肆搞西藏"独立"活动。

第二节　英国积极推进侵藏政策

第二次世界大战爆发，英国从自身的利益考虑，既要反击法西斯拯救自身，又要镇压殖民地的民族解放运动，维护既得殖民权益。英国需要中国协助反击日军，也要逼迫中国放弃对印度民族独立运动的支持，尽可能地牺牲中国人民的利益，牵制中国，维护印度边境的"安全"。在达札摄政期间，英国侵藏政策做了较大调整，更肆无忌惮。

一、卡罗的"蒙古地缘圈"

日本侵华之初，英国对日绥靖，鼓吹蒋日和谈，安抚日本，限制中国人民的抗日运动。从 1940 年 7 月 18 日起，英国封闭滇缅公路，禁止武器弹药等军事物资输入中国，并要求中国承认汪伪政权，公开地损害中国国家利益，很难想象英国会甘心放弃对西藏的侵略。

英国对印度的政策，与对中国的自私行为是一样的。镇压印度民族解放运动是英国一贯的政策。1939 年 9 月 3 日，英国对德宣战。同日，英印就成立战时政府，宣布印度进入战争状态，禁止国大党集会和政治宣传，加紧经济掠夺，将军费转嫁给印度人民。英属印度政府在兵员、粮食、经济、军火等方面都要全力支援英军的作战需要，这也引发了印度国内的经济危机，迫使英印政府调整对西藏的政策，暂时没有更多的精力、财物、军火来侵占藏东南中国领土。但是，英属印度政府内部直接处理西藏问题的官员并没有减弱对外围安全和西藏的关注，仍在筹划边境防务。

1940 年 1 月 18 日，印度政府外交和政治部副部长卡罗撰写了《蒙古地缘圈》防务战略计划书。卡罗称："本文的目的在于简要地回顾及展望与印度、中国、西藏接壤的东北边境上的国家及部落的关系，以便评估这段边境在目前关头对于印度防务的重要性及在这一地区，如同在其他地区一样，采取措施以维持印度政府传统对外政策的必要性。这可以定义为通过稳定诸小国或部落组织来抵御任何强大势力占领的印度斜坡防御。"何为"蒙古地缘圈"，卡罗认为尼泊尔、不丹、锡金及中国西藏地区的民族在种族上都可以归属为"蒙古人种"。印度实际控制的尼泊尔、不丹、锡金、阿萨姆部落地区为屏障印度边境的内防御圈，西藏为外防御圈。西藏对阿萨姆、尼泊尔、不丹、锡金等地区有着传统、文化上的强大影响力，而西藏的背后又受到中国的"威胁"。所以，西藏地位非常特殊，在英国的指导下成为印度北部边境的缓冲区，可以作为天然的屏障，是阻止中国对喜马拉雅山诸国和印度民族解放运动发生作用的前沿阵地，假如苏联、日本的势力推进到西藏，这是英国最不愿意看到的。英国可以利用印度地理位置接近的优势、英藏条约以及在亚东、江孜等地方的驻兵和代表的优势，加强对西藏的影响，并可以通过援助藏军、提供军火的办法，来壮大西藏地方的亲英力量。同时，加强对阿萨姆地区的管理，监视苏联、日本对西藏的活动和意图。最终希望"西藏成为印度北方的一个缓冲国"。在英国控制下，所谓蒙古圈内的成员形成不可分割的联合体，维护实现英国和印度在这一地区的利益。实质是通过侵略扩张将喜马拉雅山诸国及中国的西藏纳入到以印度为中心的殖民地体系中。[①] 卡罗将计划书提交英印政府，得到了鹰派的普遍支持。英印政府认为可以通过在军事、经济方面援助西藏，壮大"西藏自治"能力，同时在外交上压迫中国同意与英、藏签订与《西姆拉条约》（草案）一样的条约，这是最理想的结果。

综观卡罗的"蒙古地缘圈"计划，并没有什么新意，仍继承了清末寇松等强硬派建立西藏缓冲区的主张，也是1914年《西姆拉条约》（草案）精神的延续。只不过是相隔20多年后，再次被系统地提出，无非就是希望继续统治印度、不丹、锡金、尼泊尔，控制西藏为缓冲区，侵占"麦克马洪线"以南的中国领土。但是，他发出个信号，表明英印政府内部强硬侵藏分子重

---

① 参见吕昭义：《英属印度与中国西南边疆（1774—1911年）》，中国社会科学出版社1996年版，第405—411页。

新抬头，将对中国西藏采取更积极侵略的举措，这在以后 7 年多的时间里表现得很充分，对中国危害很大。不过，卡罗不能洞察到第二次世界大战之后，大英帝国迅速衰落，会彻底退出印度，所谓的"蒙古地缘圈"对英国也就失去了意义。

二、英国有条件承认中国对西藏的宗主权

1941 年 12 月 8 日，太平洋战争爆发，中、美、英、苏等 26 个国家结成同盟国共同反击法西斯。英国在远东有重要的殖民利益，需要中国在远东反击日本，但又不希望中国强大而损害其殖民地和经济利益。所以，英国既要放弃一些在华特权，又要处心积虑地继续维持在华殖民利益。1942 年 2 月 4 日，蒋介石前往印度，会晤国大党领导人，希望中、印民族共同实现自由解放，联合反抗侵略势力，并支持在战争结束后印度独立。回国后，蒋介石劝告英国改变立场，表示十分同情支持印度民族独立解放运动。实质上，蒋介石通过访问发现英国在印度的统治已经濒临崩溃，退出是不可避免的。中国政府可以利用第二次世界大战的机会采取措施加强对西藏的影响力。所以，国民政府积极筹建康印公路、印藏驿运线，目的不仅仅是运输战时物资，而且要借机恢复对西藏的主权管理。英国暗中唆使噶厦拒绝。国民政府也一度对噶厦采取较为强硬的立场，增兵青、康施压西藏地方当局，使得噶厦大为恐慌。同时，中国外交部部长宋子文公开要求英国政府承认西藏是中国的一部分。英国、英印政府内部一些鹰派官员打算与中国政府针锋相对，公开支持西藏"独立"。1943 年，英国内部对西藏政策进行大讨论，拟重新调整对西藏的政策。

1943 年 3 月 15 日，宋子文在华盛顿会晤英国外相艾登，表示西藏是中国的一部分，中国政府希望知道英国政府对西藏主权的看法。艾登没有正面回答，仅表示欢迎宋子文 5 月访问英国。艾登回国之后，英国外交部、印度事务部、印度政府开始内部评估西藏政治地位。

1943 年 4 月 10 日，英国外交部向内阁递交《西藏和中国宗主权问题》报告，披露了加速促进西藏"独立"的想法："为了对西藏彻底独立的主张给予有效支持，我们应当放弃从前对中国宗主权的承认"，"它妨碍了我们

同西藏直接签订条约的自由"。①

1943 年 4 月 29 日，英国外交部克拉克（Ashley Clarke）致信印度事务
部皮尔（R.T.Peel），就取消先前对中国"宗主权"的承认，征询印度事务
部的意见，建议外交部和印度事务部召开一个会议，审视这项政策，考虑向
内阁提交一个全面的报告，以答复宋子文将来访英时的质询。

1943 年 5 月 7 日，皮尔复信克拉克称："我们不应该承认中国对西藏的
宗主权，因为它阻碍了我们把西藏作为一个独立国家对待，或使得中国在外
交上对西藏进行控制，甚至在西藏与印度和尼泊尔的边界上插手。"如果我
们不再承认中国的宗主权，"将会增强西藏的国际地位，对印度的防卫和藏
印边界领土问题的解决等诸多事务有益，同时西藏可以享受最大限度的独
立"。制约我们改变态度的不利因素是："中国肯定会在战争时吞并西藏，我
们无法有效地阻止这一切的发生。""一旦印度获得独立，我们将无力进一步
帮助西藏。""现代战争的发展已使该缓冲国的策略过时了。""撤销对中国的
宗主权的承认可能会促使中国提前向西藏发动进攻。""在目前我们无力对付
日本人时，却宣布我们不承认中国对西藏的宗主权，那将是尴尬的。"②皮尔
建议在 5 月 12 日或 13 日见面讨论。

印度事务部认为这是非常有益的，取消对中国"宗主权"的承认，好处
是提高西藏的国际地位，有助于解决印藏边界，确保西藏的"缓冲国"地
位，英国在与西藏交往时，可以抛开中国政府促成西藏的"独立"，取消的
借口是西藏事实上获得了 30 年的"独立"，以及中国政府对西藏 30 年的"无
效"管辖。

英国外交部和印度事务部达成共识之后，由内阁作出最终的决定。在内
阁讨论之前，美国的态度至关重要。为此，英国外交部通过驻美大使馆向美
国政府通报英国建议。1943 年 5 月，美国国务卿答复："中国政府长期以来
一直声明对西藏的宗主权，中国的宪法将西藏列入中华民国领土范围之内。

---

① IOR. Fo375/35755,Tibet and the Question of Chinese Suzerainty, 10 April, 1943. 参见［美］
梅·戈尔斯坦：《喇嘛王国的覆灭》，杜永彬译，中国藏学出版社 2005 年版，第 324—
325 页。

② 《印度事务部皮尔致外交部克拉克的复函》（1943 年 5 月 7 日），印度事务部档案，
L/P&S/12/4194,P.Z.2252/1943。

本政府对此未提出疑问。"①

　　美国政府深知中国对抗击日军不可替代的作用,若是支持英国对藏政策势必激起中国和人民的强烈不满,危害美国在太平洋地区的根本利益。美国的不支持态度迫使英国政府不得不慎重修订对藏政策,避免与中国政府发生正面冲突。

　　1943 年 5 月 18 日,英国外交部、印度事务部拟定答复中国政府的原则:"1. 决不无条件承认中国的宗主权。2. 指出西藏实际上自治 30 年,并保持了这种自治。3. 明确申明英王政府与印度政府除了希望保持同西藏的睦邻关系外,绝无任何野心。4. 重申英国的一贯态度是愿意在中国尊重西藏自治的前提下承认中国的宗主权。"②

　　英国涉藏政策调整为只有中国在承认西藏"高度自治"的情况下,才承认中国对藏的"宗主权",改变了过去同时承认中国"宗主权"和西藏"自治"的做法。英国政府的真实想法是支持西藏"独立"。

　　1943 年 5 月 20 日,美国总统罗斯福、英国首相丘吉尔、中国外交部部长宋子文在华盛顿举行太平洋会议,讨论对日作战问题。丘吉尔在发言中,突然说:"近闻中国有集中队伍准备进攻西藏之说,使该独立国家大为恐慌,希望中国政府能保证不致有不幸事件发生。"宋子文当即严正指出:"并未闻有此项消息,西藏并非首相所谓独立国家,中英间历次所订条约,皆承认西藏为中国主权所有。"③

　　会后,宋子文立即电告蒋介石。1943 年 5 月 22 日,蒋回电:"丘吉尔称西藏为独立国家,将我领土与主权完全抹煞,侮辱实甚。不料英国竟有如此言动,殊为联合国共同之羞辱,应向罗总统问其对于丘言作何感想及如何处置。西藏为中国领土,藏事为中国内政,今丘相如此出言,无异于干涉中国

---

①　FRUS,Foreign Relations of the United State,China the Department of State to the British Embassy,15 May, 1943. 译文见胡岩:《美国赠送西藏当局无线电台事件与美英两国对于西藏地位的分歧》,《西藏民族学院学报(哲学社会科学版)》2006 年第 6 期。

②　L/PS/12/4194,The Discussion of India Office, 18 May, 1943. 译文见张永攀:《英帝国与中国西藏(1937—1947)》,中国社会科学出版社 2007 年版,第 125 页。

③　《宋子文致蒋介石报告太平洋会议与丘吉尔争辩西藏问题电》(1943 年 5 月 21 日),载吴景平、郭岱君编:《宋子文驻美时期电报选(1940—1943)》,复旦大学出版社 2008 年版,第 188 页。

内政，是即首先破坏大西洋宪章，中国对此不能视为普通常事，必坚决反对并难忽视。"①"我政府只有对藏开辟公路以利运输，而决无集中十一师进攻西藏事。此说完全为英国所捏造，其用意欲我发表并无攻藏行动之宣言。务声明与对英保证，此决不能为也。余照前电之意，应向罗总统严重表示，英国在事实上已首先破坏大西洋宪章矣。"②"关于西藏问题，不能轻忽，应照前电对罗总统严重表示，使其注意。如罗总统有勿因此发生意外之语，则我更应申明立场主权为要，否则其他军事要求与我之主张更被轻视，以后一切交涉皆必从此失败矣。切盼遵令执行，勿误。"③

蒋介石对丘吉尔干涉中国内政的言辞非常愤慨，命宋子文征询美国总统罗斯福的意见，这在策略上是正确的。英国在欧洲战场上被德国打得体无完肤，要仰仗于美国帮助。美国已经成为头号强国，对英国的影响举足轻重。而美国在太平洋战区也需要中国牵制和抵抗日军。罗斯福尊重中国主权，不赞同丘吉尔主张。"次日总统（罗斯福）亦云丘所言殊不得体。"④

罗斯福不愿触怒中国的态度促使英国战时政府慎重考虑发表对西藏地位的声明，不敢公开支持西藏"独立"，但也不甘心放弃觊觎了近百年的西藏。

1943年7月23日，英国内阁达成共识，处理涉藏政策应遵循以下原则："（1）指出西藏事实上自认为是自治的，并且保持了30年。（2）可以明确的说，国王陛下政府和印度政府除了与西藏维持友好关系外，没有其他野心。

---

① 《蒋介石致宋子文告以丘吉尔干涉中国内政必坚决反对电》（1943年5月22日），载吴景平、郭岱君编：《宋子文驻美时期电报选（1940—1943）》，复旦大学出版社2008年版，第191页。

② 《蒋介石致宋子文指示应向罗斯福严重表示电》（1943年5月23日），载吴景平、郭岱君编：《宋子文驻美时期电报选（1940—1943）》，复旦大学出版社2008年版，第192页。1941年8月，美国总统罗斯福与英国首相丘吉尔在大西洋北部的一艘军舰上签署了《大西洋宪章》，宣称美英两国不寻求领土和其他方面的扩张，不承认法西斯通过侵略造成的领土变更。

③ 《蒋介石致宋子文告以关于西藏问题不能轻忽电》（1943年5月25日），载吴景平、郭岱君编：《宋子文驻美时期电报选（1940—1943）》，复旦大学出版社2008年版，第192页。

④ 《宋子文致蒋介石报告当重复声明我国立场与主权电》（1943年5月25日），载吴景平、郭岱君编：《宋子文驻美时期电报选（1940—1943）》，复旦大学出版社2008年版，第193页。

（3）重申英国政府立场是承认中国宗主权，但这必须是在中国承认西藏自治的基础上。（4）中国与西藏达成的任何友好协议（西藏承认中国的宗主权是以划定边界和承认西藏自治为回报的），对此英国和印度政府都持欢迎态度，并且乐意提供所需要的帮助。"[1]

1943 年 7 月 26 日，宋子文到访伦敦与艾登会谈，"希望英国政府承认西藏是中国的一部分"，艾登拒绝承认中国对西藏主权。8 月 5 日，艾登致信宋子文附上上述内阁决议的备忘录，告知英国政府对西藏政治地位的主张。英国再次表明了对中国主权的藐视，即使在战后也不愿放弃对西藏的侵略。其中，最大的变化是有条件地承认中国宗主权，相比 1914 年《西姆拉条约》（草案）、1921 年《寇松备忘录》，距公开承认西藏"独立"又迈近了一步。理所当然地，这遭到了中国政府的坚决反对和驳斥。蒋介石认为"英国打算用这种手段来牵制中国，并对中国在印度问题上所采取的态度进行报复"[2]。英国基于需要中国共同反抗法西斯以及美国支持中国的态度，也没有公开承认西藏"独立"，仍维持西藏的现状，坚持由中、藏达成所谓的和解协议。虽然英国内部对中国西藏政策达成了一致，但是在实际操作中，并没有特别坚持否认中国主权，也深知印度独立在望，故在以后的行动上加快了煽动西藏"独立"的步伐，企图彻底解决西藏问题。

三、卡罗、古德向沈宗濂表明英国政策

自所谓"外交局"设立后，蒙藏委员会驻藏办事处处长孔庆宗坚决驳斥噶厦，为噶厦所不容，已经无法开展工作。1943 年 10 月，国民政府正式通知噶厦决定派遣军事委员会委员长侍从室第四组秘书沈宗濂入藏接替孔庆宗。蒋介石亲自任命侍从官员赴任驻藏办事处，打破了用人成例。沈宗濂可不通过蒙藏委员会直接言事，俨然是一特派大员，名义上为处长而不变更，是恐怕引起英人的怀疑。[3] 蒋介石任用身边亲信赴藏与他安定抗战后方，借

---

[1] "西藏的地位"，印度事务部档案，L/P&S/18/4210。

[2] 《顾维钧回忆录》第 5 册，中国社会科学院近代史研究所译，中华书局 1987 年版，第 231 页。

[3] 陈锡璋：《西藏从政纪略》，载《西藏文史资料选辑》第 3 辑，1985 年，第 109 页。

第二次世界大战之机"拉回"西藏的想法有关，希望沈宗濂到拉萨后加强对西藏的宣传，笼络人心，切实改善汉藏关系。

蒋介石亲自召见沈宗濂面示入藏后工作方针，重在以政治方式解决西藏问题，具体方法是："应着重于宣扬中央德意，尽力为藏胞谋福利，以增进感情，泯除隔阂，故对于当地社会福利事业尤应注重，当嘱照此方针拟订具体计划呈核。顷据呈拟工作计划前来，查所拟充实办事处组织，增设宣传科及附设医疗所及流动医务队暨图书馆各项，尚切实扼要，应准照办。兹核定该处经常费每月印币五万盾，并一次拨发临时费印币四十八万盾。"①这显示出蒋介石解决西藏问题仍是以政治为主的策略，对藏工作侧重于社会民生方面，目的是争取人心，故在人员、经费上都给予沈宗濂大力支持。

1943年11月2日，达札摄政致电蒙藏委员会："孔处长辞职，遗缺新派沈宗濂接替，短期间由印赴藏。沈君在欧美游学多年，资深望重，素为蒋委员长所倚重。该员到藏，中藏必能照旧恢复感情如意，深慰欣谢。因中藏和好起见，藏境迎护藏兵等业经派往，并饬沿途各营官所有乌拉及一切隆重支应，不得临时周章，已由噶厦饬办矣。详情应如何转呈蒋大元帅处，伏希维持为荷。"②噶厦表面对沈宗濂入藏表示欢迎，实则想拒绝。1944年4月18日，蒙藏委员会致电噶厦称沈宗濂一行准备分批乘飞机经印度入藏，共计职员、眷属、工役、厨夫等一行三十一人，约5月15日左右到达噶伦堡，希望沿途准备乌拉，妥善照护。③

沈宗濂等人进入印度需要英驻华使馆签证。英国明里不好拒绝同盟国的合理要求，只能暗中作梗。英驻重庆使馆坚持要先征得西藏地方政府的同意

① 《军委会为面示沈宗濂入藏工作方针及照准所拟工作计划并拨经费等事致蒙藏委员会代电》（1932年12月29日），载中国藏学研究中心、中国第二历史档案馆等合编：《元以来西藏地方与中央政府关系档案史料汇编》第七册，中国藏学出版社1994年版，第3125页。

② 《西藏摄政达札为欢迎沈宗濂出任驻藏办事处长事致蒙藏委员会电》（1943年9月21日），载中国藏学研究中心、中国第二历史档案馆等合编：《元以来西藏地方与中央政府关系档案史料汇编》第七册，中国藏学出版社1994年版，第3122—3123页。

③ 《吴忠信为沈宗濂一行赴藏履任事致噶厦电》（1944年4月18日），载中国藏学研究中心、中国第二历史档案馆等合编：《元以来西藏地方与中央政府关系档案史料汇编》第七册，中国藏学出版社1994年版，第3125—3126页。

而后签发，以表西藏"独立"地位。同时，噶厦向中央表示，进藏人员以少为宜。英、藏一唱一和，有意刁难，意图阻拦沈宗濂一行入藏。

英驻华大使克拉克向沈宗濂等第一批共 14 人赴藏人员签发了过境印度签证。印度事务部要求克拉克拒绝给予第二批赴藏人员发放签证，并声称：西藏地方政府拒绝"14 个汉人入藏"。英国政府借口西藏地方当局反对，停止签发对我第二批入藏人员签证。

沈宗濂在印度会晤卡罗时，曾表示："以中央官吏赴本国境内，过印签证，而印政府竟须先征求地方政府之同意，此种举动中国人民感觉诧异。"① 对英方的无理做法表达了不满。沈宗濂致信吴忠信，建议中国政府外交抗议："是不啻承认西藏为独立国，蔑视吾国主权，破坏吾国领土之完成，若不与严重交涉，西藏必成外蒙之续。"② 沈宗濂在锡金岗多与古德谈话时，古德伪称："只因印度与西藏有约，由印入藏人士，非经藏方同意不能签证。此次藏方同意十四人，故不能再加。假使需要更多人员进藏，应先征藏方同意，此为孔处长之责任，不过孔处长现与藏政府无法沟通，为可惜耳。"沈宗濂驳斥："西藏为中国地方，中央派员前往地方，无征同意之理。贵国对于过境签证有如此曲折，实不可解。"③

1944 年 4 月 15 日，沈宗濂抵达加尔各答，应英印政府邀请自 5 月 6 日赴德里访问，14 日从德里返回加尔各答。沈与英印外交部部长卡罗会谈五次，事先声明，未经政府授权，所有谈话仅代表私人意见。

一、卡罗说明：英国政策在维持帝国现有之疆土，对西藏无领土野心，经济关系亦浅。但因西藏为印度之屏藩，英国对与印度毗邻各国，如尼泊尔、伊朗、阿富汗等，均希望其能成为强国间之缓冲地区。（宗

---

① 《沈宗濂与英印政府外交部长卡罗谈话记录》（1944 年 5 月），载中国藏学研究中心、中国第二历史档案馆等合编：《元以来西藏地方与中央政府关系档案史料汇编》第七册，中国藏学出版社 1994 年版，第 3156 页。

② 《沈宗濂为与古德交谈有关西藏问题情形事致吴忠信函》（1944 年 7 月 8 日），载中国藏学研究中心、中国第二历史档案馆等合编：《元以来西藏地方与中央政府关系档案史料汇编》第七册，中国藏学出版社 1994 年版，第 3157 页。

③ 《与锡金政治官古德爵士谈话节略》（1944 年 7 月 8 日），载中国藏学研究中心、中国第二历史档案馆等合编：《元以来西藏地方与中央政府关系档案史料汇编》第七册，中国藏学出版社 1994 年版，第 3157 页。

濂按：其言外之意，在使西藏能如其他各国维持自主之地位。）

二、宗濂说明：中国对英对印向极友好，中华民族爱好和平，人所共知，其对邻邦，亦从无侵略之事，如中央政府加强其在西藏之地位，英印政府实无庸顾虑。中英现正同盟作战，战时及战后双方均应密切合作，若能互相尊重，并支持对方之权益，双方均为有利也。

三、卡罗又说：西藏向抱闭关主义，一心一意与外界隔离，使不受世界纷争之影响，静心向佛。此种情势，现已不易永久维持。近年交通之进步，空中运输之发展，地理之阻碍已不复存在，故西藏之地位将成为国际重要之问题。在西藏人之观念中，西藏为一独立国家，事实上三十年来亦确如此；在中国人看来，西藏为中国之一部分。此两种观念，距离过远，不易融合。在英人态度，一面不愿令西藏人感觉不快，一面对中国之宗主权亦向所承认，此实为一种折衷办法。（卡氏说至此处，特对宗主权一辞加以解释。彼谓：依据牛津字典之释义，宗主权系指中古时代封建制度时藩邦对其君主之关系，实际君主对其藩邦究有若干权限并无详明界说。现代国家大都系依照习惯与事实而执行之。彼又谓：宗主权为一空虚不确实之名称，故可有各种便利之使用法。彼引挪威、瑞典及英国与印度各藩邦之关系为例，以申其说。）

四、宗濂说明：中国正在推行宪政，全国各处均实施自治制度，西藏当然可以配合其特殊之人情风俗实行自治。宗主权虽可有各种解释，然宗主国对其属地必须有外交代表权，否则宗主权即无异不存在。

五、卡氏申明：事实上西藏除在重庆派有代表外，此外并无外交代表。（注：由卡氏对宗主权之解释，可知中藏关系端在吾人之努力，如吾人实力上能加强对西藏之统治，英方似亦难作有力之阻挠，根据宗主权中央将藏地外交权完全收回，似亦非不可能。）

六、卡氏表示：西藏问题，中英政府如顾全现实，推诚磋商，则中英两国向抱让步态度不难满意解决也。（注：此处有一可注意之点，即以往英方每提及西藏交涉时，均主由中英藏三方会商，此次谈话则并未提及藏方。卡氏言外之意，希望中英两方开一会议解决之。宗濂以西藏事务为我国内政问题，在未奉中枢训令以前，对此建议不便有所表示，因之未予置复。）

七、卡氏对驿运问题之说明：彼首先申述英方对于印华驿运，以往曾尽力协助。目前印藏驿运情形大致如下：由印边至拉萨，每月运输量约为二百至四百吨。由拉萨至内地，每年不过一千五百吨，每月约仅百余吨。该线运输因受天时及牛马数量之限制，无法大量增加。

我国在印待运物资，计花纱布管制局存有棉纱约二千吨，交通部之轮胎，军需署之兵工器材，均有相当数量待运；复兴公司以生丝所易之布纱，每月约有五十吨。现驿路又通逾一年，而我政府尚未利用，目前印政府对我国商人请求出口证者多予拒绝，其借口为如允许商人出口，中国政府物资将更无法运出矣。故事实上我国官民两方对此路均未能利用。此或为英方之狡计，表面上赞同，而暗中仍挑拨藏方作梗。惟政府机关对于运输缺乏一统一指挥机关，即此少数吨位亦尚未能充分运用，似亦有可研究者。卡罗曾提及此路如能畅通，虽输量有限，然对国内心理之影响则甚大。何种心理影响，未据说明。①

卡罗谈话主要表达的意思有三点：一是说出英国的目的不是侵占西藏而是希望西藏成为"独立国"。二是中国对西藏有"宗主权"。三是中英谈判解决西藏问题。这体现了民国以来英国的一贯政策，并没有什么新意，反映出经过第二次世界大战的摧残，大英帝国仍抱着不切合时宜的帝国梦，想维持现有的帝国范围，旧殖民主义思维仍在作祟，不愿接受世界政治格局已经改变的现实。不过，卡罗指出西藏地位将成为"国际问题"倒是透露出英国的居心。第二次世界大战之后，英人就大肆推动西藏问题国际化。

1944 年 7 月 1 日，古德邀请沈宗濂到岗多盘桓三日，古德设宴并彼此以私人资格讨论西藏问题。沈反复向古德说明西藏为中华民国领土的一部分，中英关系现在并肩作战，战后经济复兴，尤须密切合作。古德一再声明，英国对西藏无任何野心，不应因西藏使两大民族情感发生裂痕，主张签订类似《西姆拉条约》（草案）一样的协定，打算在印度独立之前解决西藏问题。沈宗濂向吴忠信报告，近来盛传英国打算与西藏建立外交关系，互派

---

① 《沈宗濂与英印政府外交部长卡罗谈话记录》（1944 年 5 月），载中国藏学研究中心、中国第二历史档案馆等合编：《元以来西藏地方与中央政府关系档案史料汇编》第七册，中国藏学出版社 1994 年版，第 3154—3155 页。

代表。古德将于 7 月到拉萨，希望中央政府未雨绸缪，做好准备。

沈宗濂与古德谈话节略：

宗濂：战时中英并肩作战，辅车相依，战后两国经济复兴，尤须合作。中国为世界最大市场之一，出产原料至丰，吸收资本与技术之处亦至多。贵我两国应极力增进合作之精神，以谋两国间将来最大福利。阁下既一再谈及英对西藏并无领土野心，何必引出许多问题，致两大民族间心理上发生不良印象。试想数十年间，经过两次大战。人类已受不可思议之痛苦，何苦再种恶因。是以余甚愿两国本素极友好之精神圆满解决西藏问题。

古德：尊见至表同情，余未尝见眼光远大有如君者。中英两国为藏摩擦，犹如两男共恋一女，浪掷金钱，虚耗光阴，互相争执，愚拙熟〔孰〕甚。

宗濂：适间所言并非余个人私见，实属中国人民一般之见解。中国人民酷爱和平，希望战争永不发生，政府最高目的为促进大同境界，不讲武力侵略也。

古德：余以为西藏问题并不难解决。第一，中国须得西藏之信仰，欲得其信仰，不可操之过急。譬如余初到锡金时，四个月清静无为，一事不做，锡金人疑惧之心始逐渐消灭，藏人疑惧外人心理亦复如是。余以为解决西藏问题，西姆拉会议已有良好之基础，因当时三方代表均属干练有为、头脑清晰之士也。

宗濂：所谓西姆拉协定者，中国政府并未批准。

古德：该项协定之未批准，据余个人之观察，其原因有三：（一）西藏与内地划界问题；（二）协定草案中词句有不妥之处；（三）当时中国无有力政府负此责任。

宗濂：康藏划界问题是否合理，属于内政。至于西姆拉协定既未批准，当然不能作为根据。

古德：假使讨论西藏的而无西藏代表参加，藏方定然不能同意，一九〇七年中英俄会议无成即属一例。

宗濂：中国为西藏之宗主国，当然可代表西藏。卡罗爵士曾谓西藏长此闭关自守势不可能，是以西藏将成国际重要问题。阁下对西藏情形甚为熟悉，不知对此论调有何感想。

古德：确能通达西藏事情者并无一人，对于西藏之特殊文化亦有保存之价值，希望吾人尽最大之努力，假使西藏不成问题，即是吾人最大之成功。余以英人立场，希望在印度政潮再度爆发前西藏问题得一解决。（由最后一语，可见英人恐印政潮再度爆发时不能兼顾西藏问题，而我国立场则与相反。此中关键及如何运用，均属微妙。因系私人谈话，不便轶出范围，故未与继续讨论。）

古德：阁下一行，此次入藏经过地方，凡英方能协助者，如交通、住宿等项，当尽可能予以便利。[1]

古德对沈宗濂表达的意思与卡罗是一样的，并暴露英国如此急迫解决西藏问题的一个真实原因，就是唯恐印度独立后，英国无力也没有条件顾及西藏地位问题。

1944年7月4日，古德将谈话内容电告英印政府，提到沈宗濂坚持西藏是中国的一部分，中国公众不能容忍所谓的"中英藏三方协议"。"印度政府的建议是古德在拉萨时，应该遵照1937年的基本原则对付西藏地方政府。此外，古德要竭力将沈宗濂给西藏人带来的影响消除掉。在他（沈宗濂）和古德的谈话中明显表示了中国公众不能容忍三方协议。这也表明了最高统帅（蒋介石）准备在西藏问题上采取强硬政策。"[2]1944年8月9日，英国外交部致信印度事务部皮尔："目前急需在西藏政治问题、西藏边界问题以及西藏实现高度自治问题上达成协议。在我们看来，印度所作的任何阻止汉人与西藏达成双边基本协议的活动都是极不明智的。我们认为在这种情况下躲在幕后并且要求西藏人时刻通知我们沈宗濂在西藏的活动情况，这将会好的多。同时，我们要向西藏人保证给予他们外交上的支持——我们所能适度提供的。古德先生应该给西藏人和沈宗濂传达，任何友善的安排例如提议西藏人承认中国的宗主权，或者中国给予西藏自治，或者双方达成边界协

① 《沈宗濂为与古德交谈有关西藏问题情形事致吴忠信函》（1944年7月8日），载中国藏学研究中心、中国第二历史档案馆等合编：《元以来西藏地方与中央政府关系档案史料汇编》第七册，中国藏学出版社1994年版，第3158—3159页。

② IOR.Ext.3408/14，转引自张永攀：《英帝国与中国西藏（1937—1947）》，中国社会科学出版社2007年版，第136—137页。

议，都将受到大英政府的热烈欢迎。关于总督的提议，我们认为给予西藏人外交之外的支持也是不明智的。"①显然，外交部并没有坚持《艾登备忘录》的强硬立场，而是尽量支持由中国政府和西藏地方当局达成一种所谓的"双边"协议，英国躲在幕后以一种温和"中立"的姿态给予西藏有力的外交支持。在第二次世界大战同盟期间，英国不希望过激的举动触怒中国，令双边关系陷入困境，不愿意对西藏"独立"活动给予直接的支持。但在维持西藏"独立"地位这一点上，英国是始终未变的。

1944年8月8日，沈宗濂抵达拉萨，与达札摄政、噶伦、僧俗官员及三大寺广泛接触，西藏地方当局隆重接待，立即恢复对驻藏办事处的一切正常供应。沈宗濂与噶厦直接接洽藏事，无须通过"外交局"，驻藏办事处与噶厦关系恢复正常。

沈宗濂到藏后，满怀雄心，欲有番作为，首先着重联络感情，连续三日演戏，招待贵族官员、三大寺堪布及大小活佛，分别访问、宴请、赠送礼物，对三大寺僧众发放布施，一时颇为活跃，感情较前确为好转。沈宗濂目睹西藏地方政府与中央关系暧昧不明，是一根本的严重问题，自1929年以来，中央对西藏没有明确的方针政策，设立办事处至多只能说是走了恢复关系的第一步，时间过了十三四年，现在应当积极准备，相机与西藏地方政府协商改善关系。另外，应向英国提出西藏问题，进行交涉，解决两国之间的悬案，然后对藏工作才有轨道可循。而要进行协商和谈，应先整顿内部，最重要的是西康省。西康的地位和历史关系与西藏最为密切，影响也最大。现在西康到西藏邮路尚且不通，连寄信都要通过印度，别的事更谈不上。中央应彻底整顿西康，更换大员，选拔人才，充实机构，对藏方能有所作为。

沈宗濂本着上述意见，直接向蒋介石提出建议。蒋介石令戴传贤和陈布雷两人出名回电，大意是维持现状，不宜多事更张，"以无事为大事，以无功为大功"②。沈宗濂看后大为愤慨，从此无心办事。沈宗濂并不了解蒋介石

---

① IOR.Foreign Office, Sterndale Bennett to Peel, F3662/38/10, 9th August,1944，转引自张永攀：《英帝国与中国西藏（1937—1947）》，中国社会科学出版社2007年版，第137—138页。

② 陈锡璋：《西藏从政纪略》，载《西藏文史资料选辑》第3辑，1985年，第120—121页。

的真实想法，没有揣摩透内战、抗日是蒋当前的中心任务。蒋介石希望收拾人心是想维持西藏现状不至于恶化到影响大局的程度就行了。

英国当然不愿看到沈宗濂入藏后，改善汉藏关系。按照英人一贯的对策，只要中央官员入藏，英印政府必派遣锡金政治官入藏打探消息，抵消中央对西藏的影响。这次也不例外。

印度事务部要求古德到拉萨观察沈宗濂入藏的影响，并有几个目的：向噶厦重申英国的政策和立场，抵制中国人对西藏的影响，讨论藏东南土地。1944 年 8 月 31 日，古德携带厚礼到达拉萨。9 月 7 日，古德与噶伦会谈，怂恿西藏"独立"："按国际惯例，一国有 25 年自主历史，就具有独立资格。西藏自主已近三十年，当然可认为是独立国家。"[1] 并告诉噶伦，英国赞成噶厦同中国直接谈判，对西藏地方政府近来采取的苟且偷安的软弱态度非常不满，"假如西藏政府对此不加反驳，那么外界自然就会认为这些要求和主张是真实的。人们得不到他们所希望得到的东西，除非他们一致提出要求"[2]。古德竭力诱导和鼓动噶厦公然提出"自治""边界"问题，并与中国政府直接谈判。在古德的授意下，噶厦草拟了一份正式答复，于 1944 年 10 月 30 日交给古德，其要点是："（1）自古以来西藏和中国之间就存在着宗教联系和礼尚往来，但是众所周知，西藏一直是独立的。（2）为了使全世界都知道西藏是自治的，西藏政府渴望得到大英政府的帮助，以便西藏派代表出席战后和平会议。（3）希望大英政府在 1914 年条约的基础上同中国进行对话。"[3]

古德本人积极主张西藏应该公开宣布"独立"，并希望英国明确给予西藏军事、经济支持。英国政府从自身全局利益考虑西藏问题，命令古德转告西藏地方当局："（1）英印政府真诚地期望西藏自治，包括西藏与英印交往的权利，应得到保护。你们应该相信，英国政府将准备尽其所能地利

---

[1]　《蒙藏委员会致外交部电》（1945 年 1 月 6 日），《英对藏宣传独立案》，台北"国史馆"藏西藏档，172-1/0014/019/14。

[2]　英国外交部档案 371/41589，转引自〔美〕梅·戈尔斯坦：《喇嘛王国的覆灭》，杜永彬译，中国藏学出版社 2005 年版，第 332 页。

[3]　〔美〕梅·戈尔斯坦：《喇嘛王国的覆灭》，杜永彬译，中国藏学出版社 2005 年版，第 334 页。

用外交手段帮助西藏达到这些目的。（2）本人（古德）无权做出给予军事支持的担保。理由：（a）我国政府很难就能对当前世界大战的盟国产生影响的某个问题做出这样的担保。（b）我国政府相信，无论是西藏还是中国都不会寻找机会使用武力。（c）我国政府认为通过和平方式能够使问题得到圆满的解决。（3）我国政府指出，由于中国在大战中是英国的盟国，所以非常有利于大英政府运用其影响求得问题和平解决。（4）西藏派遣代表出席和平会议是不适当的，因为西藏并没有参战。（5）如果沈（宗濂）先生希望进一步讨论西藏和中国的关系，我国政府将建议西藏政府努力在1914年《西姆拉条约》的基础上达成和解。"[①]英国政府外交部拒绝支持噶厦军事对抗中国的请求，仅是保证给予西藏地方当局外交支持，这也是以达札为首的亲英集团不敢公开宣布"独立"的一个重要原因。

古德、沈宗濂在拉萨的角力，目的各有不同，但是反映出中、英双方对西藏的政策都没有改变，仍是一贯政策的延续。至于西藏上层分子的态度，也仍延续之前的态度，大多数受过英国教育的贵族和掌握大权的噶厦主要官员希望西藏"独立"，而大部分寺院喇嘛、僧官、少数俗官希望维持与中央政府的亲密关系。

四、煽动西藏"独立"和侵占藏东南领土

从1943年起，英国为了在印度的东北边境维持一个政治真空地区，巩固西藏的缓冲作用，加快了侵略西藏的步伐，表现为：一是加紧煽动噶厦搞西藏"独立"；二是采取实质行动侵占藏东南中国领土。

英国煽动西藏"独立"，采取了几个步骤：一是教唆噶厦抵制中央政府；二是向西藏地方当局售卖军火。

1.教唆噶厦抵制中央政府

英印政府官员多主张积极侵藏政策，比如直接处理藏事的卡罗、古德等人都是强硬的侵藏分子，鼓吹在军事、经济、外交上全方位地支持西藏上层

---

① [美]梅·戈尔斯坦：《喇嘛王国的覆灭》，杜永彬译，中国藏学出版社2005年版，第335—336页。

分裂集团，煽动西藏公开"独立"。

英国政府不赞成在军事、经济上明确支持西藏地方当局，以免恶化中英关系，也反对噶厦公开宣布"独立"，主张全力通过外交支持帮助西藏地方当局与中国"和解"达成类似《西姆拉条约》（草案）的协议，从而维护西藏现有"自治"地位。英国政府的"温和"政策对英印政府内部的强硬侵藏分子是一个制约。但是，英国政府、英印政府对藏政策并没有根本性的分歧，只不过考虑的角度不同。英印政府更关注自身的安全，故侵略西藏更为积极。而英国政府关注的是在全球整体利益，不仅仅是印度殖民地。

在处理藏事时，英国外交部仅仅提供指导性原则意见，具体如何操作仍由英印政府发挥主要作用，而锡金政治官则是处理藏事的前线指挥官。在这种情况下，锡金政治官的侵藏态度、能力都关系到英侵藏政策实施的效果。英国在锡金派驻的锡金政治官无一例外的都是强硬侵藏分子，他们极尽挑唆、怂恿之能事，为噶厦亲英集团出谋划策，是策动西藏"独立"的吹鼓手。

1944 年，英印政府派古德到拉萨，采取了一些加速西藏"独立"的具体措施。古德在拉萨第一次会晤噶伦，就称西藏"自主"已经有 30 年，可以认为是"独立国家"。在古德谋划下，由噶厦提出"独立"意见，企图在国际上造成西藏是"主权国家"的印象。1944 年 12 月 1 日，沈宗濂报告："古德在藏煽动独立，要求：（一）派外交代表常川驻印；（二）停派赴中央代表。"[①] 12 月 9 日，沈宗濂报告："英驻西藏沙利文少校及驻锡金行政官果尔德最近以我桂战失利，遂在拉萨作不利于我之宣传，煽动藏人脱离中央独立。"[②] 古德在拉萨活动，"据闻对藏方提出保证于将来战后和会中，英国

---

① 《沈宗濂为报古德在藏煽动西藏独立噶厦拒绝英割地要求等情致蒙藏委员会电》（1944年 12 月 1 日），载中国藏学研究中心、中国第二历史档案馆等合编：《元以来西藏地方与中央政府关系档案史料汇编》第七册，中国藏学出版社 1994 年版，第 3166 页。

② 《蒋介石为详查沙利文煽动西藏脱离中央独立及英军渐向崔南推进致蒙藏委员会代电》（1944 年 12 月 9 日），载中国藏学研究中心、中国第二历史档案馆等合编：《元以来西藏地方与中央政府关系档案史料汇编》第七册，中国藏学出版社 1994 年版，第 3167 页。

决提出西藏独立问题讨论，并支持西藏达到此一目的"①。

1945 年 11 月 30 日，国民党组织部接获情报："近来英方更加紧分化中藏工作。前英代表曾向藏当局提出，英帝国向以谋西藏之自由与独立为目的，并护助西藏以大量军火及金钱。现国际战事已息，各民族皆得有平等独立之权利，西藏可向中国要求与外蒙同样之独立。他如国际会议、国际联合会均可由英方提出邀请西藏参加。"②

1946 年 11 月 25 日，陈锡璋一针见血地指出英国关于对中国有关藏事的基本方针："甲、取得我政府对于其在西藏已经获得之权益之承认，则可假尊重我宗主权之名义，而阻止其他国家对西藏作任何之企图。乙、在不变更我宗主权之名义下，将历次条约关于'外国'之各项规定，一律施诸我方，故凡遇中央在藏有所行动，彼即要求享受一相抵或相同之权利。丙、一方面支持现状，牢笼一般藏官心理，一面唆使藏方推拒中央一切新设施，而维持英国在藏所占之优势。丁、对中央及各外国种种抵拒行为，多由英人暗中操纵而概诿诸藏方，以卸责任。"③

第二次世界大战结束前夕，英国政府需要重新评估对西藏政策。中国为世界反法西斯战争作出了重要贡献，极大帮助了英国，当之无愧地成为联合国常任理事国之一，国际地位显著提高。中、英友好将会在国际上发挥重要的作用。在这种情况下，英国外交部不愿意因为西藏而损害自身长远利益。故主张维持西藏现状，而不是采取激烈的手段引起中国反对。故英国政府指示英印政府告诉古德。"大英政府认为在西藏问题上最好维持现状。"④ 艾登

① 《国民党组织部关于古德提出保证支持西藏独立等情致蒙藏委员会代电》（1944 年 12 月 27 日），载中国藏学研究中心、中国第二历史档案馆等合编：《元以来西藏地方与中央政府关系档案史料汇编》第七册，中国藏学出版社 1994 年版，第 3168 页。

② 《国民党组织部抄送英国唆使西藏当局向中央要求与外蒙同样独立情报致蒙藏委员会代电》（1945 年 11 月 30 日），载中国藏学研究中心、中国第二历史档案馆等合编：《元以来西藏地方与中央政府关系档案史料汇编》第七册，中国藏学出版社 1994 年版，第 3172 页。

③ 《驻藏办事处为录送英国使团在藏活动情形文电事致蒙藏委员会呈》（1946 年 11 月 25 日），载中国藏学研究中心、中国第二历史档案馆等合编：《元以来西藏地方与中央政府关系档案史料汇编》第七册，中国藏学出版社 1994 年版，第 3178 页。

④ IOR.From Secretary of State for India to Government of India,External Affairs, Department, Ext2349/44.

建议重新审视对藏政策，并作出相应修改。对于西藏在印度边境的战略防御作用及潜在的经济重要性进行评估。1945 年 1 月 2 日，英国外交部致函印度事务部，讨论：关于西藏噶厦要求出席战后和平会议及要求大英政府保证实现西藏"自治"的问题。[1] 印度事务部认为无须修改目前的西藏政策。英国外交部意图与中国保持友好关系遭到了印度事务部的反对。

英印政府也采取一些实际步骤，支持西藏对抗中央政府。例如，1944年 8 月，国民政府派驻拉萨情报员获知印度噶伦堡英人教会将自办的藏文报纸免费寄往西藏拉萨、日喀则、亚东等地方贵族官员，每月 250 份，平日对中苏捷报甚少刊载，本年四、五两月，均有社论鼓动西藏"独立"等情。[2]这是从宣传上鼓动西藏贵族闹"独立"。

1944 年 5 月，拉萨情报人员密报军委会："英人最近售与藏方大型无线电机五架，据目睹，业有三架运抵拉萨，将先于拉萨、黑河口、昌都等地装设，其余二架俟运到后则分设于日喀则及类乌齐昔两地。惟目前藏人报务员技术尚未娴熟，正在加紧训练中。"[3]7 月 12 日，拉萨密报英人售与西藏大型无线电机于 5 月底全部运抵拉萨，6 月 18 日，噶厦派电报局局长等人到英驻拉萨代表处试用，将在前报地点分别安装。英方训练的藏人电报员技术已经娴熟，即将分发工作。"闻藏方于拉萨电台成立之后，将取消交通部在藏所设之电讯机关，嗣后发往国内电报全由藏方予以统制。"[4] 交通部就此事致电蒙藏委员会，藏方设立电台，取消交通部在藏电台，将损害中央主权，对中央与西藏地方当局、英国关系都会产生不良影响，请蒙藏委员会密令沈宗濂密查实情，"预筹妥善对策，尽速交涉撤除藏方电台"，并请外交部及早向英方交涉"英

[1] L/P&S/12/4194, Ext.38/1945, Under Secretary of State for Foreign Office to India Office.
[2] 《外交部为英办藏文报鼓动西藏独立应加强对藏宣传工作事致蒙藏委员会代电》（1944年 8 月 12 日），载中国藏学研究中心、中国第二历史档案馆等合编：《元以来西藏地方与中央政府关系档案史料汇编》第七册，中国藏学出版社 1994 年版，第 3161 页。
[3] 《军委会侍从室为抄送英人售与藏方大型无线电机情报致蒙藏委员会函》（1944 年 5 月19 日），载中国藏学研究中心、中国第二历史档案馆等合编：《元以来西藏地方与中央政府关系档案史料汇编》第七册，中国藏学出版社 1994 年版，第 3153 页。
[4] 《军委会侍从室为抄送英国售与西藏无线电机架设情形情报致蒙藏委员会函》（1944 年7 月 12 日），载中国藏学研究中心、中国第二历史档案馆等合编：《元以来西藏地方与中央政府关系档案史料汇编》第七册，中国藏学出版社 1994 年版，第 3160 页。

人未得该部许可售与藏方无线电机，及在英官署架试并训练人员各节"[1]。无线电的架设对军事联络、情报通信、获知国内外政治情况的信息都起到极大的帮助，一旦发生军事冲突时，有了无线电台，将迅速地获知前线战况、加强战场指挥、了解敌情等，英印将无线电台安装在日喀则、拉萨、黑河、昌都、类乌齐等战略要地，目的就是为将来噶厦军事对抗中央做好准备。

从英印政府采取的措施看，主管印度事务官员都普遍对统治印度有强烈的危机感，主张积极侵藏政策，而印度民族独立运动越热烈，这些官员的危机感就越强烈，第二次世界大战结束前夕，英国退出印度的时间也快来到了。而英属印度反而更无所顾忌，加快了策动西藏"独立"的步伐。

2. 售卖军火给西藏地方当局

第二次世界大战期间，英国内部在售卖西藏军火问题上有分歧。英印政府内部强硬的侵藏分子力主售卖武器给西藏地方当局。英国外交部认为提供给军火将向外界表明支持西藏抵抗中国，在政治上将不利于英国。英国政府最终决定向西藏提供用于自卫和警察的武器，所依据的是 1921 年贝尔与十三世达赖的约定。

1930 年，维尔代表团访问拉萨，为了显示对西藏的"友谊"，印度授权维尔同意对藏商放弃征收所得税，为西藏提供军火，同意西藏以合理的分期付款的方式偿还军火余额。1936 年，古德代表团入藏，随行的有陆军准将雷姆（Brigadier P. Neame）。印度政府指示雷姆对西藏的军事现状进行评估，可以建议西藏购买军火，增强军事实力抵抗中国政府。1936 年 9 月 8 日，雷姆将对西藏军事评估报告交给噶厦：称藏军在使用武器、进攻、防御等方面并未受到良好训练，发现藏兵在训练中不能试发一粒子弹，建议噶厦允许实弹训练。并建议印度政府同意西藏以现金支付的方式，提供藏军需要的军火，训练少量的军官和士兵；目前藏军最迫切的是在操练、战术、实弹训练、纪律方面提高；装备上必须配备一些最新的步枪，4 座山炮和 800 发炮弹；6 挺机枪和 6 挺刘易斯枪，每挺机枪配备 6000 发子弹，每挺刘易斯枪配备 4000 发子弹，也需要一些旧机

---

[1] 《外交部为请查明英军在察隅修路立碑事致蒙藏委员会代电》（1944 年 7 月 17 日），载中国藏学研究中心、中国第二历史档案馆等合编：《元以来西藏地方与中央政府关系档案史料汇编》第七册，中国藏学出版社 1994 年版，第 3161 页。

枪；为藏军司令部、噶厦、边境地区配备无线电保持快速通信。在二三年内在印度为藏军训练15人左右的高级军官，灌输战术、军队组织训练。在1年左右的时间里训练几十名下级军官接受武器训练和次一级的战术。①

1942年底，据拉萨情报，藏方已经允许英官在征吉林卡正式建筑医院、学校，而以英方售予军火为条件。②1943年，达札当局要求印度政府出售500万发步枪子弹，18000发山炮炮弹，5万发机枪子弹，20挺以上的机枪。③

英印政府强硬侵藏分子强烈要求伦敦批准向西藏提供"合理"的军火。1943年8月18日，印度事务部皮尔就向西藏提供武器致外交部一份备忘录，声称没有理由以前提供武器，现在却拒绝，中国仍有"侵略"西藏东部的可能，现在西藏的军火库存已经减少，有必要向他们提供军火防止中国日益明显的军事活动，这可以强化英国对西藏的影响。并提出可以卖给西藏500万发子弹，1000发山炮炮弹。④英国政府同意向西藏出售老式或过时的武器，称这些武器用于西藏的自卫和警察，用以维持藏军的运转，但是为了避免中国采取军事行动的借口，可以推迟发货或分批发货。随后，印度事务部致电印度外交部同意向西藏提供军火。1943年11月3日，印度外交部致电古德并转驻拉萨的谢里夫代表，要求古德安排运输事宜。1943年12月，这批弹药运到锡金。准备经甘托克至亚东路线运输。

我驻藏情报侦获：1944年1月1日，有人在印度噶伦堡亲眼看到"牛车约四十五辆，满载子弹，每车十八箱，每箱约一千五百粒"。噶伦堡的侨领梁子质谈，帕里至拉萨一段的驿马，已经为藏方征用，禁运商货。又曾亲见牛车多辆，载有满装子弹之小绿箱，此军火系由印度英方所供给者。"元月

---

① 1936年9月8日雷姆致西藏军事评估报告，印度事务部档案，L/P&S/12/2175，P.Z.8171/1936。

② 《外交部为请多觅英美供给藏方军火之资料及证据俾便向两国提出交涉事致蒙藏委员会代电》（1943年1月6日），载中国藏学研究中心、中国第二历史档案馆等合编：《元以来西藏地方与中央政府关系档案史料汇编》第七册，中国藏学出版社1994年版，第3148页。

③ 《古德致印度政府的电报》（1943年6月26日），英国外交部档案，371/35758，转引自[美]梅·戈尔斯坦：《喇嘛王国的覆灭》，杜永彬译，中国藏学出版社2005年版，第328—329页。

④ L/P&S/12/2175, Ext.4560/1943，关于向西藏提供武器的文件。

中旬即有子弹二千箱由噶伦堡运到帕里宗。现英方援藏之事实，较前益趋活跃。"①1944年2月，孔庆宗密电吴忠信，称英国售卖西藏地方当局高射炮两门，弹药百余箱，由英官训练。噶厦准备派索康赴印联系贵族子弟到印度学习军事技能事项。②蒋介石召见西藏驻京代表加以训斥，对噶厦私自与英联系购买武器表示不满，并提出军事警告。蒋介石下令外交部立刻调查研究，了解真实情况。

1944年4月，驻加尔各答领事陈以源前往噶伦堡一带密查："上年（1943年）年底前后，有军火约五千箱，运抵印度东北部大吉岭、噶伦堡南五十余英里之西里古里（Siliguri）车站……至锡金之岗多卸积，候齐北运。该项军火，皆装绿色木箱，械弹实数，难以估计，惟知每箱之重量为八十磅。因每驴马驮运物件，左右各一包，每包以八十磅为度也。该项绿箱，约装二千至二千五百驮，见者甚多。"③

同时，拉萨的情报员获知索康在锡金密会古德，商妥以帕里羊毛税抵押，在印度购买军火，1944年4月，"有高射机炮、小山炮及弹药等约三百余驮抵锡金，即将转运赴藏"④。到11月，西藏地方当局订购的第一批军火二千三百驮，无线电器材四百驮，已经全部运抵拉萨，正秘密转运黑河、昌都一带，并安设无线电台，以利军事行动。⑤虽然中方并没有全部侦知英国

① 《蒋介石就英人暗助藏方军火及在锡金西北修筑公路事致宋子文丑代电》（1944年2月29日），《英售藏军火案》，台北"国史馆"藏西藏档，172-1/13009/019/43。
② 《孔庆宗为报英国积极图藏支援藏方武器筹备抗中央致蒙藏委员会电》（1944年2月2日），载中国藏学研究中心、中国第二历史档案馆等合编：《元以来西藏地方与中央政府关系档案史料汇编》第七册，中国藏学出版社1994年版，第3150页。
③ 《中国驻加尔各答总领事保君建为英人暗助藏方军火及在锡金西北修筑公路事致外交部调查报告》（1944年4月17日），《英售藏军火案》，台北"国史馆"藏西藏档，172-1/13009/019/43。
④ 《军委会为索康与古德商购军火事致蒙藏委员会代电》（1944年4月26日），载中国藏学研究中心、中国第二历史档案馆等合编：《元以来西藏地方与中央政府关系档案史料汇编》第七册，中国藏学出版社1994年版，第3151页。
⑤ 《军委会办公厅为西藏当局向英订购军火已抵拉萨并拟在黑河昌都安设电台事致蒙藏委员会代电》（1944年11月29日），载中国藏学研究中心、中国第二历史档案馆等合编：《元以来西藏地方与中央政府关系档案史料汇编》第七册，中国藏学出版社1994年版，第3165页。

售卖军火的数量、种类，但是此次英国售卖数量巨大，绝不仅仅是自卫和警察之用。蒋介石指示外交部正式向英国提出抗议，坚决反对向藏方售卖军火，但外交部并没有什么切实可行的具体方案。英国在印度的统治的落日余晖，售卖军火是上演最后的"疯狂"，也不顾及所谓的外交"形象"。"目前英方在藏之活动已逾常态，其欲鼓励西藏独立之阴谋益形显明。"①

1946 年，英印政府仍不甘心离开印度，却制订了军事援助西藏的计划，大意是印度政府的目的是希望保持与西藏的友好关系并维持其"自治"地位，英国将在外交上支持西藏"自治"。如果外交努力无效，印度应军事干涉维护西藏"自治"。中国有可能从新疆、青康进攻西藏，但由于补给困难，中国兵力在西藏不可能超过三个团。在发生重大战争时，应西藏的要求，印度可提供军事援助。印度政府通过锡金政治官通知噶厦，愿意再次提供军火给西藏，并报告给印度事务部。1946 年 5 月 20 日，拉萨情报站向军令部报告：英国新任驻藏代表黎吉生于 4 月 30 日抵拉萨后，随即向西藏提出："英国存印武器如机枪、平射炮等，廉价售予西藏。"经藏政府召开僧俗代表大会决议婉言谢绝。② 英国政府指示印度政府征询远东总参谋部的意见。远东总参谋部反对向西藏提供军事援助，理由是西藏通信落后、军事素质低下，目前并不存在来自西藏方面的威胁。英国政府撤出印度之心已定，不愿在远东花费力气了。

第三节　中国政府对藏政策的调整

中国政府为世界反法西斯作出了极大贡献，提高了国际地位，与英、美结成盟国，为与英国交涉藏事提供了契机，有利于对藏政策的调整。正是在

---

① 《军委会委员长侍从室为抄送英人借运粮密藏武器赠与藏方情报事致蒙藏委员会函》（1948 年 4 月 19 日），载中国藏学研究中心、中国第二历史档案馆等合编：《元以来西藏地方与中央政府关系档案史料汇编》第七册，中国藏学出版社 1994 年版，第 3187 页。

② 《军令部关于英驻藏代表黎吉生要求割地售藏军火及藏政府态度等情致蒙藏委员会代电》（1946 年 5 月 20 日），载中国藏学研究中心、中国第二历史档案馆等合编：《元以来西藏地方与中央政府关系档案史料汇编》第七册，中国藏学出版社 1994 年版，第 3173 页。

这种背景下，国民政府与英国谈判废除与西藏有关的不平等条约，打算以军事施压政治解决藏事，赋予"西藏自治"地位。

一、废约谈判

第二次世界大战为中国废除与列强的不平等条约提供了很好的历史机会。1941 年 12 月，太平洋战争爆发，中国与英、美正式结成反法西斯同盟，对德、意、日宣战，宣布废除了与德、意、日之间的不平等条约。此时，中国与英、美等盟国存在的不平等条约不符合中国在当前国际上、军事上的重要地位。所以，中、美、英等国都考虑提前废约问题。1942 年 3 月 27 日，美国国务院接受远东司司长汉密尔顿（M. M. Hamilton）建议准备废约。10 月 4 日，蒋介石对来访的美国共和党领袖威尔基（W. Willkie）表示："中国今日尚未能取得国际上平等之地位，故深盼美国民众能了解中国，欲其援助被压迫民族争取平等，应先使其本身获得平等地位始。"提出了废除不平等条约要求。[①]10 月 10 日，美、英公开宣布与中国政府就废约问题进行谈判。中美废约谈判比较顺利。1943 年 1 月 11 日，中美在华盛顿签署了《关于取消美国在华治外法权及处理有关问题之条约》。

中英废约谈判正式启动后，中国政府也非常重视有关西藏不平等条约的废除问题。英国与中国西藏的关系按照条约可以划分为两大阶段：一是从 1876 年的《中英烟台条约》到 1906 年的《中英续订藏印条约》（草案），英国威逼清政府开放西藏，攫取在藏特权，确立了在西藏的特殊地位。二是从 1906 年起到 1914 年，英、藏签订了非法的《西姆拉条约》（草案），至第二次世界大战期间，英国都以《西姆拉条约》（草案）为否认中国主权、干涉藏事的依据。有关西藏的不平等条约极大地损害了中国主权和领土，因此，中国要顺利恢复与西藏地方的正常关系，必须废除有关条约。

1942 年 10 月 31 日，蒙藏委员会就废除有关西藏的不平等条约向外交部

[①] 《蒋介石与威尔基谈话记录》（1942 年 10 月 4 日），载秦孝仪主编：《中华民国重要史料初编——对日抗战时期》第三编《战时外交》第 1 册，台北中国国民党中央委员会党史委员会 1981 年版，第 759—760 页。

建议："(1) 西藏为中国领土，中国应有在藏行使主权自由，英人必须予以尊重。(2) 有关藏案的中英不平等条约以及西藏与英印直接订立的任何条约及协定，必须一律废止，本平等互惠原则，另行商订新约。(3) 西藏问题应与有关英国在华特权之其他各案合并讨论，不得除外。"①但是，中英谈判却陷入了困境。英国拒绝就香港和西藏问题谈判。1943 年 1 月 11 日，中国外交部部长宋子文与英国驻华大使薛穆（H. J. Seymour）在重庆签署了《关于取消英国在华治外法权及处理有关问题之条约》，不包括西藏问题和九龙问题。

1943 年，外交部部长宋子文出访伦敦会晤英外相艾登，提出西藏问题，要求英国承认西藏是中国领土，放弃干涉西藏政策。英国政府予以拒绝。

国民政府与英国谈判废除不平等条约，进而掌握对藏关系的主动权，但没有实现，相反，英国就西藏问题却对中国政府施加了更大的压力，导致蒋介石在解决藏事时犹豫不决，外交上顾虑重重，终不敢启动军事计划。这也与中国的整体实力弱小有关，中国政府尚没有能力与英国直接对抗，况且在内战、抗日上还要借助英国呢！所以，国民政府只好坚守对西藏主权的最基本原则，大体上维持西藏现状。

抗战胜利后，外交部从西藏、英国、中国方面对西藏问题进行全面分析，认为欲向英国交涉废约划界问题，必先调整中国、英国、印度之间的关系，中央政府在政治上无威权，无法解决藏事。一旦英国撤出印度后，"此等不平等条约，亟应废除。至于废除之方式与时机，似可于订立中印友好条约时，先定出处理西藏问题之原则，后再订关于西藏之专约"②。从当时的情况看，国民政府最高领导人蒋介石重点是内战，根本没有精力和条件彻底解决西藏问题。

此时，英国在外交上对中国施加的压力也在无形中减弱。1947 年 8 月，英国撤出印度后，对印度不再负有任何责任，故对西藏的兴趣大减，不愿因公开支持西藏"独立"而触怒中国。中英西藏交涉暂告结束。但是，英国制造的不平等条约持续近 50 年，成为西藏"独立"的政治依据，并为新印度

① 《蒙藏委员会就改订新约时关于西藏问题之意见》（1942 年 10 月 31 日），《废除中英关于西藏之不平等条约》，台北"国史馆"藏西藏档，172—1/0011/019/42。
② 《外交部欧洲司拟西藏问题资料》（1947 年 4 月），《英印侵略西康边境案》，台北"国史馆"藏西藏档，172-1/2670/312/8。

政府继承为干涉西藏事务的借口。

随着第二次世界大战的结束，英国在印度的统治也将终止。从法理上讲，英国退出西藏，印度不能继承英、藏"条约"。而国大党组建印度政府时，将积极主张侵略西藏的霍金森、黎吉生等管理边境的官员全部留用。英国也鼓励西藏地方与新的印度政府建立"外交"关系，希望一切条约协定继续有效。中国政府则打算利用与新印度政府的友好关系，抓紧废除英、藏不平等条约。

1947 年 8 月 25 日，陈锡璋就中印对藏关系发表意见，特致电蒙藏委员会委员长许世英："（1）八月十五日印度宣布自治，拉萨英代表处同日改悬印度国旗，但未举行仪式。（2）据闻，拉萨英人黎吉生向藏政府声明，印度自治后，将暂不变更其对藏关系。该处所设之医院暨无线电台继续维持。至其个人，则数月后离职他往。（3）西藏政府内部现正酝酿乘此机会废除对英前定条约，如 1904 年《拉萨条约》及 1914 年《西姆拉条约》（草案），以期取消英人在藏客邮、驻军等权利，并收复山南之失地，另与印度订立平等新约。惟其一贯政策仍希图摆脱中央，直接向印度交涉。职连日以私人资格向噶伦及重要人员谈论，分析当前西藏局势与利害，非与中央合作，绝无发生效力之可能。基上述情形，谨就管见所及，呈陈于下：甲、在中印双方尚未整个调整其对藏关系之前，似应相机向印度表示，非经中央政府许可，不得与西藏当局直接作任何之谈判；乙、与印度政府协商西藏人民居留或往来印度者，应照我内地人民同样待遇，并言明凡居留印境藏人，应向我使领馆登记，其过境或游历者，应凭我国之护照；丙、拉萨英代表处之设立经过详情，经于三十五年十一月二十五日卅五字 396 号呈报在案，在过渡期间，对该项机关应如何处理，似宜相机与印度交换意见；丁、关于英国对西藏不平等条约，应如何设废止，似宜及时筹划，职当继续劝导藏方将其意见报告中央，以期合作而免参差；戊、自西藏西端拉达克起至康藏南部杂渝区域为止，全部印藏边界问题关系重大，宜速准备彻底划清，以固疆域。"[1] 蒋介石

---

[1] 《陈锡璋为陈述印度独立后宜调整中印对藏关系意见事致许世英电》（1947 年 8 月 25 日），载中国藏学研究中心、中国第二历史档案馆等合编：《元以来西藏地方与中央政府关系档案史料汇编》第七册，中国藏学出版社 1994 年版，第 3185 页。

认为陈锡璋的意见极为重要，命令蒙藏委员会和外交部等相关部会迅速核办具报。1947年9月，行政院院长张群撰写"处理西藏问题之方针"，提出"应俟印度局面稳定后由外交部以印度政府为对象，商定新约时，再做彻底之调整。外交部及驻印大使馆现正密切注意中。蒙藏委员会许委员长严加商讨，期能于英将撤出印度，藏正失所依赖之时，以外交途径，废除英藏不平等条约，收复山南失地"①。国民政府着手与印度新政府谈判废约。

1947年8月15日，印度新政府成立。10月14日，外交部常务次长叶公超约见印度驻华大使梅农，谈到西藏问题。11月5日，中国驻印使馆又向印度外交部正式询问。11月7日，蒙藏委员会委员长许世英、外交部部长王世杰会呈国民政府主席蒋介石、行政院院长张群，提出由蒙藏委员会驻藏办事处探清噶厦的态度，待藏方与中央态度一致，外交部再向印方交涉订立新约或废除中英所订有关西藏的不平等条约。蒋介石指示："应于印度自治之初，利用中印友善关系向印交涉取消一切不合理举动，并收回被侵占之土地。"②印度不想放弃在西藏的特殊权益，拒绝中国政府谈判西藏问题。而蒋介石正忙于发动内战，已不可能全力解决藏事。外交部得不到上层的实质帮助，无心谈判交涉，中印谈判也就不了了之。

在国民政府与新印度政府交涉时，西藏地方当局也想趁印度新政府成立时废除英藏不平等条约。1947年5月，黎吉生代表印度向噶厦政府提交备忘录，要点是："1.1914年《西姆拉条约》及附订的商务章程等，在印藏双方未就新订条约的事有所举措前，印度政府应承担义务，照旧遵守现有之条约。2.江孜、亚东、噶大克商务委员、驻拉萨代表照旧留任。"噶厦并不愿意印度继承英国在藏的特权，新印度政府要继承英国的特权，大出西藏上层的意外，也难以接受。11月，噶厦答复黎吉生："过去英藏间发生战争，因而就边界、通商等陆续订有条约。如今英国在印度（的权利）已告彻底结束，自不能以英藏间所订条约施行于印度政府与西藏之间，因而印度新政府和西藏间的边界等问题，只怕会要重（新订）约。"这个要求遭到黎吉生的

---

① 《处理西藏问题之方针》（1947年9月），《西藏内情》，台北"国史馆"藏西藏档，172-1/0016/019/4。

② 《蒋介石关于英国退出印度后之西藏政策致王世杰亥电侍洪代电》（1947年12月6日），《废除中英关于西藏之不平等条约》，台北"国史馆"藏西藏档，172-1/0011/019/42。

拒绝。

1948 年 1 月 13 日，黎吉生代表印度政府与所谓的"外交局"会谈，谈到关于是否遵守过去英藏条约问题，黎吉生催促噶厦答复，威胁说："印度政府获得了连同（英国所订有关）印度的条约及其一切权利，只是为了友好，才请西藏回答遵守问题，如果不回答，或者不予置理，将使印度政府感到不快，会对西藏本身带来危害。而且这些条约不加遵守，西藏是没有什么可以作为国家的文件的依据，尚望就此考虑。"在印度的威胁下，噶厦答复如下："印度方面应将印藏边境无可置疑的属于西藏的领土（土地、村落、百姓）归还西藏，这是西藏人民极为痛心和深感惶恐不安之事，如果归还领土，西藏再将就过去条约之事进行商谈。"西藏地方当局的要求是很明确的，先归还领土，再谈其他。黎吉生代表印度回答如下："印度继承了（英王）陛下政府对西藏的权利和义务，并将继续恪守存在的各项条约直到双方均愿达成新的协议为止。""根据 1914 年英藏协议第二款，印度政府保证不吞并西藏现有的任何部分。""如果西藏不遵守英藏条约及印度继承权益的话，印度西藏间现有一切交通来往即将断绝。"①

印度的主要目的是继续侵占藏东南领土，自行宣布继承所谓英、藏间的条约，作为侵占我领土的依据，这是非法和无效的，受到中国人民的强烈反对和谴责。

二、赋予西藏"高度自治"

第二次世界大战加速了英国的衰落，使其对远东殖民地的控制力大为减弱。在这种背景下，成为世界四强的中国打算重新筹划对西藏政策。1944年底，外交部拟定《关于拟调整藏务之意见》，在以下方面调整藏务：加强汉藏商业经济联系，经营青康，开发内地与西藏的交通，在西藏发展新式教育，加强中央驻藏办事处机构与驻藏人员之联系，加强对藏宣传工作，增加寺庙布施，开展医药医治，对英交涉，密切同尼泊尔、锡金、不丹三小国之

---

① 以上引自西藏"外交局"档案。转引自杨公素：《中国反对外国侵略干涉西藏地方斗争史》，中国藏学出版社 1992 年版，第 225—227 页。

关系，印度独立与西藏问题等方面。总的来看，并没有什么新意，在和平解决藏事的大方针下，国民政府历次提出的方案大都包括以上方面，关键在于如何落实，取得实质的进展，而不是空谈政策。

民族自治是近代西方兴起的理论，主张各个民族都有管理本民族事务的权利。在清末民初传入我国后，也为孙中山等政治家和学者所吸收借鉴，用来反对帝国主义侵略，实现中华民族的独立解放。同样地，世界各地的被压迫民族都借助民族自治理论反抗西方列强的殖民统治。第二次世界大战为殖民地的民族解放运动蓬勃发展提供了绝佳的历史机会。1941 年 8 月 14 日，英、美共同发表《大西洋宪章》，尊重被压迫民族享有主权和自治的权利，民族自决、自治作为解决民族问题的较佳方式，也成为国际政治生活中的潮流。

西藏问题是中华民族大家庭中内部的问题，作为中华民族中一员的藏族有着特殊的民族、宗教文化传统，在统一的国家内部，给予藏族同胞适当的民族自治权符合各民族的利益，也是解决西藏问题的一个方案。

中国国民党在孙中山时期就提出了民族自治、民族自决的理论，团结国内各民族共同反抗帝国主义侵略，实现中华民族解放。第二次世界大战期间，国民政府已经准备赋予西藏自治的权力。1942 年 12 月 25 日，国防最高委员会秘书厅拟定了《西藏之政治制度及其对于中国之关系》指导性文件，认为中央对西藏不外采取两种可能之关系，一是"恢复藩属之地位（准备兵力，行使统治权)"；二是中央给予西藏以自治权，除国防、外交及一部分交通、经济、财政与教育由中央主持外，"余皆允许其高度自治"，建议中央"似宜采取乙种关系较为切合西藏环境，适应世界潮流"[1]。首次提出拟赋予西藏"高度自治"，但在内容上并没有什么特别之处。北洋政府、国民政府前期与西藏地方接洽都强调中央在外交、国防等方面进行主权管理，其他方面尊重西藏固有的政治宗教体制，黄慕松、吴忠信入藏所提出的藏事方案都包括了允许西藏适当自治的内容。只不过，国民政府并没有具体提出"西藏高度自治"的口号。在中英交涉时，英国所主张的"西藏自治"无

---

[1] 《西藏之政治制度及其对于中国之关系》（1942 年 12 月 25 日），中国国民党党史委员会藏国防最高委员会档案，005/14。

疑是打压中国的一张牌，也时不时成为西藏地方当局抵制中央政府的借口。《大西洋宪章》公布后，民族自治成为所谓的"世界潮流"，与其听任英人、西藏地方当局高喊别有用心的西藏"自治"，不如由国民政府主动赋予西藏"高度自治"，在政治和舆论上争取主动。正是在这种背景下，国民政府开始认真考虑"西藏自治"问题。

第二次世界大战胜利在望，国民政府的威望空前提高。1945 年 5 月 5—22 日，中国国民党在重庆召开了第六次全国代表大会，对战后统治中国政策进行全面阐述，其中包括对西藏的政策。5 月 18 日，大会通过《本党政纲政策案》，宣称："实现蒙、藏各民族之高度自治，并扶助各民族经济、文化之平衡发展，以奠定自由统一的中华民国之基础。"21 日，大会通过宣言："为贯彻民族主义之目的，本大会特重申第一次代表大会时，'于革命获得胜利以后，当组织自由统一的中华民国'之宣言，必以全力解除边疆各族所受日寇劫持之痛苦，亦必以全力扶助边疆各族经济、文化之发展，尊重其固有之语言、宗教与习惯，并赋予外蒙、西藏以高度自治之权。民族主义彻底实行之日，即为我国家长治久安永保团结之时。"①这是国民党第一次正式宣布给予西藏"高度自治"的权力，是在统一的中华民国内部的民族自治，与英国鼓吹的"西藏自治"有本质的区别。

1945 年 8 月 24 日，蒋介石在国防最高委员会与中央常务委员会临时联席会议上发表讲话："西藏民族的政治地位，在第六次全国代表大会本已决定予以高度的自治，扶助其政治之进步与民生之康乐。我可以负责声明，如果西藏民族此时提出自治的愿望，我们政府亦必本我一贯之真诚，赋予高度的自治。如果他们将来在经济条件上能够达到独立自主的时候，我们政府亦将与对外蒙古一样，扶持其独立，但必须西藏能巩固其本身永久独立的地位，不致蹈袭高丽过去的覆辙。"②

1945 年 8 月，国民政府拟定了《西藏地方高度自治方案草案》："甲原则：一、在国家领土主权完整之前提下中央允许西藏地方高度自治。二、西

---

① 荣孟源主编：《中国国民党历次代表大会及中央全会资料》（下），光明日报出版社 1985 年版，第 934 页。
② 《蒋介石在国防最高委员会及中常会临时联席会议致词：完成民族主义，维护国际和平》，《中央日报》1945 年 8 月 25 日。

藏地方自治政府必须遵行中央建国原则，凡地方一切设施不得与之抵触。三、西藏地方自治政府之权限应予明确规定。四、西藏地方自治以旧有之区域为范围。乙办法：五、西藏地方除国防、外交权属于中央外，其余均由地方自治政府负责办理，中央予以经费及技术上之协助。六、西藏原有军队视实际需要，由中央整编后改编为国防军或保安警察队，保安警察队之编练、配备、经费及指挥、调遣等事项，由地方自治政府负责，国防建设及国防军之编练、配备及指挥、调遣等事项由中央统筹办理。七、西藏过去与外国订立之一切条约完全无效，如有订约必要，由中央与该订约国重行商订新约。八、西藏地方各级政治机构之形成（如噶厦及宗）暂仍其旧，各级官吏比照内地，简任职者呈由中央任命，荐任职者呈请中央备查，其薪体由中央支给之。九、充实西藏原有之人民大会为西藏地方议会（除政府及寺庙代表外，各宗应有代表），人民大会得选举国民大会代表出席国民大会，其名额另定之。十、中央派遣驻藏办事长官正付各一人，办理国防、外交及行政上之联络，暨经费或技术上之补助等事宜。十一、西藏地方人民居住内地任何地方或内地各处人民居住西藏地方均享有与当地人民相同之一切权利义务，不得别为违反民族平等原则之待遇。十二、内地及西藏地方人民之往返旅行及贸易运输等事应绝对自由。十三、中央尊重西藏人民之愿望，对其信仰习俗概予维护。十四、西藏宗教首领如达赖、班禅及各大呼图克图等之转世事宜应报请中央依照旧例办理。十五、康藏划界由中央召集关系各方以会议方式解决之。十六、中央扶助西藏文化、经济、交通、卫生等事业之发展，办法另定之。"①

1945 年 8 月 29 日，蒋介石指示蒙藏委员会电告沈宗濂："中央现拟予西藏以高度自治，希遵照余八月二十四日在国防最高委员会与中央常务委员会临时联席会议时所宣示之方针，探询西藏地方政府之意见报核，并切实宣扬中央政策为要。"②沈宗濂在西藏按照国民党六大会议决议精神广泛宣传西藏

---

① 《国民政府蒙藏地方高度自治案会议拟定西藏地方高度自治方案草案》（1945 年 8 月），中国第二历史档案馆藏：蒙藏委员会档案，全宗号 141，卷号 2580。

② 《蒋介石为探询西藏对高度自治意见致沈宗濂函》（1945 年 8 月 29 日），载中国藏学研究中心、中国第二历史档案馆等合编：《元以来西藏地方与中央政府关系档案史料汇编》第七册，中国藏学出版社 1994 年版，第 2986 页。

"自治"，并敦促噶厦派代表参加国民大会。

1945 年 9 月 8 日，国防最高委员会下设的中央设计局就战后西藏政治体制拟定了《战后蒙藏政治设施方案》：一、在青、康等省的藏族土司、千百户等区域，尽速推行省政改革，改土归流还政于民。二、允许西藏地方高度自治，称为西藏特别自治区。凡国防、外交（渐次扩至教育、司法、交通）及有全国一致性之事项，概由中央统筹办理，其他如宗教、农牧、警政、卫生等地方事业，悉归该自治政府办理。三、西藏特别行政区可自制宪法，但不得违反国宪及三民主义。四、中央在西藏特别自治区设立常驻办事长官公署，代表中央，一面执行国家行政（如外交等事），一面辅导地方自治。五、西藏特别自治区之各级政府组织法，由中央颁布施行。六、西藏特别自治区自行办理地方自治事宜，中央仅立于辅导地位。但该自治政府须培植人民自治能力，及实行中央自治方案为施政中心。七、一俟情势许可，应将西藏特别自治区划分为若干国防军区，由中央酌派国防军常川驻扎。八、中央对于西藏特别自治区之宗教发展，取绝对放任主义，惟宗教与政治应以分治为原则，宗教领袖及各寺院，不得干涉政治及司法。九、西藏特别自治区与西康省之界限，应由中央派员会同两方勘定，以杜争端而畅交通。①

1945 年 11 月 6 日，沈宗濂向蒙藏委员会报告西藏地方各界对中央赋予西藏"高度自治"一事的反应和态度："全藏官员对于中央深仁厚德，同深感戴。在民众方面，久苦差役繁重，极度剥削，纵能获得自治，仍望中央予以扶持，出诸水火。在僧侣方面，全藏僧众来自西康、青海者占十之六七，因宗教种族关系，向来倾中央。西藏自治后，仍愿拥护中央，保持密切联系。在官吏方面，老成一派深知西藏缺乏独立条件，惟冀保全禄位、财产，今得中央许以自治，认为私人权利不受影响，表示欣慰庆祝，推选代表在渝参加国大。此派在藏政府会议中极力主张，可见中央政策已收实效。此外仅有少数意志薄弱者，则在中央势力未达到前，不敢吐露真意。揣其心理，一系慑于英人虚声，且亚东、江孜有英驻军威力，幸未有所畏惧；一面心存观

① 《中央设计局：战后蒙藏政治设施案》（1945 年 9 月 8 日），《蒙藏设施方案》，台北"国史馆"藏西藏档，172-1/0001/019/48。

望，欲挟英以自重。倘我能向英交涉，取消驻军，此少数人之心理亦将大有改变，中藏关系必易调整。"①沈宗濂的汇报大体符合西藏实情，普通僧侣心向中央，欣闻西藏自治非常惊喜，一般官吏只要能保全个人财产，何乐而不为？只有少数顽固分裂分子，挟英图谋独立。正是在大多数僧俗官员和寺院喇嘛的压力下，以达扎为首的少数分裂势力当权派不得不"违背"英人的意思，派遣西藏代表赴南京参加国民大会。为了防止英国的阻挠，噶厦向英驻藏代表说，代表团是到南京慰问第二次世界大战胜利。

在中央令沈宗濂争取西藏派国大代表赴京的同时，英人也加紧阻拦破坏。英印政府内的强硬侵藏分子对"西藏高度自治"提议非常仇视，驻藏代表黎吉生就认为："中国给予西藏高度自治的建议，置西藏已享有三十多年完全自治的事实于不顾。""如果世界上其他国家和民族意识到西藏自1912年起就独立，就会按照大西洋宪章让西藏有权选择自治。中国的目的削弱西藏已享有的自由度，扩充中华帝国。"②

据沈宗濂报告："惟英人近借口外蒙独立，鼓动西藏仿效，并表示可首先承认。"③锡金政治官霍金森来到拉萨，恫吓西藏官员、贵族："如西藏派员参加国民大会，是无异承认西藏为中国之一部分，则西藏现行政治体制自不容存在，现任官吏及贵族亦在淘汰之列。"眼见噶厦坚持，又自我宽慰："惟其使命，则表面参加国民大会，实际仅代表西藏向中国庆贺胜利而已，又必要时并赴英伦作同样之庆贺。"④

霍金森的真实想法是邀请西藏代表先到印度新德里，再想法阻止其到南

① 《沈宗濂为报藏中各方对高度自治之态度致罗良鉴电》（1945年11月6日），载中国藏学研究中心、中国第二历史档案馆等合编：《元以来西藏地方与中央政府关系档案史料汇编》第七册，中国藏学出版社1994年版，第2991—2992页。

② L/p&S/12/4194,Ext.3566/1944，1944年7月6日，黎吉生寄给古德的信函，转引自张永攀：《英帝国与中国西藏（1937—1947）》，中国社会科学出版社2007年版，第159页。

③ 《沈宗濂为报英人鼓动西藏仿效外蒙独立等情致罗良鉴电》（1945年9月5日），载中国藏学研究中心、中国第二历史档案馆等合编：《元以来西藏地方与中央政府关系档案史料汇编》第七册，中国藏学出版社1994年版，第2987页。

④ 《军委会军令部为英人阻挠西藏选派代表出席国民大会事致蒙藏委员会代电》（1945年11月6日），载中国藏学研究中心、中国第二历史档案馆等合编：《元以来西藏地方与中央政府关系档案史料汇编》第七册，中国藏学出版社1994年版，第2992—2993页。

京，最理想的结果是他们到伦敦访问，是同样的性质。这样在政治上就可以表明西藏代表到南京仅是祝贺第二次世界大战胜利，从而淡化了承认西藏为中国一部分的意义。面对霍金森邀请西藏代表到新德里"参观"的建议，"藏方开会多次，迄未决定"①。

1945 年 10 月，噶厦"连日开会讨论代表应向中央商请各项问题，虑英人阻挠，内容极密"②。1945 年 11 月 3 日，达札召集僧俗官员会议，决议："（1）赴渝国大代表，应向中央报告全藏人民希望协助之意。（2）对于英人仍保持英藏和好之关系。此次会议时并未召集三大寺堪布参加。""藏王因恐三大寺堪布参加国民大会于彼不利，曾于上月二十三日召集三大寺堪布，提出决定不准三大寺堪布赴渝。现一般僧民均言，如不及早设法扶助热振出任藏王，则西藏土地及宗教将有不保之虞。"③11 月 12 日，西藏"外交局"告知霍金森（Arthur Hopkinson），西藏将选派两名高级官员前往印度和中国内地，并从印度前往南京访问蒋介石政府。英印政府指示霍金森建议噶厦称西藏派代表违背了《西姆拉条约》（草案），将不利于西藏"自治"，并提醒噶厦向中国政府解释"使团"访问印度和中国具有同样的性质，避免中国视代表团为出席国民大会的代表。实际上，噶厦中的亲英分裂分子也有自己的想法。

1946 年 1 月，达札摄政召集噶厦要员，决定出席国民大会代表在月内首途，决议："一、以保持现有特殊地位为原则，不可任意发言，引起中央对藏用武力之决心。二、如中央仍采怀柔政策，则要求独立，最低限度要求

---

① 《沈宗濂为霍金森干扰西藏选派国大代表事复罗良鉴电》（1945 年 10 月 12 日），载中国藏学研究中心、中国第二历史档案馆等合编：《元以来西藏地方与中央政府关系档案史料汇编》第七册，中国藏学出版社 1994 年版，第 2988 页。

② 《沈宗濂为西藏已派定国大代表及询开会日期支拨旅费等事致蒙藏委员会电》，载中国藏学研究中心、中国第二历史档案馆等合编：《元以来西藏地方与中央政府关系档案史料汇编》第七册，中国藏学出版社 1994 年版，第 2989 页。

③ 《国民政府为转抄噶厦不准三大寺堪布参加国民大会情报事致蒙藏委员会代电》（1945 年 11 月 16 日），载中国藏学研究中心、中国第二历史档案馆等合编：《元以来西藏地方与中央政府关系档案史料汇编》第七册，中国藏学出版社 1994 年版，第 2995 页。

完全自治。三、如获准独立，则中藏地界之划分依据西姆拉会议之条款。"①
以达札为首的亲英分裂分子打算在国民大会上提出"独立"要求，这才是达
札的真实想法。

霍金森阻挠不成，又坚请西藏国民大会代表赴新德里，理由是，印度
将在 1946 年 3 月 4—9 日举行胜利庆典活动，有阅兵游行、表演节目，"有
各土王百余人参加"②。霍金森的主意为达札当局所接受，拼凑一个所谓慰问
"同盟国代表团"到南京、英国、美国进行活动。这包含了噶厦亲英分裂集
团不可告人的目的：首先，由他们出面慰问"同盟国"，理所当然的是向世
界宣布西藏不是"同盟国"成员，是独立于中国政府以外的。其次，到国际
场合和南京进行游说分裂活动。

噶厦拼凑"慰问同盟国"代表团，任务是先到印度向英、美表示慰问，
然后到南京向国民党慰问，授命在国民大会上提出西藏要求，力争批准。为
此噶厦专门召开会议，拟定了向大会提出的报告，为了保密，命令昌都总管
派专人送往南京交给代表团。这事对英人严密封锁消息。

1946 年 1 月 2 日，沈宗濂先行离藏赴印筹备。西藏国大代表分两批在
1 月 14 日、25 日自拉萨启程赴印，预计 4 月抵达上海。

噶厦派代表出席国民大会对英人保密，致使英印政府多次指示霍金森询
问西藏地方政府是否派代表参加国民大会，如果参加就违背了 1914 年的协
定，并要求得到权威的官方消息。霍金森多次向"外交局"、噶厦、摄政达
札提出警告，要求保证西藏代表团不参加国民大会，不提出任何问题。在霍
金森的要求下，噶厦向印度政府保证西藏代表团只是纯粹的礼节性使团。③

在西藏国民大会代表未到南京时，1946 年 3 月 4 日，军令部就拟定了
与西藏代表商谈改进中央与西藏关系的范围和要点。

---

① 《蒋介石为西藏出席国大代表将在会上提出提案内容事致蒙藏委员会代电》（1946 年 1
月 29 日），载中国藏学研究中心、中国第二历史档案馆等合编：《元以来西藏地方与中
央政府关系档案史料汇编》第七册，中国藏学出版社 1994 年版，第 3003 页。

② 《陈质平为西藏派遣国大代表等事复外交部电》（1946 年 1 月 24 日），载中国藏学研究
中心、中国第二历史档案馆等合编：《元以来西藏地方与中央政府关系档案史料汇编》
第七册，中国藏学出版社 1994 年版，第 3002 页。

③ 1946 年 1 月 30 日，霍金森致印度外交部长 No.7（22）—p/45 号函，L/P&S/12/4266
Ext.0607/1946。

（一）原则：

本总理民族主义暨主席之提示，扶助西藏发展，促进宗族感情，改进人民生活，充实自卫实力，确保领土之完整为主旨。

（二）范围与要点：

（甲）促进宗族感情，加强团结……沟通（汉）藏族间之感情，增进互助合作，为双方所必需之要务。中央有见及此，拟予西藏作下列之商讨：1.西藏应撤除金沙江沿岸及青海边境一带之封锁线，以便人民自由往来。2.为使西藏与内地文化相互流通，促成文明进步起见，中央欢迎西藏派遣青年入内地各级学校求学，一切费用均予津贴。3.中央拟于西藏境内之大商埠设立各级学校，经费由国库支给。4.西藏人民疾病缺乏医院与医药治疗，中央可设立医院施诊。5.西藏现有之文化事业，如因人力财力缺乏不能举办时，中央斟酌予以资助，扶助其发展。

（乙）充实西藏防卫力量……中央对西藏之安危异常关切，基于扶助西藏之发展责任与义务，拟予下列之援助：1.协助西藏建立新军，所需新式武器及干部，拟全部由中央供给，不取任何代价。2.西藏建设边防，中央可予以各种资助。

（丙）发展商业。西藏因现代生产技术落后，人民生活必需品高价购入，使大量金钱外溢，影响民生甚巨。为解除民间疾苦计，拟与藏中人士谋组设中国西藏贸易公司，采官商合办制，转运各地物资出入西藏，所获纯利专供救济西藏政费及供佛之用。①

上述措施都是在和平解决藏事的前提下，以收拾人心为主，唤起藏人心向中央的感情，整体政策并没有改变。

1946年3月12日，国民党中央执行委员会建议新宪法应该规定西藏是中国领土的一部分。英印政府指示霍金森将此事告诉噶厦，使其明白国民大会包含的意义以及西藏代表团将遇到的结果，意在阻止西藏代表团赴南京。

在此之前，西藏国大代表已经抵达新德里，英印政府颇为重视，"招待甚

---

① 《军令部为送达与西藏国大代表商谈改进中央与西藏关系要点致蒙藏委员会函》（1946年3月4日），载中国藏学研究中心、中国第二历史档案馆等合编：《元以来西藏地方与中央政府关系档案史料汇编》第七册，中国藏学出版社1994年版，第3007—3009页。

为隆重，已派定锡金行政长官主持其事。自到岗多之日起，一切费用均归印政府负责，并准备专机专车迎送"①。锡金行政官霍金森在1946年1月31日就离开了拉萨，急往冈拖克，迎接西藏代表，亲自陪同经加尔各答到新德里。

据代表团成员强俄巴·多吉欧珠回忆：英印政府在车站进行了隆重的欢迎仪式，英驻印总督维瓦和夫人接见会谈，赠送礼品，合影留念，并设宴招待。这就是所谓的对英国的慰问情况。对美国政府表示慰问的仪式是在美驻印度大使馆内进行的，代表团拜见了美国大使，转交了达赖和达札摄政的信件，大使馆设宴招待，宴会后放了电影。在新德里两个星期，应印度政府的邀请，西藏代表团参加了庆祝第二次世界大战胜利的活动，如阅兵式、军事表演，参观了一些学校，浏览了一些景区。英印政府对代表团欲赴国民大会非常不满，却无合适的借口阻拦，在绞尽脑汁之后，找到了一个"绝妙的理由"。

霍金森电令下属"加意招待先到僧官图丹桑批，暗中监视行动，力阻他往"。由于印度天气炎热、潮湿、毒蚊成灾，代表团成员都长满了痱子。霍金森却说患了传染病，必须速返加尔各答治疗，迫使成员前往加尔各答治病。霍金森亲自陪同他们到医院就诊，恫吓："你们得的是一种极其危险的传染病，不能在热带地方住下去，如果继续留在加尔各答，警察会把你们抓起来关到监狱里，你们还是回冈拖，那里的气候较凉快，又是我们的辖区，条件也很好。"代表团非常恐惧，询问久居加尔各答的藏人，才知道患的是痱子，根本不是什么传染病，这才放了心，向霍金森表示，坚决不回冈拖。霍金森气势汹汹地说："你们这些患了传染病的人住在这里，人家会嘲笑我，影响我的声誉，你们一定要回冈拖。"为了摆脱霍金森的干扰，代表团找到了沈宗濂，在他的帮助下，搬到了中国驻加尔各答领事馆。②

沈宗濂向国民政府报告印证了此事。西藏首席代表琼登敦达扎萨一行在1946年3月21日抵达加尔各答入住大东旅馆时，被蚊子叮咬患皮肤病，霍

---

① 《沈宗濂为报陪同西藏代表前来参见国大途经印度等情事致罗良鉴函》（1946年2月8日），载中国藏学研究中心、中国第二历史档案馆等合编：《元以来西藏地方与中央政府关系档案史料汇编》第七册，中国藏学出版社1994年版，第3005页。

② 强俄巴·多吉欧珠：《西藏地方政府派"代表团慰问同盟国和出席南京国民代表大会"内幕》，载《西藏文史资料选辑》第2辑，1984年。

金森以为是一个机会，力促该代表入住英军医院或赴岗多，"并以警察将拘捕此种有传染病者为恫吓，意在使入医院或至岗多后，便于阻止来华"。"该代表等洞悉其奸，不予允许。"霍金森恼羞成怒，拒绝招待，"令半小时内迁出大东旅馆"。在沈宗濂的帮助下，西藏代表入住在加尔各答的中国旅行社招待所，[①] 受到了热情招待，并见到了秘密随行沈宗濂的达赖二哥嘉乐顿珠、姐夫平措扎西。

西藏代表非常不满英方的监视式照料，对英方人员谓："尔等之照料吾等实不需要"[②]。西藏国大代表8人、眷属1人、达赖亲属2人及仆役10人，1946年4月4日，自加尔各答乘飞机赴南京。

英人邀请西藏代表到印度是为了抵消他们出席国民大会产生的世界性影响，所以，也在想方设法地加大对此事的宣传。英人督促西藏代表会见事先安排好的媒体，拍了很多照片，有关新闻在印度媒体上广泛宣传，并发到华盛顿、仰光、新加坡、堪培拉、多伦多、重庆等地方，但都没有引起重视。霍金森用英语在电台向全印度发表关于西藏的讲话，渲染达赖喇嘛的地位，西藏与印度宗教文化、交通贸易关系以及牢不可分的传统友谊。但是，效果并不明显。令英人感到沮丧的是，西藏代表到印度都全神贯注地关心如何获得更多的个人利益，而不是致力于维护所谓的印藏友好关系。西藏地方政府摆出"独立国"的架势，慰问"同盟国"，但都没有得到英美及世界各国的承认。

西藏代表团如期抵达南京后，黎吉生认为："只有中国国民大会的无限期召开才能挽救西藏代表团，使其不能在世界面前表现出是中国国会的成员。"[③] 如果代表团必须参加国民大会，那么应想办法使西藏地方政府否认中国人的声明。同时，黎吉生马不停蹄地拜访达扎摄政、然巴噶伦、"外交

---

① 《沈祖征报告英方恫吓阻止国大西藏代表赴会阴谋未逞致外交部电》（1946年3月23日），载中国藏学研究中心、中国第二历史档案馆等合编：《元以来西藏地方与中央政府关系档案史料汇编》第七册，中国藏学出版社1994年版，第3010页。

② 《国民大会代表选举总事务所抄送外交部移送沈祖征为报西藏国大代表在印对英方监视式之照料不满电事致国民大会蒙藏代表选举事务所函》，载中国藏学研究中心、中国第二历史档案馆等合编：《元以来西藏地方与中央政府关系档案史料汇编》第七册，中国藏学出版社1994年版，第3011页。

③ 1946年4月11日，英驻拉萨代表团官员黎吉生致锡金政治官霍金森的备忘录。

局"索康扎萨等主要官员，进行私下劝阻。黎吉生表示，西藏代表团参加国民大会不仅破坏 1914 年的《西姆拉条约》（草案），而且违背了之前的承诺。并将中国资助"西藏革命党"的情报转给噶厦，刺激噶厦的反应。霍金森、黎吉生、印度外交部讨论对西藏进行经济制裁的可能性，自认为印度并没有从与西藏的贸易中获得任何好处，这一点西藏人也没有充分的感谢和报答。[①] 这些措施只有与西藏地方政府关系破裂的时候才会真正实施。霍金森、黎吉生等人对西藏地方政府拒绝否认中国的声明非常恼火，认为这在世界上造成了西藏承认中国"宗主权"的印象，给了中国进一步以内政为由拒绝其他势力干涉的可能。

国民大会延期至 1946 年底召开，造成西藏代表滞留内地。英印政府内霍金森、黎吉生等人在内部通信时表示希望西藏代表不要参加大会，如果参加了，虽然很遗憾，但也不要就理解为西藏地方政府的政策发生了明显变化。英印政府应该确定西藏地方政府对此事的反应，并加以引导，尽力修补所造成的损害。信中透露，英国有意回避自身无力干涉的忧虑，"我们态度处于有意的消极状态，是出于避免激发西藏问题的矛盾"，令黎吉生等人满意的是，看到西藏争取"独立"的愿望依然存在，并夹杂着对中国的畏惧以及与我们保持友好关系的愿望。[②]

西藏国大代表抵达南京数月后，国民大会仍未召开，所携带的公文尚未呈给蒋介石。自噶厦派代表赴南京后，英人在拉萨向噶厦正式提出抗议，称根据《西姆拉条约》（草案），要求撤回代表。噶厦指令西藏代表尽快离开南京返回拉萨。在这种形势下，1946 年 11 月 2 日，蒙藏委员会呈请蒋介石："于短期内接见西藏代表，俾其呈递公文"，并代拟接见训词，称："西藏人民希望恢复前清末年西藏与中央之关系，深为欣慰。各项具体办法，当交关系部会研究后，提出即将召开之国民大会决定，诸位有何高见，亦可在大会上陈述，凡可能办到者，中央一定办理。在抗战时间，西藏与中央之关系逐渐增进，以后建国期中，仍盼精诚团结。中央允许西藏高度自治，本席曾一

---

① L/P&S/12/4226 Ext.4013/1946，1946 年 4 月 16 日，锡金政治官致印度外交部信函。

② L/P&S/12/4226 Ext.4013/1946，1946 年 5 月 2 日，英国驻锡金总督代表致印度政府外交部秘书的信函。

再申言，今后中央对藏一切设施，必能使西藏同胞满意。"蒋介石批准，令罗良鉴口头代复西藏代表。11 月 28 日，蒋介石夫妇宴邀了前后藏、甘肃、青海地区的国大代表。

西藏国大代表携带"民众大会"呈中央报告书，陈情九项，其中至关重要的是："一为西藏系盛行佛法之地，请中央对西藏原有政教各权，准照旧由西藏达赖佛管理。二为请中央划定康藏界务。三为西藏地方如有外国欲加侵略之事发生，请中央帮助。"西藏地方仍想保持"完全自治"的"现有特殊地位"。蒙藏委员会呈行政院核议后，回复西藏代表："中央对西藏政教昌隆、僧俗福利及一般人民安居乐业负有维护之责，关于西藏政教一切旧有成规，中央历来尽力维护，绝无意加以变更。西藏达赖喇嘛之教权自应照旧维护，俾臻隆盛。关于康藏界务应如何勘划，以求合理之解决，可由西藏地方政府派高级负责官员前来中央，与主管机关商议。西藏地方如有外国侵略情事，中央素极密切注视，并望西藏地方政府遇有此类情事发生，以最迅速办法呈报中央，中央当本汉藏一体、休戚相关之义，立即负责予以保护。"① 蒙藏委员会并不直接答复噶厦，督促其派高级负责官员来京商谈，而噶厦并无明确回复。

1946 年 12 月，国民大会正式开幕。出席大会的西藏地方政府代表僧俗官员 5 人，西藏驻南京办事处官员 5 人。在噶厦的指示下，西藏代表在会上不鼓掌、不举手、不表态。在宪法讨论西藏自治事项时，西藏代表也没有发表意见。12 月 25 日，国民大会通过《中华民国宪法》，其中第一百二十条规定："西藏自治制度，应予以保障。"国民大会通过宪法中有关西藏之部分决议。1947 年 2 月，西藏地方政府召开重要官员会议讨论国民大会所通过的宪法中有关西藏之部分，"藏方商讨结果，坚决反对国民大会所通过宪法中有关西藏之部分，并图联合西康藏族要求归还旧土，在亚洲会议中图联合

① 中国第二历史档案馆藏：《蒙藏委员会一九四七年重大措施报告（藏事报告）》（1948 年 2 月），蒙藏委员会档案，全宗号 141，卷号 109。

我国民政府向印要求归还所占藏地"①。

　　后藏国大代表计晋美等人向政府提出九项要求："（一）在国家领土与主权完整之前提下，前后藏应分别予以高度自治。（二）前后藏之界限以冈巴拉山以东为前藏自治区域，冈巴（拉）山以西为后藏自治区域。（三）西藏国防、外交由国家直接施行，其余归地方政府处理。（四）前后藏军队各留一千人作为达赖、班禅之保卫队，其余改编为地方警察，并请中央派精锐部队常驻西藏，以备国防之用。（五）自治政府成立后，简任以上之官吏，由中央直接遴派，简任以下之官吏，按当地具有历史之人士分别充任。（六）并请中央派大员二人分驻前后藏指导。（七）西藏应普遍设立民意机构，增进行政效率。（八）言论出版自由，并准许秘密通信。（九）请中央派大批技术人员前往前后藏，开发一切交通、文化等事业。"②后藏坚决支持西藏是祖国的一部分，要求西藏自治，而且是前后藏分治，争的是与前藏平等的政治地位。1947年4月11日，蒙藏委员会回复："原呈请将前后藏分区实行自治一节，查新颁中华民国宪法中，已规定西藏自治制度应予以保障。至如何实现自治，应俟本年下季召开行宪大会时决定，该代表等意见自可届时提出商讨。"③既没有接受也没有否决前后藏分区自治方案。

　　西藏代表团在南京住了一年多后准备返藏，行前，蒋介石接见，赠送礼品。1947年4月初，他们乘飞机经昆明到加尔各答。尽管西藏地方政府处心积虑地四处兜售西藏"独立"，但客观上与他们的愿望相反，代表团的这次到内地的活动，正好说明西藏是中国领土不可分割的一部分，英、美等国

---

① 《国民政府组织部关于藏政府商讨对宪法有关西藏部分及出席泛亚会议之对策事致蒙藏委员会代电》(1947年2月13日)，载中国藏学研究中心、中国第二历史档案馆等合编：《元以来西藏地方与中央政府关系档案史料汇编》第七册，中国藏学出版社1994年版，第3027页。

② 《国民政府研议后藏国大代表计晋美等向政府提出九项要求事致蒙藏委员会代电》(1946年12月12日)，载中国藏学研究中心、中国第二历史档案馆等合编：《元以来西藏地方与中央政府关系档案史料汇编》第七册，中国藏学出版社1994年版，第3023—3024页。

③ 《蒙藏委员会为报核议计晋美等呈请加强西藏边防议案综合要点事致行政院秘书处等函》(1947年4月11日)，载中国藏学研究中心、中国第二历史档案馆等合编：《元以来西藏地方与中央政府关系档案史料汇编》第七册，中国藏学出版社1994年版，第3031页。

从来没有公开承认西藏独立。①

国民党 1947 年 6 月 13 日决定在 1948 年召开"行宪国大"，实现宪政。1947 年全国选举国大代表和立法委员，国民政府指示噶厦为西藏地方选举监督。1947 年 8 月，蒙藏委员会电告噶厦：本次选举为保障西藏自治最要关键，令噶厦选举监督国大代表和立法委员。9 月 19 日，噶厦致电蒙藏委员会，声称："西藏乃政教政力自主自尊之圣地佛国，今与噶厦忽颁命令，派噶厦为选举监督等语，似此不合理法专制压迫命令，根本乖误之至。如此举动，接得大为寒心，因此无法遵办，祈为原谅。"②

蒙藏委员会对噶厦的这一态度进行了批驳，指出自前北京政府时代以来，参众两院、国民代表会议、参政院等，西藏都派代表参加，"此次本所电请选举国大代表及立法委员，系依据国民政府颁布之法规，并参照成例办理，并非创举，况本届全国大选，为完成宪政之最后阶段，亦为保障西藏自治之最要关键，亟盼西藏代表早日选定，来京参加，共商国是，以增进团结，巩固和平，所关至大。否则，如放弃权利，实与来电所谓历史悠久之密切情感不无缺憾"③。

噶厦故意迟迟不回复。1947 年 9 月底，国防部第二厅在藏特工探知消息，噶厦召集四品以上僧俗官员召开会议，当时有两派意见："（1）以为选举系民国宪法所定，如奉令成立，则无异西藏是中华民国之一区而还政于民矣。（2）以为印度独立，英援藏力减，应作识时务之顺从为上。最后议

---

① 强俄巴·多吉欧珠：《西藏地方政府派"代表团慰问同盟国和出席南京国民代表大会"内幕》，载《西藏文史资料选辑》第 2 辑，1984 年。

② 《噶厦为拒绝派为选举监督并希将喜饶嘉措之蒙藏委员会副委员长职务取消等事致许世英电》（1947 年 9 月 19 日），载中国藏学研究中心、中国第二历史档案馆等合编：《元以来西藏地方与中央政府关系档案史料汇编》第七册，中国藏学出版社 1994 年版，第 3034 页。

③ 《国大代表立法委员蒙藏选举事务所来电拒绝派为选举监督事晓以大义仍盼西藏代表早日选定共商国是事复噶厦电》（1947 年 9 月 20 日），载中国藏学研究中心、中国第二历史档案馆等合编：《元以来西藏地方与中央政府关系档案史料汇编》第七册，中国藏学出版社 1994 年版，第 3035 页。

决，待选举详章寄达后再开会研究。"①1947 年，是西藏时局面临重大变化的一年，5 月，噶厦剪除热振活佛势力，亲中力量大弱；8 月，印度独立，英国对西藏兴趣大减。以达札为首的亲英分裂集团并不真心接受中央政府的自治条件，又顾虑到英国撤离印度，外无强援，不敢公开反对中央政府，故态度模棱两可，无论蒙藏委员会多次去电催促早定代表，都没有明确的意见，更没有实际的行动。

1947 年 9 月，行政院院长张群拟定《处理西藏问题之方针》。其中谈到西藏自治问题："近年来，西藏有无脱离祖国，形成独立自主之企图，中央确未切实明了。然其对于中央允许西藏高度自治申明及宪法保障西藏自治制度之规定，俱无若何反响。""至于西藏问题之彻底解决，必须依据宪法，保障其自治。其自治条款如何，须彼此相信以后，始可商谈解决。"②

为促成西藏派代表参加大会，蒙藏委员会指令驻藏办事处陈锡璋："以本届选举，关系全国团结，至为重要，倘西藏无代表出席，即不啻西藏自外于国人，故总期国民大会代表及立法委员均有西藏地方人士参加，以副中央扶植边人参政之意。"陈锡璋分访噶伦，多次会商，并无结果。③

在这种情况下，由于会期临近，中央政府在旅居内地西藏人民中选举代表参加拟定当年 12 月 25 日举行的国民大会。1948 年，蒋介石当选为大总统。噶厦电令祝贺，自称"西藏乃佛法圣地自治自主之国，宜照现况保持平静"④。蒙藏委员会委员长许世英拟出意见："西藏乃佛法圣地，自治自主，中央决予尊重，若称之为国，则未可承认。"蒋介石批准可行，令复电噶厦

① 《国民政府为抄送西藏四品以上僧俗会议对成立选举分所事两派不同意见情报致蒙藏委员会代电》（1947 年 10 月 2 日），载中国藏学研究中心、中国第二历史档案馆等合编：《元以来西藏地方与中央政府关系档案史料汇编》第七册，中国藏学出版社 1994 年版，第 3037 页。
② 《处理西藏问题之方针》（1947 年 9 月），《西藏内情》，台北"国史馆"藏西藏档，172–1/0016/019/4。
③ 《蒙藏选举事务所为呈报西藏选派国大代表办理情形致国民政府代电》（1947 年 10 月 6 日），载中国藏学研究中心、中国第二历史档案馆等合编：《元以来西藏地方与中央政府关系档案史料汇编》第七册，中国藏学出版社 1994 年版，第 3038 页。
④ 《噶厦为新选总统证书西藏代表不必签字事致蒙藏委员会电》（1948 年 5 月 17 日），载中国藏学研究中心、中国第二历史档案馆等合编：《元以来西藏地方与中央政府关系档案史料汇编》第七册，中国藏学出版社 1994 年版，第 3056 页。

驳斥。①

蒙藏委员会的工作报告比较明确地阐述了国民政府保障"西藏自治"的原则："西藏地方现行政教合一制，盖有其历史渊源、地理环境及社会背景，推演已久，政俗相安，中央对藏政策在尊重人民之信仰及习俗因应地方固有之政教形态而予以合法保障，以求安定地方之秩序，及增进人民之福祉。中央历来对西藏政教当局及僧俗人民所恺切宣示者，无不一本此旨。"宪法规定的西藏自治制度"自系指西藏现行政教合一制而言"，"此种制度实际之范畴以及与中央政府之关系应如何明确规定，以及康藏界务之划勘等问题，则尚待研究，并须与西藏当局进一步商讨"。②国民政府在宪法中规定西藏自治，尊重政教合一制度、信仰和风俗习惯，只有原则而没有具体的落实内容，反映出维持藏事现状的基本方针。

三、国民政府的军事计划

热振复位失败对中央政府在西藏的地位以及战后西藏政策都有巨大的影响，也是国民政府对藏关系的一个重要转折点，总体看相当负面。中央政府在热振事件上毫无办法，使得亲汉人心大为失望，亲英分裂分子独立活动更加肆无忌惮，中央威信大幅度下降。而国民政府内部也认识到热振事件对中央的不利。此时，中央政府对如何处理西藏问题仍呈两种意见。

1947年4月26日，国防部拟定了《最近西藏事变之内情与拟议对策》，包括甲乙两种方案：

甲案：（1）以主席名义严电藏政府立即停止用兵，确保热振等生命之安全，静候中央派大员来藏查办，并以此意译印为藏文传单，利用玉树（或甘孜）飞机场派机飞往昌都前线散发。（2）以甘境中央骑兵二个团由临潭取道果洛进驻玉树。（3）以康境刘（文辉）军骑兵一个团进驻

① 《蒙藏委员会为拟驳复噶厦称西藏为自治自主之国意见事致国民政府呈》（1948年5月25日），载中国藏学研究中心、中国第二历史档案馆等合编：《元以来西藏地方与中央政府关系档案史料汇编》第七册，中国藏学出版社1994年版，第3058页。

② 中国第二历史档案馆藏：《蒙藏委员会一九四七年重大措施报告》（藏事报告）（1948年2月），蒙藏委员会档案，全宗号141，卷号109。

邓柯、德格一线，配合巴安邦达多吉部康军相机进驻昌都。(4) 蒙藏委员会驻藏办事处沈宗濂处长久未返任，中央似应另派熟悉军事大员以驻藏办事长官名义接替。(5) 整理西藏现局之实施要领拟由本部会商外交部、组织部、蒙藏委员会等机关详议呈核。

乙案：(1) 以主席名义电藏政府立即停止用兵，确保热振等生命之安全，并饬沈宗濂处长迅即返藏调解停战，暗中尽可能支持亲汉派，勿使消灭，并监视达札派与英印关系之发展。(2) 由西昌警备司令部会同西康省政府组织康西各土著武力分自邓柯趋黑河、德格趋昌都、巴安趋江达，先行恢复康省西部原有辖境，借以迫使藏政府就范。(3) 甘境中央骑兵一个团由临潭取道果洛进驻邓柯，互相呼应，相机入藏。(4) 整理藏局实施要领之拟订办法同甲案 (5) 款。①

国防部的主张是在热振被害之前的对策，从方案来看是主张对噶厦武力解决西藏问题。而热振的彻底失败也使得原"毫无作为"的外交部、蒙藏委员会突然变得强硬起来。

蒙藏委员会认为中央在藏威信下降，将导致驻藏办事处难以立足，数年对藏事努力成就将大部分付诸东流，可次第对藏用兵，使藏方就范。

外交部认为藏乱至此，中央已不能不采取行动，由林昌恒起草彻底解决藏事方案。

甲、目标：(1) 责令西藏当局严惩事变祸首拉鲁、噶许巴 (即噶雪) 等，并秉承中央意旨改组西藏政府。(2) 中央驻军康藏要地，西藏方面国防、外交由中央主持，准许西藏内政上自治。

乙、施行步骤：(1) 电令西藏当局立即停止军事行动，限期严惩拉鲁、噶雪等事变祸首，秉承中央意旨改组西藏政府，并宣布为防止变乱再起计，中央决派兵驻守康藏要地数处。(2) 届期如藏方无遵行之事实表现，即令青海骑兵越境入藏，同时又令西康出兵越金沙江而西，贯通西康全境，入藏与青海军会师拉萨。(3) 于我军越境之日，即通知英方：中央出兵宗旨，在于平定藏乱，维持西藏秩序。中国决尊重英方在藏条

① 《最近西藏事变之内情与拟议对策》(1947 年 4 月 26 日)，《藏王达札与热振交恶 (3)》，台北"国史馆"藏国民政府档案，0592/4410.01-03。

约上利益，并愿保障中国与邻近西藏各国之和平。以英方在印即将交出政权，印人尚未实际取得政权之际，英印殆不致过分干涉。如英方只在外交上抗议，我方即一面在外交上与之辩解，一面仍按原定计划施行。万一事出意外，英方出兵入藏，我方驻藏军队仍不撤守，惟尽力避免与之冲突，即将此事提出联合国安全理事会解决，或提请美国仲裁。我方均可操胜算。

关于"彻底解决"方案的利害得失，外交部认为："(1) 有利之点：现值英印在印政权转换之际，洵为彻底解决藏事之良机。藏军仅一万人左右，枪械训练均劣，抽出青、康、川、滇维持地方治安之少数部队，即绰绰有余，绝不影响绥靖军事，财政上所耗当亦不大，能借此次事变恢复中央在藏统治权，即可免去以后纠纷，诚一劳永逸。(2) 不利之点：我方在内政上颇不宁静，在外交上亦属多事之秋，需英方协助之处尚多。此举不免有伤英方之情感，英方或在其他方面采取不协助态度。"

所谓"维持在藏现有地位办法"包括：

甲、目标：(1) 西藏政府罢免拉鲁、噶雪等事变祸首。(2) 对热振加以追封并优为葬祭。(3) 赔偿色拉寺及热振本寺之损失。(4) 如有没收财产之事，应全部退还。

乙、实施步骤：(1) 中央对西藏政府加以谴责，提出上述各端，令其切实遵办。(2) 同时由青海派骑兵入驻藏边，并由西康出兵金沙江畔，作待机进击姿态。(3) 向英方抗议福克斯助长藏乱之行动，要求将该福克斯及其他有关人员撤换，劝告并要求英方禁运军火入藏，借以探测英方对藏乱之态度。我方在军事上所采之待机姿态，不预通知英方，俟英方询问时，始加以解释。

关于"暂维现状"方案的利害得失，外交部认为："(1) 优点：此种办法足以保持中央在藏威信，并可顾全英方情感。(2) 弊端：西藏问题并未利用此良机获得解决。以后印人在印取得政权后，尚须经过一番繁重交涉，始能解决。"[①]

————————
① 《林昌恒为热振事件致外交部签呈》（1947 年 5 月 20 日），《西藏内情》，台北"国史馆"藏西藏档，172–1/0016/019/4。

外交部主张对藏强硬是基于英国即将退出印度的现实，认为是彻底解决藏事的最佳机会，故一改对英外交的保守，但同时，又表示鉴于内战的需要，对英国尚须协助甚多，仍需要顾虑英国的态度。从当时来看，国民政府相关部委中的中下级官员力主强硬，主张抓住时机军事解决西藏问题，普遍不了解最高首脑蒋介石的真实想法。国民党发动的内战已经全面展开，内战是头等大事，一切内政外交皆服从此大局。况且对西藏展开军事行动，有诸多不利之处：一是西藏地理险远，困难甚多，需要军事、交通、经济等方面的充分准备。二是英国反对，而国民政府尚需要英国外交支持打内战。三是将分散内战的力量。另外，维持西藏现状也是以蒋介石为首的国民政府自上台以来一直坚持的基本方针。所以，何应钦、白崇禧、陈诚、王世英等中央大员都深谙蒋介石的心理，建议以政治解决西藏问题为主，军事为辅。所以，用兵西藏计划乃是虚张声势，早已为蒋介石内心所不取。

国民政府在重大关头应对西藏问题表现得软弱无力，早就引起了国民党内部及藏族亲汉人士的强烈不满。此次，蒋介石假借民意撤掉对热振事件处置不当的罗良鉴，是将责任诿过他人。中央对西藏无法用兵，对重大问题又无办法，威信大损，在压力之下，1947年9月19日，行政院不得不命令蒙藏委员会、外交部、保密局有关官员及熟悉藏事人士商讨对策，9月26日，藏事会议召开并将结果报行政院，最终形成了一份《处理西藏问题之方针》文件，成为以后国民政府对藏政策的指导性文件。

"(1) 关于热振圆寂后中央所持之态度。热振圆寂后，中央屡次电令噶厦妥理善后，迭据电陈：各寺已恢复诵经，地方僧俗安堵如常，热振系得疾而不治圆寂。自此次事变以后，藏政府负责者对于中央驻藏人员较前更加礼貌，在表面上似尚无碍于中央之威信。当事变之初，既因种种牵制，未伐之以兵；事变之后，又未裁之以法。此时或可作为悬案，留待将来相机善处，不必有所表示，较为妥当。(2) 关于印度独立后中央对西藏应有之对策。英国退出印度后，以常理言，其在藏特权即放弃，然考诸事实，颇不尽然：拉萨设立之英国代表办事处，近虽改为印度代表办事处，并改悬印度国旗，而实际仍由英籍官员主持……惟印度政府之负责者曾有不愿因西藏事务影响中印邦交及英国在藏设施。印度政府将不坚持之，表示关于以往英人在藏之不合理权益，以及历年侵占藏边各地，外交部已随时研究，准备办法，应俟印度局面稳定后由外交部以印度政府为对象，商定新约时，再做彻底之调整。外交部及驻印大使馆现正在密切注意中。蒙藏委员会许委员长严加商讨，期能于英将撤出印度，藏正失所依赖之时，以外交途径，废除英藏不平等条约，收复山南失地！（3）关于今后处理藏事之步骤。近年来，西藏有无脱离祖国，形成独立自主之企图，中央确未切实明了。然其对于中央允许西藏高度自治申明及宪法保障西藏自治制度之规定，俱无若何反响。去岁，西藏民众大会呈中央文之九项要求，亦可窥见其意向。现正通知藏方选举国大代表，并由蒙藏委员会开诚劝导，督促进行。近据情报，或能照办。拟俟其国大代表来京开会时，先由蒙藏委员会就应行解决事项，以真诚之态度，与之做初步商谈，并请（蒋）主席与群予以恳切之训勉，如果得有头绪，再行遴派大员赴藏宣慰布施，宣达中央爱护西藏，保障自治之至意。一面与藏政府负责者妥商各种问题之具体办法。至于西藏问题之彻底解决，必须依据宪法，保障其自治。其自治条款如何，须彼此相信以后，始可商谈解决。目前中央对于西藏政府，乃至对于班禅堪布会议厅，皆应以合法合理之立场处之，开诚布公，两无欺饰，使疑忌心理逐渐消除，庶诚信交孚，远人响化矣。"[1]

此外，国防部还拟定了《控制西藏计划大纲》，1948 年六七月间派遣必要之部队，"以护送班禅灵童入藏及安抚地方为名，分由青、康两省向昌都以西进出，期于占领昌都后以兵力控制入藏门户，迫其就范"。其具体措施包括：（1）增强康藏方面之情报以侦察藏情，并对其内部加以策动，以削弱现摄政达札之统治力。（2）派遣适当人员赴印，借驻印大使馆之掩护，暗中与印度及尼泊尔联络，使勿支持英人在藏势力并预谋防止达赖及世家贵族逃往印度，以杜绝日后为英方制造傀儡组织之根源。（3）对藏用兵除以护送班禅灵童入藏为名外，并由我方情报人员于行动开始之前一月内，在西康境内造成事件，以为用兵之借口。（4）挑选入藏部队应顾虑宗教上之问题，以免引起康藏人民之反感。（5）国军进出昌都后，如藏方能即时就范，则停止军事行动，以谋政治解决，如仍倔强一隅，国军应以拉萨为目标，续行追击。（6）国军向昌都进出期间，派遣飞机至昌都及拉萨上空散发文告，以劝其归顺，并瓦解藏军之意志。（7）一切作战准备应于三十七年五月以前完成之。关于入藏部队规模，包括护送班禅的护仗兵团（骑兵四个团、山炮、轻迫击炮各一个连、勤务工兵一个营）和西康兵团（步兵一个团、骑兵两个团、山炮、轻迫击炮各一个连、野战工兵一个营），还有航空队（侦察兼轰炸机三至六架）。1948 年 1 月，蒋介石最终决定"关于对藏军事行动，仍应暂缓，以逐步采取准备为宜"①。

1946 年 12 月，蒙藏委员会拟定了西南国防区第一期西藏建设计划纲领："今后对藏建设惟有遵照主席指示，以交通为第一，先着眼于沿边各省公路及机场之兴筑，俾西藏当局知所警惕，并注意沿边各省人民武力之整编、生计之改善、秩序之安定，使能倾心内向而免为西藏当局所利用。一面运用政教联络西藏政府中有声望人士开诚商洽，在领土主权完整之下明确规定西藏政教制度，而予以保障。并在经济方面注意砖茶之运销及羊毛之收购，以资加强联系。在文化方面注意一般平民知识水准之提高及卫生之改进，必如此始能收齐头并进，相互配合之效。至外交方面，则应视其他各部门建设成效及国际局势之变迁，或主动或被动相机与英交涉。事关通盘设计，非一部一会所能办理。"军事计划："（一）整编沿边各省民兵。拟分青南、康北、康南三个整编区，由国防部会同各省军事当局派员与当地土头接洽整编事宜，并由中央补助经费。（二）训练康藏军事人才。拟在德钦、巳安、玉树三处设立中央军校分校，招收当地青年予以训练。（三）设置康南调查宣抚机构。先在德钦设立康南特派员办事处，办理康南民兵调查宣抚事宜，逐渐向察隅一带发展，以资担任国防警卫工作。"②

国民党全部的军事、经济、政治力量都陷在内战的泥潭中，自然没有余力去经营西藏。如果对西藏动军，且不说投入的军事、政治力量，就是所花费的财物都是惊人的。所以，蒋介石在 10 年前班禅返藏之时都没有动用军

---

① 《陈诚呈控制西藏计划大纲及要图》（1947 年 9 月 9 日），《蒋介石致代理参谋总长林蔚子铣电》（1948 年 1 月 16 日），《藏王达札与热振交恶（7）》，台北"国史馆"藏西藏档，0592/4410.01-07。

② 《蒙藏委员会关于订定西藏建设计划纲领问题致行政院秘书处公函》（1947 年 1 月 9 日），载张羽新、张双志编纂：《民国藏事史料汇编》第二册，学苑出版社 2005 年版，第 143、144 页。

事力量，在内地经济濒临崩溃之时，即使想收复西藏也是有心无力的。随着蒋介石政权的摇摇欲坠，即将退出大陆的国民党政府也就无暇顾及西藏了，宣告了经营西藏政策的告终。

第四节　英军侵占藏东南

英属印度觊觎的"麦克马洪线"以南中国领土主要指位于喜马拉雅山南坡的印藏传统边界线东段与非法的"麦克马洪线"之间，自西向东包括门隅、珞瑜、察隅等三个地区，共九万多平方公里。

20世纪30年代，英属印度国内民族运动日益高涨。迫于压力的英国政府不得不在1935年允许印度国内的党派自由竞选，组织省政府。这导致英印政府对维护印度边境安全更加敏感，处理藏事的官员认为一旦中国恢复对西藏的控制，即使不发动军事进攻，也将激起印度边境动荡，遂积极推行"战略边界"计划以阻止来自中国的影响。英国主要采取双管齐下的策略：一方面重拾1914年的"麦克马洪线"，为侵占中国藏东南领土寻找"法理"依据；另一方面，采取实质的侵占，再向噶厦"索要"土地。

一、第二次世界大战爆发前英印重拾"前进政策"

从19世纪末20世纪初的现实看，英印对阿萨姆地区的统治仅触及布拉马普特河北岸平原地区，远没有达到喜马拉雅山南麓地区。1914年，英国单方面划定了"麦克马洪线"，由于第一次世界大战的爆发，搁置了向"麦克马洪线"以南地区前进的政策。1935年以后，英印政府借"华金栋事件"，重拾"前进政策"。

1. 重勘"麦克马洪线"

英印政府重勘"麦克马洪线"是由"华金栋事件"引发的。1935年5月，英国植物学家华金栋从阿萨姆平原闯入西藏达旺地区，又进入工布、波密地方，被当地官员扣留。9月底，噶厦向当时正在拉萨的锡金政治官威廉森提出抗议。这就引发印度所称的"边界争端"问题。英印外交部开始重新审查印度和西藏、不丹之间的边界。1935 年 11 月 5 日，印度外交部给锡金政治官拍发了一个电报，称：所谓的印藏边界"用红线在麦克马洪画的地图上划定，而根据 1914 年条约的第 9 条为西藏政府所接受"，"你们无论如何不得就 1914 年达成的国际边界的合法性问题向西藏政府作出任何妥协"。[①] 印度外交部秘书卡罗就所谓的"印藏边界"与阿萨姆政府、锡金政治官、英驻藏商务代表、印度事务部展开了频繁的交流，发现其位置及性质已经无人知晓。英国地图集都把印度东北边界画成沿着阿萨姆山麓小丘陵行走，而 1914 年《西姆拉条约》（草案）上的"麦克马洪线"是沿着山脊行走。卡罗写信询问各有关当局，试图搞清楚此事。

1936 年 4 月 9 日，卡罗致信印度事务部政治司秘书沃尔顿："1914 年条约本身和麦克马洪与西藏政府达成的补充边界协定……也一直没有公布。这些文件一个也没有载入《艾奇逊条约集》第 12 卷和第 14 卷中"；"我们在克服了相当大的困难，而且几乎是在碰巧的情况下才发现真相的……我们在华金栋案子的查询中偶然发现"，督促将 1914 年英藏协议正文连同关于边界问题的换文和根据此条约制定的贸易章程载进《艾奇逊条约集》，应毫不拖延地采取措施将这一边界画到印度测绘局的地图上。[②]7 月 16 日，沃尔顿回信，称印度事务部大臣批准了卡罗的建议。印度政府开始着手出版《艾奇逊条约集》修改版以及重绘印度测绘局地图。

1938 年 8 月，英印篡改了 1929 年版的《艾奇逊条约集》第 14 卷，塞进原版没有的《英藏通商章程》、划界的私人通信等非法文件，再印上 1929 年版的字样，冒充 1929 年的版本，将旧版本销毁，企图将"麦克马洪线"合法化。英属印度政府认为仅仅在地图上重新画出"麦克马洪线"，不能纠正 1914 年以来的错误，迫切通过实地考察和征税来强调英国的利益，遂派出英军展开侵占活动。

2. 筹谋侵占达旺地区

门隅地区的行政中心是达旺。"门"在藏文里是指浓密的森林覆盖的地

① IOR,Pol（External）Dept：Collection 36/File 20 Telegram No.3028，转引自 [印] 卡·古普塔：《中印边界秘史》，王宏纬、王至亭译，中国藏学出版社 1990 年版，第 96 页。

② [印] 卡·古普塔：《中印边界秘史》，王宏纬、王至亭译，中国藏学出版社 1990 年版，第 100—101 页。

势低洼、山谷狭长之地。世代居住繁衍生息在门隅地区的人，被称为"门巴"（意指生活在门地的人）。西藏地方政府在门隅地区划分为32个"措"和"定"（基层行政单位），在达旺建立"四联"和"六联"管理全地区行政事务，委派僧俗官员，向全门隅地区征收赋税，行使司法权。

"四联"是指西藏地方政府委任的达旺拉尼（僧俗官员各一人）、哲蚌寺洛色林扎仓委任的达旺寺的堪布、达旺总管和达旺扎仓会议等四个方面，是管理日常行政事务的机构。"六联"是在"四联"的基础上加上错那宗僧俗各一人，组成六个方面，约有20人左右，是常设机构。

"四联"或"六联"之下分设江嘎尔、森格、德让、达隆四个宗、三十二个部和珞巴族的很多村庄。达旺总管由西藏地方政府委任，在门尼玛三部即东部拉乌部、思如部和塔巴、章朗、绒朗等地征收税。门隅地区的百姓大部分属于政府的差巴，少部分属于贵族和寺庙的差巴。西藏地方政府统一管理门隅地区的商业、粮食税收、货币。门隅地区绝大部分群众信仰黄教，有规模很大的达旺寺，由哲蚌寺洛色林扎仓委任堪布。[①]

英印政府早期侵略的目标是达旺地区。达旺地区是楔形地带，正处于喜马拉雅山南麓的缺口，是从藏东南进入印度东北边境的一个便捷通道，有着特别重要的战略意义。控制达旺地区可以堵住印度东北边境的缺口，屏障其安全。

1936年9月，古德访问拉萨，提出达旺和"麦克马洪线"问题时，遭到了噶厦断然拒绝："达旺直到1914年无疑是属于西藏。""他们一直受到鼓励，认为陛下政府和印度政府赞成对此事持这种态度，因为自从签订1914年条约和发表1914年宣言以来，印度政府从来没有采取步骤来对西藏在达旺地区的权力提出疑问，或者宣称英国在该地区拥有权力"。[②]1936年12月8日，英印政府外交部致电古德，称西藏的立场是完全站不住脚的，命令古德设法使西藏同意"麦克马洪线"有效及印度对达旺的管理。

---

① 拉鲁·次旺多吉：《德里秘密换文未曾得到原西藏地方政府的承认》，土登群沛：《印度军队侵占门隅达旺地区亲历记》，载《西藏文史资料选辑》第10辑，1989年。

② ［印］卡·古普塔：《中印边界秘史》，王宏纬、王至亭译，中国藏学出版社1990年版，第103页。

古德认为如果压迫西藏地方政府作出书面承诺，会遭到噶厦的拒绝，应在达旺地区进一步采取明确的行动。

1937年5月27日，阿萨姆省督里德致信印度政府，回忆麦克马洪曾在1914年督促派遣老练谨慎的官员在夏季前往达旺的提议，"现在已经到了付诸实施的时候了"，作为初步措施，应先派出一个小探险队前往达旺，对该地进行考察，与当地居民接触，并对征税的可能性作出评估。英印政府表示同意。①

英印政府打算尽快有效地占领达旺，实施行政管理。1938年4月30日，阿萨姆省政府派莱特福特上尉带着大约200名阿萨姆步枪队和600名夫役侵入了达旺地区，要求西藏地方政府派驻的官员撤离，诱骗当地居民拒绝向噶厦缴税。他们闯入的消息很快就传到了噶厦。

噶厦官员拉鲁曾回忆：1938年"有一天，噶厦收到错那宗本的一份报告，内称：近期英人乌茹古日·萨赫为首的一队骑兵来我地区，询问并登记门达旺一带噶厦的征税情况，以示达旺地区为英所辖。还送给达旺寺扎仓厚礼，妄想用欺骗拉拢等手段达其目的"。英人在达旺的活动激起当地官员和百姓的极大愤慨和忧虑，要求噶厦采取有力行动。噶厦经过磋商后，回复错那宗本："木虎年（1914年）在西姆拉中、英、藏三方缔结条约时，藏汉之间未能谈妥。因此，在边界问题上，在藏英尚未谈判之前，不能让英国为所欲为。英方所为，我政府绝难答应。尔等令当地居民对现行征税情况绝对保密，要齐心协力，避免上英人之当。"②

西藏官员、百姓一致反对英军的入侵。据1938年4月26日莱特福特报告，西藏官员当着远征队的面征收百姓的赋税，并要求英国人撤离。英印政府指示莱特福特应明白地告诉西藏官员，根据1914年条约达旺属于印度，不是西藏的领土。

1938年5月3日，噶厦派员与锡金政务官古德会晤，抗议英人的侵略。古德则搬出1914年非法的《西姆拉条约》（草案）反驳，竟称达旺地区已经

---

① ［印］卡·古普塔：《中印边界秘史》，王宏纬、王至亭译，中国藏学出版社1990年版，第107页。

② 拉鲁·次旺多吉：《德里秘密换文未曾得到原西藏地方政府的承认》，载《西藏文史资料选辑》第10辑，1989年，第9—10页。

割让给印度，阿萨姆政府派人巡察是理所当然的。此后，英驻拉萨代表锡金政治官助理诺布顿珠多次要求与噶伦谈判，想诱使他们同意从达旺地区自愿撤出，众噶伦一致反驳："大部分去过印度参加 1913 年至 1914 年的英藏西姆拉会议的官员都已过世，还有一些人则已退休，不再担任政府职位，而现在的内阁部长们和藏王均不知达旺曾被割让给英属印度。"诺布顿珠给噶厦送去 1914 年条约的抄件，就达旺一事拜访过噶厦 9 次、摄政 3 次，都遭到了拒绝。①

莱特福特在达旺地区访问村落的头人、商人、村民，搜集西藏对达旺管理的情况，返回印度后向阿萨姆省督里德提交了详细的报告，不得不承认："达旺附近的人民确定不移地承认他们是在西藏政府的管辖之下，西藏政府毫无疑义的统治着达旺地区，并向南至德让宗的地方征收赋税。"②在色拉山以北的达旺地区很久以前一直完全处在西藏的行政管辖之下。西藏地方当局派官在德让宗和噶拉塘征税。1939 年 1 月 3 日，里德又给英印总督林立兹哥勋爵写信，再次要求在 4 月派遣第二支远征队进入达旺。不久，里德回国休假。由特怀南（Henry Twynum）代理阿萨姆省总督。特怀南不赞成里德激进的"前进政策"。1939 年 3 月 17 日，特怀南给林立兹哥写信，称考虑到中国和日本之间事态的发展情况，"中国在这个地区进行侵略的危险已经大大减少，现在不应顽固的坚持 1914 年印藏边界线。硬把达旺突出的楔形地带划入印度，是否可取？控制达旺以南的人烟稀少的德让宗以及噶厦没有在那里征税的、管理松弛的噶拉塘地区，沿着色拉山脉和迪吉恩河天然边界处建立印藏边界线，更有利于行政管理"。4 月 17 日，林立兹哥复信特怀南："我完全同意你的看法，从实际观点看，就此事进一步逼迫西藏政府没有好处而且还有相当危险。"1939 年 7 月 13 日，印度事务大臣给印度外交部秘书的信中则提议在 1 年之内根据当时的财政和其他条件重新考虑在达旺地区采取的政策。林立兹哥感到财政困窘和日益恶化的战争危险笼罩着欧洲，并不愿意接受当前对达旺地区采取任何实际行动的建议。③

① ［印］卡·古普塔：《中印边界秘史》，王宏纬、王至亭译，中国藏学出版社 1990 年版，第 111—112 页。
② 吕昭义：《英帝国与中国西南边疆（1911—1947）》，中国藏学出版社 2001 年版，第 383 页。
③ ［印］卡·古普塔：《中印边界秘史》，王宏纬、王至亭译，中国藏学出版社 1990 年版，第 120—123 页。

此时的英国政府正忙于应对欧洲的战争危机，无暇顾及微小的达旺问题，很冷淡英印政府提出的要求。第二次世界大战爆发也引发了印度内部的经济危机，没有足够的财力和士兵向达旺地区推进。1940 年 8 月 1 日，阿萨姆省督里德、省督秘书米尔斯、驻锡金政治官古德以及所有与东北边境有关的重要官员在阿萨姆省政府的西隆大厦召开会议，一致同意目前最好保持达旺地区的现状，比"麦克马洪线"更合适的边界线应往南在色拉山脉或者更南的德让宗附近划分。在策略上印度政府应逐步在达旺以南地区取得进展站稳脚跟后，再通知西藏该地已经属于印度。按照"西隆会议"的精神，此后英属印度双管齐下，派遣英军侵入，修筑道路，先造成既成事实，再让驻拉萨代表威逼西藏地方当局将门隅、达旺、错那宗等地割让给英印。

二、英军侵占察隅、珞瑜地区

1943 年夏季，日本对印度的威胁已经大为减弱。英国在欧洲战场上也度过了最困难的时刻。在这种情况下，缓过劲的英国重拾帝国主义的调子，调整了涉藏政策，外交干涉中国西藏事务更加强硬，导致《艾登备忘录》出笼。英国内阁对藏态度的变化，鼓励了英属印度政府下定决心，尽快地通过驻军、征税实际占领藏东南，向噶厦"索要""麦克马洪线"以南地区。

英印侵占我西藏东南地区采取先易后难的顺序，大致先控制人烟稀少，噶厦控制松弛的门隅以南的德让宗、打拢宗和察隅地区，再北进康藏腹地的珞瑜地区，最后占领政治、经济、文化相对发达地位重要的达旺。

察隅位于雅鲁藏布江下游，为西藏地方桑昂曲宗（科麦）属地，分上下两部，包括日玛、松古、沙马、瓦弄等地方，为僜人主要居住地。察隅地理位置优越，东接怒江门工、盐井，北至昌都，南至印度塞地亚，经过瓦弄沿察隅河南下 30 公里就进入印度阿萨姆地区，故从印度萨地亚穿过察隅，就会深入康藏腹地昌都。

珞瑜地区是在达旺地区的东部，分布在今西藏自治区错那县、墨脱县、察隅县一带，主要为珞巴人居住地。

察、珞地区密布原始森林，气候温暖，出产水稻、小麦、青稞、苹果、香蕉、蔬菜等，有丰富的药材、动植物资源，是全藏富庶之地。唯地势险峻，密布原始森林、急流、峡谷等，交通极其不便，骡马甚难行进。

早在清末，锡金政治官贝尔就向英印政府建议远征察隅、珞瑜地区，调查当地部落情况，建立哨所。1911 年、1912 年，英印政府派远征军数千人侵入我察隅、珞瑜地区，进行勘探调查，测绘地图，为 1914 年"麦克马洪线"的划分提供依据，并打算在阿萨姆萨地亚修建公路连接察隅等地，但第一次世界大战结束后，此事渐被遗忘。

卡罗重新发现"麦克马洪线"以后，英印加快了对察、珞地区的侵占。1939 年 2 月 26 日，萨地亚边境地区政务官率领约一百士兵、夫役侵入珞瑜考察，12 月又率兵八十余人闯入瓦弄，到达日玛地区勘测绘图。太平洋战争爆发后，察隅地区成为连接四川、云南、印度、缅甸通商贸易通道。察隅稻米大部分运往盐井、昌都、德格、玉树一带销售，以皮毛、药材等交换印度的毛织品、工业品等。1941 年，国民政府计划从西康昌都经过察隅，修建直通萨地亚的公路，康印公路的北线计划走云南的德钦，经西藏盐井、科麦、日玛，穿过瓦弄，到印度萨地亚。英印政府不愿看到国民政府将军事力量推进到西藏，又极力阻挠康印公路的修建。

同时，英印加紧了侵犯活动，趁机占领察隅地方。1941 年 12 月、1943 年 5 月，英印政府两次派人进入瓦弄地区，侦察地形，调查居民情况，勘测修筑公路、机场的可行性。1943 年 12 月，一支约 40 人的英印小分队又侵入瓦弄，修筑通往察隅的马道，设立军事哨所，建营房一所，扬言察隅已由西藏地方当局割让给英国，要求当地居民每人每年应向英人交税。英军返回后，西藏当地官员率藏兵拆毁了军事哨所和营房。

1944 年 4 月 6 日，蒙藏委员会派驻滇西调查组获悉这一侵略行径，上报国民政府："西藏南部临近不丹的地方近有大批英军到达，破坏交通，现已将毗连不丹之村镇占领。藏方委派官吏均被驱逐。该地临近缅甸，距离拉萨仅半月路程。噶厦业已得到报告。"[①] 蒋介石命令蒙藏委员会委员长吴忠信迅速查明实情上报。吴忠信当面问询西藏驻南京办事处处长阿旺坚赞，令其

---

① 《蒋介石为查明英军到达藏南破坏交通等事致蒙藏委员会代电》（1944 年 4 月 6 日），载中国藏学研究中心、中国第二历史档案馆等合编：《元以来西藏地方与中央政府关系档案史料汇编》第七册，中国藏学出版社 1994 年版，第 3151 页。

转电噶厦查询。后阿旺坚赞致电蒙藏委员会："近据昌都总管报告，察隅方面到有英国官兵共二十余人，苦力二十余人等情。据报后，立即以自己地方自己定要保护，该地所扎英国官兵人等务必使其撤回原地等语，令饬该总管遵办矣。此事无论如何藏方绝对不能承认。"①

1944年5月25日，蒋介石指示宋子文："该地毗连印度，为我国防要区，倘若为英人所据，关系非轻。拟请交军令、外交两部，预为注意，研讨对策等情。"②各相关部会召开藏案会议，认为当前应先派人调查察隅地区真实情况，然后才能对英交涉。蒋介石下令西康省、云南省、外交部、蒙藏委员会等相关省、部、会调查英人侵占察隅一案，查明具报。

在国民政府派员深入察隅调查期间，英印政府强化了对察隅的实际占领活动。英国外交部认为为瓦弄不值得与中国发生武装冲突，在盟国集中精力打击日本时，英军却展现"帝国主义的行径"，这很容易招致美国、中国的联合反对。卡罗没有理会英国外交部的意见。1944年10月，卡罗命令数百名英印军队再次进犯瓦弄，修建永久性军事哨所，建造西式木屋，每座营房可容百余人，留下驻军戍守，组建巡逻队阻止西藏官员来瓦弄征收赋税，如果遭到攻击，可进行抵抗。征集当地居民，采伐树木，轰炸岩石，自萨地亚修至瓦弄的公路。英印官员向驻察隅的西藏官员谎称，30年前，噶厦已将察隅割让给英国。英军在察隅河两岸竖立新的界碑。

英军占据瓦弄之后，继续北上侵占我察隅、科麦地方。1946年1月，英军侵入我察隅、科麦，谎称晚清时汉官割让该地给英国，特来立碑接管，在附近兴筑道路，建立营房，设置电台，到处测绘地图，打算向盐井县窥测。③

---

① 《西藏驻京代表阿旺坚赞等为英兵驻扎察隅等事藏方绝对不能承认事致蒙藏委员会代电》（1944年5月13日），载中国藏学研究中心、中国第二历史档案馆等合编：《元以来西藏地方与中央政府关系档案史料汇编》第七册，中国藏学出版社1994年版，第3152页。

② 《蒋介石致宋子文辰径侍秦电》（1944年5月25日），《英印侵略西康边境案》，台北"国史馆"藏西藏档，172-1/2670/312/8。

③ 《国民政府就英军入侵察隅立碑筑道测绘建房希予注意事致蒙藏委员会电》（1946年5月23日），载中国藏学研究中心、中国第二历史档案馆等合编：《元以来西藏地方与中央政府关系档案史料汇编》第七册，中国藏学出版社1994年版，第3174页。

1946 年 4 月 1 日，蒋介石获悉本年"元月下旬英军四人越西康之察隅（杂隅）到达科麦（桑昂曲宗）竖立界牌，并向当地藏官宗本声称，察隅、科麦两县在汉官管理时早已割让英国，现特来竖立界牌并接管。等语。宗本当即呈报昌都总管宇多扎萨、藏政府，请派员赴印度交涉"。蒋介石指出英人乘我抗战艰苦无暇顾及西藏之时，派兵侵占我珞瑜河沿线，进而霸管察隅，近来又在科麦竖立界碑。"此种侵略我领土危害我国防之行动，至勘注意"，命令蒙藏委员会会同军令部核议，并绘图具报。① 在蒋介石指示下，1946 年 7 月 2 日，外交部部长王世杰召见英驻华使馆代办，就英军侵占我察隅、科麦地区提出交涉。

从时间上看，自 1941 年以来，英军连续侵占瓦弄、察隅、科麦，逐渐北上推进持续达 5 年，而国民政府在 1944 年获悉消息，花了大约近 1 年的时间在 1945 年基本上查明实情，但并没有向英国提出严正抗议交涉，到1946 年，英国已经入侵科麦立下界碑，占领"麦克马洪线"以南的察隅地区后，外交部才召见英使交涉。这在政治上、时间上都丧失了最佳的时机。第二次世界大战期间，英国在远东地区尚有求于中国抗日，一定程度上仍要顾及盟国的"道义"，担心中国和美国反对其"帝国主义行径"。所以，在1944 年国民政府就应立即向英国提出严正抗议，交涉此案，以延缓英军北上侵入察隅的行动。第二次世界大战结束后，英军已经实质侵占我察隅地区并站稳了脚跟，同时，中国对英国的利用价值下降，在这种情况下，中国向英国交涉此案，效果已不明显，在不动用武力的情况下，英国怎会将到手的"骨头"吐出来呢？

英军在占领我瓦弄、察隅一带后，继续向北越过"麦克马洪线"进窥我白马岗、波密、工布地区。1946 年 9 月 8 日，驻印度专员公署致电外交部："（一）本年春间，有英官兵百余人到门达旺一带查勘地势，联络土人。（二）英国前任驻藏代表显利夫本属军人兼植物学家，本年春间英方以显氏欲往江达、贡布一带采集植物标本名，向藏政府接洽，约两月前即已成

---

① 《蒋介石为核议英军侵占科麦竖立界碑事致蒙藏委员会代电》（1946 年 4 月 1 日），载中国藏学研究中心、中国第二历史档案馆等合编：《元以来西藏地方与中央政府关系档案史料汇编》第七册，中国藏学出版社 1994 年版，第 3172—3173 页。

行。其路线为由曲水沿雅鲁藏布江，经桑野、梓塘谷以至贡布。闻显氏此行不限于采标本，或将作多种之调查，纵观以上二则，英人在西藏正向各地作有利计划的种种调查，地不限于门达旺，调查种类不限于季候。"①

1946 年 12 月 31 日，驻藏办事处致电蒙藏委员会报告英人考察团在藏南活动：

此外，英人鉴于中藏关系或有变动之可能，故其在印藏边境之活动突趋积极。最近除派显利夫等在藏布江流域工布、波密、白马岗一带作长期之考察外，其希马拉亚山南麓之藏属地区大半已由英人控制，军队来往不绝，其累年伸入之距离约已超过二百公里。本年十一月，英方曾用飞机向该区驻扎之军队及工作人员投掷给养，并实行航空测量。藏方对此一带地区，因气候炎热，不适藏人住，向不注视，且滇、康、藏、印、缅之边境，过去迄未划清界线，故英人得从容蚕食。将来即有正式划界之日，而英方事实上已获得统治权，造成既成事实，挽回恐感棘手。

又现在藏布江流域之英人考察团，包括前拉萨商务代办 Major Sheriff 及前拉达克代办 Ludlow 及另一医生（名不详），此外有锡金通事二名，仆役等约十名。彼等原拟本年初出发，后因与藏政府交涉未妥，迟迟未能成行。藏政府初不允许，而英人即援我办事处前曾派员考察之例，并以封锁边境、禁止出口等相要挟，复对现摄政送以重赂，最后藏方始予允许，并发给马牌，计骑马二十四，背夫六十名，并下令沿途保护，尽量予以便利。彼等于十月初由江孜出发，经不丹北之小路而抵达崔纳宗。此地实际已成藏印边境，其南之门达旺已完全在英人掌握之中。由崔纳北上抵孜塘，此为英人预计中之一路线。崔纳之南，英人已完全测量竣事；由崔纳至孜塘，此次测量完毕。由孜塘转入拉加利，此为山南王子属地，其南接近野人山，地势极重要。由此过普丹拉山南入答古，又经答古而入工布。彼等于十二月初抵上工布，现仍在工布考

---

① 《驻印度专员公署九月八日原电》，载中国藏学研究中心、中国第二历史档案馆等合编：《元以来西藏地方与中央政府关系档案史料汇编》第七册，中国藏学出版社 1994 年版，第 3176 页。

察中。彼等原要求考察二年，藏方现只允许一年。据一般观察，如彼等届时不能竣事，势将继续延长。英人之目的在完全控制藏布江流域，因此区为藏境精华所在，尤以工布、波密为著。此区人民素苦于藏政府之暴政，久有叛离之心，如英人稍事怀柔，不难据为己有。此地毗连滇康，万一丧失，则内地与西藏之交通将为人所控制，而滇、康之边防亦将受重大威胁。所有以上情形，除以亥世电节要呈报外，理合绘具略图，备文密呈。①

英人的侵占活动是步步推进，目的不仅是完全吞并"麦克马洪线"以南西藏领土，还计划完全控制雅鲁藏布江流域，掌握战略要地，进而西至拉萨、北入西康、东达云南，这将直接威胁我整个西南边防。

1947年6月，蒙藏委员会驻昌都调查员祁德茂调查呈报："英人侵略珞隅并进窥察隅及波密两区真相报告"：

（一）今年英方派尼泊尔籍兵士三百名，及印回、纳轰两族民工各三百名，另雇有西康逃民百余，共一千人，修筑由阿桑（即阿萨姆）东端绕突郎拉山嘴循洛渝河右岸（原路须越突郎拉山，因山高改道）经阿娃拉、木空、甲米林、巴贡、瓦地……以至瓦弄之公路。于洪水涨泛前，已修至甲米林，并已通车，约占全线三分之一强。刻两季已过，又已复工，明年通至瓦弄，所有桥梁，皆用钢铁架设，并有压路机十二架往来工作，路基颇坚。去年戌路之英军，闻将调回本国，真正英人则只见督导路工之高级官二员，即驻瓦弄之士兵，亦为印回军队。……又瓦弄对岸之德业及达巴两村人民，因不堪藏人虐政，且受英方诱致，已往投降。故英人除占洛渝东端纳轰族居地外，实又霸去察隅之瓦弄、德业、达巴三村，兵营设于瓦弄飞机场，因两面山高，不易盘旋降落，故由飞机空投给养。

（二）今年又在波曲河（地图为丹巴河）以东地势平缓处，自南向北同时兴筑公路一道，拟直通波密，工人一千八百名，亦有高级英官

---

① 《驻藏办事处为报英人考察团在藏南活动详情致蒙藏委员会呈》（1946年12月31日），载中国藏学研究中心、中国第二历史档案馆等合编：《元以来西藏地方与中央政府关系档案史料汇编》第七册，中国藏学出版社1994年版，第3179—3180页。

两人任督导，发放工资给养等。其中工程师、测量员、监工皆为印度之榜噶里族（Bengau，孟加拉族）。该路在洛渝境已有八站通车，距白马岗尚有七站，各站地名因皆为荒野，不能记述。闻此路亦定明年竣工……今年筑路东段已有纳裘族民工参加，西段虽不能征召野人做工，但有若干野人头目著英人所赐五彩炫目之衣服，负保护筑路工人之责任。①

在印度独立前夕，英印军队已经占领"麦克马洪线"以南的察隅地区，驻军、征税，征用当地居民修筑公路、机场，擅立界碑。陈锡璋向蒙藏委员会报告："兹续探得英军侵入西藏，西起拉达克，东迄桑昂宗，延二千余里，占据村镇六百余处。军队数目来往无定，然控制如此长线，估计约有两万人。其远因系英人借口西姆拉会议时，藏方允予割让与藏南土地，逐年蚕食，现更积极进行，企图造成既成事实，纵使将来正式划界，彼亦有所凭借。"②

蒙藏委员会曾罗列了英军侵占我瓦弄、察隅、桑昂等地的时间和活动。"（一）民三十二年十月，英修筑萨地亚至瓦龙公路，已完成通车。（二）民三十三年十月，英军四十名在察隅建筑营房，修筑道路。（三）民三十五年四月，英加紧修筑瓦龙至察隅公路。同年十一月，在察隅修筑机场一个，已完成并拟在桑昂修筑机场一个，尚未动工。（四）民三十五年，派兵三百名分驻瓦龙、察隅、桑昂等地。（五）民三十六年四月，有英人二十余名在波密、工布等区以著标本为名，作实地考察。"③

中国外交部连续照会英国驻华使馆，抗议侵略康藏地区行为。外交部向监察院报告交涉经过："于三十五年至三十六年间向英印交涉英人在桑昂及察隅驻兵及建筑营房等事之经过，摘要奉告如下：本部于三十五年七月二十

---

① 《英人侵略珞隅并进窥察隅及波密两区真相报告书》（1947年12月），《英印侵略西康边境案》，台北"国史馆"藏西藏档，172-1/2670/312/8。
② 《陈锡璋为报英军侵藏占据二千余里等情致蒙藏委员会电》（1947年7月28日），载中国藏学研究中心、中国第二历史档案馆等合编：《元以来西藏地方与中央政府关系档案史料汇编》第七册，中国藏学出版社1994年版，第3183页。
③ 《英人侵略康藏概要》（1947年8月15日），载中国藏学研究中心、中国第二历史档案馆等合编：《元以来西藏地方与中央政府关系档案史料汇编》第七册，中国藏学出版社1994年版，第3184页。

日照达英大使，请英国政府迭饬英国官兵即行撤回托洛岭以西，并将私立界碑、营房、电台等营造物拆除，恢复原有状态；严禁飞机侵越康藏领空，并保证今后不再发生类似事件。本部复于九月十一日拟绘该区之略图二张略（送）达英国大使馆。三十五年十月三十日英大使馆照会复称，已将上述照会及略图转送印度政府查明办理。印度政府查明后，当饬知该政府驻京代表转复中国政府。等语。三十五年十一月九日复照会英大使询问，关于此事印度政府已否由英国政府授予全权谈判，并处理中英间关于西藏之一切问题。三十五年十二月英大使节略复称，奉英国政府之命，此项问题不必开始概括讨论，此事应由印度政府及中国政府直接交涉。等由。本部复于三十六年一月二十八日照会英大使馆称，鉴于英国军官在此项侵入中国领土部队中之领导作用，及英国政府所处之地位，认为英国政府对于此事不能辞其责任，中国政府仍不得不再向英方提出交涉。等语。三十六年二月十四日英大使馆节略复称，此案印度政府当饬其驻京代表知照，关于此事，拟请外交部嗣后与印度大使馆洽办。三十六年四月十一日印度大使馆节略复称，英印部队之行动，完全限于业经接受逾三十年之藏印疆界内。本部叶次长嗣亦曾与印度大使梅农商谈此事。本案因此牵涉及中印疆界问题，近来英人修筑自塞地亚至察隅公路一事，自与中印东段界务有关，但三十五年五月间贵会嘱本部向英方提出询问者，尚非修路一事。"①

从上可知，英国面对中国外交部抗议，自知无法否认西藏是中国领土的事实，在印度独立之际，又推卸责任，请中国与印度政府直接交涉。印度政府照会中国外交部宣称英印军队在察隅地区完全符合 1914 年《西姆拉条约》（草案）疆域范围之内，单方面地继承英在藏非法权利。当时，蒋介石全力内战，外交部无能力解决藏事。英国最终将自己一手导演的印藏边界问题遗留给中国、印度，给中国领土造成了重大损失。

---

① 《外交部为复告英国侵入桑昂及察隅向英印屡次交涉经过情形事致蒙藏委员会代电》（1948 年 10 月 28 日），载中国藏学研究中心、中国第二历史档案馆等合编：《元以来西藏地方与中央政府关系档案史料汇编》第七册，中国藏学出版社 1994 年版，第 3187—3188 页。

三、英军侵占门隅及国民政府的应对

门隅地区面积约 1 万平方公里，位于喜马拉雅山脉南麓，门隅地区全名是"白隅吉姆郡"（意为美丽的处女地）。门隅分东西两部：以吉木东山为界，东边有门尼玛三部落、舒强塔、森格宗、扭玛东、章马河流域和绒朗等地，称东门隅；西边有塔巴、蚌钦、来波等地，称西门隅。

门隅地区从错那波拉山起，纵约十五马站，横约三马站，直到印度阿萨姆邦为交界线。境内有由北向南的聂乡河，由东向西的章马河，由西向东南的章朗河及同样由北向南的绒朗河等。河流两岸的河谷地上，有茂密的原始森林，肥沃的土地和村庄。门隅的四邻是：东为珞瑜、西为不丹、南为印度、北为错那宗。[①] 门隅地势北高南低，北部最高处达海拔 4000 米，而南部海拔高度仅 500 米左右，遍布原始森林，气候温暖，一年四季都适宜农作物生产，出产种类丰富的农作物、水果、蔬菜，是全藏富庶之地。

17 世纪中叶，五世达赖喇嘛统一西藏地方之后，派人到门隅地区建立行政管理机构，清查户口，编造户籍在册。当时西藏地方政府管辖范围能达到中印传统边界线的阿萨姆平原地带村庄。据噶伦拉鲁回忆，清末民初时，"英国租赁我门隅安马达拉地方，每年付给西藏地方政府地租 1000 卢比，其中 500 卢比上交噶厦"[②]。"安马达拉"地方距离中印传统习惯线仅数英里，英印交付地租是承认了西藏地方政府对该地的管辖权。

1941 年，"西隆会议"决定英印先侵占达旺以南的色拉山和德让宗、打拢宗一带，在站稳脚跟之后，再推进到达旺。

1942 年，英印政府"派兵五十名进驻提郎宗（德让宗）以西之斜香买地方，建筑营房，并筑瞭望台，严密检查行人，又于兵营附近辟菜园，蓄牛羊，员兵每日以平地为务，似欲建筑大规模之兵营或机场"[③]。

---

①　益西赤列：《我的家乡——门隅》，载《西藏文史资料选辑》第 2 辑，1984 年。

②　拉鲁·次旺多吉：《德里秘密换文未曾得到原西藏地方政府的承认》，载《西藏文史资料选辑》第 10 辑，1989 年，第 7 页。

③　《英人侵略康藏概要》（1947 年 8 月 15 日），载中国藏学研究中心、中国第二历史档案馆等合编：《元以来西藏地方与中央政府关系档案史料汇编》第七册，中国藏学出版社 1994 年版，第 3184 页。

1942—1943 年，因噶厦拒绝康印公路修筑，国民政府在青康采取的军事施压行动给英印政府强硬侵藏分子以借口，企图将蓄谋已久的侵占藏东南领土的计划付诸实施。

1943 年 3 月，英印政府获知噶厦派员随行少量藏兵护卫巡视达旺以南地区，大为恼怒。英印外交部赶紧向伦敦煽风点火，"宣称"西藏地方政府行动是对达旺的"侵扰"，并对英国政府"缓进""麦克马洪线"地区的策略非常不满，污蔑中国多次在公开场合宣扬战后控制西藏，威胁印度领土安全，宣称最有效的方法是控制"麦克马洪线"地区，一旦占领之后，西藏的愤怒将随着对印度的政治、军事、经济依赖而消失。印度事务大臣爱莫瑞赞同尽快采取军事行动，有效地控制和行政管理，为了不激怒西藏，可以适当做一些调整，促使他们接受"麦克马洪线"。

1943 年 4 月 1 日，印度政府指示驻拉萨代表卢劳通知噶厦："英国已得知藏方派一名军官带领藏军前往达旺，并准备收取赋税。""1914 年伦钦夏扎与麦克马洪爵士在西姆拉签订的条约，在地图上以画线的方法确定了印藏边界，这条线穿过了属于英国领土的北部达旺。"希望看到西藏官员及军队立即从"麦克马洪线"以南的达旺地区全面撤出。① 英国外交部担心在第二次世界大战时期，侵占盟国的领土，若是传到中国人的耳朵里，被中国和美国宣传及其利用，进行舆论攻击，将为英中、英美关系带来负面影响。印度事务部也调整态度，表示暂时不需要全部占领达旺，在占据色拉关地区时，应避免与藏军发生武装冲突。

英国内阁考虑自身在全球利益，这引起了英印当局不满。1943 年 6 月，英印政府决定以渗透的方式，在边界附近建哨所的方式确立印藏边界线。1943 年 7 月，英国内阁会议达成一致意见，准备有条件地承认中国在西藏的"宗主权"，对中国政府态度趋于强硬。这无疑鼓舞了英印政府对"麦克马洪线"地区采取大规模行动的信心，趁此机会组建了东北边境事务委员会，决定提前采用武力占领达旺地区。

英印政府于是便将占领"麦克马洪线"以南中国西藏地区的任务交给

---

① IOR. No. 2548. C1695, 1943, Government of India,to Secretary of State for India 1st, April, Secrect 11810.

政府的部落问题顾问米尔斯（J.P.Mills）去执行。米尔斯带着军队在瓦弄设立一个哨所，从而逐渐深入，赶走西藏的征税官员。1944 年，米尔斯闯入达旺地区的德让宗。达旺地区与原始森林中的部落不一样，这里有寺院、居住的僧侣，人口是定居的，在固定的土地上耕种，住在石砌的房子里，是一个文化发达的地方。米尔斯的非分要求，遭到了西藏当地官民的极力反对。据当地人向上级报告："去年英国官兵来到德让，像魔爪深入佛土，连国法也不知遵守，以暴力强占土地并挑唆我属下百姓说，不准向西藏方面的人员交纳官差、赋税、当差守法。各个交通要隘派武装哨兵专门把守。并且正施武力威胁，使我们对自己的土地无权做主。卑职等，已到忍无可忍的地步，不得已谨向上峰呼吁呈报，请求今后能对供养的产业等达到自己的土地由自己做主。……长此下去，势必要造成反客为主的局面。"①

噶厦中少数上层分裂分子唯恐中央政府在第二次世界大战胜利后恢复对西藏的控制，颇感惊慌，欲借助英国的力量谋求对抗。英印以沈宗濂入藏为借口，派古德出访拉萨怂恿噶厦搞西藏"独立"，借机"强索"我藏东南领土。

1944 年 8 月底，古德到访拉萨。1944 年 12 月 1 日，沈宗濂报告："古德在藏煽动独立，要求：（一）派外交代表常川驻印；（二）停派赴中央代表；（三）割猛达旺及翠南等地区。谨查猛达旺产米粟，为全藏唯一富庶之区；翠南距拉萨仅五日行程，若为英人占领，藏人从此不堪痛苦。关系重大，因往谒摄政，晓谕利害，促将真相呈报中央核夺，并催速定驻中央人选。顷闻噶厦答复英方，达赖年幼，噶厦不敢作主割地，请英人撤退，如英方决计征占，藏方拟将事实公布。等语。现正进行。古德又将行期展缓，一面禁止印度货物输藏，一面以重金贿主政之人。威胁诱惑，藏人难免坠其术中。"②

据噶伦拉鲁回忆：1944 年 10 月，"错那宗二宗本又一次来函禀报：错那

① 参见［澳］内维尔·马克斯韦尔：《印度对华战争》，陆仁译，生活·读书·新知三联书店 1981 年版，第 57—58 页。
② 《沈宗濂为报告古德在藏煽动西藏独立噶厦拒绝英割地要求等情致蒙藏委员会电》（1944 年 12 月 1 日），载中国藏学研究中心、中国第二历史档案馆等合编：《元以来西藏地方与中央政府关系档案史料汇编》第七册，中国藏学出版社 1994 年版，第 3166 页。

宗所属门隅德让宗一带发现英军官兵，他们在上下荣囊和章堆措珠等地派出巡逻人员，阻碍政府征税。他们施展各种阴谋，企图霸占我地为己有。为此，噶厦和四大秘书长、四大孜本专门举行会议讨论并呈报摄政达札。噶厦在取得一致意见后，先后去信命令二位错那宗本和达旺四联：我政府未曾割让人、地给英国，尔等以妥善方式交涉，避免发生争执。现派去打陇宗、德让宗新宗本二人，务必尽力自卫我土，照例履行征税司法之权，不得有误！"[1]

噶厦则与古德交涉："下察隅瓦弄与噶拉塘无可争辩地属于西藏领土，西藏政府一直在那里征收赋税，英国占领西藏领土并派兵驻扎的做法，将来恐发生枝节。"关于门隅问题，"英、藏双方的各项条约中，并未载明上述地方给予英国政府，而且当前辈达赖喇嘛在世时丝毫也未提及。如今这种做法，若不同西藏人民商议，仅我们是不能解决问题的。……立即请将驻噶拉塘之印度官兵撤退"。西藏地方政府表态不承认"麦克马洪线"，理由是十三世达赖未提过，未经噶厦全体及僧俗大会讨论，是不合法的，强烈要求英印政府军队应予立即撤出藏东南地区。

1944 年 10 月，古德交给噶厦一份备忘录，主要内容为：英印政府将通过外交手段帮助西藏"自治"；未授权给西藏军事援助；帮助解决中藏关系；印藏边界南部地区，英印政府对西藏没有领土野心，但照旧要保持（英印的）各项权力。英印政府愿意改变边界，即从色拉（门达旺南山脉）起不是向塔湾以北而是向达旺以南伸长。英国将不反对西藏在色拉以南征收一些寺院的布施（将税收改称布施）。1914 年边界线（指"麦克马洪线"）以南的西藏私人土地所有权将不予干预。错噶波、咱日·萨巴等圣地在英界内离边界一日程，仍按 1914 年诺言予以调整。西藏政府官员不要在色拉以南行使权力，英印政府已建立哨所不能撤退。[2]

英国以帮助西藏"自治"为借口，向噶厦"索要"中国藏东南领土。在1914 年"麦克马洪线"的基础上，英国向西藏地方当局提出将所谓边界线

---

[1] 拉鲁·次旺多吉：《德里秘密换文未曾得到原西藏地方政府的承认》，载《西藏文史资料选辑》第 10 辑，1989 年。

[2] 西藏"外交局"档案。参见杨公素：《中国反对外国侵略干涉西藏地方斗争史》，中国藏学出版社 2001 年版，第 223—224 页。

调整到色拉山脉，单方面将达旺以南的地区划定为印度领土，实际占领达旺以南的德让宗一带。

1944 年底，英印为了惩罚噶厦的抗议，对西藏实施货物禁运，"西藏方面煤油、食物之价格均高涨不已。在噶伦堡之藏商曾向驻雅东地方之藏政府贸易官请求转向锡金之英政治官及大吉岭地方官并孟加拉省省长接洽解除禁令，惟迄未获英方答复。而藏人之经营出口商、输货往藏者，均被英印派警捆送噶林堡警察局监禁。藏商对此极为愤怒，经雅东藏贸易官呈请西藏政府向英印严重抗议。又英印行政官对于西藏官员如驻雅东藏政府贸易官及唐梅并格林拉泽等人，则暗中允许用官价购买物品运入西藏者，故其他在印之藏官员均欲活动得用官价购货运入藏，借资牟利"①。

米尔斯率军侵入达旺地区之后，1944 年 8 月，国民政府驻藏情报员也获知英方在驻兵建房，并在提郎宗一带筑路移民。蒋介石接获情报，立即电令外交查明真实情况，以备与英国政府交涉。

英军在德让宗已经进行大规模的占领活动："三十三年（1944 年，引者注），英军派军五六百名进占门达旺，修筑营房，阻止藏民向西藏政府纳税，更进至崔纳宗……同年三月有英军约六百人开到提郎宗驻扎，随带测量仪器，修筑道路及飞机场，至 11 月完成，当地英军复增至 3000 人，每月有运输机四十余架运送汽油及粮械。"②英国为了迫使噶厦让步，在态度上比较温和。但是占领行动却很迅猛。英军占领德让宗之后，继续向达旺地区北部推进。1944 年 12 月 9 日，沈宗濂报告："英军侵入门达旺后，已渐向崔南（错那）推进，俾先在事实上占领该地，再对藏政府谈判割让。"③

古德则积极威胁西藏地方政府正式承认白马岗（位于西康省东南部）及门达旺（位于拉萨之南按［接］近布丹）两地以南地方为英国属地。西藏地

① 《军委会据报英印对藏施行货物禁运藏方已提出严重抗议等情致蒙藏委员会代电》（1944 年 12 月 7 日），载中国藏学研究中心、中国第二历史档案馆等合编：《元以来西藏地方与中央政府关系档案史料汇编》第七册，中国藏学出版社 1994 年版，第 3167 页。

② 《英人侵占门达旺案节要》（1946 年 2 月 22 日），《英印侵略西康边境案》，台北"国史馆"藏西藏档案，172-1/2670/312/8。

③ 《蒋介石为详查沙利文煽动西藏脱离中央独立及英军渐向崔南推进致蒙藏委员会代电》（1944 年 12 月 9 日），载中国藏学研究中心、中国第二历史档案馆等合编：《元以来西藏地方与中央政府关系档案史料汇编》第七册，中国藏学出版社 1994 年版，第 3167 页。

方召集僧俗大会讨论，俗官颇有主张割让者，而各大寺及僧官力表反对，辩论极为激烈。结果通过藏地绝不割让英国，并全体签字，如有祸患，僧俗共之。①1945 年 11 月，国民党组织部接获情报，"英方正式要求西藏当局割让山南门荡湾（门达旺）一案，据悉英方在去年曾以巨款活动藏王及四大噶伦，彼等贪财，未加坚拒，对民则表示被英强占。今忽否认前事，请英方撤退该地驻兵"②。这说明，西藏大多数上层人士是不愿意出卖领土给英国的。

西藏地方政府和达旺当地官民坚决反对英军的非法行径。1945 年（藏历木鸡年），错那宗二宗本和"达旺四联"在写给噶厦的信中反映："我们在德让宗与英人吉斯米斯、总领恩达·德阿米·波里智嘎·阿斯沙尔、拉马巴布·阿军次仁等三人会晤时曾明确向他们表示：去年进驻德让的英军官兵，现在应该全部撤回，我们按例要在这里征税司法。总领恩达蛮横地回答：色拉山以南的地方割让给英国已有 32 年，但直到去年我们还没有行使管辖权。由于色拉山以南地方的居民都归属了英国，所以你们在那里征税是违法的。以此强词夺理，蛮横地侵占了我方土地。"③米尔斯蛮横地声称，英国在色拉山以南的土地建立了强有力的统治，噶厦已没有权力进行行政管辖。

西藏召开"国民大会"讨论英国侵略达旺一事。1945 年 4 月，会议决议通过锡金政治官古德传达给英印政府："在地图中以红线表示印藏边界，这就表明达旺以南的地区都属印度的版图。但是锡金政治专员却说边界的轻微调整只能以色拉关为基础。印度政府在接收、派军方面的行动以及说他们不可能撤走驻扎在一块无争议的西藏领土上的军队是令人遗憾的，因为我们一直把印度政府看成是值得信赖且乐于助人的友好邻邦。汉藏问题的协商谈判一直把印度政府当作居中调停者，但是仍然没有达成和解。加之，上面提

① 《军令部关于英威胁藏政府承认白马岗门达旺两地以南地方为英属地藏方决议决不割让等情致蒙藏委员会代电》（1944 年 12 月 23 日），载中国藏学研究中心、中国第二历史档案馆等合编：《元以来西藏地方与中央政府关系档案史料汇编》第七册，中国藏学出版社 1994 年版，第 3168 页。

② 《国民党组织部关于藏当局请英撤退山南门达旺驻兵等情致蒙藏委员会代电》（1945 年 11 月 24 日），载中国藏学研究中心、中国第二历史档案馆等合编：《元以来西藏地方与中央政府关系档案史料汇编》第七册，中国藏学出版社 1994 年版，第 3171 页。

③ 拉鲁·次旺多吉：《德里秘密换文未曾得到原西藏地方政府的承认》，载《西藏文史资料选辑》第 10 辑，1989 年。

及的领土问题在条约中仍然没有表明被包含在印度版图之内。考虑到自从木虎年（1914 年）起。30 多年来，这个问题一直未被提出这一事实，我们只能遗憾地说，我们不能同意印度政府把西藏的这些地区攫为己有的新行动。如果驻扎在噶拉塘和瓦弄的官员和军队不马上撤走，就会被看成是'大虫吃小虫'，因而印度政府的坏名声马上就会张扬出去，这无疑将影响西藏广大公众的感情。谢里夫少校（Major Sherrifr）也说，印度政府怀疑中国人对毗邻缅甸的西藏地区可能怀有野心；如果确实是这样的话，我们就能够向印度政府担保，我们一定会留心保卫我们自己的领土。正如你们所熟知的，当今世界战争的根源是由于强权大国企图掠夺和霸占弱小国家，因此，从弱小的宗教王国西藏的平安和幸福考虑，为了增进印藏之间的友好关系，印度政府应大发慈悲，从他们现在驻扎的地区撤走派驻的官员和军队。"[1]最后恳请英印政府"友好的考虑一下"，"保持边界原状不变"。

面对英军的侵略，噶厦不敢放弃达旺地区的领土。达旺是六世达赖出生地，在政治、宗教、经济地位上都要比察隅地区高。"色拉山以南的打陇、德让二宗虽说只有 10 个'措'，但这一带地广人多，资源丰富，尤其是达旺扎仓斋供的来源都取之于此二宗。"亲英上层分子也不敢违背全藏僧俗的意志。英国向噶厦交涉，希冀能"合法"统治"麦克马洪线"以南地区的梦想彻底失败。

与此同时，沈宗濂也在拉萨同噶伦会晤，支持噶厦抗议英军入侵。1945 年 3 月 1 日，沈宗濂致电外交部："（一）前奉钧电，遵即密向摄政、噶厦说明经过并提示三点：（甲）果德所提要求应予拒绝；（乙）英人占区[据]达旺应予限期撤退；（丙）以后对外事件希一律呈报中央核办。噶厦首席加伦彭须之答复业于子世电呈，想邀垂察。达札摄政复辞为中央德意甚感，西藏政事尚有噶厦及民众大会，非本人所能作主，意在推诿。（二）英人在达旺驻军，彭须仅承认英兵在该区时有往来；瓦谅修筑公路，则称尚未得详细报告，所修之路大致在印度境内云。上述两地，职已密派

---

① ［美］梅·戈尔斯坦：《喇嘛王国的覆灭》，杜永彬译，中国藏学出版社 2005 年版，第 340—341 页。

专人前往实地调查，一俟据报，当复电呈，藉作交涉之根据。"①

噶厦政府没有要求中央政府支持西藏地方，这反映了达札集团对外妥协的本质。在英方的政治施压及经济制裁下，西藏贵族、商人为了从与印度贸易中获利，噶厦为了换取英印武器对抗中央政府，一度放弃了征收德让宗以南的噶拉塘等地赋税。1945 年 11 月，国民党组织部获得的情报说明："英方正式要求西藏当局割让山南门荡湾一案，据悉英方在去年曾以巨款活动藏王及四大噶伦，彼等贪财，未加坚拒，对民则表示被英强占。今忽否认前事，请英方撤退该地驻兵。"②但噶厦深知此举招致全藏的反对，兹事体大，是不敢轻易允诺英方的。而以三大寺为代表的爱国力量坚决反对英国的侵略行径："拉萨三大寺联合呈请噶厦，略以英国在藏肆行日亟，创学施化，侵地虐民，诚恐祸及佛教前途，请召开民众大会讨论。"③

从噶厦的措辞中，英印政府发现对"麦克马洪线"以南地区采取任何行动都将引起抵触。在这种情况下，英印政府决定将 1914 年《西姆拉条约》（草案）的内容和"麦克马洪线"地图、夏扎的信件等展示给噶厦。另外，重申对西藏地方政府给予外交支持对抗中国政府。再次强调英军出现在"麦克马洪线"地区，是为当地居民谋求福利，并提出调整达旺地区的边界。1945 年 4 月，霍金森接替古德任锡金政治官，继续压迫西藏地方政府答应放弃达旺地区。霍金森指示驻在拉萨的黎吉生答复西藏"外交局"："英国政府没有占领属于西藏的任何领土。在包括印藏边界地图的 1914 年的条约中，英国政府承诺不会吞并西藏的任何领土，而且现在仍然坚持这项承诺。""英

① 《外交部抄转沈宗濂关于藏政府对英国要求派外交代表割地驻兵等事态度等情电致蒙藏委员会代电》（1945 年 3 月 1 日），载中国藏学研究中心、中国第二历史档案馆等合编：《元以来西藏地方与中央政府关系档案史料汇编》第七册，中国藏学出版社 1994 年版，第 3170 页。

② 《国民党组织部关于藏当局请英撤退山南门达旺驻兵等情致蒙藏委员会代电》（1945 年 11 月 24 日），载中国藏学研究中心、中国第二历史档案馆等合编：《元以来西藏地方与中央政府关系档案史料汇编》第七册，中国藏学出版社 1994 年版，第 3171 页。

③ 《军令部关于三大寺反对英国在藏创学侵地等情致蒙藏委员会代电》（1945 年 5 月 13 日），载中国藏学研究中心、中国第二历史档案馆等合编：《元以来西藏地方与中央政府关系档案史料汇编》第七册，中国藏学出版社 1994 年版，第 3171 页。

印政府考虑对 1914 年确定的印藏边界中的某些部分进行调整。"①

"12 月，霍金森与索康噶伦会晤：（霍金森说）'现在我同样希望友好地同西藏商讨 4 月份西藏政府所寄的那封信，您知道我指的是哪封信——那封粗鲁无礼的信。信中把英藏关系说成是大虫吃小虫'……最初，索康噶伦带着一种会意的神态盘问，我们的政府是否完全履行了 1914 年'协定'所列的 11 款，这种腔调似乎暗指我们并没有履行'协定'……我怀疑他还记着他父亲索康扎萨（'外交局'秘书）所发表的看法……即'协定'中有关'麦克马洪线'的部分，其效力取决于我们达成汉藏和解。……他说：'英国的政策已经改变了，英国人现在正在向印度人提供自由。占据西藏部分领土将会给英国政府带来什么益处呢？……'（在详细追述达旺和德让宗大约 160 年的地方史之后，他说）'英国人为什么不在 1914 年占领该地区？他们为何不从那时起就立即禁止我们的征税者？'我回答说，这必定是由于当时应付第一次世界大战而无暇顾及。于是他又质问：'当时缅甸等地区的局势非常紧迫，为什么英国人要在第二次世界大战期间强行占领呢？'我（霍金森）说，'这是我们的领地，我们想怎么做就怎么做'……（当霍金森提议，他和索康一道去达旺考察，以便能够依据当地的情况提出建议时，索康直言不讳地回答说）：'假如在我就任噶伦官职期间打算放弃自条约签订起我们已统治了 30 年的领土，那我将永远背上历史的骂名。'"②噶伦索康代表噶厦坚持"麦克马洪线"以南地区是西藏领土，反对英国侵略。

噶厦的抗议，对英国并没有产生什么影响。英军按照计划占领色拉山以南中国领土，西藏地方政府已经不能在该地区征税和管辖了。英印政府很清楚，西藏地方政府是不会答应割让土地给侵略者的，更清楚达札当局在经济贸易、对抗中央政府方面仍严重依赖英国的帮助，不敢得罪英国。事实确实如此，噶厦拒绝英人的要求，仅停留在口头抗议上，并没有采取激烈的军事卫土行动，究其本质是噶厦已经被亲英分裂集团所把持，丧失了对抗的勇气。在一心想借英国之力实现"独立自治"的美梦下，噶厦只能眼睁睁地看

① 《黎吉生致西藏"外交局"函件》（1946 年 6 月 19 日），英国印度事务部档案，L/P&S/12/4223, Ext, 5346/1946。

② ［美］梅·戈尔斯坦：《喇嘛王国的覆灭》，杜永彬译，中国藏学出版社 2005 年版，第342 页。

到大片领土失去，而无能为力。正如米尔斯得意地说，"只要我们不撤走军队"，西藏地方政府永远不能再回来了。英国在 1944 年至 1946 年期间，最终占据门隅色拉山以南的德让宗、打陇宗和申隔宗等地。

面对英国非法占领我领土，国民政府和西藏地方政府并没有放弃对英的交涉抗议。1946 年 5 月 20 日，拉萨情报站向军令部报告：英国新任驻藏代表黎吉生于 4 月 30 日抵拉萨后，随即向西藏提出南门达旺一带地区自绒渠河以南地方割让予英；经藏政府召开僧俗代表大会决议，予以延宕。①

1946 年 9 月 1 日，拉萨情报员向蒋介石报告西藏派员赴印与英方交涉门达旺问题："西藏政府外交局长素康扎萨以其夫人患病，（亟）须赴印诊治为名，向西藏政府请准短假，于本（八）月三日离藏赴印。据悉，素康赴印实际任务为代表藏政府向英方交涉门达旺事件。查英军于去（卅四）年占领门达旺后，西藏数次向英方驻藏代表交涉，但均无结果。本（卅五）年四月，藏政府又派藏军第二团团长素康代本往锡金，亲与英方负责人员交涉。英方以素康代本之职位不能全权代表西藏政府，未予置理。现藏政府以门达旺问题不应久悬，乃派素康扎萨以外交局长之资格亲往交涉。"②

印度独立后，蒙藏委员会罗列英人侵略达旺地区的概要。

（三）民三十三年，复派军官率兵至门达旺调查测量，并在达旺寺布施后，即将提郎宗之行政权强夺，另由英方委派乡约，民不准向提郎宗纳税，声称得藏政府许可，藏方交涉无效；并煽惑门达旺、白马岗等地人民不受藏政府管辖，更以免差役、轻赋敛相号召。久之，一部人民颇受麻醉。

（四）民三十四年，英人已将不丹塔司工至门达旺之公路修成。同年十月，英正式迫藏承认割让门达旺、白马岗于英。

---

① 《军令部关于英驻藏代表黎吉生要求割地售藏军火及藏政府态度等情致蒙藏委员会代电》（1946 年 5 月 20 日），载中国藏学研究中心、中国第二历史档案馆等合编：《元以来西藏地方与中央政府关系档案史料汇编》第七册，中国藏学出版社 1994 年版，第 3173 页。

② 《蒋介石为抄送关于西藏派外交局长赴印与英方交涉门达旺问题报告致蒙藏委员会代电》（1946 年 9 月 1 日），载中国藏学研究中心、中国第二历史档案馆等合编：《元以来西藏地方与中央政府关系档案史料汇编》第七册，中国藏学出版社 1994 年版，第 3175 页。

（五）民三十五年十月，英军二千名分驻提郎宗、门达旺、白马岗等地。同年十一月，并派机一架侦察萨密（属印度）至门达旺及桑昂等地航线。①

在印度独立后，中国政府和西藏地方政府都计划与英国、印度交涉，收复我西藏领土。1947 年 4 月，外交部对英国退出印度后，关于藏印边界问题作出分析和对策，认为根本解决之策在于彻底解决西藏问题，恢复对西藏地方的行政管理，这样才内无阻力，自由处置藏事，对英交涉废除不平等条约，请英人撤走江孜、亚东驻军，然后以大量人力开发藏东南，方可阻止进窥。

据噶伦拉鲁回忆："1947 年（藏历火猪年），此时正是印度独立之际，噶厦政府中有人提议，应该趁此机会，收回英国侵占的我领土门隅地区。在噶厦对此事取得一致意见后，给印度总理尼赫鲁博士和驻贝拉的英国办事处代表比拉尔各去了一封英文信，要求他们归还非法侵占的全部西藏领土。1947 年 12 月 12 日，印度通过驻江孜商务总管黎卡逊写来回信说：印度政府和西藏地方政府之间，在各个方面尚未缔结对双方都有利的新条约之前，相互在原有条约的精神下保持友好关系。同时，为了使印度政府感到放心，西藏政府要作出履行条约的许诺。假如西藏政府不愿就此作出保证，必将有损于印藏之间进行正常贸易洽谈的前景。但即使是在这种威逼之下，西藏地方政府也未作出割让土地给英方的承诺。"②

1947 年 8 月 25 日，陈锡璋为陈述印度独立后调整中印对藏关系致电许世英："自西藏西端拉达克起至康藏南部杂渝区域为止，全部印藏边界问题关系重大，宜速准备彻底划清，以固疆域。"③此时的国民政府内外交困，中央政令无法贯彻到西藏，也无力阻止印度。国民政府未能抓住英国更关心香

---

① 《英人侵略康藏概要》（1947 年 8 月 15 日），载中国藏学研究中心、中国第二历史档案馆等合编：《元以来西藏地方与中央政府关系档案史料汇编》第七册，中国藏学出版社 1994 年版，第 3184 页。

② 拉鲁·次旺多吉：《德里秘密换文未曾得到原西藏地方政府的承认》，载《西藏文史资料选辑》第 10 辑，1989 年。

③ 《陈锡璋为陈述印度独立后宜调整中印对藏关系意见事致许世英电》（1947 年 8 月 25 日），载中国藏学研究中心、中国第二历史档案馆等合编：《元以来西藏地方与中央政府关系档案史料汇编》第七册，中国藏学出版社 1994 年版，第 3185 页。

港和对华贸易利益的心理，不敢强硬对英交涉，失去了机会。

第五节　英国导演的噶厦分裂活动及国民政府应对

英国怂恿支持噶厦中的少数分裂分子大搞西藏"独立"活动，阻挠破坏康藏公路的修建，派出"西藏代表团"到印、英、美活动，出席泛亚洲会议，推动西藏问题国际化，严重恶化了汉藏关系。

一、英国挑唆噶厦阻挠国民政府修筑中印公路

民国以来，西藏地方当局封锁青康进入西藏路口，严查路过的商民，迫使内地官民大多走海路到达印度噶伦堡，再经西藏江孜、亚东，抵达拉萨。印度成了汉藏交通的中转站。这是英印政府、西藏地方当局阻塞汉藏交通割裂汉藏关系，维持"自治"的手段。第二次世界大战爆发后，滇缅公路是援华物资的重要陆路通道。1940 年 7 月 12 日，在日本威胁下，英国关闭滇缅公路三个月，禁止国际援华军用物资经缅甸运往中国。28 日，蒋介石致电丘吉尔："惟有中国战胜并保持独立，英国在远东的利益方能保存，故余迫切的声明，请阁下为贵我两方利益计，从速恢复滇缅公路线。"① 英国予以拒绝。在这种情况下，中国政府打算修筑中印公路，由印度转运军火，接受国际援华物资。

1941 年 1 月 29 日，美国总统行政助理居里来华访问，中方提出由中、英、美合建中印公路事项，请美国援助。居里回国之后，向罗斯福总统报告此事。1941 年 4 月，美援华物资中增添了修建公路的设备。与此同时，中国外交部也与英国交涉，争取支持。宋子文曾在华盛顿会见英驻美大使征询意见："康印公路昨已与英大使详谈，文谓国际战事变化莫测，我两国存亡

---

① 秦孝仪主编：《中华民国重要史料初编——对日抗战时期》第三编《战时外交》第 2 册，台北中国国民党中央委员会党史委员会 1981 年版，第 24 页。

相关，务须开辟不能为敌截断之路线，彼颇以为然。"①英国认为中国若崩溃将失去抵御日本的基地，损害自身的利益，因此同意修建中印公路，支持中国抵御日本。

1941年初，国民政府制定了中印公路的规划。1941年2月4日，公路局局长杜镇远拟定修筑康印公路计划书呈给行政院："按由西康过印度有二线可遵。第一线由康定西经雅江、理化、义敦、巴安、宁静、盐井、察隅，以接印度河阿密省铁道终点之塞地亚站。全线约长一千公里，此即总理实业计划中高原铁路系统成都门公线之一段，再由此经印度铁路至脑卡里以出海。""第二线由西昌经盐源入滇境之永安、中甸、德钦，再入康境，以接第一线之盐井，即沿第一线之西段路线入印度与塞地亚铁路衔接，共长约一千零五十公里。"②

1941年2月8日上午，行政院召集外交部、财政部、经济部、交通部、蒙藏委员会等各相关部门就杜镇远修筑康印公路计划书开审查会，意见是："第一线康定盐井段，沿线人口稀少，粮食缺乏，气候寒冷，运输困难，及匪患未靖，工程难以着手，似无采取之价值。第二线西昌盐井段，并无上述各项障碍，较之西康盐井段为优。又第二线中甸以西，可分南北二线：北线自中甸经盐井之塞地亚（即原计划第二线之西段），此线自中甸向北转西，途程较远。南线则自中甸直往西行，径达塞地亚，颇为近捷。惟此线须经中甸未定界，划界问题不易解决，工程即无从进行，又所经野人山等地，土人多犷族，野蛮异常，工程设施，将感不利，故此线亦无采取之可能。至北线，途程虽较远，其自盐井以抵塞地亚，虽其人口、粮食、气候等问题，与康定盐井段情形相若，其与西藏地方政府之合作问题，亦尚待商洽，但较南线自易为办，在运输上亦较为安全，故以采北线为宜。"康印公路"路线自西昌起，经盐源、永宁、中甸、德钦、盐井、察隅入印度，与阿萨姆省铁道终点之塞

① 《宋子文1941年4月11日呈蒋介石申电》，载秦孝仪主编：《中华民国重要史料初编——对日抗战时期》第三编《战时外交》第2册，台北中国国民党中央委员会党史委员会1981年版，第76页。

② 《关于中印公路修筑计划及勘测等事往来文件》（1941年2月4日—1942年1月13日），载刘丽楣主编：《民国时期西藏及藏区经济开发建设档案选编》，中国藏学出版社2005年版，第115页。

得亚站相接"。经费概估"如以全长一千五百公里，每公里二十五万元计算，即需三万万七千五百万元"，如果对于印境修筑联络公路交涉成功，对于西藏商洽妥定，工款如期如数拨发等各项条件具备，"自筹备以至完成为期必须五年，方可适应运输之用"。建议两点："（甲）政府如决心修通康印公路，则应下最大决心，充分筹集经费，并授予主持者以全权，俾克期赶筑。若不如此，则将来所费更多，为期更长，路成之后，其效用亦更微。（乙）进行步骤：（一）政府初步应即时与英国交涉二事：（1）从塞得亚至我国边界之联络公路之兴筑问题。（2）印度铁路将来转运我国物资之优待及便利问题。（二）政府应即时与西藏地方政府接洽，在建筑期间，应负地方治安之责，对工程员工充分予以便利。（三）政府应即时与西康、云南两省政府商定征工、征粮、征购材料、骡马、火药等项办法，对于工程进行，并予以充分之协助。"审查会所提的建议都比较切中要害，中印公路修建需要与英国政府交涉，与西藏地方当局接洽，也需要巨额经费的支持，在当时的客观条件下，解决起来难度非常大，也不现实。此审查意见提交行政院第 503 次会议，经讨论决议："原则决定，一面踏勘，一面交涉。"1941 年 2 月 16 日，行政院院长蒋介石签发密令，命蒙藏委员会遵照办理。[1]1941 年 3 月 19 日，交通部致电蒙藏委员会，称已经调派叙昆铁路工程局副局长袁梦鸿为队长，将率全队人员从重庆出发，抵达西藏地方辖区进行勘测，请转电西藏地方政府予以便利，随时协助。[2]

　　蒙藏委员会深知与英国、西藏地方当局交涉的难度。1941 年 3 月 22 日，吴忠信致电蒋介石，提出建议："修筑康印公路，于抗战治边均关重要，惟藏人排外自大，欲达目的，绝非空言所能奏效。进行方式，似应先由外交部商得英方康印接路之同意，然后向藏方商洽，俾其不致挟英方反对。同时，玉树平坦，机场易筑，尤须急建，并密令青康当局于玉树至甘孜、巴安准备增兵，以便必要时略施压力。"[3]吴忠信提出应先与英国交涉，征得其同意，

① 《杜镇远建议建筑康印公路案审查会记录》，载刘丽楣主编：《民国时期西藏及藏区经济开发建设档案选编》，中国藏学出版社 2005 年版，第 116—118 页。
② 《交通部代电》（1941 年 3 月 19 日），载刘丽楣主编：《民国时期西藏及藏区经济开发建设档案选编》，中国藏学出版社 2005 年版，第 119 页。
③ 《蒙藏委员会代电》（1941 年 3 月 22 日），载刘丽楣主编：《民国时期西藏及藏区经济开发建设档案选编》，中国藏学出版社 2005 年版，第 119—120 页。

再与噶厦商洽，同时，在青、康一带做军事准备，双管齐下才有获成功之望。蒋介石批示"应准照办"，通知交通部。

交通部答复行政院："关于洽商英方一节，业经电请叙昆铁路工程局副局长袁梦鸿为队长，主持办理，定期中旬率同全队人员由昆明出发，在案。至玉树飞机场筹办问题，以该处海拔三千七百余公尺，在技术上须有特殊设备，方可使用。现在康青公路之康定玉树及西宁玉树两段路线，均未完成，一切飞行设备器材之供应输送，恐非易易，照目前情形而论，似可暂缓置议。关于密令青康当局分别于玉树、甘孜、巴安等处准备增兵一节，事属军事范围，拟请均院转商军事委员会核办。"[1]行政院核定交通部意见，知照蒙藏委员会。军令部接到行政院训令后，电命青、康当局在玉树、甘孜、巴安等地增兵。刘文辉复电："当仰体中央计划，恪尽职守，惟关职府辖境，久经扼要戍兵，地方安静。将来实行勘筑，凡在戍守区域内，辉可完全负责。即因地旷人稀之故，届时再由职酌情加派部队保护，期于不碍进行。"[2]国民政府已经筹妥政策，余下最关键的是外交部与英国交涉及噶厦的态度。

袁梦鸿率勘测队在 1941 年 5 月出发，由行政院通知蒙藏委员会，蒙藏委员会致电驻藏办事处孔庆宗："已派定袁梦鸿君为勘测队队长，率队前往测勘，已出发在途。仰速通知藏方饬属保护，予以便利。"7 月 14 日，孔庆宗致函噶厦："查袁君等不久即到盐井、察隅各地，希速专差令知盐井、察隅一带藏官、头人等，切实保护，予以便利，并随时协助为荷。"[3]7 月 15 日，孔庆宗电复吴忠信，报告面洽噶厦的结果："用坚决口吻说明事关应付国际环境，于中央、西藏与英印各方均属有益，势在必行。噶厦极为踌躇，仅询中英既已商妥，是否与英合筑？答'以中国境内，应由中央自办。'彼云：'想英方亦当通知西藏。'职答：'此非我所知。'彼复云：'盐井、察隅系

---

① 《交通部复文》，载刘丽楣主编：《民国时期西藏及藏区经济开发建设档案选编》，中国藏学出版社 2005 年版，第 120—121 页。

② 《行政院训令》（1941 年 6 月 8 日），载刘丽楣主编：《民国时期西藏及藏区经济开发建设档案选编》，中国藏学出版社 2005 年版，第 121—122 页。

③ 《孔庆宗为修筑中印公路饬属保护勘测队事致噶厦函》，载中国藏学研究中心、中国第二历史档案馆等合编：《元以来西藏地方与中央政府关系档案史料汇编》第七册，中国藏学出版社 1994 年版，第 2838 页。

西藏管辖，希望不在该地有何革新之创举。'职答：'中央只须修路，不管他事，请速令饬该地藏官，保护测勘队人员，余亦即电吴委员长报告，已与噶厦面洽矣。'彼仅答：'噶厦尚不能确答，须呈报摄政，开民众大会商议。'"孔庆宗比较乐观地认为："查噶厦态度虽犹豫未定，但大会似不敢决然反对。此时藏代表如已抵渝，务请示以坚决必办之意。又袁君等可酌带卫队直入康境。"①在不知道英国真实态度的情况下，孔庆宗还是乐观地认为噶厦"不敢决然反对"，建议勘测队进入西藏境内。

在勘测队从西昌测至中甸约四百公里时，外交部接到英国驻华大使答复："英印政府对中国筹筑此路，原则上甚表欢迎，惟以该路通过西藏，必须谋取西藏方面之意见，同时希望自中甸起，另测一条经过缅甸北部次底列多之比较线。"英国表示欢迎中国修筑，但必须征得西藏地方政府的同意，并先航空测量。国民政府表示："鉴于非先用人工初步踏勘，无法航空测量，请英国政府再行转商印度方面，对于我方踏勘工作，充分予以合作。"②1941 年 9 月 13 日，蒋介石接见英驻华大使克尔说："从印度通至西康之公路，望促其早日着手测量。"③

1941 年 7 月底，交通部部长张嘉璈向行政院提议：现在西昌至中甸一段已经勘测完成，等待藏方及印度同意合作，勘测决定全路施工方案，认为以"铺设轻便铁路为宜"，而驻美大使宋子文也争取到美国的支持："所需材料，拟于租借法案设法加入，嘱即开单寄美，申请供给。"交通部计划在西昌至中甸段先行组织轻便铁路局紧急施工。④张嘉璈日记记载："此事若成，可为开发边疆，挽回西藏政教之大举。惟藏方至今尚未表示同意，英方亦尚踌躇，无所可否。蒋兼院长即席面嘱蒙藏委员会吴委员长礼卿，于一个月内向藏方交涉办妥。会后吴委员长来部商讨应付办法。提议：（一）于筑路期间，对于

---

① 《孔庆宗电》（1941 年 7 月 15 日），载刘丽楣主编：《民国时期西藏及藏区经济开发建设档案选编》，中国藏学出版社 2005 年版，第 122—123 页。

② 中国第二历史档案馆藏：蒙藏委员会档案，全宗号 141，卷号 2716（1），转引自蒋耘：《西藏地方政府阻挠修筑康印公路与抗争期间的中英关系》，《中国藏学》2006 年第 1 期。

③ 秦孝仪主编：《中华民国重要史料初编——对日抗战时期》第三编《战时外交》第 2 册，台北中国国民党中央委员会党史委员会 1981 年版，第 82 页。

④ 《交通部提案》，载刘丽楣主编：《民国时期西藏及藏区经济开发建设档案选编》，中国藏学出版社 2005 年版，第 124—125 页。

藏方酌予财政补助，以示酬报。（二）路成后，每年续予补助，作为利益分配。（三）建筑与完成后办理，均可由藏方派员参加。决定如此向藏方接洽。"①

　　但是，英印政府认为中国修筑中印公路，将加强对西藏的政治、军事、经济等各方面的影响，损害西藏的"自治"地位以及与印度的密切关系，又反对修筑中印公路。国民政府采取一面交涉、一面勘测的方案，却遭到了西藏地方政府的破坏。1941 年 9 月初，勘测队到达甲朗地带时，"藏官拆桥毁路，并调兵遮梗"。孔庆宗奉命多次与噶厦交涉，9 月 16 日，孔致函噶厦："查此案经本处与贵噶厦接洽妥善，并据贵噶厦称，已两度专差通知昌都噶伦，转令各该地藏官予测量人员以便利在案。今边区藏官乃如此违令，擅敢调兵遮梗，不知是何用意。"②

　　面对噶厦的阻挠破坏，中央政府仍在积极筹备筑路，打算先着手修筑西昌至中甸的路段。1941 年 9 月 25 日，噶厦称："今接昌都报告，所谓测量队者，主仆 13 人，军士 20 人，筑路器具百箱，已进藏境夺甲朗等语。兹除测勘队外，另加并使及筑路用具之类，只好提向民众大会讨论，以藏境历来出现之测量人员，是全体僧俗所不愿者，且此事无论如何演变，确具警扰性质，是以探测人员绝对不能使入藏境。"③据孔庆宗报告："英官饶伊巴多（诺布顿珠）曾对噶厦云：中英原商共同派员航空测量，现中国单独派员由陆地来测，英未参加，西藏允否及其利害，应请自决。惟对抵境测量人员，可和平劝回，不必打杀等语。西藏遂趁机反对。"④9 月 25 日，诺布顿珠致信郭泰祺："英国政府前经通知西藏政府谓英国政府业对中国政府说明，就英国所知，西藏政府所允者仅为航空测量，但中国政府则已决定派遣一陆上踏勘队，英方对该踏勘不负任何责任。然英国政府亦表示希望西藏政府能饬属对该踏勘队予以保护。查英国政府如此通知西藏政府之理由，实因英方曾向西

①　姚崧龄编著：《张公权先生年谱初稿》上册，传记文学出版社 1982 年版，第 290 页。
②　《孔庆宗为藏官遮梗修筑中印公路事致噶厦函》，载中国藏学研究中心、中国第二历史档案馆等合编：《元以来西藏地方与中央政府关系档案史料汇编》第七册，中国藏学出版社 1994 年版，第 2839 页。
③　《国民政府蒙藏委员会档案》，全宗号 141，卷号 2605，载北京大学历史系等编著：《西藏地方历史资料选辑》，生活·读书·新知三联书店 1963 年版，第 348 页。
④　北京大学历史系等编著：《西藏地方历史资料选辑》，生活·读书·新知三联书店 1963年版，第 349 页。

藏政府保证，在未得西藏当局允诺之先，英方决无意采取以促成在藏筑路计划为目的之任何行动。兹恐怕西藏当局或将此认为此次踏勘对之入藏英方负有责任，且未经征求西藏政府同意或以英方自食其言等由。"①英国政府以西藏地方当局未应允为借口，对中国政府的勘测队不予任何支持。

国民政府迅速召集有关各部会开会，决定在甘孜等处略作军事部署，并由外交部相机与英国交涉。

1941 年 11 月 12 日，蒋介石下令，中印公路势在必修，由吴忠信转电噶厦遵照，"如藏方再不允许，我可派队护送测量，不必待其允准也，并希以此意警告藏方"②。1942 年 1 月 13 日，孔庆宗接噶厦回复称："此次修路调查路线一案，对于汉藏双方有无关碍，佛示（在佛祖前卜卦）不准，是以势难从命。藏方并非固执抗命，抱定汉藏一体之旨，恳乞依照佛谕，不得新开路政。设若定要举行，不但藏方有碍，而且对于中央政治恐怕也妨害。俯念汉藏双方始终得以安宁起见，所有藏境修路调查路线问题，恳请收回成命。"③在英国的支持下，西藏地方当局顽固拒绝中央政府的任何提议。蒋介石又不愿对西藏用兵，不得不放弃康印公路勘测计划。而英国则借口修筑印度段公路，趁机从萨地亚进入中国西藏察隅勘测路线，实施侵占。

二、印藏驿运线

在勘测康印公路的同时，国民政府也在讨论印藏驿运的可能。1940 年 9 月，日军侵入越南，逼近英属殖民地缅甸、马来西亚、新加坡。为应对局势，国民政府交通部成立"驿运总管理处"，筹划由印度运往内地的驿运线路。此时英军在欧洲被德军打得焦头烂额，无力挽救其远东殖民地，遂寻求

---

① 中国第二历史档案馆藏：蒙藏委员会档案，全宗号 141，卷号 2716（1），转引自蒋耘：《西藏地方政府阻挠修筑康印公路与抗争期间的中英关系》，《中国藏学》2006 年第 1 期。

② 《孔庆宗就西藏再不允许测勘中印公路中央拟派队护送事致噶厦函》，载中国藏学研究中心、中国第二历史档案馆等合编：《元以来西藏地方与中央政府关系档案史料汇编》第七册，中国藏学出版社 1994 年版，第 2840 页。

③ 《孔庆宗转呈噶厦来文电》（1942 年 1 月 13 日），载刘丽楣主编：《民国时期西藏及藏区经济开发建设档案选编》，中国藏学出版社 2005 年版，第 126 页。

中国的帮助。10月，英国开放封锁已达3个月的滇缅公路。1941年12月8日，日本发动太平洋战争。12月23日，中、美、英在重庆召开联合军事会议。26日，中、英签订《中英共同防御滇缅路协定》。1942年元旦，中、美、英、苏等26国代表在华盛顿签署《联合国家宣言》，宣告成立国际反法西斯统一战线。1942年1月，日军侵入缅甸。2月，中国远征军入缅作战。日军切断了滇缅公路，游弋在太平洋的日舰也封锁了海上的运输线，致使国际援华物资不能输入中国。英国、西藏地方当局阻挠康印公路的修建，迫使苦撑危局的重庆当局不得不筹划新的国际运输通道。而该年英军处境极其艰难，迫切需要中国协助抗日。在这种情况下，1942年2月，蒋介石访问印度。英国提出援华物资可从印度、锡金经过西藏驿运至中国内地，认为这比修筑公路"威胁"小得多，较易接受。1942年3月18日，英印政府派诺布顿珠到拉萨说服噶厦开通驿运线。但是，噶厦召开民众大会，拒绝开通印藏驿运。

1942年6月，英国驻藏代表卢劳奉命警告噶厦如果仍拒绝驿运，英国将不再承认西藏"自治"地位或者禁止西藏羊毛的出口。在英国的压力下，噶厦被迫同意开通驿运线，允许非军事物资经西藏运往内地。

1942年7月，交通部驻印度总代表沈士华专员向军事委员会汇报与印度外交部卡罗会谈情况："（一）藏方已允照办，惟须避免通过拉萨，又须不运军用品；（二）自锡金至康定计有南北两路：南路经硕督、巴塘至康定，北路经黑河至康定，长各约一千二百英里；（三）照现有配备，每年运量自二千至四千吨；（四）运费如英借款有余额，则可以开支。英方认为对藏方主张可表同情，不必坚主运输军用品，目前仅运汽油、滑油、药品及棉织等物，俟路畅通再行交涉。路线则英方主张采取北路，以北路虽略长，但平坦易行。运输组织宜交藏方主持办理。等语。请先电示第一点。"又据沈士华另电称："拉萨以南之运输，英方要求派员参加。"

1942年7月9日，英驻华使馆参事台克满致函外交部欧洲司梁司长，要点如下："（一）现印度政府已获悉西藏当局愿协助运输中国物资，如药品、润滑油及邮件等，由印度经藏运华。（二）藏人竭望只限于非军需品，始得运经西藏。（三）中国政府对于西藏人宗教上之顾虑及寺庙对西藏政策及行政上之势力，既极熟悉，必能体会此种态度，即吾人应适当慎重，共同促使拉萨当局接受此事。吾人并能劝导藏人将'非军需品'之字义，从宽解释，使实际上可包括真正武器军火及炸药以外之一切物品。(四) 本人以为武器军火火药，因其重量颇大，就一切情形而论，终非适于驮运经此长距离而内运者。"

梁司长与台克满所谈要点："(一) 关于驿运实施详细办法，最好由沈专员与印政府及英驻锡金代表与孔处长会同商议决定。英方意见可组织中英藏运输局办理，驿运交由藏人办理。(二) 藏人深恐牵入战祸，复恐中国趁机干涉政治，故上次敝国大使特向傅次长建议，由中政府向藏保证无变更其政治制度之意，使藏人安心，则诸事皆容易进行。(梁司长答：个人意见，中国惟一目的，为对外敌作战，争取胜利，西藏内政无暇谈及，藏方对于中央向来信仰，似无需特别有所表示。) (三) 近传中政府在青康军队调动集中西藏边境，藏人当然不无疑惧。(梁答：大敌当前，中国断无随便用兵激成内乱之理。惟闻日敌派遣军人扮成喇嘛，秘密入藏，散处各寺，大肆活动，竟谓中英皆已战败，日本为真正佛教国，将来日军入印时，即助藏恢复自由等语。中政府为防范日人混入西藏起见，必须在边境严密检查监视。恐谣传由此而起。)"

1942 年 7 月 21 日，外交部召集有关机关详细讨论，拟定原则四项："(一) 运输组织：印度至锡金一段，应完全由英方担任。其余全线（自锡金经西藏至西康）由中国担任主办，并由西藏及其他地方当局协助。其中拉萨至印度边境一段之运输，可随时请英方协助。(二) 运输路线：应告英方以吾人所择路线，并非南线，亦非北线，乃一中线，以锡金国之噶伦堡或甘督（Gangtok）为中英接运地点，经江孜、亚东、太昭、拉萨、昌都、硕督、嘉黎等处，不能不经过拉萨。(三) 运输物品：应通知英方，告以傅次长未言同意不运成件军火，惟最初先运汽油等项物资，保留运输军火问题。(四) 运输业务：运输业务应由交通部主持，由沿途地方政府协助办理，并应在沿途设站。至各站组织，由各有关机关如运输统制局、交通部、军令部、蒙藏委员会、军委会调查统计局、军政部交通司测量总局、卫生署等，共同详商决定。又藏方协助一节，可先利用其原有之运输机构及运输工具。"[①]

英国施压噶厦同意开通印藏驿运，是以维持西藏"自治"地位为前提条

---

① 《何应钦就印藏驿运事拟定与英交涉四原则签呈致孔祥熙函》(1942 年 8 月 1 日)，载刘丽楣主编：《民国时期西藏及藏区经济开发建设档案选编》，中国藏学出版社 2005 年版，第 138—140 页。

件，将驿运与印度、西藏问题挂钩，其所提出的组建中、英、藏运输局及不干涉"西藏内政"或由英、藏、中签订"三方协议"的"意见"，都是变相地要求中国政府公开承认西藏"自治"。

1942年7月22日上午，行政院召集军事委员会、军政部、外交部、交通部、蒙藏委员会等相关部会负责人，讨论由印经藏内运物资一案："佥以增辟国际运输路线，固可适合目前需要，惟此线全程一千四百余英里，所经之处复地形险峻，人烟稀少，往返约需半年，每年只能内运两次，驿运之运输量每年约在二千吨左右，沿途保护亦难期周密。现英方既有此拟议，似不妨由驻印沈专员继续洽商，酌拟办法如下：（一）此项运输事宜应采取商业方式办理，由沈专员秉承交通部意旨，在印筹组商业运输团体承办。（二）运输路线系自锡金经拉萨、昌都、甘孜、康定等地内运。（三）运输物品尽先运输油类、药品、棉织品、通讯器材等。"[①]

1942年9月15日下午，行政院召集各部会联席小组会议，外交部欧洲司梁龙司长先就与英国交涉经过作简略报告："今日上午九时半，英国大使馆台克满参事又面交备忘录一件，与印外事部所送备忘录各点，及沈专员等与英方会议议决各点，稍有出入。其中如中、英、藏三方换文等，根本不能考虑。又关于财政问题，英方屡以对藏付现困难为言，以示非英协助不能办理；又屡以中英借款为言，暗示其饵，皆须注意。其余各点，表面上似较前略为让步，然细察之，对于我方所定四大原则，仍持反对态度。例如设站问题，英方虽表示可在拉萨派员办理业务及联系，然仍反对在其各处设站或派人。路线问题，英方仍坚持玉树及巴安为交货终点，皆与我方原则大相径庭。至利用中英借款问题，我方应否接受英方提议，及我方应否为区区小款，迁就英方条件，皆请各位共同研究，决定我方应采之方针与步骤。"经各代表详细讨论后，共同决议："一、由印运华之物资，应由运输统制局与驻印美军供应部另案洽办，不必与英方讨论。二、运输合同无庸由中、英、藏三方会同签订，尤不必由中、英、藏三方换文。三、运费问题暂勿与英方讨论。四、驿运终

---

① 《西藏成立外交组织及由印经藏内运物资案审查会纪录》，载中国藏学研究中心、中国第二历史档案馆等合编：《元以来西藏地方与中央政府关系档案史料汇编》第七册，中国藏学出版社1994年版，第2846页。

点站之业务及联系事宜，英方不必派员参加。以上四款，可先由外交部训令沈专员办理。五、关于机构问题，除拉萨已由英同意得由我派员办理业务及联系外，我方应否坚持在沿线其他地点设站。六、关于路线问题，应否坚持必须经过江孜、亚东、太昭、拉萨、昌都、硕督、嘉黎等处。七、关于财政问题，应否利用中英借款；如不利用此借款；应如何筹划支付。以上三款，由外交部接到有关各部、会、局、处详细核示意见后，签请院长核示遵行。"①

1942年9月20日，军事委员会运输统制局呈报参谋总长何应钦，报告印藏驿运交涉经过并请示以后交涉方针：

> 开辟印藏驿运一事，前经遵照钧座核定原则三项及行政院决定办法四项（原则及办法见附件），由外交部饬驻印沈专员就地交涉，同时并知照驻渝英大使馆。顷据沈专员来电报告，英方意见要点如下：1. 藏境内运输：由藏商包运，每年二千吨，需费三百万盾，每吨合一千五百盾。2. 运费：藏方要求硬币，如由英借款拨付时，可以中东各国通用银币支付；如另筹款，由我与藏方洽订。3. 路线：藏方择定为玉树之线，与我决定者不同。4. 设站问题：英方、藏方坚主除起点（印度噶伦堡）、终点（玉树）。拉萨由中英双方派员外，沿途无须设站或派人。5. 运输合约：英方主张必须参加，更坚持中、英、藏三方换文证明。

> 英方所陈意见，与我既定原则相差悬殊。我国开辟印藏驿运，旨在强化西藏政治，收回国家主权，故年运军品二千吨、耗费三百万盾，如能按预定原则办理，亦在所不惜。今观交涉，谅不易就我范围。此后交涉方针，应请钧座核示者，谨拟议两项如下：一、维持我既定原则，继续交涉；倘不能就范，宁暂行停顿。二、如必使驿运沟通，则取渐进方式，逐步发展。目前初步办法如下：1. 西藏境内之运输：先交藏商包运，视其成绩如何，再定办法。2. 路线：先听藏商采取熟悉易行之线，即由噶伦堡至玉树，亦无不可。俟他线设备妥当，再行改线。3. 机构：先由驿运处在起站（噶伦堡）、讫站（玉树或巴安、昌都）设站，在拉萨设联络站，其余俟将来必要时，再谋增设。4. 运输合约：由驿运处与西藏

―――――――――――

① 《行政院各部会联席小组会议关于办理印藏驿运会议纪录》，载刘丽楣主编：《民国时期西藏及藏区经济开发建设档案选编》，中国藏学出版社2005年版，第142—143页。

运商议定，分报交通部及西藏地方政府核准施行。5.运费问题：另由财政部核办。①

由参谋总长何应钦签呈报蒋介石批准。

康印公路、驿运交涉2年，英国、噶厦坚持先签订所谓的中、英、藏"三方协议"，意在谋取"西藏自治"地位，这是中国政府所不能让步的。另外，英国又在驿运路线、运费、物资上有意刁难，致使驿运无法落实，无形中打击了内地人民抵御外寇的信心，损害了抗战大局。这就迫使蒋介石不得不考虑军事行动。

面对噶厦挟英作梗，轻视中央威权的气焰，中央政府必须动以军事，才能震慑西藏亲英分裂分子，树立在藏威信，否则徒费口舌。蒋介石遂命令军令部草拟用兵西藏计划。1942年10月，"西藏用兵计划草案已奉批下，在明年开始行动，预定于明年十月前，进驻昌都，再用政治方法解决西藏问题"②。

1942年12月25日，国防军事委员会拟定《西藏之政治制度及其对于中国之关系》，呈交蒋介石："中国一向认西藏为本国领土之一部分，对西藏有主权。乾隆盛世，对西藏曾积极统治。民国以来，屡欲恢复前清强盛时代与西藏之关系。只因国力不充，处境困难，未能贯彻。""中央对西藏不外采取两种可能之关系：甲，恢复藩属之地位（准备兵力，行使统治权）；乙，中央给予西藏以自治权，除国防、外交及一部分交通、经济、财政与教育由中央主持外，余皆允许其高度自治。""似宜采取乙种关系较为切合西藏环境。"国民政府认为解决西藏问题无外乎文武两手，采取武力并不现实，以和平解决为主，先"树立中央在藏之威信"，"划分步骤，不求急进"。③蒋介石真实想法是缓进徐图，以不生事端为要招，故军事行动仅是辅助政治的

① 《军委会运输编制局抄送何应钦等关于开辟印藏驿运交涉经过签呈致行政院秘书处代电》，载刘丽楣主编：《民国时期西藏及藏区经济开发建设档案选编》，中国藏学出版社2005年版，第146—147页。

② 唐纵：《在蒋介石身边八年——侍从室高级幕僚唐纵日记》，群众出版社1991年版，第314页。

③ 《西藏之政治制度及其对于中国之关系》，中国国民党党史委员会藏国防最高委员会档案，005/14。

吓阻策略。1942 年底，国民政府命令西康刘文辉、青海马步芳、云南龙云派兵进驻藏边，伺机夺取昌都。1943 年 3 月，青海省增 3000 骑兵驻防玉树。1943 年 5 月 12 日，蒋介石召见西藏驻京办事处阿旺坚赞等人，严厉指出：中央的军事行动一方面是防止日军勾结西藏，另一方面是为了保护修筑中印驿运线。蒋介石要求阿旺坚赞转告噶厦"勿受英人诱惑"，遵守中央下列要求："（1）协助修筑中印公路，（2）协助办理驿运，（3）驻藏办事处向藏洽办事件必与噶厦径商，不经过'外交局'，（4）中央人员入藏，凡持有蒙藏委员会护照者，需照例支应乌拉，（5）在印华侨必要时需经藏内撤。"蒋介石警告："如果西藏能对此五事遵照办到，并愿对修路驿运负保护之责，中央军队当不前往，否则，中央只有自派军队完成之。""中央绝对尊重西藏宗教，信任西藏政府，爱护西藏同胞。但西藏必须服从中央命令，如发现西藏有勾结日本情事，当视同日本，立派机飞藏轰炸。"①

西藏噶厦从阿旺坚赞处得知蒋介石的训话后，颇为惊慌，赶紧向英国求援。英驻拉萨代表谢里夫将噶厦的求援信电告古德："驻扎在西宁的青海省主席马步芳直接而故意地违反了西藏与青海之间所订立的《条约》，调集数百名军队开进了那曲附近属于西藏领土的扎玛地方（Dzamar）。据说今年侵略意图更大，许多军队已被调到了西藏边境，还有一些军队正在向西藏开进途中。自然，西藏政府不能再采取消极态度，但必须考虑最佳对策，设法维护我们的主权完整。请求我们最大的盟友英国政府，通过印度政府给予我们尽可能的援助，以支持和维护我们的独立地位，并请求锡金政治专员特别助理谢里夫（G.Sherriff）少校监督此事。"②同时，噶厦又增兵康藏前线，作出备战姿态，并向国民政府致电称，藏中重要事项，必须待西藏全体民众大会开会协商，再作答复。

英国闻知青海军队开赴藏边后，坚持所谓对噶厦的"义务"，指示驻华大使薛穆进行干涉。1943 年 5 月 7 日，薛穆来到中国外交部。宋子文接见

① 《蒙藏委员会秘书周昆田致孔庆宗电》（1943 年 5 月 13 日），载北京大学历史系等编著：《西藏地方历史资料选辑》，生活·读书·新知三联书店 1963 年版，第 351 页。
② 英国外交部档案，371/35756，《英国驻拉萨公使谢里夫致锡金政治专员古德电》（1943 年 4 月 15 日），转引自 [美] 梅·戈尔斯坦：《喇嘛王国的覆灭》，杜永彬译，中国藏学出版社 2005 年版，第 315 页。

并予答复："余希望阁下能撤回此项询问。余对于我国军队之调遣不甚明了，就余所知，阁下所述或竟毫无根据。然如果余将阁下提出之问题转达我政府及军事当局，余不知究将引起何种反响。一国之内部队之调遣，实与另一国无关。至于一国之中央与地方接洽事件，无论其友国如何友好，亦无友国代为转达之必要。因余个人志愿使中英关系日益增强，故希望阁下不提此事。"薛穆答称："余亦知此事甚微妙，但西藏与中国其他部分不同，似系自主。"宋子文驳斥："此最多亦不过英之印度类似。"最后两人相约几日后再谈，宋子文特请示蒋介石如何应付。蒋介石批示："西藏为中国领土，我国内政决不受任何国家预问。英国如为希望增进中英友谊，则勿可再干涉我西藏之事。如其不再提时，则我方亦可不提。如其再提此事，应请其勿遭干预我国内政之嫌，以保全中英友谊，并此事决不能向政府报告之意拒之可也。"①

而蒋介石对英国的干涉大为不满，非常愤慨，据唐纵回忆："英国大使向我外交部送达备忘录，谓西藏对我中央将向西藏用兵表示惊骇，希望我国否定其事。委座闻之甚为不悦，嘱吴次长将备忘录退回，西藏为我国内地，为何英国出面干涉。"②

1943 年 5 月 20 日，丘吉尔在太平洋会议上，指责中国："集中队伍，准备进攻西藏……使该独立国家大为恐慌。"宋子文予以驳斥："西藏并非首相所谓独立国家，中英间历次所订条约，皆承认西藏为中国主权所有。"③丘吉尔公然将西藏称为"独立国家"，是对中国主权的极大藐视，理所当然地遭到了国民政府的坚决反对。

在这次由康印公路、驿运交通及"外交局"所引发的西藏危机事件上，国民政府态度较为强硬。蒋介石再次召见西藏驻京代表阿旺坚赞等人训示，令其转电噶厦。西藏政府召开民众大会讨论。1943 年 6 月 14 日，驻藏办事

---

① 《外交部为英国干涉中国军队调动事呈文及蒋介石的批示》，载中国藏学研究中心、中国第二历史档案馆等合编：《元以来西藏地方与中央政府关系档案史料汇编》第七册，中国藏学出版社 1994 年版，第 2850—2851 页。

② 唐纵：《在蒋介石身边八年——侍从室高级幕僚唐纵日记》，群众出版社 1991 年版，第 314 页。

③ 秦孝仪主编：《中华民国重要史料初编——对日抗战时期》第三编《战时外交》第 2 册，台北中国国民党中央委员会党史委员会 1981 年版，第 233 页。

处了解到会议要点，将其内容电告蒙藏委员会："（一）现仅向中央声辩，外交局非新创机关，但中央如仍拒绝接洽，拟让步，另设机关与驻藏办事处往还。（二）中印公路仍以神意反对测修。（三）假道运输原系英方接洽，与中国无关，如经玉树运物，则道路破坏者，由西藏自修。（四）西藏勾结日本情事，应向中央严重声辩。（五）西藏应与中央保持感情，不应与中央西藏办事处断绝关系。"①

在中央的军事压力下，噶厦不得不软化态度，噶厦电告西藏驻重庆办事处，附上备忘录，答复蒋介石，文称：

经西藏驻重庆办事处得知，关于汉藏关系，蒋委员长提出五条。对此，西藏会议作了详细答复，但至今未得回音。如果汉政府不同意上次之答复，现照以下五条进行会商。

第一条，汉商货物由印度途经西藏时，雇用驮畜，向无阻碍，今后藏政府亦一如既往，随时给以帮助。第二条，藏政府保证上述货物途经西藏时，不受盗匪抢掠。第三条，凡汉地来西藏者，须事先上报藏政府，藏政府可以发给路条。第四条，关于承认外事局一事，汉政府认为不妥的话，应本着不损害汉藏供施关系的前提下相互体谅。汉藏双方其他事宜，另行洽商。第五条，旅居印度之汉民华侨，万一发生侨居困难时，可商讨是否准其入境。

目前康区交界处，汉藏双方均聚集大量守边部队，照此下去，因相距较近，若发生冲突，汉藏供施关系将会成为乌有。避免发生此类事件，汉藏军队应立即各自撤出交界处。②

噶厦同时告诉英人同意开通印藏驿运："我们（噶厦）已指令噶厦驻亚东的商务代理，并通知驻噶伦堡的中国商人，货物可以进入西藏，条件是，没有军需品或者是没有军需品企图获准入藏的外籍公民。因此，请求印度政

---

① 《蒙藏委员会为转送西藏民众大会关于外交局及修筑中印公路等事决议要点致军事委员会电》，载中国藏学研究中心、中国第二历史档案馆等合编：《元以来西藏地方与中央政府关系档案史料汇编》第七册，中国藏学出版社1994年版，第2851页。

② 《噶厦为与国民政府洽商汉藏关系事致西藏驻京办事处电》，载中国藏学研究中心、中国第二历史档案馆等合编：《元以来西藏地方与中央政府关系档案史料汇编》第七册，中国藏学出版社1994年版，第2852页。

府通过其设在德里的外交部和锡金政治专员，留意不让汉人在没有事先得到西藏政府准许的情况下入藏，禁止任何军需品通过西藏边境，并请求锡金政治专员特别助理谢里夫监督此事。"①

而英国政府另生事端，又宣布所有经西藏运往内地的货物都要向英印政府申请出口许可证，再次为驿运制造障碍，借保持西藏"自治"地位的名义，阻止中国政府控制西藏地方，进而防范中国对印度国内民族解放运动的影响。

虽然，出于同盟抗日需要，英国最终同意开通印藏康驿运，但是因天气地理环境及牛马数量、运费昂贵等原因，印度物资运往中国内地的数量非常有限，每年仅2000吨，却花费巨大，对补充国内抗战军事物资所发挥的作用并不明显。而国民政府积极支持驿运线目的在于：一是密切汉藏联系，加强中央对西藏的政治影响力；二是国际援华物资的输入可以鼓舞中国军民抗战的士气，在心理上有积极作用。而英国表面赞同实则暗中挑拨噶厦反对，目的仍是控制西藏。这也再次证明，国民政府在西藏问题上显得力不从心，更加助长了噶厦对抗中央的气焰。

三、西藏"外交局"事件

1942年7月6日，噶厦成立所谓与外国打交道的"外交局"，通知蒙藏委员会驻藏办事处自本日起一切事件向该局接洽。孔庆宗当日致电蒙藏委员会："查外交局性质系与外国洽办事件之机关，今噶厦告职须向该局洽办一切事件，是视中央为外国，视西藏为独立国。如我予以承认，则前此国际条约所订西藏为中国领土之文无形失消，而西藏与外国所订明密各约未为中央所承认者无形有效。事关重大，中央似宜明电噶厦不承认该局，中央驻藏官员仍须照旧与噶厦接洽一切事件，一面速定以实力解决藏事之

---

① 英国外交部档案，371/35756，《英国驻拉萨代表谢里夫致锡金政治专员古德的电报》（1943年4月15日），转引自〔美〕梅·戈尔斯坦：《喇嘛王国的覆灭》，杜永彬译，中国藏学出版社2005年版，第316页。

大计。"①7月7日，孔庆宗再电蒙藏委员会："惟藏人反抗中印公路自认成功以来，日益轻视中央，今更设立外务局，对中外表示其独立自主。事关我国对藏之领土主权，敬祈速决大计，指示应付方针为祷。"②7月11日，蒙藏委员会电呈行政院告知噶厦成立"外交局"以外国使节视中央代表，请速指示应付方针。同日，孔庆宗致电蒙藏委员会，称派张旺赴噶厦交涉，被拒绝入门，告之须向"外交局"接洽，目的是"强我屈就，自动放弃对藏固有主权，而间接承认其独立，否则一切要案无从解决。设计险毒，较拒修公路尤甚"③。7月16日，噶厦致电蒙藏委员会称："设立办理外国事务机关，既经成立，无法变更。此为增进汉藏睦谊，决无妨害之意，谅邀洞悉者也。后一切事务均须向该机关接洽，并请令知孔处长遵办为祷。"④

　　1942年7月30日，行政院会议决议应付办法，次日由吴忠信致电孔庆宗："（一）由蒙藏委员会径电西藏当局，告以藏方为处理地方涉外事务而有设置机构之必要，应注意遵守下列两事：甲、有关国家利益问题必须秉承中央意旨处理。乙、中央与西藏一切往还接洽方式仍应照旧，不得径向上述外务机构办理。（二）中央与西藏间一切接洽，如藏方须经由上述外务机构承办，即令蒙藏委员会驻藏办事处暂停对藏一切接洽，该处孔处长仍留藏办理情报事务，所有中央与西藏间一切接洽，改由蒙藏委员会与噶厦及西藏驻渝

① 《孔庆宗为报西藏成立外交局事致蒙藏委员会电》（1942年7月6日），载中国藏学研究中心、中国第二历史档案馆等合编：《元以来西藏地方与中央政府关系档案史料汇编》第七册，中国藏学出版社1994年版，第2841—2842页。
② 《孔庆宗为西藏设立外交局请速示应付方针事致蒙藏委员会电》（1942年7月7日），载中国藏学研究中心、中国第二历史档案馆等合编：《元以来西藏地方与中央政府关系档案史料汇编》第七册，中国藏学出版社1994年版，第2842页。
③ 《孔庆宗为噶厦拒绝接见凡事须向外交局接洽等情致蒙藏委员会电》（1942年7月11日），载中国藏学研究中心、中国第二历史档案馆等合编：《元以来西藏地方与中央政府关系档案史料汇编》第七册，中国藏学出版社1994年版，第2843页。
④ 《噶厦为强辩设立外交局理由并坚持以后一切事务均须向该局接洽事复蒙藏委员会电》（1942年7月16日），载中国藏学研究中心、中国第二历史档案馆等合编：《元以来西藏地方与中央政府关系档案史料汇编》第七册，中国藏学出版社1994年版，第2844页。

代表办理。"①8 月 5 日，蒙藏委员会将行政院决议正式通知噶厦。此时，噶厦对驻藏办事处采取断绝燃料供应，派藏兵骚扰，殴打汉人，要求国民政府召回孔庆宗等方法，意图迫使驻藏办事处与"外交局"交涉。

1942 年 12 月，外交部情报司在印度获得情报："记者抵此特访该局首脑贡觉仲尼、索康扎萨，询其设局真意是否视中国为外国。据答，外交局设立始于十三辈达赖，现为减少噶厦之繁剧事务，以办理中国及其他外国交涉事件。记者询及西藏政府是否认西藏为中国领土，彼不置答，仅谓俟战后再谈。关于假道援华事，据答此事可办，但不得运输军用品等。记者复询贡觉仲尼以最近藏警闯扰中央驻藏办事处之事。据答，该处之设立，藏方以为未得允许，且无条约根据。"②

西藏"外交局"的成立得到英印政府支持，将中国、尼泊尔、英印等国驻藏代表同列为"外国"机关，以示西藏是"独立国"。孔庆宗就噶厦拒绝院议严词驳斥，坚决不与"外交局"来往，并向蒙藏委员会建议强硬应对："（一）派飞机赴昌都一带侦察，借词习飞山地，通知藏方不得开枪，以免自卫投弹，同时令青康滇军越境，为地方性煽动。（二）密令青康滇军以地方冲突形式一举攻占昌都，扼守待命，以留中央转圜余地。"③1943 年 5 月，蒋介石接见西藏驻京办事处阿旺坚赞，言辞和态度都甚为严厉，命令噶厦遵守中央决议，停止阻挠破坏汉藏关系的行为。同时，国民政府命令青海、西康方面做好军事部署向噶厦施压。在中央政府的压力下，噶厦只好召开所谓的"民众大会"，会议表示西藏应与中央保持感情，拟让步另设机关与驻藏办事处来往。但是，在英国支持下，噶厦并没有撤销"外交局"。

自达札摄政后，在中国人民抗日最艰苦的时期，噶厦拒绝康藏公路、印

---

① 《吴忠信为西藏设立外交局中央议决应付办法两项事致孔庆宗电》（1942 年 7 月 31 日），载中国藏学研究中心、中国第二历史档案馆等合编：《元以来西藏地方与中央政府关系档案史料汇编》第七册，中国藏学出版社 1994 年版，第 2844—2845 页。

② 《外交部情报司关于记者就西藏设立外交局等事采访该局首脑情报》（1942 年 12 月 14 日），载中国藏学研究中心、中国第二历史档案馆等合编：《元以来西藏地方与中央政府关系档案史料汇编》第七册，中国藏学出版社 1994 年版，第 2849 页。

③ 《孔庆宗为噶厦拒绝院议应严予驳责事致蒙藏委员会电》（1942 年 8 月 29 日），载中国藏学研究中心、中国第二历史档案馆等合编：《元以来西藏地方与中央政府关系档案史料汇编》第七册，中国藏学出版社 1994 年版，第 2848 页。

藏驿运、设立"外交局"掀起了一股反抗中央政府的高潮，这是以达札为首的西藏地方当局日益走向亲英仇汉道路的反映。同时，在远东面临困境的英国仍妄想在战后霸占印度、缅甸等殖民地，竭力排斥中国政府在亚洲发挥影响力，故英国与西藏地方当局关系反而比十三世达赖喇嘛晚期更为密切。1943 年 1 月，从孔庆宗向蒙藏委员会报告的内容来看，可以探知英、藏关系："驻江孜英军官孙德尔偕所训藏军官兵、炮四门，十九日抵拉萨，正偕英代表舍利福，为藏方装备库存炮三门，训练毕，或将运康。查英方暗售军火于藏，虽无证据，但藏军枪炮概为英制，今又教以炮术，为训无线电员，藏方为英方建学校，许其开医院，凡藏方拒我者，无不允英。藏当局恃有外援，故敢拒修中印公路，创设外交局，阻挠盟国运输，禁止汉人入境，藐视中央，凌虐汉人，冲扰驻藏办事处，停止支应。自不平等条约废除，英在江孜驻兵已成问题，拉萨设官尤无根据。现中英同为盟国，相亲相助，江孜、拉萨英官于中藏僵局中似不应暗助西藏整军负隅，而在我领土内为出轨活动。"[1]这对国民政府与英国交涉藏事、与噶厦打交道都是一个警讯，足应引起国民政府的警惕。随后的发展验证了西藏地方当局在分裂的道路上越走越远。

四、西藏代表团出席"泛亚洲会议"

1946 年，英国在印度的统治即将崩溃。印度国大党将担负起领导国家的重任。英国宣布印巴分治后，印度尚未做好权力移交的充分准备，故保留原英印政府的文官、军队体系，由英人担任各级官职处理内政、外交。尼赫鲁新印度政府继承英、藏非法"条约"关系，奉行维持西藏现状政策。英国驻拉萨代表机构原有人员全部留任，唯一的变化是换了国旗。

英人也在鼓动印度、西藏继续维持所谓的特殊关系。1946 年 10 月，陈锡璋向蒙藏委员会报告：印度政府正在改组边政机关，"英方现正鼓动西藏

① 《孔庆宗为西藏当局恃有英援藐视中央应设法弭患事致蒙藏委员会电》（1944 年 1 月 27 日），载中国藏学研究中心、中国第二历史档案馆等合编：《元以来西藏地方与中央政府关系档案史料汇编》第七册，中国藏学出版社 1994 年版，第 2853 页。

政府与印新政府树立外交关系，希冀英藏一切条约协定继续有效。西藏外交局长索康现到岗多，此行用意在探视印度独立情形，并与尼赫鲁等会晤，以决定西藏之立场。近来藏印间活动频繁，深堪注意"①。国大党领袖尼赫鲁为了扩大影响，发起泛亚洲会议，以印度国际问题学会的名义邀请 24 个国家的 32 个代表团出席，其中包括西藏代表，这是英国政府战后蓄谋将西藏问题国际化的一个直接体现，假借尼赫鲁之手怂恿西藏"独立"。同时这也反映了印度政府的对藏态度。

1946 年，英驻拉萨商务代表黎吉生唆使噶厦政府"外交局"总管索康·旺清次登向噶厦报告："即将在印度新德里召开泛亚洲会议，黎吉生先生已接到邀请西藏代表出席会议的请柬。黎吉生先生说，如果西藏政府这次派代表团出席会议，就能体现出西藏是一个独立的国家。从目前的世界形势来看，如今正是搞西藏独立的大好时机，务必要派出代表出席会议。英国政府也表示将为西藏的独立活动给予各方面的支持。此外，为了预防来自内部等各方面的干扰，对派代表团一事，要严格保密。"②

蒙藏委员会获知消息后，开会研究对策，1946 年 10 月 22 日呈报蒋介石："当以过去英人在其侵略政策之下鼓动西藏独立，我方应付尚易，今后英人利用尼赫鲁假借民族自决之口号怂恿西藏独立，我则应付更难。事关重要，应否由外交部转饬驻印人员，相机向尼赫鲁说明西藏与中国本部历史上唇齿相依不可分离之密切关系，期其免为英人愚弄，有损我国主权之处。"③1946 年 11 月，英人转交亚洲会议请柬给噶厦，西藏地方当局"当时疑惧参半，一度摄政决定不参加，肆经英人多方活动及少数亲英分子之努力，最后提交

① 《陈锡璋致电沈宗濂》，载中国藏学研究中心、中国第二历史档案馆等合编：《元以来西藏地方与中央政府关系档案史料汇编》第七册，中国藏学出版社 1994 年版，第 2854 页。
② 桑颇·单增顿珠、贡噶坚赞：《"西藏代表团"出席泛亚洲会议真相》，载《西藏文史资料选辑》第 2 辑，1984 年，第 12 页。
③ 《蒙藏委员会为泛亚会议西藏列入被邀出席单位之一事已呈蒋介石核示事复国防部代电》(1946 年 10 月 22 日)，载中国藏学研究中心、中国第二历史档案馆等合编：《元以来西藏地方与中央政府关系档案史料汇编》第七册，中国藏学出版社 1994 年版，第 2855 页。

民众大会。经数次讨论，卒决定正式派员参加"①。

1947 年 1 月 14 日，陈锡璋致电蒙藏委员会："藏政府已决定派扎萨桑都博章及堪琼罗桑汪杰二人为代表，并准各带随员一人，即将发表。"②2 月 4 日，陈锡璋报告："1. 关于英人侵入藏境事，藏政府连日会商，闻将一面致电英政府交涉，一面在亚洲会议提出。2. 藏政府参加亚洲会议，闻将以独立国出现。3. 印度文官处撤销后，闻霍金森（锡金行政长官）、黎吉生（英驻藏代表）等均不能蝉联，但尚须显利夫（少校，前英驻藏代表，现在贡布、江达）深入藏境考察。"③

摄政达札同意派代表团出席泛亚洲会议。噶厦召开秘密僧俗官员会议任命桑颇·才旺仁增和洛桑旺杰为代表团正副团长，桑颇·单增顿珠、孜仲贡噶坚赞、噶雪顿珠兼翻译、吉普·旺堆诺布兼翻译、哲蚌寺洛色林扎仓格西仁增丹巴和甘丹寺夏孜扎仓格西阿旺班登为团员。

噶厦召集正副团长面授机宜，并授命代表团为实现西藏"独立"，要竭力宣传在西藏实行政教合一制度的必要性，宣传松赞干布到历代达赖喇嘛在西藏执政之历史文化的发展，说明西藏与印度、汉区边界情况，宣传西藏妇女的权利问题和关于噶厦接待外国人来藏问题等，企图在会议上大造舆论，扩大分裂祖国的活动，最终达到西藏"独立"的目的。④

西藏地方政府参加亚洲会议的动机，据陈锡璋报告："在英方欲使西藏问题国际化，彼可借其国际地位支持西藏独立，一如苏联之外蒙，而手段更为圆滑。在藏方欲借英支持以谋独立，最低亦可冲淡专派代表前往中央之痕

① 《陈锡璋为奉复英人唆使西藏参加泛亚会议企图使西藏问题国际化事致沈宗濂电》（1947 年 2 月 25 日），载中国藏学研究中心、中国第二历史档案馆等合编：《元以来西藏地方与中央政府关系档案史料汇编》第七册，中国藏学出版社 1994 年版，第 2857 页。

② 《陈锡璋为报政府决定派桑颇及罗桑王杰参加泛亚会议致沈宗濂电》（1947 年 1 月 14 日），载中国藏学研究中心、中国第二历史档案馆等合编：《元以来西藏地方与中央政府关系档案史料汇编》第七册，中国藏学出版社 1994 年版，第 2856 页。

③ 《陈锡璋为报英人入侵藏境及西藏参加泛亚会议动态等情致沈宗濂电》（1947 年 2 月 4 日），载中国藏学研究中心、中国第二历史档案馆等合编：《元以来西藏地方与中央政府关系档案史料汇编》第七册，中国藏学出版社 1994 年版，第 2856 页。

④ 桑颇·单增顿珠、贡噶坚赞：《"西藏代表团"出席泛亚洲会议真相》，载《西藏文史资料选辑》第 2 辑，1984 年，第 13 页。

迹。闻藏方在会议中主要活动之点：(1) 要求完全独立及国际承认，此点闻
已得英方支持。(2) 要求中央划给康境土地。(3) 要求英方撤换驻军。(4)
要求英方退还山南侵地。""闻若干提案系英人代为拟定者。英人为支持其提
案，并允在会期中尽量代西藏发动国际宣传，企图西藏问题可能提出国际机
构从事解决。现藏方正在搜罗过去西藏、中国间之文献资料，以便在会中
提出。"①

1947 年 3 月 1 日，陈锡璋致电沈宗濂："闻藏政府赶造旗帜，其图样为
上绘太阳，下绘雪山，左右各一狮。即日专差送往桑都博章，以备亚洲会议
时悬挂。"②外交部正式向印度政府提出抗议，印度政府认为中国政府抗议并
无理由："(1) 此次泛亚会议之召集，系尼赫鲁氏以印度世界大事委员会名
誉会长之名义发出请柬，而非以政府首长地位召集。(2) 此次邀请对象，纯
以文化团体为主，而非以国家为单位。如苏联方面，此次仅邀苏联亚洲部分
之六七个共和国，但苏联中央则并未被邀请参加。"③

蒙藏委员会致电噶厦："希转知出席人员不宜提出政治问题，以及印藏
划界等事。会议期中并随时与中央所派代表取得联系，俾便协助。"④

1947 年 3 月 17 日，蒋介石指示蒙藏委员会，应明令制止西藏代表出
席，"查西藏擅派代表参加国际会议已属违法，竟另制国旗，其企图独立完

---

① 《陈锡璋为奉复英人唆使西藏参加泛亚会议企图使西藏问题国际化事致沈宗濂电》(1947
年 2 月 15 日)，载中国藏学研究中心、中国第二历史档案馆等合编：《元以来西藏地方
与中央政府关系档案史料汇编》第七册，中国藏学出版社 1994 年版，第 2857 页。

② 《陈锡璋为报藏政府赶造太阳雪山旗以备泛亚会议时悬挂致沈宗濂电》(1947 年 3 月 1
日)，载中国藏学研究中心、中国第二历史档案馆等合编：《元以来西藏地方与中央政府
关系档案史料汇编》第七册，中国藏学出版社 1994 年版，第 2859 页。

③ 《国民政府文官处为计晋美函报西藏擅派代表预备出席泛亚会议请政府注意事致蒙藏委
员会函》(1947 年 2 月 27 日)，载中国藏学研究中心、中国第二历史档案馆等合编：《元
以来西藏地方与中央政府关系档案史料汇编》第七册，中国藏学出版社 1994 年版，第
2858—2859 页。

④ 《蒙藏委员会为西藏出席泛亚会议不宜涉及政治边界问题事致噶厦电》(1947 年 3 月 12
日)，载中国藏学研究中心、中国第二历史档案馆等合编：《元以来西藏地方与中央政府
关系档案史料汇编》第七册，中国藏学出版社 1994 年版，第 2860 页。

全暴露"①。

黎吉生则密告噶厦说："国民党中央政府已得悉噶厦派代表团出席泛亚洲会议，发表声明极力反对。现在要向团长发报，令代表团在国民党代表之前赶到新德里，造成即成事实的局面才是。"噶厦再次接受了黎吉生的建议，立即向代表团发出急电。桑颇·才旺仁增团长接电后，即刻率代表团离开了噶伦堡，日夜兼程，五天后到达新德里。印度当局派官员前来欢迎。到达新德里的第二天清晨，尼赫鲁和沙尔加尼那耶珠夫人亲临西藏"代表团"住处表示慰问。印度各家官方报纸也为西藏"代表团"出席"泛亚洲会议"作了别有用心的宣传。②

同时，国民政府与印度政府进行紧急交涉。行政院命令外交部、蒙藏委员会、内政部迅速筹措对策上报。外交部向印度新任驻华大使交涉，请其将下列各点陈述给奈杜夫人："（一）政府代表应作为视察员资格出席，其他学术及公共团体之代表称为出席代表。（二）出席该会之藏方二人，列为西藏地方团体代表。（三）该会中任何会议不得讨论西藏在中国新公布宪法中之地位及权利等问题。（四）奈杜夫人于会议中公开说明，政府代表之地位与其他参加会议之组织及公共团体之代表不同。"据印度驻华大使复，亚洲会议组织委员会主席奈杜夫人对于前三点表示同意。第四点，据驻印使馆来电，该会发表的新闻称该会将不讨论各国内政问题。③

中国出席亚洲会议代表多次与印方交涉，迫使印度政府答应将西藏代表列在中国各团体代表名单中。蒙藏委员会电令陈锡璋劝告噶厦，此次会议纯为文化性质，不宜提出政治问题，不应悬挂地方旗帜。外交部下令驻印使馆多次与印方交涉，西藏为中国行政区域之一，如有擅挂国旗者，我政府视为违法，印度政府不应允许此事发生。

---

① 《国民政府为明令制止西藏擅派出席泛亚会议代表另制国旗事致蒙藏委员会代电》（1947年3月17日），载中国藏学研究中心、中国第二历史档案馆等合编：《元以来西藏地方与中央政府关系档案史料汇编》第七册，中国藏学出版社1994年版，第2861页。

② 桑颇·单增顿珠、贡噶坚赞：《"西藏代表团"出席泛亚洲会议真相》，载《西藏文史资料选辑》第2辑，1984年，第13页。

③ 《外交部为印度交涉西藏出席泛亚会议情形事致蒙藏委员会公函》（1947年3月20日），载中国藏学研究中心、中国第二历史档案馆等合编：《元以来西藏地方与中央政府关系档案史料汇编》第七册，中国藏学出版社1994年版，第2861—2862页。

1947 年 3 月 23 日，泛亚会议第一次大会时，"主席台后墙壁上悬挂之巨幅亚洲地图，竟将西藏置于中国疆域之外"，"且有西藏代表三人坐于主席台上，该处系各国代表团团长座位"。中国代表团向尼赫鲁交涉抗议，尼赫鲁答："当时尚未察觉此事，允于今日更正。""英、印煽动西藏独立之阴谋，更昭然若揭。"①

英、印一唱一和，目的是借亚洲会议将西藏问题国际化，促使西藏地方以"独立国"的面目出现，从而引起亚洲各国的注意。西藏地方当局也抓住这个难得的良机，欲展现自己。西藏代表团在拉萨准备得很充分，到新德里后携带达赖、达札的照片、信函、礼品，分送大会主席尼赫鲁、筹备委员会主席奈杜夫人、英驻印总督、印度外交部部长、锡金总督等人。

据代表团成员桑颇·单增顿珠、贡噶坚赞等人回忆："代表团"与尼赫鲁会见时，向他阐述了西藏的政教情况以及"藏印边界"情况，并竭力表达了为实现西藏的"独立"而奋斗的决心。然而，尼赫鲁在沉思中露出一丝微笑，狡黠地回答说："这次泛亚洲会议在新德里召开，是印度史上的第一次。这次会议，旨在促进亚洲各国间的接触和了解，不讨论政治和边界纠纷，即使提出这些问题，也讨论不出解决办法。"

过了几天，"代表团"受到了甘地和英驻印总督马温巴顿（蒙巴顿）的接见。桑颇·才旺仁增面交了达赖喇嘛和摄政王达札给他二人的信件、照片及礼物。在交谈过程中，"甘地直言不讳地说：'西藏过去一直是拒外国人于门外的，你们为什么这样做呢？我可以来西藏吗？'团长立即向他大献殷勤地说：'如果甘地先生来藏，我们西藏政府不仅欢迎，还一定会热情接待……'甘地说：'你们关着门是不对的，应该把门打开！'接着，甘地又振振有词地说：'印度在没有佛教以前，就已经有了印度教，释迦牟尼根据印度教创立了佛教。这两个教虽然在某些方面存在着差异，但根子是一个。'"会议的组织者为制造舆论，对西藏"代表团"的每次讲话、访问等各种活动，都倍加关注，除在报纸、电台上广为宣传外，还大量拍照，汇集成册，

① 《中央通讯社关于泛亚会议上公然更改我国西藏地图制造分裂活动事之报导》（1947 年 4 月 1 日），载中国藏学研究中心、中国第二历史档案馆等合编：《元以来西藏地方与中央政府关系档案史料汇编》第七册，中国藏学出版社 1994 年版，第 2866 页。

成为会议影集内容的一部分。会议结束时，给每个人发了一册注有自己姓名、职务的影集作为纪念。当西藏"代表团"将要离开印度时，奈杜夫人虽然患病卧床，但她特地将西藏"代表团"请到她家，馈赠影集，并说："就你们西藏来说，过去很少有人知道在什么地方，通过这次会议和这本影集，各国都知道西藏了，这是你们的成绩！"英国驻印度总督马温巴顿几次接见西藏"代表团"，表现出了特有的"热情"。[①]

泛亚洲会议期间，正值全印度掀起反英最高潮之际，印度人民在街头焚毁英国国旗，示威游行，令殖民者限期退出印度。英印总督多次表示"准备将印度归还给印度人"。然而，在这非常时刻，英人仍不忘西藏"代表团"，费尽心思隆重欢迎，广为宣传，暴露了英国政府的用心。

[①] 桑颇·单增顿珠、贡噶坚赞：《"西藏代表团"出席泛亚洲会议真相》，载《西藏文史资料选辑》第 2 辑，1984 年。

第六章　国民政府官员在西藏地方的活动

第一节　驻藏办事处的活动

占绝对统治地位的寺庙、贵族、官家三大领主对西藏政局的走向有着巨大影响，普通藏人对政治基本上没有发言权。自元代以来，中央政府都深知西藏特殊社会情况，采取尊崇、优礼、厚惠西藏上层人士和寺庙政策，由于贵族掌握世俗政权，常怀私利，对中央管辖有不甘之心，反而众喇嘛、三大寺始终对中央政府怀有正面情感，直到民国仍是如此。

民国时期，中、英在西藏都非常注重布施寺庙、喇嘛，给予贵族财物、贸易上的利益，笼络贵族子弟，给上层人士治病等，以培养有利于自己的政治情感。此外，中英在报刊、电台宣传上都采取了一些方法。虽然中、英很少就这些举措进行直接交涉，但是各自积极活动，以削弱对方的影响，实际上也是一种针锋相对的政治斗争，反映了中英在西藏社会领域斗争的一面。

一、厚惠寺庙、喇嘛、贵族财物

给予经济、财物上的好处是历代中央政府笼络民族上层人士的有效政策。元明清都赐予大量财物恩待西藏政教人士，培养其对中央政府的情感，密切西藏地方与中央的关系。这与战争相比，花费最小，收效最大。僧官、高僧、普通喇嘛的政治观点和情感对噶厦处理对英关系，以及与中央政府洽商有着无可替代的影响，其中色拉寺、哲蚌寺、甘丹寺三大寺代表全藏寺庙、喇嘛参加噶厦官员会议、"民众大会"。所以，国民政府尤为着力笼络三大寺。

北洋政府也一直打算运用恩遇方法打破汉藏关系僵局，却苦无机会施行。国民政府成立后，首重政治解决西藏问题，多次派代表入藏联络洽商，恢复了与西藏地方政府的正常沟通渠道。1930 年，国民政府派遣谢国梁为特使前往西藏化解尼藏危机，决定："按旧例，我国派员到藏，无不有熬茶布施之举，召集各大寺僧徒诵经啜茗，每名布施一两或八钱、六钱不等。此次派员赴藏，以收拾人心为第一要义，似不可少。"并拟定在哲蚌寺、色拉寺、甘丹寺等三大寺布施约一万五千元。[①] 后谢国梁赴藏途中逝世。此后，中央派员进藏皆对以三大寺为代表的众多寺庙、喇嘛进行布施，寓政治于其中，争取寺庙力量的支持。

1934 年，黄慕松代表团入藏时，为了宣达中央德意，选购砖茶 200 余包，沿途赠给各喇嘛、高僧、土司等。在拉萨，对热振、司伦以下至七品官以上，分别轻重，都有馈赠。黄慕松到拉萨后，马不停蹄地朝拜寺院，"鉴于英人过去在三大寺熬茶每一喇嘛仅发洋一元之旧例，为达成中藏友好，而使中央无西陲之忧，决定从厚起见，拟每一喇嘛发洋二元"。

黄慕松在西藏了解英人每次来拉萨都要布施三大寺。但是，英国更多的财力是放在噶厦和世俗贵族上，培植亲英势力。而三大寺自清代是亲汉的中坚力量，英国势力很难渗透进去。黄慕松也深知三大寺在西藏政治中的特殊重要地位，加意笼络，以为对抗噶厦亲英派的可靠力量。从 11 月 13 日开始至 26 日，黄慕松代表团布施熬茶，为使三大寺喇嘛"内向如一起见"，"在每寺发基金，计每年每一喇嘛可获利息藏噶五枚（合中币二角三分），只用利息，而基金不动，换言之，西藏只要有佛教一日，而中央维护佛教之心当存一日"。

根据清代驻藏大臣每年正月十五举行传召，将拉萨喇嘛及附近所有寺院喇嘛集合大昭寺前，宣布皇上德政，维护佛教之意的惯例。黄慕松认为此举颇易收藏人之心，乃规定传召费藏银 691 秤（每秤 50 两，一秤折合银元 3元 3 角 3 分），每年所得利息为所有传召喇嘛熬茶，此款由噶厦和大昭寺堪

---

① 《国民党中央执行委员会政治会议关于解决中央与西藏地方及西藏地方与尼泊尔纠纷问题决议致国民政府函件》（1930 年 3 月 26 日），载中国藏学研究中心、中国第二历史档案馆等合编：《元以来西藏地方与中央政府关系档案史料汇编》第六册，中国藏学出版社 1994 年版，第 2519 页。

布负责保管，于每年正月十五举行传召盛会，宣布中央德意，如是则中央政府维护佛教之心深印喇嘛，而喇嘛之倾诚内向可始终不懈。①

1939 年，吴忠信筹备入藏，深感中央与西藏僵局非唇舌所能改变，必须先由感情入手，收拾人心，再做调整。8 月 4 日，吴忠信向国防最高委员会提交《对藏政策之检讨与意见》报告，其中提到增加西藏寺庙布施："现在每年布施不足印币十万卢比，以每盾折合藏印五两计，不过十五万两，以之分配数万之喇嘛似觉过少，亦欠普遍。然此布施已发生相对效果。上年驻藏办事处与藏当局发生误会。当局拟对该处用断然手段三大寺喇嘛反对未果。受布施而感念中央德意为原因之一。如中央对藏中寺庙之布施费能增至每年藏银三百万至五百万两范围。自拉萨三大寺扩充至后藏扎什伦布寺地著名寺庙，必有相当收获。"藏人重视喇嘛，此实为发动民众之捷径。②

吴忠信认为他以中央主管边事长官身份入藏，"西藏政府既甚重视，希望亦殷，良应对其僧俗官民多予赏赍，对其寺庙团体广予布施。至树立中央在藏之新的基础，和洽各方，尤非有大量之款万难集事"。三大寺握舆论中心，"凡熬茶、布施的厚薄，所给予一般之观感影响，关系甚大。闻英人在藏用于熬茶、布施之款数，恒视我为加倍，相形之余，未免减色"。吴忠信深知在抗战之际，国计奇艰，无论财政如何困难，应从宽给予经费。③"解决藏事完全属于政治运用问题。欲期运用得宜，尤非动支巨款不可。"经过与行政院、财政部多次交涉，最后在蒋介石的批示下，行政院开会决议，对吴忠信入藏所需全部经费"酌定为国币五十万元，又英币二万镑"。1940 年初，吴忠信抵达拉萨先在三大寺布施一次，每人藏银三两。后又于藏历新年时，乘传召之机，所有前藏喇嘛均集中在大昭寺，又布施一次，每人藏银七两五钱。还派顾问奚伦代表前往扎什伦布寺布施。此次布施之范围既广，每

① 中国第二历史档案馆、中国藏学研究中心合编：《黄慕松　吴忠信　赵守钰　戴传贤奉使办理藏事报告书》，中国藏学出版社 1993 年版，第 28—29 页。
② 《吴忠信撰对藏政策之检讨与意见》（1939 年 8 月 4 日），蒙藏委员会档案，全宗号 141，卷号 2922，载张羽新、张双志编纂：《民国藏事史料汇编》第八册，学苑出版社 2005 年版，第 147 页。
③ 《吴忠信为拟具入藏任务与组织暨经费意见事致行政院折呈》（1939 年 8 月 4 日），载中国藏学研究中心、中国第二历史档案馆等合编：《元以来西藏地方与中央政府关系档案史料汇编》第七册，中国藏学出版社 1994 年版，第 2769—2770 页。

人所得的实惠亦为空前所未有也。① 吴忠信认为布施使全藏僧俗"咸感中央重视佛教、优待僧民之德意，对汉藏关系之改善实有莫大裨益"②。

蒋介石确定对藏首要政策是政治解决藏事。政治手段需要从收拾人心、培养感情入手。而这又需要巨额资金支持。在财政部多次以资金紧张为由，婉拒拨出巨款支持黄慕松、吴忠信在藏活动时，都是蒋介石亲自批准宽给经费，其目的和用意也是要展现优待藏民厚意，以利改善汉藏关系。在这方面，蒋介石头脑清醒。

英国自然也深知财物厚惠的奥秘。吴忠信观察英人在藏活动：一为造成西藏在经济上对印度的依存，一为给西藏大量军火。对于一般世家子弟联络尽致，每年必请客送礼一二次，并随时邀约做种种游戏。③ 英人将重点放在贵族身上，主攻掌握政权的上层官员。

锡金政治官霍金森曾在致印度外交部的信中表示：据粗略的估计，仅棉布进口西藏一项，西藏商人、官员 1 个月就可以获得超过 100 万卢比利润。印度进口西藏羊毛，却从中几乎没有获得什么利益。而西藏经营对印度进出口贸易的最大获利官商是噶伦索康家族。西藏从印度得到了利润，但却没有作出充分的报答和感谢。④ 霍金森说印度没有什么获利当然是夸大其词。英印商人垄断了西藏羊毛对欧美的出口贸易，羊毛出口印度后，再转口美国、英国等地，利润丰厚。出口羊毛是噶厦税收的主要来源，而西藏大世家贵族例如擦绒、索康家族、邦达昌家族则垄断了印藏贸易，获取对印贸易利润。普通牧民、小毛商是被压榨剥削的对象。

1946 年，黎吉生、霍金森曾谈到英印政府给西藏商人提供比噶伦堡的印度商人价格低 9%的布匹。黎吉生相信西藏商人在拉萨以大约高于噶伦堡150%的价格转手卖出获取高额利润。从这种布匹贸易中获利的主要是噶厦

① 中国第二历史档案馆、中国藏学研究中心合编：《黄慕松 吴忠信 赵守钰 戴传贤奉使办理藏事报告书》，中国藏学出版社 1993 年版，第 143 页。
② 《驻藏办事处卅年度行政计划目录及施行理由与具体办法》(1940 年 6 月 25 日)，载《"蒙藏委员会"驻藏办事处档案选编》第 3 册，台北"蒙藏委员会"2005 年版，第 430 页。
③ 中国第二历史档案馆、中国藏学研究中心合编：《黄慕松 吴忠信 赵守钰 戴传贤奉使办理藏事报告书》，中国藏学出版社 1993 年版，第 197 页。
④ 1946 年 4 月 16 日，锡金政治官霍金森致印度外交部 No.7（18）—P/46 号信函，英国印度事务部档案。

官员。英印政府的目的不是支持噶厦官员获取金钱利益，而是通过利诱大贵族出面阻止噶厦派出代表团参加南京的国民大会。[①] 英印政府认为这是最容易采取的方法，可以轻而易举地施压。如果噶厦不妥协，没有表示出"承担相应义务的感激"，印度政府可以不需要采取任何其他手段，就能立刻提高布匹的价格，从而逼大贵族就范。英人以经济利诱掌握政权的贵族，其用心在政治上，但是效果直接明显。

国民政府的筹划是借助宗教力量影响行政。"西藏政教未分，僧侣权力颇大"，"三大寺更享有参与政治之特权，同时又为黄教中之最高学府"[②]。所以，欲治理藏事，非先赢得三大寺的支持。中央官员入藏了解到西藏分为亲汉、自主、亲英三派。亲汉派是以三大寺为主要力量，形成对亲英派的牵制。驻藏办事处的工作中心之一就是笼络以三大寺为主的寺庙力量，为我所用。1941年，蒙藏委员会驻藏办事处成立后第一年度计划在正月传召期间："中央照例熬茶布施，每一喇嘛藏银三两，需国币二万元"，形成"中央派员驻藏、实行历来施主之恩之深刻印象"，以后每年均照例布施。热振辞职后，驻藏办事处认为其仍为"极大之潜伏势力"，孔庆宗亲往热振寺，"以布施为名，探其情意，察其行动，对于现在与未来之藏事"[③]。事实上，厚惠寺庙取得了显著效果，西藏僧众"以中央尊重佛教，恢复清代布施旧例，亦皆表示感戴拥护"，对中央的态度好转。驻藏办事处举例说：曾与清末驻藏川军攻战的色拉寺"深切仇汉"，"近年以来，态度顿变，汉人至寺，极表欢迎，其堪布等亦与本处联络至佳"。与汉民毫无纠纷之事，"此不能不归功于吴委员长来藏时之巨大布施，及中央之两年传昭布施也"，"为使三大寺竭诚内向计，传昭布施实有续办之必要"[④]。事实上，在班禅返藏，黄慕松、吴忠信入藏，九世班禅转世灵童寻访，康印公路，热振被害，麦线领土

① 1946年4月17日，英驻锡金总督代表致印度外交秘书No.7（18）—P/46号信函，英国印度事务部档案。
② 《"蒙藏委员会"驻藏办事处档案选编》第3册，台北"蒙藏委员会"2005年版，第670页。
③ 《"蒙藏委员会"驻藏办事处档案选编》第3册，台北"蒙藏委员会"2005年版，第450、520页。
④ 《"蒙藏委员会"驻藏办事处档案选编》第3册，台北"蒙藏委员会"2005年版，第665、666页。

等重大政治事件上三大寺都是强大的亲汉力量，主张汉藏友好，和平解决藏事，强烈反对英国势力在西藏渗透以及侵占我西藏领土的行径，制约了亲英派分裂活动。总体上看，三大寺在遏制英国策动噶厦亲英势力搞西藏"独立"方面是有功于国家的。

国民政府正是深知寺庙在西藏政治上不可代替的重要作用，也颇为重视，尽力给予适当捐助。1940 年 12 月，热振活佛为培修锡德寺事，派两名僧人前往内地劝募，请驻藏办事处致电吴忠信协助。蒋介石以个人名义捐助 10 万元。1943 年 5 月，哲蚌寺俱舍眉村为修殿宇僧舍，请驻藏办事处转呈中央捐助，10 月，行政院准予补助法币 10 万元。1944 年 5 月，驻藏办事处捐助彭康噶伦之子主持的寺庙藏银 1 万两。1944 年 12 月，沈宗濂报请蒙藏委员会批准，捐助与热振活佛关系密切的色拉寺结扎仓藏银二万五千两。[①]1947 年春季，西藏国大代表为修缮西康甘丹彭措林寺，募化国币 500 万元。蒙藏委员会捐助凯墨夫人购置贡唐古庙法器费卢比 1 万盾。[②]这些寺庙捐助活动，不仅包括上层喇嘛，也涉及一些贵族和上层人士的切身利益，其意在潜移默化信教僧俗的心向中央之情。

此外，蒙藏委员会对西藏贵族也注重给予经济贸易的优惠。如西藏擦绒扎萨致电蒙藏委员会驻藏办事处"因筹款修建莫君制药庙及医药设备暨经常费基金，特派人运布七百包，以一百包经昌都，另五百包经玉树运往康定销售，即以售款用作上项经费，请中央令饬所经关卡准予免税放行"。1944 年 7 月 4 日，蒙藏委员会致电财政部：指出擦绒为西藏"维新派之首脑，颇具权力。所请免税一事，事关慈善事业，且系初次要求中央，拟请贵部准予照办，以示优惠"[③]。同年 12 月 8 日，大商号邦达昌致蒙藏委员会函请代转财政部："准予发给该商生丝出口证，以便运销印度，周转资金。"1945 年 1 月

---

① 参见黎裕权：《驻藏办事处的设置、功能与影响——兼论国民政府的西藏政策（1939—1949）》，中国文化大学硕士学位论文，2004 年。

② 《国民政府一九四七年度西藏地方政治宗教文化设施资料》，中国第二历史档案馆藏：蒙藏委员会档案，全宗号 141，卷号 981。

③ 《蒙藏委员会为西藏擦绒扎萨呈请运布往康定销售请予免税事致财政部代电》（1944 年 7 月 4 日），载刘丽楣主编：《民国时期西藏及藏区经济开发建设档案选编》，中国藏学出版社 2005 年版，第 335 页。

6日，蒙藏委员会建议："查该邦达昌商号，系西藏亚东总管兼商务委员罗桑养璧世营之企业。罗桑养璧在西藏政府中颇具权力，且素倾忱中央。所请发给生丝出口证一节，如蒙核准，于促进中央及西藏之关系不无稗助。"[1] 中央政府对西藏贵族也是同等重视的，但是这样的机会不多。一是英印政府对贵族的经济利益有更大的影响，世家贵族在印度有商贸往来，掌握印藏贸易特权，从中获得巨大贸易利润。因此，很多贵族不敢得罪英人。二是亲英和自主势力掌握噶厦政权，阻挠和破坏中央政府的努力。三是噶厦梗阻汉藏交通限制了康藏贸易往来及经济活动。

从整体看，国民政府以寺庙为融洽汉藏情感的中坚力量，在很大程度上弥补了政治、经济、交通方面的不利局面，以影响噶厦行政，收获政治实效。这成为国民政府对藏施政的重要方法。另外，国民政府对西藏当权派施加影响手段颇为有限。

二、以茶叶、羊毛利权为中心的对藏贸易

1914年，在西姆拉会议上，麦克马洪与夏扎签订《英藏新立通商章程》十一条，攫取了对藏贸易的垄断权。其中第六条："西藏出产之商货及手工制成品无论优劣均不得租与任何外人承办。"[2] 非法地排除了中国政府在西藏的贸易权。此后，英印凭借此条约控制了西藏对外贸易，掌握了经济命脉，成为威胁噶厦的一把利剑。

清末时期，官商邦达昌垄断了西藏地方政府皮毛贸易。英印政府认为这损害了印度、尼泊尔商人利益，违反了英藏商务条约。民初，英国就逼迫噶厦取消西藏地方政府的羊毛垄断权。1915年夏，噶厦不得不废除邦达昌对西藏皮毛的垄断权，直接导致印度货物源源不断进口，藏印间的贸易大为活跃。而汉藏关系陷入僵局，康藏交通梗阻，使得西藏与内地的贸易陷入停

---

[1]　《藏商邦达昌为呈请转咨财政部复兴公司发给生丝出口事有关文件》（1944年12月8日），载刘丽楣主编：《民国时期西藏及藏区经济开发建设档案选编》，中国藏学出版社2005年版，第350—352页。

[2]　周源整理：《1914年"西姆拉会议"资料汇编、拉鲁家族及本人经历》，中国藏学研究中心历史研究所2003年版，第90页。

滞。英印通过垄断西藏皮毛的出口，控制了西藏地方政府财税来源，在藏影响大大增加。吴忠信指出：西藏"无形之中已受英人之经济侵略，盖由印度输入西藏之货物一概取得免税特权，使西藏境内外货充斥，西藏资金逐渐外流，乃不得不发行纸币以为补救。所发纸币，系以出产之羊毛输至印度，换取外汇，勉强支持。设一旦英人拒收羊毛，或不以卢比与藏银兑现，则西藏财政必归破产矣"①。英国"垄断西藏经济，自内地与西藏之交通梗阻，印藏商务发达，西藏入超年有增加，卢比高涨，在藏地具有极大之信用与势力"②。国民政府真正认清掌管西藏经济命脉对促进政治解决藏事的重要性还在 1940 年前后。

蒙藏委员会刚成立后，即着手研究筹藏之策，当时汉藏关系隔阂已久，对西藏社会政治情形并不了解。十三世达赖圆寂后，1934 年黄慕松有机会入藏观察西藏社会。黄慕松踏入藏境亲身感受到印度货物不加重税源源输入西藏，英货来藏只要现金，或易麝香、皮毛等土产，不要纸币，使得西藏经济日见窘迫，擦绒等深以英人经济危机为虑，但以内地交通未复，日用物品又不能不用，西藏地方当局对英人经济侵略心有可畏。③黄慕松返回内地后担当蒙藏委员会委员长，遂有意发展内地与西藏的经济贸易关系，提议奖助康藏之通商和贸易，以运输保护种种权利，使经济利权不为英人侵略。④

1935 年 12 月，蒙藏委员会专门给四川省政府、青海省政府、云南省政府、西康建省委员会发函征询筹划组织康藏贸易公司的事宜，称：民国之前，西藏与内地的经济贸易联系是非常密切的。内地入藏货物主要有川滇的茶糖、苏杭的绸缎、北平的佛像及法器饰物、江西的瓷器等。西藏输往内地的货物主要有皮毛、麝香、药材等。"商贾贸易甚为繁盛，民族情感因以敦

---

① 中国第二历史档案馆、中国藏学研究中心合编：《黄慕松　吴忠信　赵守钰　戴传贤奉使办理藏事报告书》，中国藏学出版社 1993 年版，第 198 页。
② 《吴忠信撰对藏政策之检讨与意见》（1939 年 8 月 4 日），蒙藏委员会档案，全宗号 141，卷号 2922，载张羽新、张双志编纂：《民国藏事史料汇编》第八册，学苑出版社 2005 年版，第 146 页。
③ 中国第二历史档案馆、中国藏学研究中心合编：《黄慕松　吴忠信　赵守钰　戴传贤奉使办理藏事报告书》，中国藏学出版社 1993 年版，第 111 页。
④ 中国第二历史档案馆、中国藏学研究中心合编：《黄慕松　吴忠信　赵守钰　戴传贤奉使办理藏事报告书》，中国藏学出版社 1993 年版，第 113 页。

睦。"辛亥革命后，在藏汉商多数被逐出西藏，因交通断绝，西藏商人亦不来内地。除茶叶一项，英印垄断了对藏贸易。西藏经济之权操于外人之手，且使与西藏接壤诸省区关系日渐隔绝。现中央积极巩固西陲国防，先从繁荣边省与西藏商务入手，特请贵府令建设厅筹划组织康藏贸易公司，采办内地各省货物及西藏土产，流通有无，调节供需，于振兴边陲商务之中，兼寓融洽民族情感之意。[1] 青海省主席马步芳、西康省刘文辉、四川省主席刘湘、云南省主席龙云都非常重视，称赞蒙藏委员会的提议是善策，如能按照设想的办理，既能振兴青藏商务，也能融洽民族感情，巩固西陲国防。不过，边省诸侯都防范中央借此插手地方事务，虽态度上积极配合，但仍私及本地利益未有实质的举动。

　　另外，在蒙藏委员会的提议下，经过行政院批准，财政部筹划给予西藏与内地商贸往来免税待遇。1935 年 6 月 20 日，财政部就西藏与内地各省通商减免税事上呈行政院文，拟定具体办法两项：一是土货由内地通商各口岸运往西藏之办法。内地经海路运往西藏的商品切实到达西藏，由中央驻藏专员核对单货相符者，海关全数发还按税。二是土货由西藏运到内地通商各口岸之办法。商人将西藏土货由西藏经由海路运往内地各通商口岸时，须向中央政府所派驻藏专员呈报，到达指运口岸后，逐一核对单货相符后，将货物免税放行。上述办法由蒙藏委员会转告噶厦。1936 年，噶厦回复："中央此举，系为体恤商艰"，"现在中藏问题尚未解决，应请暂勿施行。"[2] 显然，噶厦意识到中央此举隐含使西藏承认中央对藏主权之意，明确拒绝。

　　1940 年以来，中央政府与西藏地方政府来往密切，增加了对西藏社会经济情况的了解。蒙藏委员会、财政部等相关部会认识到"西藏与内地经济之联系，其重要性远在政治以上，而经济关系之转变，则又以边茶与羊毛二者为其关键。盖边茶为藏民日常生活所必需，而羊毛则为其主要之生产，苟

[1] 《蒙藏委员会为筹划组织康藏贸易公司致四川等省政府咨》（1935 年 12 月 21 日），载刘丽楣主编：《民国时期西藏及藏区经济开发建设档案选编》，中国藏学出版社 2005 年版，第 284 页。

[2] 《财政部二十四年六月二十日呈行政院》，载刘丽楣主编：《民国时期西藏及藏区经济开发建设档案选编》，中国藏学出版社 2005 年版，第 388—390 页。

能将此二者操之掌握，则政治问题已解决过半"①。国民政府将密切西藏与内地经济联系的重点放在羊毛和茶叶方面，既要对英挽回经济利权，又要依靠政治解决藏事。

1. 康茶筹藏

英国侵略西藏发现，茶叶是藏人不可或缺的日常必需品。而康茶符合藏人口味，在西藏占据了绝大部分的消费市场，其次是滇茶也流行于藏境。辛亥革命后，英印政府在大吉岭等处寻找适合的土壤试种茶叶，获得初步的成功，然后凭借交通便利、免税的优势以低廉价格倾销西藏。但是，千百年来，藏人习惯了康、滇茶叶的口味，印茶在西藏销量仍远不及于康、滇茶。

国民政府及办理藏事官员也在考虑发展汉藏经济贸易关系的方法。1936年，刘文辉指出清朝康藏内附，非仅因政治、军事之力，经济关系尤大。民元以来，汉藏商道阻绝，"茶商独得安然通行，足见西藏之未肯决然脱离中央转亲英国者，未始非此一线牵合之力"②。特别指出康藏茶叶贸易在维系西藏与内地政治联系中所发挥的作用。1929年，贡觉仲尼面见蒋介石曾谈到达赖输诚内因时，其中之一就有"藏人吃茶全用中国品，中藏绝交，茶价贵至十倍"，道出了茶叶在西藏不可或缺的地位。

千百年来，西藏需求康茶，康地也赖运销茶叶入藏境而易西藏药材、皮毛，再返回内地销售，故茶叶运销确为康藏经济政治往来的桥梁，不可中断。有鉴于此，1938年，财政部下属的贸易委员会以"康茶至关康藏经济、国防"，特派徐世度前往西康调查康茶情形，"以谋改良并统制"，打算统管康地茶叶贸易。"时康、雅茶商及地方当局，皆不愿此有关康藏经济大势之茶业，为别方势力所掌握"，遂竭力抵制。③

① 《赵恩拒关于西藏羊毛收购储销事宜座谈会事致贸易委员会报告》（1944年10月14日），载刘丽楣主编：《民国时期西藏及藏区经济开发建设档案选编》，中国藏学出版社2005年版，第341页。

② 《西康建省委员会关于筹组康藏贸易公司事复蒙藏委员会咨》（1936年5月30日），载刘丽楣主编：《民国时期西藏及藏区经济开发建设档案选编》，中国藏学出版社2005年版，第287页。

③ 《西康调查组组长唐磊等呈报康藏经济情势并附陈经济方式等筹藏意见》（1941年1月20日），载刘丽楣主编：《民国时期西藏及藏区经济开发建设档案选编》，中国藏学出版社2005年版，第416页。

1939 年 8 月，吴忠信提出："加强汉藏商业经济关系。民族与民族范围扩大虽同种同教，关系极为空虚，若有商业经济上之供求与互助，情感自臻亲密，故加强汉藏商业经济联系为调整藏务唯一要图。"发展汉藏经济以削弱英国对藏经济控制和掠夺。他有两点建议："（1）西藏产品设法收买，因货不运印度所受出口关税之损失由中央补助。（2）国产品由内地径行运藏，不经印度，予商人以补助，使售价不致抬高，藏人仰给于英印之物品，运同样之国产货，或美法产品，与英印货物竞争，并以廉宜之价格，促售藏印尼商人，使与英印货物竞争。"①其建议脱离了客观环境，自康至藏境，一是道路险恶运输成本高，不如海道便利；二是藏方梗阻康藏交通，内地货物不能再像民国以前一样畅通无阻地进出藏境。商人要考虑自身利益，维持生存，不愿大费周折，况且实施起来难度很大。

随着中央政府联络西藏地方的增多，国民政府认识到了茶叶和羊毛在西藏地方生活和经济中的头等作用。1941 年 1 月，蒙藏委员会西康调查组组长唐磊久留边区，对于目前汉藏僵局，认为"唯一可以一针见血之策"，仅有"康茶筹藏"一道。建议中央政府"康茶筹藏政策，本宜包括统制制造及统销全部，但着手只宜以统销运藏茶业为范围，免一时引起多方面之疑忌"②。国民政府着手准备以"康茶筹藏"之策发展对藏经济贸易。1942 年，财政部规定改征统税，打破了各地茶商自由制销的局面。财政部下属的中国茶业公司再派徐世度前往西康筹设茶厂。鉴于"藏销茶业意义重大"，徐"曾获元首二度召见，指示颇多，并即亲批拨发八千万元试办"。经过层层核减，这笔试办费到最后仅拨下 40 万元。③蒋介石两次接见徐世度，亲拨巨额经费，重视以"康茶筹藏"的政治之用。

① 《吴忠信撰对藏政策之检讨与意见》（1939 年 8 月 4 日），蒙藏委员会档案，全宗号141，卷号 2922，载张羽新、张双志编纂：《民国藏事史料汇编》第 8 册，学苑出版社2005 年版，第 146 页。
② 《西康调查组组长唐磊等呈报康藏经济情势并附陈经济方式等筹藏意见》（1941 年 1 月20 日），载刘丽楣主编：《民国时期西藏及藏区经济开发建设档案选编》，中国藏学出版社 2005 年版，第 419—420 页。
③ 《蒙藏委员会派驻金川调查组呈报康茶产销及荣经茶厂情形报告》（1946 年 11 月 4 日），载刘丽楣主编：《民国时期西藏及藏区经济开发建设档案选编》，中国藏学出版社 2005年版，第 371—379 页。

西康省不愿意中央插手康地，自己组建康藏茶叶公司，欲统揽康藏茶叶贸易。徐世度多受制约，不得不与地方势力联合组建茶厂，资产属财政部，由中茶公司（1945年并入复兴公司）委托代制砖茶，由于资金困难、茶质欠佳，该厂产制能力"未能达到预期目标"。更无余力兼顾边茶运销，无法左右对藏茶叶贸易。

另外，唐磊调查发现康茶制作、销售成本较高，故售价倍于滇茶、再倍于印茶。但因最适于西藏人民体质，素为喜爱，故在藏仍保持一定的销路。民国以来，滇茶逐渐增销康藏。值得注意的是，"惟英人谋夺此项市场，并洞悉其间政治之意义，故处心积虑，设法移植康茶，在印大规模培植茶园，所制销印茶，装潢美丽，色香味皆佳，近传更已改良茶性，亦便能切合于康藏人民体质，果尔，则今后康茶销藏势更难与印茶相抗，如不根本设法改良品质，减少成本，改进运输，则康茶销藏，敢告绝无前途。而此一无前途之意义，则不仅表示国茶市场之被劫夺，且隐伏国土与主权即有连遭分割之危机，故又不能与内地国茶无法外销之意义同日而语也"[1]。唐磊又指出，除了印茶充斥外，还有运费过高、苛捐杂税过多、贷款利息过高、制作成本过高等原因，康茶前途堪危，应速筹挽救之策。至此，实际宣告了由中央直管茶厂进而控制所有康茶制造、统销的政策失败。"康茶筹藏"之策收效甚微。

唐磊调查点破了英人倾销印茶的用心。英人深知茶叶在藏人生活中的头等地位。清末民初就处心积虑地谋划垄断对藏茶叶销售。民初，英人以廉价印茶入西藏，因不合藏人口味，仍难畅销。在国民政府筹划"康茶筹藏"之时，英印政府也在采取对策倾销印茶，占领西藏市场。

噶厦断绝汉藏交通后，迫使川滇砖茶走海道经印度入藏。20年来，康、滇茶假道缅甸仰光、加尔各答、噶伦堡入藏。因缅甸、印度同为英国的殖民地，由缅甸输入印度的产品，印度未征税。受《滇缅条约》的约定，中国自云南陆路进入缅甸的商品，缅甸也不征收任何税收。所以，康、滇茶经缅甸入印度走海道，比较便利。

---

[1] 《蒙藏委员会派驻金川调查组呈报康茶产销及荥经茶厂情形报告》（1946年11月4日），载刘丽楣主编：《民国时期西藏及藏区经济开发建设档案选编》，中国藏学出版社2005年版，第371—379页。

但是，在 1940 年初，滇茶运到缅境之时，印度海关事先没有任何明文公布，突然征收每磅五安之税，茶叶每磅不过值四安，全部收入不足以抵偿其税。"致各号茶屯滞于缅境沿途，陷入绝境，不及挽救，损失不堪言喻也"。我驻加尔各答总领事紧急向印度政府和印度海关提出抗议和严重交涉，最终迫使印度政府决定"对于由陆路运入缅甸之茶砖再由海路运入印度者，免予征税"①。

事情的原委在 1944 年才搞清楚。康藏贸易公司总经理格桑悦希在印度专门调查印茶销藏情况，发现往昔康造藏销茶每年约 9 万担，滇造藏销茶每年约 2 万担。自噶厦梗阻青康进出西藏的交通后，康茶销量日减，滇造佛海沱茶改由海道经印运藏，"至引起英人之嫉视，于是一面抵制过境，一面将印茶改良仿造，以资适合藏人口味。初时藏人尚不惯饮，销路不旺。近年以来，海运被阻，滇茶无法入口，而康茶则因运输路远，成本增高，非一般平民所能饮用，乃不得不购印茶将就代用，印茶遂大量倾销"。近年来，印造沱茶每年约四千包，每年均售罄。近来滇产佛海茶每支现价增至卢比 220 盾，且为缺货，印度沱茶遂大量生产，并改进品质，销路亦因畅旺。战前每包价格 10 盾，现则增至 80 盾左右。②英印阻碍康、滇茶入境，同时由印商乘机大量仿造，混入倾销，以低廉的价格诱藏人购买，待饮用渐惯，印茶大量倾销，而川滇砖茶销路乃至日蹙。③印茶不仅侵夺我国茶叶海外销售市场，待渐渐侵入中国西藏境内后，又以低廉的价格东下康地挤压康茶市场。

国民政府重视康茶运销西藏，是希望以经济配合政治，通过茶叶运销维系汉藏政治关系，且抵制印茶倾销，挽回国家利权。康茶的优势在于千百年来，藏人习惯饮用康茶，又没有竞争对手。但是，在民国时期劣势凸显：

---

① 《外交部为驻加总领事馆与印交涉免抽过境茶税事致蒙藏委员会公函》（1940 年 5 月 9 日），载刘丽楣主编：《民国时期西藏及藏区经济开发建设档案选编》，中国藏学出版社 2005 年版，第 292—293 页。

② 《格桑悦希为印茶销藏事致吴忠信函》（1944 年 7 月 4 日），载刘丽楣主编：《民国时期西藏及藏区经济开发建设档案选编》，中国藏学出版社 2005 年版，第 335—336 页。

③ 《蒙藏委员会拟定加强西藏与内地商务金融联系事致行政院呈》（1946 年 2 月 16 日），载刘丽楣主编：《民国时期西藏及藏区经济开发建设档案选编》，中国藏学出版社 2005 年版，第 15 页。

一是印茶试种成功；二是印度控制了海陆入藏交通，便于抵制康、滇茶过境；三是印茶税收优惠，价格低廉；四是汉藏政治关系阻梗，康藏运费高昂。另外，1940 年以后，国民政府在汉藏关系梗阻，康茶入藏困难，国内经济萧条，法币贬值的情况下，仍由政府统销康茶，使得康茶入藏价格大涨，销量大减。而统购康茶，又压低了茶叶价格，茶商购买不便，致使康茶流通呆滞，一般散农、茶商无利可图。低廉的印茶大批输入康境，康茶业务一落千丈。"康茶筹藏"遂以失败告终。

2. 统购储销西藏羊毛

羊毛是西藏地方经济的命脉。清末民初英印大量购买羊毛，转销欧美。在英人逼迫噶厦取消邦达昌商号羊毛垄断权之后，英印商人控制羊毛出口贸易。羊毛是噶厦主要外汇来源。西藏卖出羊毛，再换购棉布、烟草、机器、军火等工业制品，印度卢比在西藏大为流通，英印又在藏倾销日用货物，控制了西藏金融贸易。据时人观察："羊毛为西藏出口大宗，久为英印之所控制。青康羊毛亦经藏出口至噶伦堡销售，由英商官价收购转介出口。由于英藏通商章程之优惠地位，故能操纵自如，并借以干预藏事。"①英人控制了西藏经济，是打压噶厦的利器。到 20 世纪 30 年代前期，全藏现银外溢殆尽，藏币贬值，西藏货币从 1 卢比兑换 3 章噶下跌到 25 章噶，货币濒于崩溃，这主要是在没有金银储存的情况下，过度印刷纸币和降低银币纯度造成的经济危机，致使西藏百物奇贵，民生艰苦，盗匪四起，政局不安，势难终日。此种情势，本已陷西藏于无可挽回之死境，也属整个藏局改变亲英之时期。1936—1937 年古德代表团访问拉萨，有意抛出对西藏有利的贸易优惠条件，改善西藏经济困境，来吸引噶厦。印度政府指示古德向噶厦提出以优惠价格接受噶厦购进加尔各答造币厂银条的请求，在防止向印度走私的限制条件下允许西藏商人买卖货物通过印度海关自由过境，虽然会使印度损失一部分利润，但是可以培养西藏人对印度的感情，在政治上

① 《蒙藏委员会拟定加强西藏与内地商务金融联系事致行政院呈》（1946 年 2 月 16 日），载刘丽楣主编：《民国时期西藏及藏区经济开发建设档案选编》，中国藏学出版社 2005年版，第 15 页。

是完全可以接受的。① 英人目的是避免噶厦财政崩溃，影响西藏政局走势，抵制中国影响力。

真正挽救噶厦经济危机的是在 1939 年秋，英人因第二次世界大战需要，大量收买各地战争原材料，"印藏等地羊毛、黄金价格，远较康定为高，遂致皮革等土产，今皆转由拉萨出口"②。于是青藏康一带所产的羊毛、皮革、黄金等，都经西藏输出，使得西藏对印贸易顺差每年高达法币四千余万元，对英印外汇转趋优势，在全国战时对外贸易中独占优势。③ 噶厦一举扭转经济危机，从而稳定了社会、政治状况。

太平洋战争的爆发，给了国民政府了解西藏出口贸易的一个机会。1942 年，中国政府与英国交涉在西藏开通驿运，转运积放在印度的战略物资，又可输出青康地的皮毛土产。康藏当地名人见到有利可图，遂于 1942 年 8 月，联合组建了康藏贸易公司，经营茶、毛、药材等物之运销，并由印度购入洋货、机器等物。总公司设于康定，格桑悦希任总经理，在加尔各答、拉萨设立分公司，印、藏、西康沿路各地，均有办事处及运输站，自有骡马数百匹。1943 年 11 月 2 日，财政部视察员李如霖视察西康时与康藏贸易公司主管洽商。获知"羊毛尤被印度吸收，每年入关者极少，以是康藏商民，与内地之关系渐疏，对国家之感念益薄"④。康藏贸易公司表示愿为中央效力，运销茶、毛，并抢购藏印物资。李如霖将康藏贸易公司的情况、章程、建设康

① 1936—1937 年锡金政治官古德访问拉萨使团的报告，印度事务部档案，L/P&S/12/4197，P.Z.3864/1937。

② 《蒙藏委员会为康藏金融出口贸易宜由政府统筹对策致财政部等公函》(1941 年 3 月 1 日)，载刘丽楣主编：《民国时期西藏及藏区经济开发建设档案选编》，中国藏学出版社 2005 年版，第 5 页。

③ 《西康调查组组长唐磊等呈报康藏经济情势并附陈经济方式筹藏意见》(1941 年 1 月 20 日)，载刘丽楣主编：《民国时期西藏及藏区经济开发建设档案选编》，中国藏学出版社 2005 年版，第 417—418 页。

④ 《财政部视察员李如霖视察西川及西康区致财政部贸易委员会报告》(1943 年 11 月 9 日)，载刘丽楣主编：《民国时期西藏及藏区经济开发建设档案选编》，中国藏学出版社 2005 年版，第 310—311 页。

藏经济初步计划呈报财政部。① 财政部颇为重视，打算借用康藏贸易公司之力。统购西藏羊毛抵制英印，挽回国家利权之策才正式进入中央政府视野。

1944 年 2 月 17 日，格桑悦希致函国民政府："西藏出产羊毛为大宗出口，平均三千吨，均由英商全数收买，当地经济实权操于英人掌握。为谋补救危机、增加中央与西藏联系起见，拟请饬由贸易委员会划拨专款，委托康藏贸易公司收购西藏大量羊毛，分储康藏印适当地点，以供国内纺织需要，或运往美国交换建设物资，以免英人操纵，而资挽回利权。"蒋介石指示财政部：该公司"所陈英人搜购羊毛，操纵经济，酿成危机，确堪注意。应由该部转饬贸易委员会，会同中国银行及康藏贸易公司，洽商收购储销具体办法"②。

1944 年 10 月 14 日，蒙藏委员会奉命召集复兴公司、四联总处、中国银行、康藏贸易公司等机构，就西藏羊毛收购储销事宜座谈。各方讨论认为羊毛在印销售甚滞，在藏收羊毛用藏印，在印销售用卢比，若用内地的法币按市场汇率折买藏银、卢比，则成本甚巨。西藏羊毛战前出口总额达二万大包，战时海运困难，销量顿减，近年仅能出口约四千大包。③

在 1944 年，由中央政府资助康藏贸易公司统购储销西藏羊毛的时机不利，太平洋海运路线被阻，很难运到美国，故羊毛滞销。另外，统购羊毛需要大量的资金，中央财政困难难以维持。统购的措施刚一露头，西康民间的羊毛交易因而停顿、牧民及毛商都无以为生，"民生凋敝，数月以来，人心惶惶，如大祸之将至"。

中央政府出巨资统购羊毛对外没有抵制英印，对内又损害了青康牧民、毛商的切身利益，可谓得不偿失，是一个没有考虑汉藏特殊情况的盲目政策。而英国掌控印藏交通，又手握《英藏通商条约》要挟西藏地方政府。正

---

① 《财政部视察员李如霖视察西川及西康区致财政部贸易委员会报告》（1943 年 11 月 9 日），载刘丽楣主编：《民国时期西藏及藏区经济开发建设档案选编》，中国藏学出版社 2005 年版，第 307—324 页。

② 《蒋介石就收购储备西藏羊毛办法事致孔祥熙电》（1944 年 3 月 5 日），载刘丽楣主编：《民国时期西藏及藏区经济开发建设档案选编》，中国藏学出版社 2005 年版，第 325 页。

③ 《收购储销西藏羊毛具体办法》，载刘丽楣主编：《民国时期西藏及藏区经济开发建设档案选编》，中国藏学出版社 2005 年版，第 342 页。

如 1946 年霍金森、黎吉生认为的，不管噶厦与中央政府关系恢复到什么程度，噶厦都要受制于印度政府并妥协，因为"印度政府拥有不受限制的权利，例如，对西藏羊毛贸易施压，对进出口产品征税，要求进入印度的藏人办理护照，对在印度的西藏商人征收所得税"，等等，这些措施都是逼迫噶厦政府的手段，只有在与西藏地方政府关系破裂的时候才会考虑采用。① 所以，与英国相比，国民政府对西藏经济的影响力微乎其微，在这种情形下，国民政府也很难拿出有效的措施改变这种困境。英国控制了西藏经济，可以操纵噶厦亲英反汉，西藏少数贵族为了自己的私利甘于出卖祖国及西藏地方利益也就不足为奇了。

三、宣传、教育、医疗

1.宣传

西藏地处偏远，远离时政中心，对国内时事、世界政治、第二次世界大战战局的变化都甚为茫然，一般贵族固守封建农奴社会，想永远维持现状不变，排斥世界文明。受过教育的贵族尚且如此，一般藏民受其愚弄，更无从了解外界信息，洞知世界变化。

民初以来汉藏隔阂日久，内地文化发展以及中央政府对藏政策，却无适当的途径传递给藏民，更没有文化交流。英人抓住西藏信息闭塞特点，经常散布谣言，愚弄藏民，常使中国处于不利之地。

国民政府成立后，各项事业都在草创中，对西藏加强宣传也为国民党中央重视。1931 年，国民党中央第 147 次常会议决急要实施的措施"蒙藏宣传事业"，提出："在中央设蒙藏宣传机关，迅速从事翻译事业：一、将总理著作、约法及中央重要法令译为蒙藏文。二、将蒙藏重要书籍译成汉文"，交由中央宣传部、中央政治学校会商办法。② 主要是支持鼓励汉藏文翻译事

① 1946 年 4 月 16 日，锡金政治官霍金森致印度外交部 No.7（18）—P/46 号信函，英国印度事务部档案。

② 《国民党中央秘书处关于创设蒙藏教育设施函》（1931 年 7 月 1 日），《国民党中央执行委员会秘书处档案》，载张羽新、张双志编纂：《民国藏事史料汇编》第二册，学苑出版社 2005 年版，第 28 页。

业，还没有具体宣传计划。

国民政府最早对藏有组织宣传是在拉萨设立无线电台。1931年4月1日，巫明远、贡觉仲尼在蒙藏委员会第84次常会上提交"请咨行交通部迅即筹设西藏无线电台并限期成立，以利交通"一案："查西藏与内地，距离辽远，端赖各种交通机关，以资连锁，现在邮电均未直达，交通梗阻，殊为一切事务之障碍，反而外国邮电，早即通行，值兹藏事解决，京藏间信息往还，与一切要政之推行，均须利用外国邮电转达，就中尤以电报最感困难，不惟电费奇昂，利权外溢（现在外电每字需费二元九角五分，动辄数百元）且时有泄漏与延搁等弊。盖明电则外人现知内容，密电则外人往往依政治作用，竟予扣留搁置，吾人莫可如何，似此情形，实于政治国防大计攸关，惟有迅由政府在西藏拉萨地方，先行设立无线电台，限于最短期内完成，以资应用，其余交通工具，续谋逐渐建设，更有进着，西藏无线电之安设，完全以应政治国防急切需要为前提，亦为中藏交通最低限度之要求，不能计及普通盈利之盛衰，而迟回瞻顾，并为避免外电操持之危难，尤应及早设立，况国家统一边疆之后，商务必随之恢复，而臻于发达，则该处无线电之营业，亦必因而增进，将来无虞损失，此可敢断言者也，此节须向主管机关特别说明，以祛疑虑。"① 蒙藏委员会一致决议通过原案，呈报行政院。院长蒋介石批准饬令交通部迅即筹设西藏无线电台。当时，恢复汉藏正常关系仍在洽商中，中央没有机会在拉萨设置电台。

1934年，黄慕松入藏册封致祭十三世达赖，离开西藏时，留下蒋致余为驻藏代表，以及无线电台一部交由交通部张威白工程师负责。随时保持与中央联系，传递西藏消息，这多少扭转了对英交涉藏事的不利局面，向汉藏恢复正常关系迈进了一大步。无线电台可以及时传递社会消息及政治、军事情报，是当时最为便利的宣传工具。英国眼见蒋致余和无线电台留在拉萨，颇为不安和嫉视，指示古德携带无线电台入藏。

早在民国初，英人根据不平等条约，在江孜设立邮电局、电报局，在

---

① 《巫明远函附提案》（1931年4月1日），蒙藏委员会档案，全宗号141，卷号2679，载张羽新、张双志编纂：《民国藏事史料汇编》第八册，学苑出版社2005年版，第308—309页。

印度噶伦堡、江孜间架设电线，沿途每隔十余英里设台站一所，保障电话电报畅通。后延长至拉萨，由西藏地方政府派人管理。英人通过电信及时掌握对西藏信息，一旦有事，英人一星期内可抵达拉萨，足可以威慑噶厦政府。1935年初，在英人的挑拨下，噶厦颇为后悔，认为无线电台消息灵通，恐将噶厦实情泄之中央。但又觉正式要求中央撤销电台，势难措辞，遂唆使无业游民暗中破坏。蒋致余坚决与之交涉，噶厦也感理屈。1936—1937年，古德代表团携带无线电台一部入藏，英印政府派通信部队的奈宾（E.Y. Nepean）中尉和达格（S. J. Dagg）中尉随行，在拉萨操纵和展示无线电和其他电器设备，以抵制中国政府设在拉萨的无线电台的影响力。古德完成使藏任务后在向英印政府提交报告中提到：到达拉萨的任何报纸都比蒋致余无线电台传播的新闻要过时，除了噶厦英文翻译仁岗外，西藏地方政府内无人能转述英文报纸的内容。噶厦官员不能及时得到世界正在发生事情的信息。而中国无线电发出的新闻总是带有一种宣传性，对噶厦造成"欺骗"。而"使团"使用无线电"不仅使西藏人印象深刻，降低了中国驻拉萨人员的地位，而且为西藏人提供关于中国形势的新闻上体现了极大的政治价值"。英国驻华大使馆发出的有关中国形势的信息，对"使团"非常有用，使西藏地方政府迅速得到蒋介石被捕和被释放的消息，以及他们感兴趣的事。古德发现中国人周日晚上都用藏语广播，而且向摄政赠送了一台收音机。古德趁机向摄政、擦绒扎萨、首席噶伦赠送了收音机，并答应移交"使团"正在用的无线电台给噶厦。[①] 通过电影的演示，教授西藏人如何保护羊群、如何改进羊毛的分类、如何抵抗疾病，激发其向其他国家学习的兴趣。古德向噶厦交涉，要延用国民政府之例，在拉萨派驻代表和设立电台，获得批准，蒋致余交涉未果。英人黎吉生为常驻拉萨代表，1937年3月初，英人福克斯被派驻在拉萨成为无线电台的电报员。此后英国无线电在传递消息、军事指挥、对抗中国政府等方面都发挥了作用。电报员福克斯在西藏一直待到1947年，后由福特（R.Ford）接替。

随同古德代表团入藏的陆军准将雷姆，1936年9月8日，在评估藏军军

---

① 1936—1937年锡金政治官古德访问拉萨使团的报告，印度事务部档案，L/P&S/12/4197，P.Z.3864/1937。

事报告中，建议噶厦在藏军司令部、噶厦、边境地区配备无线电保持快速通信。这在第二次世界大战后期成为现实。1943 年《艾登备忘录》出台后，英印决定尽快策动西藏实现"独立"，加大了对亲英分裂势力的支持力度，售与噶厦大型无线电机即是例子。1944 年 5 月，我驻拉萨情报人员密报军委会："英人最近售与藏方大型无线电机五架，据目睹，业有三架运抵拉萨，将先于拉萨、黑河口、昌都等地装设，其余二架俟运到后则分设于日喀则及类乌齐昔两地。惟目前藏人报务员技术尚未娴熟，正在加紧训练中。"[①]7 月 12 日，拉萨密报，英人售与西藏大型无线电机于 5 月底全部运抵拉萨，6 月 18 日噶厦派电报局长等人到英驻拉萨代表处试用，将在前报地点分别安装。英方训练的藏人电报员技术已经娴熟，即将分发工作。"闻藏方于拉萨电台成立之后，将取消交通部在藏所设之电讯机关，嗣后发往国内电报全由藏方予以统制"。[②]交通部就此事致电蒙藏委员会，称藏方设立电台，若取消交通部在藏电台，将损害中央主权，对中央与西藏地方当局、英国关系都产生不良影响，请蒙藏委员会密令沈宗濂密查实情，"预筹妥善对策，尽速交涉撤除藏方电台"，并请外交部及早向英方交涉"英人未得该部许可售与藏方无线电机，及在英官署架试并训练人员各节"[③]。英方和噶厦将无线电台安置在昌都、类乌齐、黑河、拉萨、扎什伦布等地，是一种军事部署，便于战时指挥通信。这是亲英分裂势力筹划武力拒统的一个步骤。而拉萨通过电台对前方藏军发出逮捕热振活佛、炮轰色拉寺、热振寺的指令，其中都有英人协助。

1947 年，蒙藏委员会驻昌都科长左仁极与昌都总管拉鲁噶伦，相机商筹设昌都无线电台。1948 年 2 月，拉鲁答复称，拉萨方面将美国赠送的无线电台一部拨往昌都，由亲英贵族擦绒邀英籍报务员前往昌都工作。左仁极

① 《军委会侍从室为抄送英人售与藏方大型无线电机情报致蒙藏委员会函》（1944 年 5 月 19 日），载中国藏学研究中心、中国第二历史档案馆等合编：《元以来西藏地方与中央政府关系档案史料汇编》第七册，中国藏学出版社 1994 年版，第 3153 页。

② 《军委会侍从室为抄送英国售与藏方大型无线电机架设情形情报致蒙藏委员会函》（1944 年 7 月 12 日），载中国藏学研究中心、中国第二历史档案馆等合编：《元以来西藏地方与中央政府关系档案史料汇编》第七册，中国藏学出版社 1994 年版，第 3160 页。

③ 《外交部为查明藏方拟取消中央在藏所设电局真相并劝阻制止事致蒙藏委员会代电》（1944 年 8 月 12 日），载中国藏学研究中心、中国第二历史档案馆等合编：《元以来西藏地方与中央政府关系档案史料汇编》第七册，中国藏学出版社 1994 年版，第 3161 页。

向拉鲁建议，中央赠送西藏电台设于昌都，前拉萨电台主任谭兴沛在藏赋闲，其妻为昌都人，愿意乐就技师，意在使昌都电讯免受英人操纵。西藏地方政府决定请英人福特操控昌都电台。10月，蒙藏委员会急电驻藏办事处陈锡璋速向噶厦交涉，务必制止延用外国人至昌都设立电台。同时，请外交部向印度政府交涉，撤销前英人在拉萨所设电台，如不能撤销，应由印度人担任工作。外交部认为尚不能确认此为英国政府直接协助，藏方聘用英人福特，似系西藏地方当局与英人民间聘任关系，我国政府尚无理由就此事向英国政府提出正式交涉。根本之计，应从内政入手劝导藏方，使其同意改由中央政府在拉萨昌都设立电台，停止聘用英籍报务人员。外交部无心关注此事，没有向英国交涉，反映了蒋介石政权已经人心涣散、敷衍了事。

1949年，福特率领在印度受训操作无线电的藏族青年在拉萨、昌都、那曲、日喀则、亚东等地设立了无线电台，为以摄政达札为首的亲英势力制造分裂活动发挥了极为重要的作用。例如，1949年，在噶厦制造的"驱汉事件"中，福特用藏、汉、英三种语言广播，谣言惑众，鼓动西藏"独立"，当我人民解放军发动昌都战役时，在昌都的福特用无线电联系藏军，负隅顽抗，最终成为俘虏。

英人在抗战后期积极加强对藏无线电联络，反观交通部驻藏电台，自1934年率先驻藏抢得先机后，并没有进一步采取巩固措施，反而暴露了不足。1944年9月7日，沈宗濂致电蒙藏委员会："目前中央电台发往内地电费较印藏国际电费高逾八倍。年初总裁曾令交通部将电费尽量减低，该台并未照办，反乘国币电费加价之际，将电费从每字藏银二两五钱提高至四两。按藏银战前每两合国币二角，现在每两合国币三十元，是每字合国币一百二十元。电费之高，不独商民深苦剥削，怨声载道，英藏人士亦多讥笑。近为与内地通电，商民为节省起见，已渐假手英印电台。如中央电台再不将电费减低，藏方增设电台后，中央电台虽不被迫撤销，业务有无影响，殊难预料。"[①]驻藏无线电台归交通部管理，蒙藏委员会无权置喙。交通部抱

① 《沈宗濂为报在藏中央电台收费过高及英办学校有停顿之势等情致蒙藏委员会电》（1944年9月7日），载中国藏学研究中心、中国第二历史档案馆等合编：《元以来西藏地方与中央政府关系档案史料汇编》第七册，中国藏学出版社1994年版，第3164页。

定由拉萨电台自负盈亏的主张，毫不理会驻藏办事处、汉商民的抱怨，也不顾蒋介石的批示，反而趁机提高电费，反映了各部门之间互不买账、敷衍了事的工作作风。当时，拉萨无线电台每月收入有盈余，一般人估计，台长谭兴沛个人收入比之国民党政府驻美大使顾维钧的薪金不相上下。1948年他接肖崇清的职位任站长。拉萨情报站经费充足，按期汇兑。谭兴沛先任台长，后任站长，左右逢源，名利兼收。"驱汉事件"发生后，到噶伦堡与云南商家"铸记"号结账，存款达八万卢比之多。[①] 无线电台台长为个人私利致使中央无线电台影响式微。英人后来居上，在藏境重要地点布置电台，意图深远，支持噶厦以军事对抗中央。

国民政府在藏宣传的另一个主要形式是藏文报刊。早在清末时，中央政府主管藏事的大臣就重视以现代手段加强对西藏上层人士的宣传。清驻藏大臣联豫于光绪三十三年（1907年）在拉萨创办《西藏白话报》，汉藏文合刊，是近代西藏最早的报纸，联豫去职后停刊。中华民国政府蒙藏事务局成立后，1913年元月在北京创办了藏汉对照的《藏文白话报》，1915年停刊。办刊宗旨是维护祖国统一，宣传民主共和，号召民族平等，各族共建中华民国，主要刊登中央政府公文、官报，中外时事、政论、文明知识等。当时汉藏隔阂、关系紧张，《藏文白话报》在宣传五族共和、国家统一方面发挥了积极的作用，有助于藏人对五族共和的了解。

北洋政府多次筹划派专使入藏，与十三世达赖协商藏事，都为英人或亲英派所阻，没有实现入藏任务。南京国民政府成立后，派贡觉仲尼、刘曼卿入藏会晤十三世达赖，初步恢复了汉藏联络。刘曼卿入藏旅途经年，一路宣传三民主义、汉藏一家的民族团结。1930年，中央为化解尼藏危机，特派谢国梁专使入藏中途病逝后，随行的谭云山到达拉萨，除担负谢国梁所遗留的责任外，还以个人名义宣传，世界大势及汉藏历史、地理、政治、宗教、民情、风俗种种关系利害。"总合所说，不外一新一旧两个口号，旧者即五族共和，新者即三民主义（尤特重民族主义）。每先由五族共和说到三民主义，因藏内对于五族共和已有相当认识，对于三民主义则全未闻知。如是说法，听者无不欢迎。此种之作虽无具体成绩表现，但影响效能则颇大，将来

[①] 常希武：《国民党特工人员在西藏》，载《西藏文史资料选辑》第3辑,1985年,第54页。

政府派遣进藏人物可记此以为印证。"在呈行政院报告中，谭云山指出西藏对中央主义政策全不明了，在拉萨找不到一部三民主义，对于中央与国内情形多成隔膜，甚至发生种种误会，更易为外人反宣传。建议中央政府一面派人特别宣传五族共和与三民主义两个口号，一面急应将三民主义及中央各种政策及设施译成藏文，分发藏内，使之明了。则民心更易归服，其效能更胜于刀兵枪炮。① 加强对藏宣传引起了中央政府的重视。

1934 年，黄慕松入藏致祭册封达赖，返回南京后，提出："在拉萨筹办一种汉藏合印定期刊物，以沟通感情，传递消息，介绍内地文化与中央施政方针。"② 通过在藏观察，黄慕松深刻感受到使西藏僧俗准确了解内地文化、中央对藏方针的必要。当时，中央驻藏代表仅有蒋致余、张威白两人在拉萨，尚不具备筹办刊物足够的条件。

1939 年，吴忠信筹备入藏，深感中央与西藏僵局非唇舌所能改变，调整藏务必须先由感情入手，收拾人心。8 月 4 日，吴忠信向国防最高委员会提交《对藏政策之检讨与意见》报告："宣传我国对日抗战及英人失陷南洋缅，使藏人赞仰中央与轻视英国。前已言之，然此不过借道途传说。若对藏有计划之宣传收效更大。如由驻藏办事处编印藏文报纸刊物，中央电台广播藏语新闻。驻藏人员与研究佛学之僧侣，亦随时随地从事宣传工作。宣传资料着重三民主义、总理遗教、总裁言论及报导抗战胜利消息并注意民族平等信教自由之理解，使藏人了解党国政策，不特可解除藏人过去误会且增加信仰中央之心理。"③ 吴忠信基本概括了战时对藏宣传的几个途径和要点。1940年 4 月，蒙藏委员会驻藏办事处正式成立，在人员、经费上都比之前宽裕，活动余地也大了很多。

1943 年，英印政府积极侵藏分子加快煽动西藏"独立"。1944 年 8 月，我驻拉萨情报员获知印度噶伦堡英人教会办有藏文报纸，免费寄往西藏拉

---

① 《文官处为抄送谭云山报告随谢国梁赴藏及返京经过呈文和处理藏事建议致行政院公函》，载中国藏学研究中心、中国第二历史档案馆等合编：《元以来西藏地方与中央政府关系档案史料汇编》第六册，中国藏学出版社 1994 年版，第 2537—2538 页。
② 中国第二历史档案馆、中国藏学研究中心合编：《黄慕松　吴忠信　赵守钰　戴传贤奉使办理藏事报告书》，中国藏学出版社 1993 年版，第 113 页。
③ 张羽新、张双志编纂：《民国藏事史料汇编》第八册，学苑出版社 2005 年版，第 147 页。

萨、日喀则、亚东等地方贵族官员，每月 250 份，平日对中苏捷报甚少刊载，本年四、五两月，均有社论鼓动西藏"独立"等情。[①] 英印政府进行反华宣传，煽动西藏"独立"，损害我主权之举引起国民政府的高度警惕。

军政委员会命令外交部、蒙藏委员会会商加强对藏宣传工作。蒙藏委员会特简要告知外交部：本会对藏宣传工作非常注意。

> 关于文字方面定期刊物，则有印行之蒙藏月报，除公布有关边疆之政令外，并有国际大事、抗建志要，边政简讯等专栏，均经译为藏文与汉文对照刊行，以便藏胞阅览，借明中央政令与国内外情势，而免为人所愚。不定期刊物，则有抗战小丛刊，随时将总裁及党国名人发表之言论及重要文献，迳译藏文，以供藏胞阅读。关于口头宣传者，随时由本会驻藏办事处及驻昌都调查员将中央政令及国内外大势，向西藏军政当局及僧俗民众详为讲解。关于广播宣传，本会每周派员赴中央广播电台，用藏语广播两次。另有西昌广播电台，每周均有藏语广播，专对西藏及边地播音。此外，本会曾经会同中央宣传部于本年六月间，呈奉军事委员会核准，发给印度噶伦堡藏文民新周报补助开办费国币一十万七千一百元，每月经常费三千九百二十元，结购外汇兑印。该报系藏籍中国国民党党员邦达绕干君所创办，专向西藏境内僧俗人民宣传本党主义及中央政纲政策。

> 总之，西藏政情特殊，交通梗阻，文字宣传无论经由西康或印度，均嫌迟缓，且遭受印度政府及西藏当局之留难。加强改进，惟有从广播方面入手，较为简捷。惟现时仅拉萨有中央架设之收音机一座，效力未宏。将来似可增购收音机十座，并附以电源设备，分运前后藏重要市镇架设，借利宣传而资普遍。[②]

从蒙藏委员会的答复中，可以知道驻藏办事处在拉萨没有创办藏文报

---

① 《外交部为英办藏文报鼓动西藏独立应加强对藏宣传工作事致蒙藏委员会代电》（1944年 8 月 12 日），载中国藏学研究中心、中国第二历史档案馆等合编：《元以来西藏地方与中央政府关系档案史料汇编》第七册，中国藏学出版社 1994 年版，第 3161 页。

② 《蒙藏委员会为抵制英办报纸对藏煽动独立开具加强对藏宣传意见复外交部代电》（1944年 9 月 1 日），载中国藏学研究中心、中国第二历史档案馆等合编：《元以来西藏地方与中央政府关系档案史料汇编》第七册，中国藏学出版社 1994 年版，第 3163 页。

刊，仅是口头向僧俗官民宣传。在昌都建立藏语广播电台，每周向拉萨广播。在印度噶伦堡由中国国民党党员邦达绕干创办藏文《民新周报》，向藏境宣传本党主义及政策。由于英人和噶厦阻挠破坏，再加上交通困难，即使由噶伦堡、昌都的报刊运到拉萨，也已经时效迟缓，发挥的效力有限。电台在拉萨广播，仅有中央赠送收音机一部，范围狭小，效果未宏，驻藏办事处建议赠送收音机十余部，直到 1947 年并未实现。

1947 年，蒙藏委员会对西藏宣传有较全面的筹划，提出"增设康藏各地收音机，并由中央广播电台增加藏语广播节目"，"创办藏文书报社"，"拟由蒙藏委员会先在康定及拉萨筹设藏文书报社，以资启迪藏胞知识"，"拟由蒙藏委员会先在拉萨筹设民教馆一所，内分书报、阅览、电影、体育、游艺等部"，"设置康藏卫生院及巡回医疗队。拟先在青海玉树、西康巴安、云南德钦三地各设卫生院一所，并组织巡回医疗至西藏之拉萨及扎什伦布，拟先有蒙藏委员会商洽西藏当局后再为设立"[1]。当时，蒋介石以内战为头等大事，以西藏无事为大事。蒙藏委员会的计划，已无法得到上层的支持，计划年年拟定，而数年来皆落空。

国民党政府无心藏事，驻藏各员茫然无措，敷衍了事。英印政府、驻锡金政治官、驻拉萨代表默契配合，经办藏事齐心合力，在藏屡占先机。例如，1946 年 3 月西藏国大代表经印度乘飞机赴京。英人为了扩大西藏"独立"世界性影响，想方设法地扩大对西藏派员赴印度"访问"的宣传。英人在督促西藏代表会见事先安排好的媒体，给他们拍了很多照片，有关新闻在印度媒体上广泛宣传，并发到华盛顿、仰光、新加坡、堪培拉、多伦多、重庆等地方。驻锡金政治官用英语在电台向全印度发表关于西藏的讲话，渲染西藏代表在印度"访问"的重要意义。[2] 从中可知，英人对藏事之用心及做事风格。

中英在藏宣传争取的主要政治力量是上层人士。当时，西藏的农牧民、

---

[1] 《蒙藏委员会关于订定西藏建设计划纲领问题致行政院秘书处公函》（1947 年 1 月 9 日），《国民政府教育部档案》，载张羽新、张双志编纂：《民国藏事史料汇编》第二册，学苑出版社 2005 年版，第 143—145 页。

[2] L/P&S/12/4226，Ext.4013/1946，1946 年 5 月 28 日，新德里印度政府外交部副部长致伦敦外交部信函。

农奴居住分散，其中95%以上为文盲，在政教上没有任何发言权，也不可能成为中英宣传的受众对象。另外，在藏宣传受到了经济和语言文化的制约，没有条件展开大规模的宣传工作。从客观上讲，西藏交通艰险，电力、邮电、造纸技术落后，在本地要开展报刊印刷、无线电、邮电建设非常困难，也不现实。更严重的是，在英人的挑唆下，以达札为首的亲英势力配合英印在西藏的宣传，为英人在藏活动创造条件，对中央驻藏代表百般阻挠，设置种种障碍，使得国民政府拟定的很多计划都流于空言。

2. 教育

贵族是西藏世俗社会的主要政治力量。中英都想培养贵族子弟，以左右噶厦的政治态度。英国在民初就鼓励西藏贵族青年留学英国、印度，或者到江孜的英文学校学习，或者在印度、江孜的军校训练藏军军官、士兵，这些效果是明显的，他们在噶厦、藏军中担当了重要的职务，形成了亲英中坚力量。而北洋政府也鼓励藏族青年在内地学习，设立蒙藏学校，由于汉藏僵局，来京学习的藏族青年主要是甘肃、青海、四川、云南等地的人士。可以说在较长时期内，中央政府在西藏的教育工作是空白的。中央设立驻藏办事处之后，发展西藏教育才正式启动，开办国立拉萨小学，并筹划争取藏民、贵族子弟入学。达札摄政时期，英国在拉萨也开设英文学校，进行文化渗透。

在西藏以及对藏族青少年推行"三民主义教育"是国民政府的筹藏建设计划之一。1929年6月17日，国民党三届二中全会通过蒙藏决议案中有关教育的部分，"关于蒙古、西藏经济与文化之振兴，应以实行发展教育为入手办法"，并规定要点：通令蒙藏等地主管官厅，迅速创办各级学校，编译各种书籍及本党党义之宣传品；实行普及国民教育，厉行识字运动，改善礼俗，使其人民能受三民主义之训育，具备自治之能力。确定蒙藏教育经费，在教育部特设专管蒙藏教育之司科，在首都及其他适宜之地点，设立收容蒙藏青年之预备学校。特定国立及省立学校，优遇蒙藏、新疆、西康等地学生之办法。由行政院负责制订详细计划，迅速实行。[①]1929年7月23日，教

① 《国民党中央执行委员会秘书处档案》，载荣孟源主编：《中国国民党历次代表大会及中央全会资料》（上），光明日报出版社1985年版，第765—767页。

育部公布待遇蒙藏学生章程，给予西藏学生一定优待。1929 年 4 月，第二次全国教育会议决议"实施蒙藏教育计划"，提出一些建议：奖励以藏文翻译党义和科学图书；在西藏各宗酌设中小学若干所；在西藏重要地方设职业学校、中学，限六年内完成，鼓励保送藏族学生到内地上学；在最近期内由蒙藏委员会筹办汉藏文合刊的《西藏时报》，一星期出版一次，刊登国内外新闻及教育信息、科学常识、西藏地方一切情况及其文献歌谣。在西藏重要地点，根据社会情况，经济能力，厉行识字运动，组织巡回讲演团，建立民众学校、民众教育馆、图书馆、讲演所、阅报室、体育场。① 以后历年教育部制定的西藏教育计划都遵循这些方案，仅在细节内容上有所补充。实施的时候，受到很多条件制约。

1934 年，黄慕松入藏致祭册封十三世达赖，打破了汉藏僵局。拉萨当地回族自办了一所回民子弟小学，招收回、汉学生，教授阿拉伯文和汉文等。黄慕松到拉萨后，捐赠经费，鼓励办学。蒋致余留驻拉萨，筹备开办学校，并与噶厦交涉办学事宜。

中央在拉萨设立驻藏办事处，使得在西藏推行教育计划具备了初步条件，教育部也拟定了推行西藏教育的计划。1936 年 7 月，教育部在"推行蒙藏回苗教育计划"中，提出拟在拉萨设国语讲习所一所，补助经费 5000元；在后藏扎什伦布、江孜、亚东、济戎、聂拉木等处设小学五所，共补助经费 12000 元；补助拉萨清真（回民）小学经费 2000 元。②1937 年，教育部在"廿六年度推行边疆教育计划大纲"中，提出"拉萨市立第一小学应于本年度增设一学级，必要时得增设第二小学一所，补助经费 5000 元"。③

蒋致余认为西藏地理险远，民智闭塞，英人觊觎，"及今而图挽救，振兴教育实为治本之不二法门"。"垂谋推进国民教育于西藏"，决心创办国立

① 张羽新、张双志编纂：《民国藏事史料汇编》第 2 册，学苑出版社 2005 年版，第 1—14 页。

② 《教育部二十五年度推行蒙藏回苗教育计划》（1936 年 7 月），《国民政府教育部档案》，载张羽新、张双志编纂：《民国藏事史料汇编》第二册，学苑出版社 2005 年版，第65—73 页。

③ 《教育部二十六年度推行边疆教育计划大纲》（1937 年），《国民政府教育部档案》，载张羽新、张双志编纂：《民国藏事史料汇编》第二册，学苑出版社 2005 年版，第 75—81 页。

拉萨小学。噶厦虽同意中央政府在拉萨办小学，但以种种借口推诿，对于校址、校舍不予协助解决，致使办学一事延误了3年之久。蒋致余不得不在拉萨回民子弟小学的基础上，1937年5月1日，借用拉萨回族领袖马和堂的房舍（约五十平方米），成立了拉萨市立第一小学校（教育部规定边疆各地设立的各族小学，应照小学规程规定，以地名为校名，不得冠以蒙回藏苗夷等字样。所以，中央政府在拉萨开办的小学取名"拉萨小学"）。因房间狭小，处在市区的边缘，有很多不便。1939年，校址迁到驻藏办事处二楼。经费悉数由中央补助。蒋致余兼任第一任校长，其他办事处官员兼任教汉文课。汉文课本是中华书局和商务印书馆编印的复兴本教科书，课程有藏文国语、算术、历史、地理、公民、常识、音乐、图画、习字、体操及回文。汉文课初学汉语拼音字母、千字文。学生们活动局限在二楼的几间教室里，没有校园、没有操场。有五六十名学生，回族学生占大多数，其次是川帮学生，还有尼泊尔、商民、藏族子弟，引人注目的有十四世达赖的二哥嘉乐顿珠，显出了拉萨小学开办确实有一定的政治影响。[1]1937年11月，蒋致余返回内地，将学校事务托交给交通部驻拉萨电台台长张威白。

1939年，吴忠信筹备入藏，深感中央与西藏僵局非唇舌所能改变，必须先由感情入手，收拾人心，再做调整。8月4日，吴忠信向国防最高委员会提交《对藏政策之检讨与意见》报告，其中提出了"利用宗教讲通语言文字之隔膜"的意见："西藏境内除佛法之外，无所谓学校教育。藏人子弟所受教育之多为私塾式，略识藏文写法拼音而已。较深之作文吟咏或佛教教理须依喇嘛受学。同时，西藏文学亦仅在佛教方面发展。故喇嘛对经典之研究，确实湛深。英帝国主义者侵略西藏除政治经济外兼用文化。过去已招募不少藏中贵族青年赴英留学，待遇优渥，造成亲英分子最近复在藏设立学校，但时期尚短，未见功效。藏境内，我政府现亦设有学校数所，但当局受英人怂恿，不准藏人入学。故其效能不过使汉人子弟略识汉族文字而已。为今之计：（一）应使西康、青海有藏人及已设立学校之地加设藏人班，尽量招收藏人入学，免其学费，连供给书籍予一切优待。（二）在西康、青海陆续设立藏民学校鼓励藏民入学。（三）招募国内佛学深湛头脑清楚之僧侣由

---

① 常希武：《国民党在拉萨办学简介》，载《西藏文史资料选辑》第5辑，1985年。

政府完全资助入藏，研究佛学。其任务除研究外还负有联络汉藏情感之责。故在派遣前，应有适当之训练。俾能发挥其效能。（四）在重要都市设立蒙藏学校，并在大学或中学设立蒙藏班鼓励蒙藏学生负笈来学，并予一切优待。此种学校与班级所以蒙藏并列者，在避免过于显露，且苏联之于蒙古情形亦相若也。"①

1940 年，吴忠信入藏后，中央与西藏地方的关系恢复较好。随后，教育部派遣中央政治学校附设蒙藏班毕业的王信隆来拉萨，接替张威白。同年年底，张威白向教育部报告了该年情况，建议教育部将学校收归部属，增加学校班次、改良师资、增加预算、新建校舍等。

教育部接此报告后致函蒋介石，提出自 1941 年度起将该校收归部管，改为国立拉萨小学，年拨经费增至 19400 元，获得蒋介石批准。教育部通告张威白，向他强调学校"应尽量招收藏生"。吴忠信在拉萨时已经发现，"中央在藏设立之学校，则仅拉萨市立小学一所，然所收者多汉人子弟及少数之藏人子弟，至西藏之世家贵族则犹未肯送子弟入学，此亦宗教及阶级观念为之梗也"。② 藏族学生很少，"未收获边教之效果"。西藏贵族成为中央在藏推进教育的巨大阻碍。

1940 年 12 月 12 日，教育部递交《推进西藏教育初步计划草案》征询蒙藏委员会意见："西藏前受英人支配，与中央隔离，政教未能深入，现在形势改变，藏政府渐已倾诚内向，亟宜趁此时期，建立西藏地方文化之中心基础，以期用教育力量，逐渐将此特殊区域纳于常轨，以开发藏地资源，而建立边防堡垒，第进行之始，不宜操之过急，其急则以免引起误会。"③ 吴忠信建议："教育之推进在边疆特殊情形之下，尚有赖于政治之扶助。"自十三世达赖喇嘛"宣布独立后"，汉藏关系"形同瓯脱"，"复因与青康边境常起纠纷，感情益趋恶劣，驯至消息壅蔽，交通梗阻，虽信使往还亦受限制，其他一切设施，更属无从办理"。"中央治权在实际上，仍未及于西藏，举凡

① 张羽新、张双志编纂：《民国藏事史料汇编》第八册，学苑出版社 2005 年版，第 147 页。

② 中国第二历史档案馆、中国藏学研究中心合编：《黄慕松　吴忠信　赵守钰　戴传贤奉使办理藏事报告书》，中国藏学出版社 1993 年版，第 186 页。

③ 《教育部向蒙藏委员会函送推进西藏教育初步计划草案》（民国二十九年十二月十二日），教育部档案，全宗号 5，案卷号 132390。

一切政治上之设施，仍有商洽西藏地方政府之必要"。"只能在可能范围以内徐图改进，颇难按年计月，期有速效。"现应扩充拉萨小学"亟应设法诱导"藏民子弟入学，"使人人皆知学校教育之重要，而广招徕"。教育课程"宜参酌当地环境，略予变通，俾易取得地方之信仰，而免扞格不入，俟学生人数增多，成效可观，再行推广他处，庶可顺利进行，事半功倍"。驻藏办事处可统筹办理教育，"斟酌情形，扩充改进，则于审情度势之中，可收循序渐进之效，否则教育与政治各自为谋，非特教育难收实效，政治亦将受其影响"①。

教育部委托蒙藏委员会驻藏办事处在西藏推行教育计划。1941年8月23日，孔庆宗向吴忠信呈交驻藏办事处下一年度计划，提出：（一）扩充与充实江达小学。江达小学拟于1942年1月正式成立，学校的开支由驻藏办事处经费结余项下支付，招收附近汉藏民入学，改善教程，置备校具，成立简单图书室等。（二）扩充与充实昌都小学。1941年秋，由驻藏办事处驻昌都科员筹设，因经费无着落，故一切从简，改进措施包括添招学生、购置校舍、置备校具、成立简单图书室等。（三）创设日喀则小学。拟今年冬派员前往日喀则调查汉民学龄儿童及志愿入学之汉藏子弟，着手租赁房屋，置备桌凳校具，筹设小学一所，于明年春季开学。（四）创设亚东小学。英国在亚东设有教会小学，"西藏为中国之领土，不但藏人不得接受中国之文化，而旅彼汉民反受英人之奴化教育；不但藏人攀附英人之势力，而汉民亦如之，实为憾事"。"挽救之道亦惟有先从教育着手，教育不但为发扬中国文化之工具，而于此等特殊区域实具有莫大之政治作用也"。拟于今年冬派员至亚东筹办小学一所，明年春正式开学。（五）创设拉萨国语补习班。对拉萨汉民壮年施以教育，拟招收三十至五十名，以汉人为限，授以国语常识等等。（六）创设拉萨仲科（贵族子弟）学校，"专招收西藏之世家子弟入学，以汉文汉语为主，兼授藏文，秘密进行，已具端倪"。大贵族擦绒、噶伦彭康、扎萨索康等世家"皆愿送其子女入学"，汉藏文教员已聘定有地位的人

---

① 《蒙藏委员会致教育部》（民国三十年一月八日），教育部档案，全宗号5，案卷号132390。

士担任，"一俟就绪即可开课"。[①]

　　沈宗濂接替孔庆宗为驻藏办事处处长之后，蒋介石指示沈负责在拉萨筹设藏民子弟学校，由教育部拨出 60 万元经费筹备办学。沈宗濂致电教育部称已商请西藏大贵族詹东出面主持藏民子弟学校，教育部建议定名为"詹东小学"。沈宗濂"与那龙霞学校商定在该校添设汉文班一班，以教学该校学生之国文、国语并另派人分赴各贵族家个别教学，年长不再上学"[②]。此时，驻藏办事处在江达、昌都开办的两小学已经停办。1941 年 9 月，昌都小学开学两个月后，昌都总管朗琼噶伦"乘中央未能以实力测修中印公路之际，逞其虚威迫令昌都汉民不许送子入学，否则必予以极严厉之处分"，迫使该小学停课。拉萨仲科学校开办后，"世家对送子弟入学不无迟疑，故迄今仍只有学生六名"，但是，经过半年学习，六名学生已略解汉语，"顿有汉化之形"，"而其家庭亦因而对我方表示亲密"。驻藏办事处颇为欣喜，认为"实有扩充之必要"，"拟多方劝导各藏官送其子女入学，如人数较多，再加聘汉文教员一人，以增加教学之效率"[③]。亚东小学、扎什伦布小学一直在筹办中。驻藏办事处也打算筹办藏民子弟学校，招收普通藏民子弟入学。由于经费、师资及噶厦的阻挠，仍无进展。

　　驻藏办事处计划在亚东设立学校，是针对英语小学设立的，以抵制英国影响。在拉萨设立贵族子弟学校，意在贵族中培养亲近汉文化的感情。在筹备过程中，噶厦亲英分裂分子也极力反对阻挠。

　　1936—1937 年，古德访问拉萨时，就表现出在拉萨建立英语学校的兴趣，考虑到那个阶段，提出建立英语学校的建议还不成熟，随行古德入藏的

---

① 《孔庆宗呈吴忠信该处编报卅一年度行政计划》（民国三十年八月二十三日），载《"蒙藏委员会"驻藏办事处档案选编》第 3 册，台北"蒙藏委员会"2005 年版，第 456—546 页。

② 《国民政府教育部复函蒙藏委员会》（1945 年 8 月 16 日），蒙藏委员会档案，全宗号 141，卷号 2679，载张羽新、张双志编纂：《民国藏事史料汇编》第八册，学苑出版社 2005 年版，第 308 页。

③ 《孔庆宗呈吴忠信编报该处卅二年度行政计画又西藏外交局案未解决前与该案无关者仍照常办理有关者则暂由会与噶厦直接洽办》（民国三十一年十二月二十六日），载《"蒙藏委员会"驻藏办事处档案选编》第 3 册，台北"蒙藏委员会"2005 年版，第 593—601 页。

黎吉生，后留任驻拉萨代表，专门给噶厦高官的几个孩子教授英文。

据噶厦高官回忆：1944 年，英人在拉萨开办了英文学校。1943 年（藏历水羊年），黎吉生向噶厦建议："现在国际上通行英语文，为使西藏在政治、军事、工业各方面能够独立行事，应让更多的藏族青年学习英语。"

当时，大部分贵族、商人也想将子女送到印度学习，但都支付不起巨额学费，希望能在拉萨办个英语学校。噶厦便接受了英人的建议。噶厦派拉萨总务官（四品官）强俄巴·仁增多吉到锡金总督助理梅加西诺处，请他转告锡金总督"为我们物色一名英语教师"。几天后，梅加西诺通过外交局回话说："接到总督来电称：已找到英语教师一人，即将赴藏。关于教员工资待遇问题，虽然以前曾对江孜英语学校拉札洛先生的工薪有过规定，但近来物价上涨，若仍按原规定支付，则难以请到教师，所以，对工资问题请另予考虑。同时，在该教师手下，需另请一位懂得藏语的助教。对两位教员，应事先准备好单独的住房，配备马夫和伙夫，提供草料和柴火以及教学设备等。"达札和噶厦通过"外交局"回称："感谢总督为我们物色了英语教师。关于教师的工资待遇，我们希望仍能按照对原江孜英语学校教师札洛莎赫的发薪规定，即每月六百英镑。以后每年递增一百英镑，直到一千英镑为止。倘若此方案仍不予接受，则将月薪定为七百英镑，每年递增一百英镑，直到一千一百英镑为止，但不再提供其他生活服务项目。住房问题，可由藏政府为其准备。至于另增加一名懂藏语的助教问题，我们完全同意，仍委托英方代为物色。"

"外交局"总管扎萨索康·旺清次丹和代理总管孜本夏格巴·旺秋德典则以这是对西藏"大有好处的事"为由，一再向噶厦催办此事。噶厦向摄政王达札禀报此情，又正合达札心意，于是达札下令噶厦和仲、孜（秘书长和孜本）要全力以赴，尽快办起这所学校。接着，噶厦正式决定成立藏英语文学校，并同秘书长和孜本共同研究了校址、教师宿舍和教室的修建等问题。同时，拨出藏银二万五千两、青稞七百克，作为建校经费。

不久，一位名叫巴嘎尔的英语教师经由亚东、江孜，来到拉萨。他同黎吉生就校舍、花园、球场、林荫道等设施设计了一张图纸，噶厦政府同意。

在招生方面，负责校务的秘书长和孜本共同决定：由译仓和孜康召集各自所属僧、俗官员，酝酿提出派送的学生名单。俗官可派自己的子弟参加，僧官可派同一僧舍的伙伴或侄儿参加。但事出所料，就在译仓和孜康开会商讨学生名单时，孜康收到译仓来信称：所派学生尚无合适人选，待我们物色妥善后，随即报送。

而后，摄政王达札以译仓出面管理英语学校有碍宗教习俗为由，决定：以后除重大问题由秘书长和孜本共同讨论外，对外一切事务均由孜康出面处理；另外，学校今后将与英国领事有许多接触，所以孜康可同"外交局"协商行事。这样，英语学校基本上由孜康和"外交局"共同管理。

不久，英方又派来了一位叫巴布·嘎珠次仁的助理教员。对他的工资待遇问题，罗加森说："过去他在德吉林卡任职时，月薪二百三十英镑，其中除去按锡金地方牌价供给其大米、砂糖等食品外，他的收入是比较宽裕的。现在藏政府不再供应主副食，则其月薪应发给三百英镑。但眼下英镑币值起落不定，也可按一英镑二两四、二两五的比价计付藏币，两种支付办法由本人选择。"同时，罗加森还向噶厦转交了英语教师巴嘎尔带来的购置教学器材和教学用品的清单。

开学前夕，两位教员已到，但校舍还未竣工。为此，达札批示：在校舍未竣工以前，可暂借冲吉林卡别墅为校舍，务必于藏历六月十一日正式开学。六月十一日，在冲吉林卡别墅举行开学典礼。孜本嘎雪·曲杰尼玛和夏格巴·旺秋德典携带着盖有噶厦大印的书面指令前来参加开学典礼。

孜本嘎雪巴高声宣读了噶厦指令："务大小政事乃需聪慧博学，文算兼备。如今时代已变，文化技术大为发展，形势迫使我们不仅要学习西藏悠久的文化和算术，而且必须掌握国际通行的英语、数学等知识。已故十三世达赖喇嘛高瞻远瞩，为适应时代之需要，曾保送一批僧俗官员去英国伦敦求学。水猪年又专门聘请英语教师拉札洛先生创建英藏文化学校，招收贵族子弟入学。为了继承这一英明卓绝的决策，从长计议，以利政教宏业，现决定成立藏英语文学校。学生范围是上中下层俗官子弟、僧官学校毕业生；贵族中申请出任七品官并有把握获得批准者，以及从农务局系统中挑选有培养前途的低层平民子弟等。其手续是由译仓、孜康分别登记各自所属僧俗官员入学子弟名单报噶厦，批准后方能入学。其他各界中的任何个人未经批准均不得擅自招收入学。课程安排是：早晨背诵经书；上午教藏文课，练习书法、修辞、正字法、诗论及筹码算术等；中午十二点开始，教授英文、算术及文体课程。"

英语学校的开办震动了拉萨，一时闹得满城风雨。三大寺认为英语学校对今后的宗教昌隆是一种潜在的威胁，不符合僧俗民众的意愿。三大寺代表向噶厦提出："新近创办的英语学校，未经西藏代表会议讨论通过。这类学校过去从未有过，纯属标新立异。它只会给西藏的政教事业带来无穷的后患，我们负不了如此重大责任，特来询问请教。""在拉萨办英语学校，对政教事业来说，不论从眼下和长远去看，都是百害无益，我们绝不能容许！英语学校的学生，不论是官员子弟被还是商人子弟，无一不与三大寺结有供施关系，我们要派浪子喇嘛先把学生带到各自所属的寺庙去处治，然后甩掉黑板、砸毁校舍！""贵族子弟送进英语学校会改变他们固有信念，眼前不仅会削弱寺庙的收入，而且将来一旦由这些子弟掌权，会给政教事业带来更大危害。因此，在拉萨办英语学校是万万行不通的。"

摄政、噶厦本是很不愿意撤销这所学校的。拉萨街头巷尾流传三大寺喇嘛准备劫走英语学校的学生，甚至还说喇嘛已经深入市区准备行动了，家长们唯恐子弟被偷袭殴打，大部分陆续辍学，这使摄政王、噶厦进退两难，十分尴尬，在无可奈何的情况下，不得已只好通知三大寺，决定撤销英语学校。历经 5 个月的拉萨英语学校宣告关门。[①]

英人及亲英分子认为三大寺反对是沈宗濂鼓动的结果。1944 年 9 月 7 日，沈宗濂致蒙藏委员会电称："英人所办学校，闻贿通摄政左右，强迫贵族子弟登记入学，在职抵任前业已开课，职到藏后，见该校与藏政前途关系至大，对之密切注意，与重要僧俗人士往返时，遇机辄婉示其利害。近由三大寺喇嘛出面反对，并声言将用武力干涉，现学生纷纷辍学，该校有停顿之势。"[②]1945 年 3 月 1 日，沈宗濂致电外交部："又三大寺前联合反对英国学校，哲邦寺之

① 以上内容参见噶雪·曲吉尼玛、拉鲁·次旺多吉：《拉萨英语学校破产记》，载《西藏文史资料选辑》第 2 辑，1984 年。

② 《沈宗濂为报在藏中央电台收费过高及英办学校有停顿之势等情致蒙藏委员会电》（1944年 9 月 7 日），载中国藏学研究中心、中国第二历史档案馆等合编：《元以来西藏地方与中央政府关系档案史料汇编》第七册，中国藏学出版社 1994 年版，第 3164 页。

阿巴堪布已为藏政府撤换，现色拉寺之结堪布又传将撤职，引起全体僧众之反对。职迭接密告，有发生政潮之可能。"① 噶厦强行开办英文学校，得罪了三大寺和众多的僧人。沈宗濂借助宗教力量制衡噶厦，迫使英文学校关闭，收到了效果，使英人遭到了失败。1945 年 5 月，拉萨情报人员致电军令部："拉萨三大寺联合呈请噶厦，略以英国在藏肆行日亟，创学施化，侵地虐民，诚恐祸及佛教前途，请召开民众大会讨论。"② 但是，噶厦中很多贵族并不愿意放弃亲英自保、分裂祖国的图谋，仍坚持派员到英国或印度留学，为对抗中央政府做准备。1946 年 5 月 20 日，拉萨情报站向军令部报告：英国新任驻藏代表黎吉生于四月三十日抵拉萨后，随即向西藏提出要求："A. 派贵族青年僧俗各六人赴大吉岭求学。B. 派平民青年二十四人赴印学习无线电，另派四人学习广播。阿旺坚赞提议将上述学生分派半数来中央及美国求学，未能通过。"③

　　国立拉萨小学在办学过程中出现了较大的问题。由于驻藏办事处、军统在藏特工多在拉萨小学兼任教员，人事复杂，行为屡有不端。有人借机向蒋介石反映。1944 年 3 月 11 日，蒋介石将"国立拉萨小学校长王信隆办学敷衍舞弊经济情形"信函转致教育部，信中批评王信隆敷衍校务，风纪腐败，舞弊经费，欺蒙藏人，"实有损中央之威信"。学生家长均轻视之，西藏子弟"均不入该校，且有已入学而又退学者"，"若不将王校长撤换，该校前途实不堪设想"④。

　　1944 年 12 月 8 日，沈宗濂向教育部提交了一份报告，指出国立拉萨小学存在的问题：一是经费不足，二是师资缺乏，三是校舍简陋，四是课本教

① 《外交部抄转沈宗濂关于藏政府对英国要求派外交代表割地驻兵等事态度等情电致蒙藏委员会代电》（1945 年 3 月 1 日），载中国藏学研究中心、中国第二历史档案馆等合编：《元以来西藏地方与中央政府关系档案史料汇编》第七册，中国藏学出版社 1994 年版，第 3170 页。

② 《军令部关于三大寺反对英国在藏创学侵地等情致蒙藏委员会代电》（1945 年 5 月 13 日），载中国藏学研究中心、中国第二历史档案馆等合编：《元以来西藏地方与中央政府关系档案史料汇编》第七册，中国藏学出版社 1994 年版，第 3171 页。

③ 《军令部关于英驻藏代表黎吉生要求割地售藏军火及藏政府态度等情致蒙藏委员会代电》（1946 年 5 月 20 日），载中国藏学研究中心、中国第二历史档案馆等合编：《元以来西藏地方与中央政府关系档案史料汇编》第七册，中国藏学出版社 1994 年版，第 3173 页。

④ 蒋介石致教育部（民国三十三年三月十一日），教育部档案，全宗号 5，卷号 12491。

材之补充困难。建议：教育部增加经费，改进行政，添聘专任教师，遴选品学兼优的师范人才入藏，对于旅藏汉人学龄儿童，"拟实施强迫入学，对于藏方政教人士之联络与宣传，亦在同时并进之中，期藏籍学生之数目，日有增加"①。

国立拉萨小学的问题引起蒋介石、教育部、蒙藏委员会重视，正苦于无合适人选接替王信隆校长一职之时，1945 年初，曾在西藏游学的汉僧碧松（俗名邢肃芝）持沈宗濂的介绍信在南京拜谒蒋介石，受到赏识。1945 年 8 月，朱家骅任命邢肃芝为国立拉萨小学校长。教育部给拉萨小学的经费增加到每年 10 万卢比，给教职工的薪水增加数倍。邢肃芝有财力粉刷教舍，添置桌椅，补充教学用具。这时，拉萨小学迎来了兴盛时期。

邢肃芝在原有的藏文、回文、国藏等三个班级外，增设特别班和幼儿班。特别班的学生都是西藏上层人士的子女，有边觉、唐麦、夏扎、雪贵巴、阿沛等家，擦珠活佛的两个女儿也在该校读书。

邢肃芝又租用桑颇·次旺仁增的地皮，平整为操场，建有篮球架、排球场、杠架，开展文体活动，学校师生可以兴高采烈地进行球类活动。还邀请学生家长和眷属来校联欢，备茶点招待，放映电影，对学生发放奖学金、补助金。学校的校歌是《我爱中华》，引导学生树立爱国的思想，在课堂上为学生灌输爱祖国、爱人民、爱学校的"三爱"教育。在庆祝国庆、校庆时，学生都有文体表演节目。②

为了吸引藏民子弟，邢肃芝调整课程：汉藏文兼授，每周增加 300 分钟的藏文课；高年级每周有 100 分钟英文课程，以"专门抑止英人在藏势力发展"。学校办得有生气，各地藏民子弟要求入学者尤多，有少量贵族子弟及拉达克、尼泊尔等外国学生。③ 在邢肃芝的领导下，学生课业比内地学生好，一般品行良好，有礼貌，尊敬师长。④ 1948 年时在校学生有 300 多人。但国民党在战场上败势已现，也顾不及蓬勃发展的拉萨小学了。1949 年 7 月 8 日，

---

① 沈宗濂致教育部（民国三十三年十二月八日），教育部档案，全宗号 5，卷号 12489。
② 参见常希武：《国民党在拉萨办学简介》，载《西藏文史资料选辑》第 5 辑，1985 年。
③ 参见邢肃芝：《拉小史略及拟办事项》（民国三十七年七月八日），教育部档案，全宗号 5，案卷号 1249。
④ 参见常希武：《国民党在拉萨办学简介》，载《西藏文史资料选辑》第 5 辑，1985 年。

噶厦迫使国立拉萨小学解散。

　　除了在西藏推行教育外，国民政府也一直鼓励和资助藏族同胞到内地上学。国民政府在内地设立了蒙藏委员会北平蒙藏学校、西藏班禅驻京办公处附设补习学校、蒙藏委员会蒙藏政治训练班、中央大学蒙藏班、中国国民党中央政治学校附设蒙藏预备学校、中央政治学校附设蒙藏班，颁布了《蒙藏学生待遇条例》《蒙藏学生就学国立中央、北平两大学蒙藏班办法》《蒙藏委员会保送蒙藏学生办法》等，优遇和吸引西藏青年来内地学习。蒙藏委员会认为"启迪其国族观念"，普及藏区教育，"必先招致其地方具有声望及世家子弟前来内地就学以开风气之先，始能收奖劝之效"。1947年，藏族贵族青年来京者，有达赖之兄嘉乐顿珠，达赖之姊丈多吉尼玛，拉卜楞保安司令黄正清之子恭宝朗吉，陌务旗土官杨世杰等四名，经保送至中央政治学校特设专班施教。①

　　国民政府在拉萨、江达、昌都等地开办小学，短暂设立了教授西藏贵族子弟、藏民子弟的学校，资助西藏青年到内地就学等，产生了积极影响。噶厦一方面配合英人在拉萨设立英文学校，提供经费、场地等支持；另一方面却阻挠中央驻藏人员的工作，制造种种障碍，还迫令汉人不得将子弟送入学校，藏民子弟更是凤毛麟角。这导致驻藏人员在西藏推行教育计划困难重重，很多方案只停留在纸面上，实效甚微。英人虽然在拉萨开办学校遭受了挫折，但是通过支持西藏贵族青年到英国、印度留学，训练藏军官兵，培养了亲英感情，取得了一定成绩，这影响了中国政府在西藏推行教育。

　　3. 医疗

　　西藏地方辽阔，普遍缺乏现代卫生设备、科学常识，很多疾病限于传统藏医很难治愈，一旦患病，医治无门，只好寄希望神灵的护佑。英人在侵入西藏之初，就派遣医生在西藏治病施药，培养感情，在江孜常驻医生和护士，每次派代表团入藏都随行医生，在拉萨给贵族、平民看病。

　　1930年，维尔代表团访问拉萨，随行的有辛克莱尔医官（M.R.Sinclair）中尉和江孜副助理外科医生博次仁（Rai-Sabibo Tsering），在两个月内为

――――――――――

① 《国民政府一九四七年度西藏地方政治宗教文化设施资料》，蒙藏委员会档案，全宗号141，卷号981。

12000 多人接种牛痘，医院设在缺乏卫生条件的临时腾空的小屋和马棚里，进行大量的外科手术。

1936 年，古德代表团访问拉萨，英印政府派遣医疗官摩根（W. S. Morgan）上尉、江孜副助理外科医生博次仁随行到拉萨。据古德报告：贵族家庭都找他们看过病，每个寺庙都送来过病人，患白内障和其他疾病的人从几百英里外赶来，摩根上尉抱着极大的"同情"对待每个人，赢得了所有人的"真心感激"。古德和摩根上尉一行在 1937 年 2 月 17 日离开了拉萨。此后，英人在拉萨常驻代表一人、电报员一人及医生二人。

国民政府也高度重视对西藏的卫生工作。1930 年 4 月，在全国第二次教育会议上，卫生部呈交多个有关在西藏推行卫生教育、宣传的提案："请由蒙藏边疆选派青年子弟能通汉文汉语者来内地专习医学卫生学科俾学成回返原地执行医事办理卫生事业案"中，提出西藏地方"疠疫时作，施治乏人，疾病袭来，医药无措，欲固国家之边围，岂可不注意其人民之健康？然欲创办卫生，必须有医学卫生学识，且通达明了当地情形，及其语言文字之人才。故宜由蒙藏边疆选派多数青年子弟来内地专习医学，以备将来之需用，且可见我政府，对边民幸福之关怀也"。办法是由前后藏各大寺及汉商选派能通汉文汉语的青年来内地相关地方，先补习中学知识，再入医学校。在"促进蒙藏卫生教育案"中，提出西藏人民大多缺乏卫生常识，拟定办法是在蒙藏类各学校添设教育卫生课，派员在各地通俗讲演，举办卫生巡行展览会，印发《卫生浅说》及标语图表，各地图书馆及教育馆应置备关于各种卫生图书。在"改良蒙藏助产案"中，提出在西藏教授简单新式接生法、清洁消毒法，改良旧式接生，筹设助产士训练。选送西藏青年女士熟知汉文，并有初中相当程度之学识者数人，在教育部卫生部所设第一助产学校，毕业后回西藏办理助产教育事业。在西藏重要地方筹设助产士训练所，造就新式助产人才，在普通地方开班训练旧式接生者，以期改良。在"提倡蒙藏新法种痘案"中，提出在西藏重要地方，广设种痘传习所，造就该项人才；附上本部有关天花与种痘的布告、图书，翻译成藏文，广为翻印，加以宣传。在"调查蒙藏牲畜疾病案"中，提出先行调查西藏牛、马、羊流行病，在拉萨等处设立调查所。在"调查蒙藏卫生状况案"中，提出中央政府应派卫生人员赴西藏调查卫生行政设施情况。在"蒙藏狂犬病之防止案"中，提出中央防疫所研制的预防狂犬病疫苗，应在西藏设法推广。在"蒙藏应设巡回治疗车案"中，提出西藏地方辽阔，设立医院，非常困难，不如设巡回治疗车简单易行。每车设正式医生1人、助手2人，并置备应急用具、简单外科手术器械、普通必需药品。同时，在诊疗之暇，散发宣传卫生材料，加以宣传。在"举办蒙藏卫生应先从宣传着手案"中，提出在西藏设立一大型卫生宣传机构，聘请专家，专门计划和处理一切宣传工作，并编辑卫生书籍，发行卫生刊物；在该机关下分设若干宣传队，实地宣传，游行讲演，进行展览及标语布告。[①] 提案的内容比较广泛，也符合西藏卫生状况。但实施起来，要受到噶厦的阻挠、汉藏文化的隔膜、人员的组织、经费、交通险远等条件的限制。

1939年8月4日，吴忠信呈交行政院院长孔祥熙"对藏政策之检讨与意见"，在"医药救治"之策中谈道："藏人不重卫生，男女交往过滥、日饮奶茶致肺痨、花柳与水肿诸病极为普遍，死亡率既大，生殖力又灭。论者谓，照目下情形二百年后，藏族将仅为历史上之名称。虽或言之过甚，亦可见漫延之众矣。宜先由驻藏办事处就处内附设诊所，免费施诊，再进而设立医院并在各大城市同样办理。同时印行之报纸刊物中予以藏人卫生上之指导。此举既能改善藏人健康并可使其感念中央之爱护。"[②]

吴忠信入藏，随行留德医学博士单问枢医生，购带大量药品，为藏人看病送药，"每日来就诊者，户为之穿，活人无数"。据吴忠信记载：西康人东本格西是博学喇嘛，三大寺僧众都向其请教，此次患水肿，几及胸膈，其弟子求神问卜。单医生治好病，所以，每次单医生赴哲蚌寺时，喇嘛无不致敬。[③]

1946年底，蒙藏委员会拟定在西藏建设大纲，关于卫生计划："设置康藏卫生院及巡回医疗队。拟先在青海玉树、西康巴安、云南德钦三地各设卫生院一所，并组织巡回医疗至西藏之拉萨及扎什伦布，拟先有蒙藏委员会商

---

① 《总理对于蒙藏之遗训及中央对于蒙藏之法令》，载张羽新、张双志编纂：《民国藏事史料汇编》第二册，学苑出版社2005年版，第146—148页。

② 张羽新、张双志编纂：《民国藏事史料汇编》第八册，学苑出版社2005年版，第147页。

③ 中国第二历史档案馆、中国藏学研究中心合编：《黄慕松 吴忠信 赵守钰 戴传贤奉使办理藏事报告书》，中国藏学出版社1993年版，第143、286页。

洽西藏当局后再为设立。"① 这些卫生医疗计划在汉藏政治关系未融洽之前，很难在藏施行。

第二节　十世帕巴拉活佛转世灵童的寻访和迎请

帕巴拉活佛是昌都强巴林寺的第一大活佛。清朝康熙时期开始册封帕巴拉活佛，现已传承到第十一世。江参等人编著的《昌都强巴林寺及历代帕巴拉传略》利用藏文史料和昌都地方史料，简述了十世帕巴拉活佛转世灵童的寻访和认定经过。②《"蒙藏委员会"驻藏办事处档案选编》收录了十世帕巴拉转世灵童的迎请、坐床数十条档案史料，目前学界还没有利用。

一、十世帕巴拉活佛转世灵童的寻访

十三世达赖喇嘛曾下令废除其十世帕巴拉呼图克图名号。1934 年夏，国民政府参谋本部次长黄慕松入藏致祭十三世达赖喇嘛，途经昌都，应广大昌都人民的要求，在拉萨与摄政王热振活佛商量。9 月，热振活佛发公义，恢复帕巴拉之封赐称号。1934 年 9 月 22 日，十世帕巴拉活佛在昌都举行了隆重的恢复封赐名号仪式。③1937 年 9 月 28 日，十世帕巴拉活佛在昌都圆寂。

寻访十世帕巴拉转世灵童时，"昌都寺孜雪执事二聂孜遵照昌都寺执掌政教者贡多和基佐楚成扎巴二者派遣，呈请帕邦卡仁波切卜卦预示，其言：'已降生于东方与内地接壤之理塘地方或该地两边较为广阔之村落，父名带有次、洛、塔任意一音节；母名带有卓、央、本、措任意一音节，在一家境稍富的人家。'然该预示未显年岁生属，遂请求摄政热振仁波切和普觉仁波切卜卦预

---

① 《蒙藏委员会关于订定西藏建设计划纲领问题致行政院秘书处公函》（1947 年 1 月 9 日），《国民政府教育部档案》，载张羽新、张双志编纂：《民国藏事史料汇编》第二册，学苑出版社 2005 年版，第 143—145 页。

② 江参等编著：《昌都强巴林寺及历代帕巴拉传略》，中国藏学出版社 2010 年版。

③ 江参等编著：《昌都强巴林寺及历代帕巴拉传略》，中国藏学出版社 2010 年版，第 155—156 页。

赐。摄政热振仁波切云：'冬季土虎年或土兔年'。普觉仁波切云：'显示土兔年'"。昌都寺按照三位仁波切的预示将灵童降生地确定为理塘左右两地。①

帕邦卡仁波切是拉萨帕邦喀寺的大活佛，精通佛教经典，在当时享有盛名。1935 年 9 月 22 日，十世帕巴拉活佛邀请帕邦喀活佛在昌都寺讲授经典，长达一年多，双方建立密切的宗教关系。帕邦喀活佛熟悉西藏历史，倾心内向。至今拉萨的老人们还记得，他在讲经时经常公开阐述西藏和中央之间不可分割的关系。②热振活佛也是爱国爱教的宗教首领。故，十世帕巴拉圆寂后，请帕邦喀活佛、热振活佛卜卦预示着帕巴拉活佛也是拥护祖国的一代大德。

帕巴拉转世灵童应前往理塘一带寻访。理塘属于西康省政府管辖之地。1940 年 4 月 1 日，入藏主持十四世达赖坐床大典的蒙藏委员会委员长吴忠信正式成立蒙藏委员会驻藏办事处，任命孔庆宗为首任处长，代表中央政府办理涉藏事务。驻藏办事处应将寻访十世帕巴拉转世灵童等事项，呈报中央，秉承中央意旨，协助进行寻访、认定、坐床工作。

1940 年 8 月 6 日，孔庆宗签发昌都寺寻访小组赴内地护照："昌都寺因培修庙宇，派喇嘛孜仲结村、学仲降巴多吉率领仆从一行，行李若干件，取道巴安、理化前往西康各地募化，恳请给照前来。经本处查明属实，今给发护照，以利行，希沿途军警团防，查验放行，该喇嘛不得携带违禁物品。"③11 月 9 日，孔庆宗电告蒙藏委员会委员长吴忠信，寻访小组名义上是赴康募捐，用以维修寺庙，"暗中实往理塘一带寻访该帕巴拉佛爷化身"，请转告西康省主席刘文辉，予以援助寻访小组。④

寻访小组一行很顺利地在理塘寻访灵童。1941 年 3 月 8 日，张为炯致电孔庆宗："接昌都寺子仲吉村自理化来电称怕巴拿（即"帕巴拉"，引者注）佛转世经多方调查，有理化县属藏坝村犰理家之子，属兔，名降雍希

① 江参等编著：《昌都强巴林寺及历代帕巴拉传略》，中国藏学出版社 2010 年版，第 161 页。
② 范向东：《民国时期西藏三大高僧之一——帕邦喀活佛》，《西藏民俗》1994 年第 3 期。
③ "蒙藏委员会"编译室编：《驻藏办事处发给昌都寺喇嘛孜仲结村学仲降巴多吉护照》，载《"蒙藏委员会"驻藏办事处档案选编》第 9 册，台北"蒙藏委员会"2006 年版，第 35 页。
④ "蒙藏委员会"编译室编：《孔庆宗电吴忠信请转达刘文辉协助孜仲结村学仲降巴多吉寻访昌都寺帕克巴拉佛化身事》，载《"蒙藏委员会"驻藏办事处档案选编》第 9 册，台北"蒙藏委员会"2006 年版，第 36 页。

郎，与颇章喀仁卜且前卦相似，未知确否，转乞再卜电示，以便进行。"①
《昌都强巴林寺及历代帕巴拉传略》记载："经打箭炉张秘书致电国民党政
府驻拉萨办事处处长孔庆宗，请其呈请帕蚌卡仁波切，然未得复言。彼等
遂商榷后，决定携带地图和父母姓氏音节等有关记录等返回昌都。"②此说
不确。孔庆宗接电后立即密询颇章"喀佛"（帕邦喀活佛），得复函确定为
真。3 月 17 日，孔即电告康定省府张少扬秘书长："昌都帕巴佛之转生曾经
占验，生于理化县之东南村镇末端，其父母之名，前曾各书四字，有与四
字之一相合者，即符。其母佩康俗之首饰等。至藏坝村刹理家之子，属兔，
名降雍称勒者，经观想时，知其为真，可以认之。"③这两则史料提到的张为
炯（1888—1972），字少扬，四川西昌（今德昌）人。1939 年 1 月，国民政
府成立西康省，第二十四军军长刘文辉任省主席。4 月 22 日，张为炯任西
康省政府秘书长，具体负责行政事务，也管辖理化县（1950 年 5 月 31 日，
理化县解放，翌年 5 月更名为理塘县）。藏坝村属于现在理塘县藏坝乡的范
围，在县东南 50 多公里左右。左仁极报告孔庆宗，寻访小组"到昌都后，
奉发护照为南雄所没收，仍由仲业任昌远等赴理化访察，经在濯桑绒巴村
访获"。④理塘县濯桑乡与藏坝乡相邻。

　　现有研究认为："1939 年十二月八日（藏历），（十一世帕巴拉）出生
于多康理塘地方。家住理塘大寺附近的阿多村（Aa-mdo-grong），父名洛
桑阿旺（yab-blo-bzang-ngag-dbang），母名仁真卓玛（yum-rig-vdzin-sgrol-
ma）。"⑤"十一世帕巴拉丹增晋美格列朗杰（该名于拉萨学经时，经呈请由

①　"蒙藏委员会"编译室编：《张为炯电孔庆宗查理化县属藏坝村刹理家之子名降雍希郎
　　系怕巴拿佛转世未知确否》，载《"蒙藏委员会"驻藏办事处档案选编》第 9 册，台北"蒙
　　藏委员会"2006 年版，第 38 页。

②　江参等编著：《昌都强巴林寺及历代帕巴拉传略》，中国藏学出版社 2010 年版，第 163 页。

③　"蒙藏委员会"编译室编：《颇章喀佛函称帕巴佛之转生名降央称勒者应当为真可以认
　　之》，载《"蒙藏委员会"驻藏办事处档案选编》第 9 册，台北"蒙藏委员会"2006 年版，
　　第 40、42 页。

④　"蒙藏委员会"编译室编：《左仁极呈孔庆宗报告噶厦欲迎接昌都寺大呼图克图帕克巴
　　拉及不欲汉官得知等情形》，载《"蒙藏委员会"驻藏办事处档案选编》第 9 册，台北"蒙
　　藏委员会"2006 年版，第 44 页。

⑤　郑堆等主编：《藏传佛教研究》第 1 辑（下册），中国藏学出版社 2015 年版，第 955 页。

十四世达赖喇嘛所赐，乃为经忏祈愿吉祥之名）于藏历第十六饶迥土兔年（公元1939年）十月八日，降生于理塘寺附近措松安多村，家名纳鲁仓或曲果仓，父名洛桑阿旺，母名仁增卓玛。"①

笔者查到当时理化县县长是《西康纪事诗本事注》的作者贺觉非，为湖北竹溪丰溪人，曾入国民党中央军校十期学习。1934年，随国民政府军委会参谋团入川，后调刘文辉部。1941年，始任理化县县长。他曾撰文谈道，灵童寻访小组在理化县藏坝一带，结果得小孩三位，归而在卜，乃决定为曲果家，小孩名洛绒降央。"十一世帕巴拉呼图克图，生于民国二十八年四月。"②"躬理家"与"曲果家"，"降雍希朗""降雍称勒"是音译用字不同。贺觉非称灵童本名为"洛绒降央"。驻藏办事处称"帕巴拉活佛生父是洛绒昂旺"。③综上所述，灵童原名可以认为是"洛绒降央"。

孔庆宗、帕邦喀活佛都确认降央为转世灵童。"帕邦卡因喜瓦拉于色拉寺呈请事之盖印复函云：'正如前次经孔处长复文所言，纳鲁仓之子降央确系十世帕巴拉之转世灵童，需办理经忏佛事及念诵祈祷喇嘛经。'"④之后，就是完成迎请、坐床之事。1941年9月20日，孔庆宗致电刘文辉，昌都帕巴佛在理塘寻获，中央暨贵府订有送回昌都或其他计划否。⑤希望获得上级的指示，如何进行下一步工作。

二、迎请十世帕巴拉转世灵童

蒙藏委员会驻藏办事处派遣了调查员左仁极常驻昌都，他是云南云龙县漕涧人，曾毕业于云南教导团、蒙藏委员会政治训练班，随孔庆宗入藏，熟

---

① 江参等编著：《昌都强巴林寺及历代帕巴拉传略》，中国藏学出版社2010年版，第161页。

② 贺觉非：《昌都帕巴拿呼图克图事略》，载成都金陵大学文学院社会学系边疆社会研究室编辑《边疆研究通讯》1942年第1卷第2号，第4—5页。

③ "蒙藏委员会"编译室编：《左仁极呈孔庆宗报昌都任昌远等密请中央追认第十一辈帕克巴拉佛一案》，载《"蒙藏委员会"驻藏办事处档案选编》第9册，台北"蒙藏委员会"2006年版，第102页。

④ 江参等编著：《昌都强巴林寺及历代帕巴拉传略》，中国藏学出版社2010年版，第164页。

⑤ "蒙藏委员会"编译室编：《孔庆宗电刘文辉已寻获昌都帕巴佛化身未知有何计划》，载《"蒙藏委员会"驻藏办事处档案选编》第9册，台北"蒙藏委员会"2006年版，第43页。

悉昌都地方事务。

1941 年 10 月 15 日，左仁极向蒙藏委员会建议，职曾向本会建议，请于该呼图克图坐床时派员来昌主持并拨助该寺建筑费若干万，借以收拾康区人心，昌都应行设置之无线电台亦请于护送人员入昌时携带前来，经奉复电开，派员主持帕克巴纳坐床典礼一节，不无见地，唯应由该徒众呈请省府，转行到会，以凭核办等因。至本年十月六日，拉萨噶厦承认命令到达昌都。职即往见四呼图克图（代理大呼图克图者），告以中央关怀大呼图克图，拟派员来昌主持坐床典礼，且民国以来大呼图克图转世尚为第一次，若无中央人员主持，恐影响其历史上之地位，可由贵寺呈请省府派员护送，以作根据。四呼图克图极为欢慰，当即召集各扎仓首脑及仓储巴、副仓储巴等，会议迎接灵童与请求中央派员事宜，各扎仓喇嘛头目均表赞同，唯仓储巴、副仓储巴因系俗官，且受藏政府之委派，不敢与中央接近，致会议三日毫无结果。乃向南雄请示，应否向中央报告，南雄为坚主闭关主义者，即召该寺各首脑训示，谓迎请灵童，切不可使汉官发觉。前达赖佛转生于青海，马主席索贿至现金四十万元，今康方如索贿十万元，试问昌都有无此能力。此事最好派三人伪装"阿觉娃"将灵童盗取过江，然后由噶厦派大批人员前往迎护，如必须派有地位人员，前往迎驾时，亦不宜超过五人以上，但不准与当地高级汉官往还，须知清末昌都老仓储巴押宗麻私与兰州总督通款，邀请予以达喇嘛衔名，事未成而引起达赖喇嘛之愤怒，汝等须加注意等语。

四呼图克图见事不济，乃派任昌远到职处商量补救办法，经决定由职作函巴安傅团长及理化贺县长于迎请灵童人员过江时，向其索取申请文件，以凭转报省府，再由省府转电中央以作向拉萨交涉之根据，迎驾人员仍为任昌远，已决定于夏历十月十五日首途赴理化。巴、理两处军政长官及省府张秘书长处，职已分别去函通知，请其注意。①

四呼图克图是十世帕巴拉活佛圆寂后，暂管理强巴林寺宗教事务的活佛。仓储巴又译作商上、商卓特巴、强佐等，是管理喇章财务仓库的官员，

---

① "蒙藏委员会"编译室编：《左仁极呈孔庆宗报告噶厦欲迎接昌都寺大糊涂客厅帕克巴拉及不欲汉官得知等情形》，载《"蒙藏委员会"驻藏办事处档案选编》第 9 册，台北"蒙藏委员会"2006 年版，第 44—47 页。

实则权力超过钱粮范围，是管理行政、宗教、财政等内外事务的总管。此处仓储巴属于帕巴拉喇章机构最重要的俗官，由噶厦任命。故，强巴林寺的活佛、僧官不敢得罪仓储巴。昌都寺仓储巴也不敢擅自呈请中央派大员主持迎请、坐床典礼。第二次康藏战争时，1918 年 4 月 15 日，藏军攻占昌都。1918 年 4 月 22 日，噶伦喇嘛强巴丹达抵达昌都，与川军分统刘赞廷缔结了停战条约，正式把在 1913 年成立的昌都总管（朵麦基巧）迁移至昌都城，管辖昌都。1939 年，南雄（又译作朗琼）噶伦担任昌都总管①，管辖昌都大小事务。"阿觉娃"是外地来朝佛的人。南雄之意是想悄悄把灵童接走，根本不告诉西康政府。这违背了旧例，但是昌都寺方面又不敢得罪噶厦，只好私下告诉左仁极。左仁极写信告诉理化县政府，再转报西康省政府，然后由中央政府与噶厦交涉转世灵童认定、坐床工作，以符合定制。

左仁极将此事也报告给孔庆宗。1942 年 2 月 11 日，孔庆宗致电蒙藏委员会委员长吴忠信、西康省政府主席刘文辉，请求给予明确指示，是照旧例办理抑或有其他符合定制之变通办法。② 在吴忠信、刘文辉获知之前，昌都寺已经派人赴理塘迎请灵童。

贺觉非接到左仁极信，"略谓帕巴拿拉呼图克图为前清理藩院注册之呼图克图，每一次坐床典礼，例由政府派员参与，又素为昌都人民所尊崇"，应由中央与拉萨交涉。1942 年 1 月 17 日，迎请灵童一行抵达理化县。18 日，拜访贺觉非于县政府。19 日，贺县长宴请昌都寺代表。按照惯例，迎请转世灵童，必请当地喇嘛寺同意。虽然帕巴拉呼图克图在理化县已经转世四次，但是理化喇嘛寺与昌都关系并未见亲密，颇有留难之意。21 日，昌都寺管家来县政府，拿出缘簿，首页有孔庆宗做序，谓帕巴拉呼图克图累世倾诚，功在国家，所居强巴林寺，因民初川藏军发生冲突，毁于火，拟募资修复之。首页书蒙藏委员会委员长吴忠信捐藏银二千两。③ 确实是孔庆宗所说，

---

① 《南雄噶伦驻守昌都》，《康导月刊》第 2 卷第 1 期。

② "蒙藏委员会"编译室编：《孔庆宗电吴忠信请示是否照例办理昌都帕巴佛化身事》，载《"蒙藏委员会"驻藏办事处档案选编》第 9 册，台北"蒙藏委员会"2006 年版，第 50—51 页。

③ 贺觉非：《昌都帕巴拿呼图克图事略》，载成都金陵大学文学院社会学系边疆社会研究室编辑：《边疆研究通讯》1942 年第 1 卷第 2 号。

打着化缘修缮寺庙的名义，实则是设法迎接灵童回昌都。昌都寺代表出示此化缘功德簿，也是告诉贺觉非，蒙藏委员会已经同意，希望他能支持。

1942年2月22日，刘文辉回电孔庆宗，已经密电理化县政府随时稽察，待迎接人员到达，设法令其呈报本府，以备转会核办。现尚未据呈报知。[①]3月7日，吴忠信回电孔庆宗，称未接到西康省电报。[②] 看来，刘文辉、吴忠信的消息已经滞后，或者是贺觉非已呈报刘文辉，刘文辉不愿从中干涉，免生事端。无上级的指示，孔庆宗自无法交代左仁极。

迎请之后，很快将要完成坐床典礼。按照金瓶掣签历史定制，中央要派大员主持大活佛认定、坐床仪式，这是对西藏地方行使主权的体现。1942年4月10日，吴忠信复电孔庆宗，帕巴拉活佛第八、九、十辈均系报请中央主持，由金瓶掣签，此辈如不照此办理，拟不认可其合法地位。[③] 吴忠信指示驻藏办事处比较迟缓，只是提出一个原则，对现实复杂情况，没有更好的具体解决办法。4月15日，孔庆宗令左仁极，在可能范围内设法促昌都寺呈报中央。[④]4月24日，孔庆宗致函噶厦，该寺遵循旧例，呈报中央金瓶掣签，否则中央将不认其合法地位，请遵守。[⑤] 噶厦也没有答复孔庆宗。

1942年5月3日，左仁极将帕巴拉活佛坐床经过呈报孔庆宗。

---

① "蒙藏委员会"编译室编：《刘文辉电孔庆宗已密电理化县政府随时稽察并派人员设法令其呈报昌都寺帕克巴拉佛转世事现尚未据呈报知》，载《"蒙藏委员会"驻藏办事处档案选编》第9册，台北"蒙藏委员会"2006年版，第52页。

② "蒙藏委员会"编译室编：《吴忠信电孔庆宗据左仁极报报会经咨西康省政府令饬理化县政府劝导该迎接人员报省转咨该会核办》，载《"蒙藏委员会"驻藏办事处档案选编》第9册，台北"蒙藏委员会"2006年版，第55页。

③ "蒙藏委员会"编译室编：《吴忠信电孔庆宗据查帕克巴拉佛赴昌都该佛八至十辈均系报请中枢主持由中央金瓶掣签此辈如不遵照办理中央拟补认可其合法地位希斟酌转告藏方》，载《"蒙藏委员会"驻藏办事处档案选编》第9册，台北"蒙藏委员会"2006年版，第60页。

④ "蒙藏委员会"编译室编：《驻藏办事处令科员左仁极在可能范围内设法运用促其呈报中央关于帕巴拉佛案》，载《"蒙藏委员会"驻藏办事处档案选编》第9册，台北"蒙藏委员会"2006年版，第65页。

⑤ "蒙藏委员会"编译室编：《孔庆宗函噶厦关于昌都帕克巴拉呼图克图在理化迎回化身案》，载《"蒙藏委员会"驻藏办事处档案选编》第9册，台北"蒙藏委员会"2006年版，第62页。

此次第十一世转世，各老喇嘛多知本寺掌故，咸主张呈报中央请示坐床日期，并图取得合法地位，继因副仓储巴业已择噶媚事藏人，力言不可。又因蔡嘉溶欲谋得赴理化迎接灵童翻译职务，为四呼图克图所拒，遂从中破坏，将该寺企图告知南雄。南雄乘僧俗两方请示之际，严令该寺不准接近汉人及迎接灵童人员到达理化。适格桑泽仁委员返里，带有肩舆两乘，藏方为误会为护送灵童大员，乃假借竹笆笼渡船问题，增兵沿江各处以为防阻之计，旋有理化寺有扣留灵童消息，藏方谓系汉人勒索，故作恶意宣传，幸任仲衣有详细呈报四呼图克图，亟言蒙汉方军政长官优待。刘主席捐赠法币四千元、曾旅长二千元、贺县长五百元。藏方又禁止传说。至四月十九日，灵童抵达昌都，经喇嘛卜卦，谓暂时驻锡觉烘寺为吉。距城十五里。时远近僧民到昌都来瞻礼者达万余人，当日均驰赴觉烘寺，求活佛摸顶，乘马者达千数百人。昌都寺复有幢幡宝盖、黄罗伞、金瓜、银钺、朝天镫等，仪仗列队前导，情况热烈空前。藏人视之，愈加忌妒，次日即下令帕克巴拉坐床之日，凡前往参加列队乘马僧民须一律着各色缎服，无缎服者不得参加，并须于三日内前往登记，经此限制，结果有参加资格者仅得五百二十余，故行大典之日，乘马者转不若初到时之多。

该寺择定坐床典礼日期为农历三月十五日（公历四月二十九日）。南雄初不加过问，至二十七日，突传集该寺头人，称非向拉萨请示，不准坐床，该寺筹备典礼两月已费去二千余秤，知南雄此举不过索贿手段，当夜贿以藏银十秤不允。于二十八日，又贿以玉碗一对，金丝缎鞍套一具（共值藏银一百二十秤），南雄又有附带手段，谓活佛坐床理宜大赦八大扎仓内拘留之萨工寺人犯，须一律释放，经各头目承认，始允免予请示。时刘主席、曾旅长藏捐款之说，早已传遍昌都，僧俗均有感德之意。藏人又以为系汉人有意市惠，图收买人心，乃下令该寺于坐床时，不准邀职参加。四呼图克图无法，只得连夜派任昌远来告知困难情形。并谓已议定于十六日另行接待。职从其请。公历二十九日正午十二点，灵童到达大寺，赓即举行坐床典礼。南雄派代表献礼藏银十秤，各四品官每人五秤，大为僧俗所齿冷，均有如此藏人之叹。该寺三呼图克图各贺礼一百秤，四呼图克图八十秤，五呼图克图五十秤，其他尚有咋了、八宿、类乌齐各寺代表，均有贺礼。职系被邀于十六日往谒，关系贺礼部分，应如何应付，经电呈蒙藏委员会请示在案。因德格电台发生故障，迄未奉复。而昌都寺虽在藏方监视压迫之下，仍敢暗中派人诉述苦衷，请求转达中央，具见内向热忱，既被邀请，自不能空手言贺。故于十六日往谒时，馈以砖茶一驮，黄红杭缎各十方，黄红白大绸各十方。侍号则聪麻对坐床典礼，藏人下令不许汉官参加一节，极表不满。灵童已三岁，颇聪慧，尤喜汉人，以目视职，频言甲璷（汉官），将来或不致背汉。①

上述有几点其他史料未具备的价值：第一，因电台故障，左仁极无法将灵童坐床时间提前报告孔庆宗、吴忠信，故中央对此事无法进行处理。第二，昌都寺未通知噶厦即举行坐床典礼。第三，昌都总管南雄为一己私利，索要贿赂，横加干涉。第四，在南雄的威胁下，昌都寺不敢邀请左仁极参加典礼，但是私下请求左仁极报告中央，请求谅解。第五，昌都寺僧人和十一世帕巴拉活佛喜汉人，亲近中央。第六，左仁极礼品花费藏银1770两。②

1942年6月12日，吴忠信去电孔庆宗称如该寺"不照前例办理，中央当即宣告蒙藏、青、康、红黄佛教各寺庙，不承认其合法地位"。③6月21日，驻藏办事处函噶厦要求昌都噶伦饬令昌都寺遵照旧例办理转世坐床之事并呈报中央，并告知左仁极。噶厦方面仍未回复有关转世案的电文。④

昌都寺明白未通知中央政府即举行坐床典礼，不符合旧例，难以获得中央政府的赐封和承认，暗中仍在想办法解决。左仁极报告孔庆宗：

均座令文时，帕佛亦在，该处避痘资聪麻（内侍号）、尧古学（帕氏生父）、任中衣等均在彼处，经再三开导晓以利害，彼等极畏惧藏政府，百端请

---

① "蒙藏委员会"编译室编：《左仁极呈孔庆宗报告第十一世帕克巴拉呼图克图坐床情形》，载《蒙藏委员会"驻藏办事处档案选编》第9册，台北"蒙藏委员会"2006年版，第75—80页。

② "蒙藏委员会"编译室编：《孔庆宗电蒙藏会呈送左仁极馈送帕克巴佛坐床礼品费单据》，载《蒙藏委员会"驻藏办事处档案选编》第9册，台北"蒙藏委员会"2006年版，第87页。

③ "蒙藏委员会"编译室编：《吴忠信电孔庆宗询问昌都帕克巴拉佛转世事消息为何若此辈不照前例办理中央当即宣告不承认其合法地位希转知》，载《"蒙藏委员会"驻藏办事处档案选编》第9册，台北"蒙藏委员会"2006年版，第67页。

④ "蒙藏委员会"编译室编：《孔庆宗电吴忠信报告噶厦尚未回复帕克巴拉佛转世案已转饬其照办速复并令左仁极速饬昌都寺照办》，载《"蒙藏委员会"驻藏办事处档案选编》第9册，台北"蒙藏委员会"2006年版，第74页。

生代为设法，当商定此事纯由僧方出面，不再通知俗方，以免蹈上次复辙。

因俗方官吏受藏政府委任，恐引起障碍，经该寺僧方数度秘密会议，决定不再通知俗方仓储巴等，专由僧方举出资聪麻（仁青段主）、尧古学（洛绒昂旺）、大仲衣降泽（即任昌远）等为代表，陈述以前不敢呈报中央之苦衷，请中央予以承认。职恐其往返费时，令其据报呈文两份，一份呈报蒙藏委员会；一份呈报钧处，以符手续。资聪麻等以办事处驻在拉萨，如风声外露，各皆有灭族危险。且如僧方派差，一旦为俗方发觉，反致偾事。坚请免寄拉萨，其呈会文件，亦不敢交职代转，特密派帕佛母舅以回理化迎接佛眷为名，请贺县长派差妥递。职固知不合手续，但既已就范，若再迫之过急，反生意外，只好听其自行投寄，并将详情报告本会，奉令前因，理合将转知该寺办理，呈报中央经过情形。①

左仁极将吴忠信令昌都寺呈报蒙藏委员会的命令转告昌都寺后，僧方负责人决定私下呈报中央，委派帕巴拉活佛最亲信的内侍、生父、任昌远三人代表寺僧陈述实情，并请帕巴拉活佛母舅将密信送交贺觉非县长。

1942年9月5日，左仁极致函孔庆宗转吴忠信，资聪麻等人恐被发觉，有灭族危险，呈会文件，不肯交任昌远代转，委托曾旅长代递。任昌远阅读大意，如何圆寂、何时将生，如何寻获，原拟请中枢主持，嗣因屡受朗雄干涉，在其势力之下，不敢呈报，现已坐床，请中枢予以追认，如蒙颁赐册印，派员主持典礼时，请对此次代表等之姓名予以严守秘密。②12月19日，孔庆宗电吴忠信，资聪麻内侍、佛父、仲孜江村三人代表寺僧请中枢追认、并赐册印，交帕活佛母舅密携理化亲交驻军曾旅长代转。秘书长告，格桑泽仁由巴安代转，③昌都寺唯恐南雄察觉他们"私通"中央政府，仍坚持联系

① "蒙藏委员会"编译室编：《左仁极呈孔庆宗报昌都任昌远等密请中央追认第十一辈帕克巴拉佛一案》，载《"蒙藏委员会"驻藏办事处档案选编》第9册，台北"蒙藏委员会"2006年版，第101—102页。

② "蒙藏委员会"编译室编：《左仁极函孔庆宗据任昌远称原拟请中枢主持坐床因受朗雄干涉不敢呈报现已坐床请中枢予以追认并请严守秘密》，载《"蒙藏委员会"驻藏办事处档案选编》第9册，台北"蒙藏委员会"2006年版，第94—95页。

③ "蒙藏委员会"编译室编：《孔庆宗电吴忠信报告据左仁极称任昌远等请中央追认第十一辈帕克巴拉佛一案》，载《"蒙藏委员会"驻藏办事处档案选编》第9册，台北"蒙藏委员会"2006年版，第98—99页。

中央，派帕巴拉活佛最亲信的人办理此事，为最高机密，高度重视，显示了很大的诚心，很希望获得中央的追认、颁赐册印。

孔庆宗接信后，即致电西康省政府张少扬，询问是否收到曾旅长代转的信函。1942 年 12 月 4 日，张少扬复电孔庆宗，左仁极、任昌远派人所携信函，在经巴安时，为格桑泽仁所转。① 格桑泽仁是西康巴塘人，时为蒙藏委员会委员。1943 年 2 月 3 日，蒙藏委员会电复孔庆宗，格桑泽仁交来藏文呈一件，该呼图克图未遵照旧例呈报中央主持办理，所请碍难照准。② 吴忠信坚持金瓶掣签、主持大活佛转世事宜、行使册封权，来体现西藏地方隶属于中央政府的历史事实。孔庆宗也秉承中央这一决定来处理此事。虽然帕巴拉转世灵童的寻访、迎请、坐床等活动过程中未完全按照中央的旧例办理，但是蒙藏委员会对于此事自始至终都给予了密切的关注，并且按历史定制行事，积极地维护了中央在西藏的权威。

昌都寺由于当时现实的约束，不敢违背南雄的压迫，但是内心仍遵从中央政府的主权管理，仍排除困难呈报中央，显示了对国家高度的认同。1950 年 10 月 24 日，十一世帕巴拉率领昌都寺有关人员迎接了王其梅副政委和吴忠师长等人。十八军军长张国华也专门到昌都寺看望十一世帕巴拉，并转达："毛主席和朱总司令对你没有参与对解放军的抵抗，也并没有出走，感到无限欣慰，并来电嘉奖。"③1950 年 12 月 1 日，中华人民共和国昌都地区人民解放委员会成立，十一世帕巴拉活佛当选为昌都地区人民解放委员会副主任。这体现了历代帕巴拉活佛维护祖国统一，促进藏汉民族团结的一贯的政治立场。

① "蒙藏委员会"编译室编：《张为炯电孔庆宗据曾旅长称追认帕克巴拉原呈由左仁极任昌远派人携理化经过游巴安时已为格桑泽仁所转》，载《"蒙藏委员会"驻藏办事处档案选编》第 9 册，台北"蒙藏委员会"2006 年版，第 97 页。

② "蒙藏委员会"编译室编：《蒙藏会电孔庆宗查帕克巴拉恳请中央追认并赐册印一案因未遵照旧例呈报中央主持办理所请碍难照准》，载《"蒙藏委员会"驻藏办事处档案选编》第 9 册，台北"蒙藏委员会"2006 年版，第 104—105 页。

③ 土呷：《西藏昌都历代帕巴拉活佛与中央政府的关系研究》，《西藏研究》2012 年第 3 期。

余　论

　　国民政府为恢复与西藏地方的正常关系，在政治、交通、经济贸易、教育文化等方面都制定了较好的政策，与英国也多次交涉，坚决反对英国干涉我国内政。但是，英国不断挑拨噶厦，外交干涉，以致中央与噶厦的关系阴晴不定，未能根本好转，国民政府治藏之策也未取得重大成果。除了国家内战、抗日战争等客观原因外，我们更应从内部反思对藏政策、对英交涉的不足之处。

　　20余年来，国民政府一直坚持对藏政策的基本原则是在多民族统一国家内部政治解决藏事。其中包含以下两层含义：

　　首先是始终坚持和维护中央对西藏的主权管理，藏事是多民族统一国家内部的问题，这是最重要、最基本的原则，是不能妥协退让的。蒋介石头脑清醒而未敢疏忽，拒绝与英国谈判"西藏地位"，坚决反对英国干涉藏事，对英国侵略行径、言论多次表示愤慨和抗议。在十三世达赖册封致祭、转世灵童的寻访，十四世达赖的坐床典礼、九世班禅转世灵童的寻访等重大原则问题上，国民政府毫不妥协，果断派遣黄慕松、吴忠信等大员入藏主持典礼，彰显中央主权，取得了成效。即使中国面临着日本侵华、中华民族生死存亡之时，英国和西藏分裂势力也始终未敢公开宣布"独立"，在这一点上，国民政府付出了努力，值得赞许，是有功劳的。

　　其次是始终坚持以政治解决藏事为先的原则，就是通过和平方式解决争端，处理汉藏关系。国民政府历次藏事会议都拟定了对藏办法，加强政治友好洽商、厚惠优待僧俗，在财物上给予好处，宣传、教育汉藏友好、文化交流建设等等，无论在"大白事件"、班禅返藏还是康藏公路、热振被害等事件上，都始终秉持和平解决争端的原则，所拟定的军事计划也只是辅助手段。这并不仅仅是英人干涉、地理交通、经济等因素的限制，更主要的是基于蒋介石两大政治目标内战、抗日的选择，西藏的局势只要不威胁到国民党政权的生存，名义上隶属中国，蒋介石是不会拿出战争资源用在藏事上的，这也导致他多次失去了处理藏事、树立中央威信的最佳良机。例如，在热振事件中（此时英国即将退出印度，不可能对西藏用兵），蒋介石都不愿强硬援助亲汉派。在英军公然入侵我藏东南领土时，蒋介石放弃了蒙藏委员会、军令部提出备兵西康，组建独立师，武装护卫察隅、珞瑜的军事计划，只会口头抗议。这些都是缺乏政治担当的表现，反映了蒋介石政治气魄、格局不足，没有坚决果断的勇气解决藏事。这早就引起吴忠信等人的不满，而吴忠信等人只能在私下抱怨其无能。

正是蒋介石"安于西藏现状"的态度，中央办理藏事的蒙藏委员会、外交部、教育部、交通部、财政部等部会以及驻藏办事人员无所适从，敷衍了事，所制定的符合实际、切实可行的政策，大都停留在纸面上，或者在执行时大打折扣，对英交涉软弱，口头抗议，无法持久坚决斗争。而具体办理藏事的官员蒋致余、孔庆宗、沈宗濂等人赴任伊始，往往满怀理想，专心任事，想有一番作为，但看到蒋介石"以无事为大事""以无功为大功"的态度后，犹如当头泼了一桶凉水，雄心顿消，在拉萨办事人员只能混日子。这是国民政府时期汉藏关系未获根本好转的重要原因。

反观英国政府、英印政府在建立西藏"缓冲国"，维持印度东北边境安全，侵占我藏东南领土上目标一致，并始终贯彻这个大的侵藏战略。外交上全力支持噶厦，军事上扶助噶厦，经济、交通上控制噶厦，文武两手相宜，收放自如，老谋深算，上下配合默契，行动积极强硬，政治手法精准，充分体现了老牌帝国主义者娴熟的政治手腕，不能不让我们反思近代中国政府应对西方列强侵略的不团结、被动和懦弱。在具体操作上，英国外交部更着眼于全球影响以及在华整体利益，顾虑中国的反应，持温和的侵藏策略；英印政府侵藏动作更加积极强硬，妄想尽快造成西藏"独立"，最终侵藏政策是两者态度折中的结果。

中国政府在对英外交斗争中处于下风，所展现的，遇事无有效办法的空言，被噶厦看在眼里，自然有个比较判断，孰强孰弱。西藏地方的亲英派整体实力并不强大，又有三大寺的制衡，最主要的是掌握噶厦大权的自主派，观察实力对比，看穿了国民政府私心自用，无政治担当的勇气，越发大胆，直至最后公然毒害热振，武装藏军，为军事对抗中央做最后的准备。

纵观中英围绕西藏问题交涉 20 年，国民政府力争西藏主权，致使英国未公开宣布西藏"独立"，是有一定功绩的。但是，国民政府未能有效遏制英国侵藏政策以及侵占我藏东南领土的行径，造成了中国主权的重大损害，遗祸至今，在这一点上有很大错误，所造成的后果非常严重，至今仍需要我们足够认真地反思和应对。

参考文献

一、中文档案文献

1. 吴丰培辑：《清季筹藏奏牍》，商务印书馆 1938 年版。

2. 中国第二历史档案馆藏蒙藏委员会档案。

3. 台北"国史馆"藏西藏档。

4. 台北"中央研究院"近代史研究所馆藏《西藏议约案》。

5. 北京大学历史系等编著：《西藏地方历史资料选辑》，生活·读书·新知三联书店 1963 年版。

6. 中国第二历史档案馆、中国藏学研究中心合编：《黄慕松　吴忠信　赵守钰　戴传贤奉使办理藏事报告书》，中国藏学出版社 1993 年版。

7. 中国藏学研究中心、中国第二历史档案馆合编：《十三世达赖圆寂致祭和十四世达赖转世坐床档案选编》，中国藏学出版社 1991 年版。

8. 中国藏学研究中心、中国第二历史档案馆合编：《九世班禅圆寂致祭和十世班禅转世坐床档案选编》，中国藏学出版社 1991 年版。

9. 中国第二历史档案馆、中国藏学研究中心合编：《九世班禅内地活动及返藏受阻档案选编》，中国藏学出版社 1992 年版。

10. 中国藏学研究中心、中国第二历史档案馆等合编：《元以来西藏地方与中央政府关系档案史料汇编》，中国藏学出版社 1994 年版。

11. 中国第二历史档案馆、中国藏学研究中心合编：《康藏纠纷档案选编》，中国藏学出版社 2000 年版。

12. 刘丽楣主编：《民国时期西藏及藏区经济开发建设档案选编》，中国藏学出版社 2005 年版。

13. 荣孟源主编：《中国国民党历次代表大会及中央全会资料》（上、下册），光明日报出版社 1985 年版。

14.西藏社会科学院等编：《西藏地方是中国不可分割的一部分》（史料选辑），西藏人民出版社 1986 年版。

15.秦孝仪主编：《中华民国重要史料初编——对日抗战时期》第三编《战时外交》，台北中国国民党中央委员会党史委员会 1981 年版。

16.张羽新、张双志编纂：《民国藏事史料汇编》，学苑出版社 2005 年版。

17.《"蒙藏委员会"驻藏办事处档案选编》，台北"蒙藏委员会"2005—2006 年版。

18.《蒙藏半月刊》，蒙藏委员会 1933—1934 年。

19.《蒙藏旬刊》，中央宣传委员会蒙藏旬刊社 1931—1933 年。

20.《蒙藏月报》，蒙藏委员会 1934—1948 年。

二、中文著作

1.刘曼卿：《康藏轺征》，商务印书馆 1933 年版。

2.夏格巴·旺曲德典：《藏区政治史》，中国藏学出版社 1992 年版。

3.周源整理：《1914 年"西姆拉会议"资料汇编、拉鲁家族及本人经历》，中国藏学研究中心历史研究所 2003 年版。

4.西藏自治区政协文史资料研究委员会编：《西藏文史资料选辑》（第 1—18 辑），1981—1995 年。

5.牙含章编著：《达赖喇嘛传》，人民出版社 1984 年版。

6.牙含章编著：《班禅额尔德尼传》，西藏人民出版社 1987 年版。

7.杨公素：《中国反对外国侵略干涉西藏地方斗争史》，中国藏学出版社 1992 年版。

8.杨公素：《中国西藏地方的涉外问题》，中共西藏自治区委员会党史资料征审委员会 1985 年版。

9.王铁崖编：《中外旧约章汇编》第一册，生活·读书·新知三联书店 1957 年版。

10.郭寄峤：《民国以来中央对蒙藏的施政》，台北"中央文物供应社" 1984 年版。

11.孙子和：《西藏研究论集》，台湾商务印书馆 1989 年版。

12.王美霞：《西姆拉会议后康藏界务研究》，台北"蒙藏委员会"1986年版。

13.孙子和：《中央办理十四辈达赖喇嘛、十辈班禅额尔德尼转世坐床之经过及其意义》，台北"蒙藏委员会"1995 年版。

14.吕秋文：《中英西藏交涉始末》，台湾商务印书馆 1974 年版。

15.王远大：《近代俄国与中国西藏》，生活·读书·新知三联书店 1993年版。

16.吕昭义：《英帝国与中国西南边疆（1911—1947)》，中国藏学出版社2001 年版。

17.王贵、喜饶尼玛、唐家卫：《西藏历史地位辨：评夏格巴〈藏区政治史〉和范普拉赫〈西藏的地位〉》，民族出版社 1995 年版。

18.王宏纬：《喜马拉雅山情结：中印关系研究》，中国藏学出版社 1998年版。

19.周伟洲主编：《英国、俄国与中国西藏》，中国藏学出版社 2000 年版。

20.周伟洲、周源主编：《西藏通史·民国卷》，中国藏学出版社 2008年版。

21.冯明珠：《中英西藏交涉与川藏边情 1774—1925》，中国藏学出版社2007 年版。

22.陈谦平：《抗战前后之中英西藏交涉（1935—1947)》，生活·读书·新知三联书店 2003 年版。

23.卢秀璋：《论"西姆拉会议"——兼析民国时期西藏的法律地位》，中国藏学出版社 2003 年版。

24.张永攀：《英帝国与中国西藏（1937—1947)》，中国社会科学出版社2007 年版。

25.孙镇平、王立艳：《民国时期西藏法制研究》，知识产权出版社 2006年版。

26.邢肃芝［洛桑珍珠］口述，张健飞、杨念群笔述：《雪域求法记——一个汉人喇嘛的口述史》（修订本），生活·读书·新知三联书店 2003 年版。

27.丹珠昂奔主编：《历辈达赖喇嘛与班禅额尔德尼年谱》，中央民族大学出版社 1998 年版。

28.伍昆明:《1914—1917 年英国政府向西藏地方当局供应武器的政策》,《中国藏学》2000 年第 1 期。

29.柳升祺:《热振事件见闻记》,《中国藏学》1996 年第 4 期。

30.柳升祺:《1929 年版〈艾奇逊条约集〉第 14 卷何以有两种不同版本?——兼评西姆拉会议(1913—1914)》,《中国藏学》1990 年第 1 期。

31.张羽新:《民国治藏要略》,《中国藏学》2000 年第 4 期。

32.冯明珠:《台湾地区所藏"西藏档"》,《中国藏学》2000 年第 2 期。

33.陈谦平:《1943 年中英关于西藏问题的交涉》,《历史研究》1996 年第 4 期。

34.胡岩:《〈寇松备忘录〉与民国初年英国侵略中国西藏的政策》,《中国藏学》1998 年第 3 期。

35.蒋耘:《西藏地方政府阻挠修筑康印公路与抗战期间的中英关系》,《中国藏学》2006 年第 1 期。

36.蒋耘:《宋子文与战时西藏问题交涉》,《民国档案》2008 年第 1 期。

37.郭永虎、李晔:《抗战期间中英围绕中印交通问题之西藏交涉》,《西藏民族学院学报(哲学社会科学版)》2007 年第 1 期。

三、汉译著作

1.[澳] 内维尔·马克斯韦尔:《印度对华战争》,陆仁译,生活·读书·新知三联书店 1971 年版。

2.[法] 董尼德:《西藏生与死——雪域的民族主义》,苏瑛宪译,台北时报文化出版企业有限公司 1994 年版。

3.[加] 谭·戈伦夫:《现代西藏的诞生》,伍昆明、王宝玉译,中国藏学出版社 1990 年版。

4.[美] 李铁铮:《西藏历史上的法律地位》,夏敏娟译,湖南人民出版社 1986 年版。

5.[美] 梅·戈尔斯坦:《喇嘛王国的覆灭》,杜永彬译,中国藏学出版社 2005 年版。

6.[印] 卡·古普塔：《中印边界秘史》，王宏纬、王至亭译，中国藏学出版社 1990 年版。

7.[英] F.M.贝利：《无护照西藏之行》，春雨译，西藏社会科学院资料情报研究所 1983 年版。

8.[英] 查尔斯·贝尔：《十三世达赖喇嘛传》，冯其友等译，西藏社会科学院西藏学汉文文献编辑室 1985 年版。

9.[英] 柏尔：《西藏之过去与现在》，宫廷璋译，商务印书馆 1930 年版。

10.[英] 荣赫鹏：《英国侵略西藏史》，孙熙初译，西藏社会科学院资料情报研究所 1983 年版。

11.[英] 杨国伦：《英国对华政策（1895—1902)》，刘存宽、张俊义译，中国社会科学出版社 1991 年版。

12.[苏联] B.H.列昂节夫：《外国在西藏的扩张（1888—1919 年)》，张方廉译，民族出版社 1960 年版。

13.[英] 麦克唐纳：《旅藏二十年》，孙梅生、黄次书译，商务印书馆 1936 年版。

后 记

　　春秋荏苒，这是我 10 年前的博士后出站报告，一直尘封在电脑里，经历了种种蹉跎。我几乎已经忘记了它的存在。其间，学界各种新的史料和学术成果陆续面世，为西藏历史的研究增添了光彩，令人感佩诸多学者的贡献。书稿确实存在史料等方面的各种不足，其中的问题都在等待时间的冲洗，却也无心力拾起这段历史。

　　历史让人欢喜，让人忧愁，读罢它头已飞雪，时间不再停留。想捉住她，她却飞走了，曾经虚度过，曾经辛苦过，也收获了耕耘的种子，最难忘的却是当时努力的过程。想起那个秋风萧瑟的季节，也是非常幸运的。在历史学院团结奋进的集体里，很多德才兼备的师长，富有才华的青年同事，都给了我莫大的帮助。

　　人民出版社的编辑认真负责，多次校对、审阅书稿，提出了宝贵的修改意见，提交送审，促成了书稿的问世，道不尽的深深谢意。

张双智

2020 年 2 月 18 日

于北京师范大学历史学院

责任编辑：姜 虹 刘松弢

图书在版编目（CIP）数据

中国政府维护西藏主权的努力（1927—1947）/ 张双智 著 . —北京：人民出版社，2021.8
ISBN 978－7－01－021884－7

I. ①中… II. ①张… III. ①西藏问题－研究－中国－1927—1947 IV. ① D677.5

中国版本图书馆 CIP 数据核字（2020）第 028024 号

中国政府维护西藏主权的努力（1927—1947）

ZHONGGUO ZHENGFU WEIHU XIZANG ZHUQUAN DE NULI（1927—1947）

张双智 著

人民出版社 出版发行
（100706 北京市东城区隆福寺街 99 号）

中煤（北京）印务有限公司印刷 新华书店经销

2021 年 8 月第 1 版 2021 年 8 月北京第 1 次印刷
开本：710 毫米 ×1000 毫米 1/16 印张：24
字数：376 千字

ISBN 978－7－01－021884－7 定价：80.00 元

邮购地址 100706 北京市东城区隆福寺街 99 号
人民东方图书销售中心 电话：（010）65250042 65289539